L'ITALIE

*Les gravures contenues dans ce volume ont été exécutées sur bois
d'après les dessins de MM.*

A. DE BAR — BAUERNFEIND — ÉMILE BAYARD — BERGUE — GERMAIN BOHN — ARTHUR CALAME
H. CATENACCI — B. CLERGET — L. CRÉPON — FEROGIO — KARL GIRARDET — H. KAULBACH — F. KELLER — L. LANCELOT
PAQUIER — J. PETOT — RIOU — SAGLIO — É. THÉROND ET AUTRES.

JULES GOURDAULT

L'ITALIE

ILLUSTRÉE

DE 450 GRAVURES SUR BOIS

PARIS
LIBRAIRIE HACHETTE ET Cie
79, BOULEVARD SAINT GERMAIN, 79
1877
Droits de propriété et de traduction réservés.

AVERTISSEMENT DE L'AUTEUR

L'Italie, — terre antique et toujours jeune, — a été bien des fois décrite; mais, telle est la variété de ses aspects, l'abondance de ses richesses naturelles ou artistiques, que les descriptions de ce beau pays se peuvent succéder presque à l'infini sans trop se ressembler. Sur un sol où tant d'âges se sont stratifiés en quelque sorte, le champ des études et des découvertes est inépuisable : c'est le palimpseste aux multiples surcharges, sous lesquelles on retrouve sans cesse de nouveaux et précieux linéaments.

Jusqu'au seizième siècle, l'Italie n'avait guère été visitée que par un petit nombre d'étrangers, privilégiés du rang ou de la fortune, et par quelques rares touristes amateurs, comme l'auteur des *Essais*, Michel Montaigne. Ce qu'on y allait voir alors, c'était avant tout Rome et les restes de l'antiquité païenne. D'ailleurs, la plupart des grandes villes de la Péninsule n'avaient pas encore toute leur splendeur architecturale, tous leurs trésors de tableaux, de statues, de décorations de toute espèce. Mais, après que la Renaissance, avec sa glorieuse pléiade d'artistes, eut accompli son œuvre féconde, — Saint-Pierre ne fut achevé qu'au dix-septième siècle, — l'Italie offrit un attrait de plus aux voyageurs. Malheureusement, à part les aventuriers à la solde des princes, et la soldatesque des armées impériales ou françaises, — tous bans de visiteurs plus enclins à la pillerie qu'à l'admiration, — peu de gens pouvaient parcourir à l'aise cette contrée doublement classique.

Par la voie de terre, il fallait aller à cheval; le trajet par mer, sur la felouque ou le brigantin, à la merci des tempêtes et des pirates, ne rappelait que trop les temps fabuleux de l'Odyssée; sans compter les déplaisantes nuitées dans d'abominables auberges, remplacées aujourd'hui presque partout par des hôtels excellents.

Au dix-septième siècle cependant, le renom artistique de l'Italie était fait par toute l'Europe, et dès cette époque il existait, tant en France qu'en Allemagne, une intéressante littérature de voyages, et notamment de voyages au delà des monts; je citerai seulement le *Fidus Achates* ou le *Fidèle Compagnon*, de Martin Zeiller. Cette vogue fut encore accrue chez nous, au milieu du siècle suivant, lors de la découverte d'Herculanum et de Pompéi, par les *Lettres* si gaies et si spirituelles du président de Brosses, puis, un peu plus tard, par celles d'un autre magistrat, Mercier Dupaty. Arthur Young, d'autre part, publiait en Angleterre le récit de ses pérégrinations en Italie, tandis qu'en Allemagne un amant passionné de l'archéologie et des beaux-arts, Jean-Joachim Winckelmann, prêchait le retour aux formes et au goût antiques, et mourait même à la peine, assassiné à Trieste, également pour l'amour de l'art, par l'Italien Archangeli. A quelques années de là, Gœthe, « le grand païen, » comme le surnommèrent ses compatriotes, écrivait à son tour son fameux *Voyage en Italie*.

L'horizon des voyageurs s'était cependant singulièrement élargi. L'art ou l'étude avait été surtout l'objectif des premiers touristes; la nature ne leur offrait guère d'attrait par elle-même, ou du moins ils ne la goûtaient qu'accessoirement, comme un appendice, et dans le voisinage des lieux où ils s'arrêtaient pour admirer les œuvres humaines. Après que Rousseau principalement, du fond de sa solitude des *Charmettes*, eut rouvert une source nouvelle de poésie descriptive, les choses changèrent: on découvrit et l'on sentit des beautés pittoresques autres qu'une muraille décorée à fresque, un pilastre sculpté ou une corniche brodée au ciseau. La nature devint, en Italie comme ailleurs, l'auxiliaire et l'encadrement de l'art. Que dis-je ? on ne se contenta plus des splendides jardins, enrichis de plantes tropicales et transatlantiques, qui y forment l'entourage des villas et des palais ; on fouilla les campagnes profondes et solitaires, en quête d'aspects nouveaux, de sites inconnus ; on commença dès lors à dépasser Naples, à pousser jusque dans la Calabre, l'Apulie, la Sicile ; la joie, l'orgueil des paysagistes fut de déployer leur parapluie dans des lieux où nul voyageur n'avait pénétré avant eux.

On viola, par exemple, — et c'est tout dire, — le redouté mystère de la *Grotte d'azur* de Capri. L'heureuse curiosité des touristes mit en déroute les vieilles légendes qui avaient jusques alors défendu l'accès de cette merveilleuse caverne. C'était, disait-on, un lieu maudit, tapissé d'ossements, dont l'entrée changeait sept fois par jour, et d'où sortaient des monstres hideux. On y entendait la nuit des chants de sirènes mêlés à des gémissements humains. On spécifiait qu'un pêcheur, ayant blessé de son harpon un homme marin qui lui était apparu sous la forme d'un gros poisson, avait été effroyablement desséché, et que son cadavre ressemblait à ces racines qu'on voit en bocal chez les apothicaires. Aujourd'hui la fameuse grotte est visitée par tous ceux qui tiennent à connaître en détail le golfe de Naples, et chacun sait que les feux diaboliques qui épouvantèrent tant d'ignorants étaient tout simplement le reflet des eaux cérulées de cet antre sur la paroi des rochers.

Que d'autres superstitions les chemins de fer ont dissipées et dissiperont au profit de la science ! Leur rôle, quoi qu'en disent ceux qui portent en tout et à travers tout le deuil morose du passé, n'est point de tuer la poésie, c'est de la mettre à la portée du plus grand nombre. Et n'est-ce pas, après tout, une des fins de la civilisation, qu'on puisse parcourir le monde à son aise, sans se déheurer en quelque sorte, et qu'on ait la faculté de choisir sur une terre lointaine tel ou tel but de prédilection, selon le temps et l'argent dont on dispose ?

Ce nouveau Tour de l'Italie n'est ni un itinéraire ni un guide, — les deux manuels de M. du Pays satisfont amplement les plus difficiles parmi les touristes; — ce n'est pas non plus une étude spéciale, un aperçu de géographie, d'histoire ou d'esthétique : c'est proprement un livre pittoresque, où l'écrivain (comme l'artiste) procède à grands coups de crayon ; où l'on touche à tout sans épuiser rien ; où l'on va vite pour aller partout; où l'on use volontiers de toutes les facilités de la locomotion moderne, en mettant à profit le dernier mot des investigations les plus récentes. Dans son cadre forcément restreint, cet ouvrage servira, si l'on veut, de préparation à ceux qui n'ont pas encore fait le voyage d'Italie, de mémento à ceux qui l'ont déjà fait.

L'ITALIE

CHAPITRE Ier

A TRAVERS LES ALPES

Souvenez-vous, lecteur, de quelle émotion débordait votre âme, le jour où votre valise fut bouclée pour un premier voyage d'Italie. Vous n'étiez pas, je le devine, un de ces frileux valétudinaires qui courent, sur une ordonnance de médecin, demander un regain de vie mélancolique au soleil des hivers méridionaux; non, vous partiez alerte et dispos, avec des allures de conquérant, et, sûr de vos digestions, vous aspiriez à pleins poumons les molles brises de septembre. Qu'il vous semblait lent ce train rapide qui vous emportait vers la terre magique, et comme l'élan de vos pensées distançait le mouvement de ces roues poussives! C'est que vos rêves juvéniles allaient enfin prendre corps, vos chères imaginations allaient devenir des réalités; en votre enthousiasme, vous vous sentiez assez de courage et de jarret pour parcourir tout d'une traite, depuis les beaux lacs subalpins jusqu'aux bouches fumantes du Vésuve et de l'Etna, cette lumineuse Péninsule où la nature et les hommes ont partout fait assaut de merveilles et rivalisé de chefs-d'œuvre.

Heureux touriste! tout palpitant de curiosité au départ; tout gonflé de souvenirs — et quels souvenirs ! — au retour. Sites vaporeux et ensoleillés, dômes gigantesques, palais de marbre aux bossages rugueux ou aux fines broderies, statues parlantes et tombeaux muets, vierges peintes et vierges vivantes, harmonies et couleurs, magnificences et haillons du pays de Dante et de Virgile, qui vous peut jamais oublier? Grâce à vous, les sens se croient renouvelés, le domaine de l'ouïe et de la vision semble accru presque à l'infini, et l'esprit de l'homme du Nord apprend à connaître des épanouissements sans pareils.

Mais combien en est-il parmi vous qui, moins favorisés du sort, n'ont pu et ne pourront peut-être jamais rêver sous le ciel de Naples, ni s'accouder sous le *felze* de la gondole vénitienne! A ceux-là nous disons : Consolez-vous, en lisant, la fenêtre ouverte, par une étincelante journée d'été, ces quelques pages où la mémoire du voyageur, aidée du crayon de l'artiste, a essayé de peindre à grands traits la poétique Italie.

I

LE MONT CENIS ET LE GRAND TUNNEL

Pour qui sait voyager, le vrai et le seul chemin de l'Italie, ce sont les Alpes. Cette cuirasse du Piémont, *usbergo del Piemonte*, comme on dit là-bas, n'est pas, Dieu merci, une cuirasse sans défaut. Dans ce sourcilleux relief la nature a ménagé, à une altitude de 2,000 mètres environ, un certain nombre de dépressions ou de *cols* qui se prêtent aux assauts de l'homme.

Et l'homme ne s'est pas fait faute d'escalader ces hautes vallées transversales : c'est par elles que le Midi a tant de fois envahi le Nord, et que le Nord, à son tour, s'est rué impétueusement sur le Midi. Ces solitudes retirées du monde ont vu défiler chez elles le monde entier : légions romaines, Africains d'Annibal, hordes gauloises et teutonnes, armées allemandes et françaises. Aujourd'hui, sur bien des points, le chaos alpestre est éclairci et dompté. Non contente d'avoir suspendu à la croupe des monts et par-dessus l'écume des torrents une demi-douzaine de routes carrossables, la civilisation moderne, qui n'a plus le temps de tourner les obstacles, s'attaque aux entrailles mêmes de la gigantesque muraille, et les perce de part en part.

De ces grands chemins qui conduisent de Suisse ou de France en Italie, le plus rapproché de nous et le plus célèbre est celui du mont Cenis, qui unit Modane à Bardonnèche, c'est-à-dire la vallée savoisienne de l'Arc au val italien parallèle de la Doire-Ripuaire.

Le mont Cenis forme le nœud des Alpes Graies et des Alpes Cottiennes : c'est l'agrafe de la double chaîne qui court du mont Blanc au mont Viso. Son nom (*mons Cinerum*, montagne des Cendres) lui vient, dit la tradition, de ce qu'il y a des milliers d'années des forêts immenses qui le couvraient ont été détruites par le feu. Sa partie supérieure est un vaste plateau désert, dominé par une série de cimes tourmentées et farouches, presque toujours perdues dans les nuages ; mais le fond des vallées, abrité des vents froids, est généralement très-fertile.

Pour le voyageur venant de Culoz et de Chambéry, c'est à partir de Saint-Jean de Maurienne, dans la vallée de l'Arc, que commence à proprement dire l'ascension ; la station de Saint-Michel est déjà à 708 mètres. A partir de là, le chemin ferré s'engage dans une gorge des plus sauvages : les remparts de l'avant-mont se dressent de plus en plus hardis avec leurs sombres entre-bâillements d'où s'échappent des torrents écumeux. Quelques huttes en écorce se montrent seules à la lisière caillouteuse de la voie ; parfois, mais rarement, on aperçoit un village à demi ruiné. Plus on s'avance, plus le paysage grandit en se rétrécissant ; il n'y a bientôt plus qu'un étroit sentier pour descendre dans les vallées latérales, dont on voit s'ouvrir et se refermer au vol les gueules profondes, où des rochers pyramidaux figurent des crocs menaçants. Puis l'on débouche dans une sorte de cirque fièrement encaissé, et tout à coup le chemin apparaît fermé par une espèce de colosse granitique. Impossible d'aller plus loin sans se heurter à ce pan rigide.

Le sifflet de la locomotive retentit, les lourds essieux grincent ; nous sommes à Modane, à l'ouverture du grand souterrain international.

Ici se fait la séparation entre les voyageurs qui ont hâte d'arriver et les vrais touristes, maîtres de leur temps, avides de grand air et de soleil, qui ont résolu de franchir à pied ou en voiture la fameuse route refaite par Napoléon Ier de 1805 à 1810.

Le noir rictus du tunnel bâille à 75 mètres environ au-dessus de la station ; la voie, pour l'atteindre, décrit d'énormes et laborieuses courbes. La locomotive les gravit pas à pas, soufflant et râlant ; puis, au bout de quelques instants, le monstre happe le train, qui s'engouffre sous 1,600 mètres de terre et de rocher, ne laissant derrière lui qu'un ondoyant panache de fumée.

. . . .

« *Bardonecchia !* cinq minutes d'arrêt ! » Avec quel soupir de soulagement l'on entend retentir ce cri du conducteur ! Plus d'une demi-heure dans ce souterrain, c'est un siècle. Douce lumière ! comme on t'aspire ! Entrez à flots dans ce wagon, rayons du soleil ! Salut, sombres pins et bouleaux élancés ! N'ayez pas peur de bruire au vent, et vous, ruisseaux et torrents, mugissez, mugissez longuement votre suave musique. Nous revenons du Ténare.

. . . .

Pendant ce temps, les touristes qui ne voyagent pas montre en main ont commencé de gravir la route de terre. Celle-ci continue de suivre d'abord l'étroite et abrupte vallée de l'Arc, tantôt longeant le cours d'eau, tantôt le franchissant sur des ponts vertigineux. Ce n'est qu'à Lanslebourg, à 1,300 mètres d'altitude, qu'elle quitte ce défilé pour attaquer directement, au moyen de rampes et de lacets, les flancs du mont.

On traverse ici la région des forêts, où trône le massif noirâtre des épicéas et des mélèzes, puis on entre dans la zone des pâturages. Dès lors, plus de trace de végétation arborescente, rien que d'épais gazons, nourriture des troupeaux aux tintantes clochettes qu'on pousse l'été sur ces hauts plateaux. Ces huttes solitaires qui se montrent de place en place au bord du chemin sont des maisons de refuge, habitations des gardiens chargés de tenir le passage en bon état : car, l'hiver, la route disparaît sous la neige, et le trajet, qui ne se fait qu'en traîneau, en *ramasse*, n'est pas sans offrir de graves dangers. Terribles surtout sont les tempêtes qui sévissent ici, quand les vents de Lombardie et ceux de Savoie s'y rencontrent et y luttent avec frénésie.

LA ROUTE DU MONT CENIS.

Avant l'ouverture du tunnel de Modane, on avait établi sur la route de terre jusqu'à Suze un chemin de fer latéral, système Fell, avec un tiers rail central, qui permettait de gravir des pentes de 80 millimètres. Quiconque est allé de Vitznau au Righi-Kulm connaît à merveille ce genre spécial de traction.

Montons toujours. Voici la région des neiges. Les aspects se hérissent de plus en plus. La nature n'a plus à offrir, en fait de productions végétales, que d'épaisses ronces, des touffes de rosage alpestre, des mousses et des lichens, dont les ramuscules s'accrochent tristement à la pierre nue, et çà et là, dans les crevasses de rochers, l'odorante *viola Cenisia*. C'est la froide patrie de la perdrix de neige, de la marmotte au sifflet retentissant, du gypaète barbu, de l'aigle à la vaste envergure et des croassantes légions de choucas.

Nous touchons enfin le sommet du col (2,098 mètres), situé à 52 kilomètres de Saint-Michel.

Sur un petit plateau, un peu plus bas, se trouve un lac azuré, qui nourrit des truites délicieuses, mais qui offre l'inconvénient d'être glacé six mois de l'année. Ce lac inquiéta fort, au début des travaux de forage, les constructeurs du grand tunnel ; on avait peur, en creusant, d'en toucher le fond. Sur la rive orientale est l'hospice, fondé jadis par Charlemagne et restauré par Napoléon. Aux cabarets de la Grand-Croix (1,850 mètres) commence la descente sur le versant opposé. Elle se fait jusqu'à Suze, au moyen de rampes en lacet, un peu plus roides que celles de la montée, par deux routes au choix, celle du val de la Novalèse, la plus exposée aux avalanches, et celle de la plaine Saint-Nicolas ; mais ce n'est point, si vous le voulez, de ce côté que nous prendrons définitivement pied sur le sol italien.

II

LE SPLÜGEN ET LA VIA MALA

Transportons-nous à l'autre extrémité de la chaîne helvétique, au pays des Grisons. Nous sommes à Coire, la capitale de l'ancienne Rhétie, à l'entrée d'une route alpestre, bien connue, qui, en vingt-trois heures, conduit à Milan. Sortons de la ville, passons la Plessur, et engageons-nous dans cette belle et fertile vallée, qu'encadre un enchevêtrement de cimes orgueilleuses.

Voici le Rhin, non pas ce Rhin majestueux où se mirent les hautes cathédrales et les *burgs* gothiques, mais une rivière étroite et capricieuse, enfant nouveau-né des monts d'alentour. Suivons-le, d'abord jusqu'au confluent de ses deux bras primitifs, l'*antérieur* et le *postérieur*, puis jusqu'à cette magnifique vallée pleine de soleil et d'âcres senteurs qu'on nomme le val Domgiasca. On se croirait ici en pleine féodalité. Voyez plutôt : chaque village accroché aux versants apparaît flanqué d'un vieux castel seigneurial; c'est Oberems, c'est Reichenau, c'est surtout Ostentein, fièrement assis sur son promontoire rocheux. J'en passe, des plus haut perchés et des plus vétustes.

Au delà de Thusis, l'aspect change. Comme pris d'un spasme nerveux, le paysage se contracte; la croupe des monts se dénude et s'assombrit; le Rhin, tout à l'heure si paisible, s'élance furieux d'une gorge sauvage creusée entre les flancs du Béverin et du Muttenberg. C'est par ce couloir qu'il faut passer pour escalader le col du Splügen, situé à 2,117 mètres au-dessus du niveau de la mer, c'est-à-dire à quelques mètres de plus que celui du mont Cenis.

La route, en corniche, mérite bien son nom sinistre de *Via mala*. Elle s'enfonce entre deux parois verticales de rochers dont la hauteur est de 500 mètres, et qu'on ne se peut qu'à demi figurer lorsqu'on a vu les gorges valaisanes du Trient, près de Martigny. L'écartement, en certains endroits, n'est pas de 10 mètres. Quelle force inconnue a pu fendre la montagne d'une manière à ce point symétrique? On jurerait que les deux portions divisées, si elles venaient à se rejoindre, s'adapteraient sans laisser entre elles aucun vide.

La race audacieuse de Japet, comme dit le poëte latin, a su pourtant assouplir à sa fantaisie ces hérissements d'une nature rebelle. Dès 1470, les paysans rhétiens, las de vaguer en circuit par les sentiers de la montagne pour aller de Thusis dans la vallée de Schams, se sont mis à tailler dans le roc vif une première route de quatre pieds de large; puis, au siècle passé, on a commencé de bâtir des ponts, et enfin, en 1822, on a établi le magnifique chemin de voitures actuel.

Au bout d'une demi-heure de marche, vous atteignez le Trou perdu (*verlorenes Loch*), tunnel long de 70 mètres sur 5 à peine de large et 4 de haut. Franchissez sans frisson, si vous l'osez, cette galerie artificielle où règne un froid glacial; vous n'êtes pas, du reste, au bout de vos émotions. Il vous faut passer le Rhin à plusieurs reprises sur des ponts plus que vertigineux. Le ciel n'est plus qu'une mince bande d'azur qu'on craint à chaque instant de perdre de vue; le fleuve mugit au fond de l'abîme, à l'effrayante profondeur de 130 mètres, au-dessous du deuxième pont, dont, chose véritablement incroyable, il a presque touché la voûte, lors de la grande inondation de 1834.

Au sortir du pont supérieur, vous sentez comme un souffle de délivrance, et la moelle de vos os se réchauffe. La nature commence d'adoucir les traits de son visage revêche; elle vous prépare, comme revanche de tant d'horreurs, une idylle. Bientôt, en effet, la gorge s'élargissant, surgit à vos yeux, comme par un coup de baguette

VIA MALA. — LE TROU PERDU.

magique, une délicieuse vallée ovale, constellée de vertes prairies, d'épaisses forêts et de huttes alpestres. C'est le Schamserthal, que dominent les glaciers du Pis Béverin et du Pis Curver.

Cette vallée, si heureuse, a connu jadis la douleur et le fracas des armes. Elle a eu, paraît-il, son Gessler en la personne d'un seigneur de Bärenburg, et son Guillaume Tell en celle du paysan Jean Caldar. Le seigneur s'en vint un jour chez le rustre, et, avisant l'écuelle où était servi le repas du soir, il cracha dedans d'un air moqueur. Caldar bondit de fureur, et marchant sur le maître insolent : « Eh bien, lui cria-t-il, mange toi-même ce que tu viens d'assaisonner. » En même temps, de son poing de fer, il le saisit par la nuque, lui fourra la tête dans la bouillie brûlante et l'y maintint plongée jusqu'à ce qu'il fût étouffé. Bientôt après les gens des *burgs* envahirent le pauvre *thal,* les pâtres prirent leurs épieux, leurs massues à pointes, et, ici comme partout dans la libre Helvétie, ils eurent raison des châteaux. Ce fut une terrible guerre, que je n'ai malheureusement pas le temps de vous raconter.

Le Schamserthal représente le deuxième gradin de cette succession de terrasses dont se compose le col du Splügen. Une nouvelle gorge rocheuse, celle de la Roffla (Via mala intérieure), le sépare de l'échelon le plus élevé, la vallée de Rheinwald, où se trouve le village de Splügen.

Passé Splügen, qui est le grand relais postal du voyage, et le point le plus animé de la route, à cause de la bifurcation vers Bellinzona d'une part (par le Bernardino) et Chiavenna de l'autre, on remonte en zigzag la vallée de l'Oberhauslibach, et l'on gravit les dernières pentes de la montagne jusqu'au point culminant, qui est à 667 mètres au-dessus du village. On est ici au delà de la ligne des pins. La neige, l'hiver, s'y élève jusqu'au premier étage des maisons ; dans une gorge voisine, le Cardinello, les avalanches ont englouti en 1800 des colonnes entières de l'armée de Macdonald. Aussi, durant les tourmentes, les habitants du hameau ne cessent pas de sonner la cloche à toute volée pour indiquer la route aux voyageurs égarés.

Hâtons-nous de quitter ces froides solitudes. Voici le *poste des douaniers*, la première auberge de la descente. Fouette, cocher, et filons au grand trot à travers les longues galeries d'avalanche vers Campo Dolcino, où nous recevront les douaniers de Victor-Emmanuel, et d'où nous apercevrons les vieilles murailles de la ville de Chiavenna, ainsi nommée parce qu'elle est la clef italienne (*clavis*) de cet âpre et farouche passage.

III

LE SAINT-GOTHARD ET LE PONT DU DIABLE

A l'entrée de la Suisse légendaire de Guillaume Tell, dans le massif de montagnes qui sépare les cantons d'Uri et du Tessin, se trouve, à 2,100 mètres d'altitude, un autre col traversé par un chemin célèbre qui met le lac des Quatre-Cantons en communication avec la vallée italienne de la Lévantine : c'est le Saint-Gothard.

Ce gigantesque relief est le nœud orographique du système alpestre. Cinq gros fleuves ou rivières partent du faisceau de chaînes qui s'y rattachent : la Reuss, le Tessin, le Rhin, l'Aar et le Rhône ; c'est-à-dire que le Saint-Gothard envoie l'eau de ses glaciers à la mer du Nord, à la Méditerranée et à l'Adriatique.

L'importance stratégique et commerciale de ce haut défilé explique l'intérêt extraordinaire qui s'attache à la construction du chemin de fer destiné à le franchir. La ligne en cours d'exécution, après avoir suivi les bords du lac de Lucerne jusqu'à Küssnacht, passera entre le Righi et le lac de Zug, puis, à partir de Goldau, longera la rive septentrionale du lac de Lowerz, pour rejoindre à travers le torrent de la Muotta la branche sud du lac des Quatre-Cantons à Brunnen. Là, en face de la fameuse prairie du Grütli, la voie commencera de mordre le roc de la montagne, pour s'engager, au delà de Flüelen, dans la vallée de la Reuss, qu'elle remontera par la rive droite, en côtoyant trois *haldes* ou cônes d'éboulement.

Saluez vite au passage les vertes prairies, les jolis villages ombragés d'érables et de châtaigniers, car, à partir d'Amsteg, qui est aujourd'hui, à l'ouverture de la vallée de Madéran, le premier relais de la route postale, les aspects deviennent plus âpres et plus solitaires. L'horizon est presque intercepté par la sombre pyramide du Bristenstock. En attendant que la voie ferrée ait éventré et vaincu à force de tunnels et de savantes spirales ce majestueux colosse, suivons la route parcourue par les diligences.

Les cinq premiers ponts de la Reuss une fois franchis, toute trace importante de culture disparaît. Vous voici à Gœschenen, à 1,110 mètres d'altitude : c'est l'endroit où s'ouvrira le grand souterrain du Saint-Gothard. Vous n'apercevez plus de toutes parts qu'un chaos de roches crevassées que domine le front étincelant du Dammafirn. La route s'enfonce en zigzag dans l'effrayant et morne défilé des Schœllenen, au fond

LE SAINT-GOTHARD ET LE PONT DU DIABLE.

duquel la Reuss cabriole en mugissant. Plus d'autres vestiges de vie organique que quelques pins rabougris ou quelques herbes desséchées parmi les débris de toute sorte que l'action dissolvante du *fœhn* ou les éboulis naturels ont précipités du haut des crêtes.

LE PONT DU DIABLE.

Tout à coup un détour du chemin vous met en face d'un spectacle étrange. Devant vous, la Reuss, qui s'est frayé de force un passage à travers des roches granitiques, tombe en tourbillonnant d'une hauteur de 32 mètres, et, à travers la fine poussière de la cascade, vous apercevez, à 95 pieds au-dessus de l'abîme, et dominé par une énorme paroi à pic, un pont d'une seule arche de dix-huit mètres d'ouverture sur sept de hauteur : c'est le Pont du Diable, le *pont qui poudroie*, comme dit Schiller. Au-dessous se trouvent, avec les poteaux télégraphiques, couvertes d'herbes et de mousses, les ruines du pont primitif, qui s'écroula en 1799 tout chargé des soldats de Lecourbe, engagés dans un combat acharné contre les Autrichiens.

La route décrit ensuite de nouveaux zigzags, et arrive au Trou d'Uri, tunnel de 200 pieds de long sur 16 de large, creusé dans le roc au commencement du dix-huitième siècle. Jusqu'alors on avait escaladé l'obstacle au moyen d'une passerelle en bois suspendue à la paroi par des chaînes. Au sortir de ce corridor infernal, le regard surpris et charmé embrasse tout à coup un panorama plein de fraîcheur et d'attraits :

c'est la solitaire vallée d'Urseren, *heitres Thal der Freude*, comme dit encore le chantre de Guillaume Tell, et le village qui porte le nom gracieux d'Andermatt (sur le pré). Cette vallée offre l'aspect d'un bassin à fond plat, sans doute un ancien lac, recouvert de superbes pacages, où la Reuss, tout à l'heure furibonde, coule argentée et paisible.

LE RELAIS DE POSTE D'ANDERMATT.

Au delà d'Andermatt, au confluent des deux rivières dont la jonction forme la Reuss, commence à proprement dire la montée du Saint-Gothard. A droite, le glacier de la Furca et le village d'Hospenthal avec sa vieille tour romaine. La route multiplie ses audacieuses sinuosités au travers d'un paysage redevenu désert et abrupt. On quitte le canton d'Uri pour entrer dans celui du Tessin, et l'on gagne le sommet du col, c'est-à-dire le vieil hospice qui sert aujourd'hui de maison de refuge pour les voyageurs, et qu'entoure une rangée de cimes menaçantes : la Stella, le

TRAVAUX DE CONSTRUCTION DU TUNNEL DU SAINT-GOTHARD.

mont Rosa, le Fibia, le Fiendo. Non loin de l'hospice se trouvent deux petits lacs bien encaissés ; de l'un sort la Reuss, de l'autre le Tessin.

Et maintenant, la nuit passée au refuge, en route pour la terre « où fleurissent les citronniers ». Les jours de tempête, la descente sur cet autre versant est des plus périlleuses. Le chemin plonge ses spires dans le val Tremola (la vallée tremblante) jusqu'à Airolo, où commence la Lévantine (vallée des avalanches), qui s'étend jusqu'à Biasca. Bientôt le sol redevient fertile, un souffle méridional vous caresse ; pourtant la sève du Nord lutte encore avec celle du Sud ; au mélèze et au pin sauvage s'entremêlent l'if et l'aune verdoyant ; sur les pentes boisées les avalanches ont creusé d'horribles sillons ; mais la victoire reste enfin au soleil d'Italie ; le Tessin lui-même perd ses allures désordonnées et fredonne une douce cantilène.

C'est à Airolo que doit aboutir le grand tunnel de 15,000 mètres, à double pente inverse comme celui du mont Cenis, qu'on pratique au ventre du Saint-Gothard. Au sortir du souterrain, la voie gagnera par le versant gauche le défilé de Stalvedro, et descendra successivement, à l'aide de paliers de rebroussement ou de rampes en spirale, les quatre terrasses étagées dont se compose la Lévantine. Passé Faido (à 721 mètres encore), au centre de la troisième terrasse, après la gorge où tombe à pic le Tessin, on pourra mettre la tête à la portière et saluer l'Italie avec son paysage à teintes chaudes, son air parfumé, ses vignes et ses mûriers. On descendra cependant encore jusqu'à Biasca, où se trouve la bifurcation vers Locarno d'une part et Lugano de l'autre. En tout, de Fluëlen à Biasca, qui n'est qu'à une heure et quart de Bellinzona, on aura parcouru, par la voie ferrée, 97 kilomètres, dont 28 en tunnel.

IV

LA ROUTE DU SIMPLON

A l'extrémité orientale du lac Léman s'ouvre une vallée basse, à fond plat, que le Rhône arrose dans toute sa longueur, et souvent aussi, en ses crues redoutables, dans une bonne partie de sa largeur. Parmi la double chaîne qui la borde, deux cimes surtout attirent de loin les regards : la Dent du Midi et la Dent de Morcles, élevées l'une et l'autre jusqu'à la région des neiges éternelles. C'est à l'endroit où leurs bases se touchent en quelque sorte, c'est-à-dire au défilé de Saint-Maurice, que commence le long canton, si original et si pittoresque, qu'on appelle le Valais. La voie ferrée, partie de

Lausanne, après avoir franchi le Rhône sur un pont d'une seule arche, rejoint ici la ligne du Bouveret au Simplon, qui court parallèlement à la route de terre.

Le site est des plus étranges. Au sortir d'un gigantesque tunnel, vous débouchez au pied d'une haute paroi de rochers à pic, au-dessus desquels apparaissent, éblouissants de blancheur, les glaciers de la Dent du Midi. Presque toujours, par le temps même le plus clair, des franges de nuages restent accrochées de la façon la plus singulière aux aspérités supérieures de ce rempart. Du même côté, c'est-à-dire à main droite, sur une étroite corniche, à 200 mètres de hauteur, vous apercevez, pareil à un nid d'aigle, un petit ermitage, celui de Notre-Dame de Scex, où conduit, en une demi-heure, un étroit sentier taillé dans le roc. A gauche se trouve la ville de Saint-Maurice avec son château et son abbaye.

MARTIGNY EN VALAIS.

Par malheur, nous n'avons pas le temps de nous attarder aux curiosités de cette première étape; notre but, c'est le Simplon et l'Italie; tout au plus pourrons-nous jeter, au passage, un regard rapide à quelqu'une des trente ou quarante vallées latérales qui s'embranchent au tronc principal du vaste *saltus* baigné par le Rhône.

Après Saint-Maurice, le point d'arrêt le plus intéressant est la station, toute récente, de Vernayaz, d'où l'on va visiter la fameuse cascade dite de *Pisse-vache* et les admirables gorges du Trient; puis, le torrent de la Dranse une fois traversé, l'on arrive à Martigny.

On sait que cette ville, dominée par une tour ruinée, reste d'un ancien château, est le rendez-vous général des touristes qui vont soit au Saint-Bernard ou à Chamonix, soit au Simplon ou à Louèche. Elle est située au sommet d'un triangle alpestre dont le plus petit côté s'avance du sud au nord, tandis que l'autre, le plus long, s'étend de l'ouest à l'est, en remontant le Rhône jusqu'à sa source dans la Furca.

Encore trois étapes de chemin de fer : Saxon, au pied de la *Pierre-à-voir*, avec un établissement thermal et un casino de jeux, jadis à peu près désert, aujourd'hui très-fréquenté, grâce à la fermeture des banques d'outre-Rhin et de Belgique ; — Riddes, où l'on franchit une seconde fois le Rhône ; — puis Ardon, aux vignobles renommés, — et l'on atteint Sion (en allemand *Sitten*). Cette ville épiscopale, chef-lieu du canton du Valais, offre un aspect triste et noir, mais des plus mouvementés, avec

VUE DE SION.

ses restes de remparts, ses tours gothiques, et surtout les deux rochers qui la commandent, et qui portent l'un et l'autre des ruines de châteaux.

Deux stations seulement, Saint-Léonard et Granges, la séparent de Sierre (*Siders*), point extrême où s'arrête encore aujourd'hui le chemin de fer du Simplon.

Qui délivrera ce malheureux tronçon de voie ferrée, à demi boiteuse, de l'espèce de fatalité qui s'acharne sur son berceau? Je me souviens, comme d'une sorte de rêve, d'avoir assisté, il y a huit ans, à l'inauguration officielle de cette section dernière (Sion-Sierre) de la grande route internationale. Je revois la locomotive fleurie et enguirlandée qui nous a conduits de Martigny à l'entrée du val d'Anniviers ; j'entends encore les harangues toutes de promesses et d'enthousiasme prononcées alors, au pied des monts ensoleillés, parmi le joyeux tumulte d'un festin en plein air, où prenait part, sous un parasol majestueux, l'évêque de Sion en personne. Quelle chaude étreinte entre les trois peuples italien, français et suisse! Hélas! on sait trop par quels embarras juridiques et financiers a passé depuis lors l'entreprise. De tout ce mouvement d'idées et de paroles il ne reste que quelques mélancoliques levées de terre, *opera interrupta*, qui attendent toujours des rails absents, au sortir du bourg de Sierre.

CHUTE DE LA VIÈGE (VALAIS).

Pour nous touristes, il importe peu, il est vrai. Ce qu'il nous faut, c'est le mulet ou la diligence, c'est la faculté de jouir tout à l'aise du paysage et de humer librement l'air des hautes crêtes.

Lorsqu'on a quitté Sierre, on traverse la forêt de Pfyn, et l'on arrive, au bout d'une demi-heure environ, au pont de l'Illgraben. Rien de plus effrayant et de plus désordonné que le torrent qui mugit là au-dessous de la route. Ensuite, laissant à gauche le chemin qui monte aux bains de Louèche et une sombre gorge au-dessus de laquelle on

ROUTE DU SIMPLON.

aperçoit la Gemmi, l'on atteint le hameau de Tourtemagne (*Turtman*), où l'on peut, moyennant quelques centimes, admirer à l'aise une très-belle cascade, — puis Viège (*Visp*), à la jonction de la rivière de ce nom et du Rhône.

Là descendent de voiture les voyageurs qui veulent obliquer à droite et se rendre à Zermatt, au pied du Cervin, par Saint-Nicolas et Tœsch. Nous continuons, quant à nous, de monter jusqu'à Brieg, au confluent de la Saltine, où commence à proprement dire l'escalade du Simplon.

La route alpestre établie par les ordres de Napoléon Ier, de 1800 à 1806, est un chef-d'œuvre étonnant de hardiesse et d'habileté. Bâtie sur le roc, au bord de torrents et de ravins exposés aux avalanches, elle a 8 mètres de largeur, avec une inclinaison de 5 ou 6 centimètres par mètre dans les parties les plus raides. Ce qui en fait le caractère particulier, ce sont ses centaines de ponts et passerelles, ses terrasses ou paliers en maçonnerie massive de plusieurs kilomètres de long, ses galeries cimentées ou taillées dans la roche vive, et ses innombrables *refuges*.

LE VILLAGE DE SIMPLON.

A partir de Brieg, elle serpente, trois heures durant, à travers de magnifiques prairies et d'ombreuses forêts de sapins. Dès le quatrième refuge, le Wiessbach franchi, on jouit d'une vue féerique sur le revers des Alpes bernoises; une demi-heure après, au débouché de la galerie de Schalbet, on aperçoit à gauche le glacier de Kaltenwasser; puis on traverse une autre galerie, dominée par la pyramide du Schenhorn et au-dessus de laquelle passent le torrent et les avalanches. C'est, pendant l'hiver, un des points les plus dangereux de la route.

Du sommet du col (2,200 mètres), marqué par une croix, on découvre au nord, à l'est et au sud, tout un monde de pics et de glaciers. A dix minutes de là s'élève le nouvel hospice, asile fondé par Napoléon et où l'on trouve la plus gracieuse hospitalité. Il est occupé par huit chanoines réguliers de la même communauté que celle du grand Saint-Bernard, et, comme celui-ci encore, il est desservi en sous-ordre par de gros chiens qui ont pour mission d'aller à la recherche des voyageurs en détresse.

La descente, sur le versant opposé, se fait à pic jusqu'au village de Simplon, qui n'est plus qu'à 1,500 mètres environ d'altitude. Il est situé dans une sorte de cirque où se déversent huit glaciers, et sur l'emplacement de l'ancien hameau détruit, il y a deux cents ans, par la chute d'une montagne. De là jusqu'à Domo-d'Ossola, le trajet ne laisse pas que de présenter des périls. Sans m'arrêter à la nomenclature monotone de tous les ponts qui s'y rencontrent, de tous les torrents qui y dégringolent des glaciers par les défilés les plus fantastiques, je me contenterai de citer la curiosité la plus étrange de cette section de la route : la gorge, puis la galerie de Gondo. La voûte du ciel, en cet endroit, ne vous apparaît qu'à 700 mètres au-dessus de vous; le chemin, taillé en corniche dans le granit, plane sur un abîme au fond duquel mugit la Doveria, rivière torrentueuse formée de la réunion du Krummbach et de la Laquine.

Au village de Gondo, assis à la limite de la Suisse et du Piémont, on n'est plus qu'à 25 kilomètres de Domo-d'Ossola. La douane italienne est à une demi-heure de marche plus loin, à Isella, localité au delà de laquelle se trouve une autre galerie non moins sauvage que celle de Gondo. Bientôt, il est vrai, le paysage prend un autre aspect : des jardins en terrasses, des vignes en berceaux, de blanches constructions se montrent aux flancs des hauteurs voisines. Est-ce enfin la riante Italie? Pas encore. Il vous reste à franchir un dernier défilé morne et glabre, puis la galerie de Crevola ; après quoi, suivant le cours de la Tosa, vous arrivez, en trois quarts d'heure environ, à la petite ville de Domo-d'Ossola (306 mètres d'altitude). Cette fois, c'est bien l'Italie : témoin la végétation de ces jardins, le dallage de ces rues, l'aspect de ces maisons à colonnades et à auvents, la physionomie de ces femmes coiffées d'une mantille; témoin aussi cette surabondance de prêtres et de moines, et cette odeur d'ail et de macaroni qui emplit l'air ambiant. D'ailleurs, et c'est tout dire, voici, à votre choix, la diligence de Baveno ou celle de Palanza qui vous conduira, en quelques heures, aux îles Borromées.

V

LA ROUTE DU BRENNER

Le grand ennemi de l'ingénieur dans les Alpes, c'est la neige. A une altitude de 700 mètres, la couche neigeuse atteint, chaque hiver, un mètre à peu près d'épaisseur ; au-dessus de 1,200 mètres, elle est double, et y dure de cinq à six mois ; 1,000 ou 1,200 mètres plus haut, son empire est éternel.

De là viennent les difficultés principales que rencontre l'établissement des chemins, et surtout des chemins de fer, au travers du massif alpestre. Il serait en effet possible de conduire, à l'aide de zigzags et de paliers successifs, une voie ferrée à ciel ouvert jusqu'au sommet des cols qui n'ont que 2,000 mètres environ de hauteur ; mais l'œuvre serait sans cesse menacée d'anéantissement. Durant la moitié ou les deux tiers de l'année, il faudrait lutter contre l'obstruction ou la destruction de la route par les neiges, les avalanches, et les *cônes d'éboulement*, comme on appelle ces dépôts de pierres, qui, détachées de leurs assises par les orages et la fonte des neiges, roulent dans les gorges, dans les torrents, et barrent soudain toute une vallée.

Aussi a-t-on reconnu la nécessité en quelque sorte scientifique d'avoir recours à d'immenses souterrains, comme on l'a fait au mont Cenis, comme on le tente au Saint-Gothard, comme on l'essayera un jour ou l'autre au Simplon et peut-être aussi au Splügen.

Il existe cependant un col alpestre qui, en raison de son isolement, de sa topographie particulière, a pu recevoir dans toute sa longueur une voie ferrée ascendante et descendante, exempte des inconvénients dont je viens de parler : c'est le Brenner.

Situé à l'est de la Suisse, dans les Alpes tyroliennes, le Brenner fait communiquer les vallées de l'Inn et de l'Adige ; il débouche au milieu du fameux quadrilatère italien et permet d'aller des pays allemands à Vérone et à Venise, sans passer par le Semmering. Le chemin de fer qui le franchit, à une hauteur de 1,366 mètres, a été ouvert en 1864 ; c'est la première route de ce genre qui ait escaladé la grande chaîne européenne. Sa longueur totale, d'Innsbrück (qui est à 759 mètres d'altitude) à Bolzano (262 mètres), est de 126 kilomètres.

Le voyageur ne trouve pas ici les horribles et béants paysages du Splügen et du Saint-Gothard ; mais quelles vues ravissantes, dès le début du parcours, sur la verdoyante et ombreuse vallée de l'Inn, qu'encadrent en arrière les cimes blanches du Solstein et du Martinswand !

Au sortir du tunnel qui traverse le mont Isel, l'on aperçoit les glaciers du Stubai et

BALADINS PASSANT LE BRENNER.

l'on entre dans la vallée de la Sill, toute diaprée de blanches maisonnettes, de châteaux ruineux, avec des blocs immenses surplombant les pentes où le cailloutis roule éperdu, et où les fils télégraphiques s'accrochent désespérément au roc nu.

Tout cela vous passe comme un rêve devant les yeux.

Tenez, là-bas, à travers une éclaircie de la forêt, voici la vieille route stratégique et postale, celle que prenait jadis l'empereur Charles-Quint pour aller du *pays des Welches*, — l'Italie, — au Reichstag d'Augsbourg, celle que Gœthe a parcourue, le cœur plein de rêveries délicieuses, en 1786, et où l'on a retrouvé, paraît-il, des bornes milliaires du temps de Caracalla et de Septime-Sévère. Pauvre route postale! Elle est aujourd'hui aussi triste et aussi abandonnée que celle du mont Cenis. Ces chemins de

LA ROUTE DU BRENNER EN AVAL DE GOSSENSASS.

fer n'en font pas d'autres : ils répandent à flots la vie et le bruit dans les âpres solitudes que la création semblait avoir vouées au silence et à l'ombre éternels, et, du même coup, ils plongent dans un morne oubli et un sommeil quasi-antédiluvien des régions entières où retentissaient autrefois les coups de fouet joyeux des postillons et les lazzis sonores des caravanes.

Seuls maintenant, le touriste aux souliers ferrés, ami des longs circuits et des poétiques nuitées au bord des torrents, l'émigrant besoigneux, ou quelque troupe musarde d'artistes forains, escortés de leur ménagerie pittoresque, s'attardent par les spires de cette route qu'embaume la senteur résineuse des pins.

Le plus long tunnel est celui de Mühlthal (2,800 pieds), qui débouche sur Matrey, station à cheval sur la Sill, et qui jadis, sous le nom de *Matrejum*, fut un camp retranché des légions romaines. On raconte qu'en 1530, lorsque Charles-Quint passa par là, le village était tout entier en train de flamber : de sorte que le *Kaiser* fut obligé de chercher un refuge dans une habitation éloignée. Matrey, du reste, comme beaucoup de localités alpestres, joue de malheur avec le feu : il a brûlé six fois depuis lors.

Steinach, que le chemin de fer laisse ensuite à l'écart, taciturne et boudeur, était naguère encore un des relais de poste les plus gais du monde. Nuit et jour, la chaussée était pleine de bruit, de mouvement, et l'aubergiste comptait une soixantaine de chevaux en ses écuries. De toute cette prospérité, il ne reste plus d'autre vestige que les fresques multicolores qui enjolivent les façades des maisons.

Après Steinach, on décrit une courbe gigantesque dans la vallée latérale du Vordergrund, pour atteindre, à l'aide de rampes ardues et de plusieurs tunnels, la station de Brenner, hauteur culminante du passage et point de partage des eaux entre la mer Noire et l'Adriatique. A pied, il ne faudrait guère que cinq minutes pour y arriver ; la locomotive, à laquelle répugne, et pour cause, la ligne droite, met une demi-heure environ.

Quelques pauvres maisonnettes, serrées piteusement les unes contre les autres, voilà tout Brenner. Un petit lac verdâtre et dormant couronne le plateau. Non loin de là est une station d'eaux assez fréquentée, le Brennerbad.

On descend la vallée de l'Eisack, et l'on plonge brusquement sur le versant gauche du Pflerschthal ; dans le fond, on aperçoit devant soi Gossensass, qui n'est déjà plus qu'à 1,064 mètres d'altitude, au pied du Huhnerspiels.

Passé Sterzing, plus bas encore de 200 mètres, la vallée se rétrécit, et l'on arrive au buffet de Franzensfeste, nœud stratégique du col, à l'embranchement du chemin de fer qui conduit à Klagenfurth, à Laybach et à Trieste par le Pusterthal. Ici les soldats pullulent, car sur un soubassement colossal de granit se dresse une forteresse. Avec ses murailles gigantesques et ses portes sourcilleuses, elle aspire à une sorte de grandeur babélique ; mais que cette majesté artificielle de pierres entassées par l'homme paraît peu de chose à côté de la montagne qui s'élève derrière !

Au sortir d'un magnifique défilé, la vallée s'élargit de nouveau. On descend une pente raide ; en même temps, l'air devient plus doux et plus tiède, la végétation plus abondante. Voici, au confluent de la Rienz et de l'Eisack, la petite ville de Brixen, siège d'un évêché princier depuis le temps des Othons. Les rues sont pleines de moines et de nonnes ; tout, jusqu'à l'industrie locale, porte l'empreinte de la dévotion : la seule fabrique du pays confectionne pieusement des frocs de capucin.

On entre ensuite dans un autre défilé, celui de Klausen, admirable avec ses gorges et ses obélisques naturels de porphyre, les *pyramides de terre*, comme les appellent les Tyroliens. De là on court jusqu'à Bolzen. — *Bolzano!* crie le conducteur en italien : vous êtes en effet au seuil de l'Italie, mais non encore à la frontière, qui se trouve à Ala, au confluent du Ronchi et de l'Adige.

CHAPITRE II

DE TRENTE A L'ADRIATIQUE

I

L'AGRO TRENTINO

A Bolzen, l'Eisack une fois traversé, s'ouvrent la vallée de l'Adige et l'*Agro trentino*, c'est-à-dire la région qu'on appelle improprement Tyrol italien, par opposition au Tyrol allemand, situé sur l'autre versant des Alpes. Elle est peuplée d'environ 340,000 habitants, et touche à l'ouest aux territoires de Brescia et de Bergame, au sud à Vérone, et à l'est à la Vénétie.

Le caractère dominant de ce beau vestibule de l'Italie, c'est une sorte de nature mixte entre le Nord et le Midi; dans les hautes cimes nues et rocheuses qui en dessinent la ceinture septentrionale, on retrouve les rudes formes du paysage tudesque et de l'alpe suisse; le figuier toutefois monte jusqu'à la hauteur de 500 mètres, la vigne jusqu'à 700; l'olivier, lui, ne dépasse guère l'altitude de 200 à 250 mètres; mais, dans le fond des vallées, où l'atmosphère est douce et caressante, on s'aperçoit décidément que c'est le Midi qui l'emporte; on le voit aussi à l'aspect des habitants, qui, au lieu d'être blonds et lourds, sont, au contraire, bruns et sveltes, avec des traits saillants et aigus, l'œil enfoncé, le nez généralement aquilin, et la lèvre mince.

Le campagnard du Trentin est pauvre; il vit surtout de riz et de cette bouillie de farine de maïs qu'on nomme *polenta;* son principal trafic est celui des bois, que les torrents du pays transportent aux plaines du sud, et l'élève de ses bestiaux, qu'il envoie passer six mois de l'année dans les pâturages de la Lombardie.

Gœthe nous a laissé de la région de Bolzen à Trente une description pleine de charme, qu'on nous saura gré de transcrire ici :

« Il y a neuf milles de Bolzen à Trente, dans une vallée de plus en plus fertile. Tout ce qui essaye de végéter sur les hautes montagnes a déjà ici plus de force et de vie ; le soleil est brûlant, et l'on recommence à croire en Dieu. Une pauvre femme m'a appelé pour me prier de prendre son enfant dans ma voiture, « parce que la chaleur du soleil lui brûle les pieds. » J'ai accompli cet acte d'humanité en l'honneur de la puissante lumière du ciel. L'enfant était vêtu et paré d'une étrange façon ; mais je n'ai pu en tirer un seul mot en aucune langue.

PAYSANNE DES ENVIRONS DE TRENTE.

« Le cours de l'Adige devient plus doux, et forme en beaucoup d'endroits de larges bancs de gravier. A terre, près du fleuve, et sur la pente des collines, tout est planté si serré, si entremêlé, qu'il semble qu'une chose doive étouffer l'autre : treilles de vignes, maïs, mûriers, pommes, poires, coings et noix ; l'hièble escalade prestement les murs ; le lierre s'élève en fortes tiges contre les rochers et les couvre sur une grande étendue ; le lézard se glisse dans les intervalles ; tout ce qui passe deçà et delà rappelle les plus aimables tableaux ; les tresses des femmes, les poitrines nues et les légères jaquettes des hommes, les bœufs magnifiques qu'ils ramènent du marché, les ânes chargés, tout représente un *Henri Roos* animé et vivant.

« Et quand vient le soir, alors que, par une douce brise, quelques nuages reposent sur les montagnes, s'arrêtent dans le ciel plutôt qu'ils ne passent, et qu'aussitôt après le coucher du soleil le grésillement des sauterelles commence à faire plus de bruit, on se sent en quelque sorte identifié avec le monde.... Oui, je me plais ici comme si j'y étais né, que j'y eusse été élevé, et que je revinsse d'une expédition au Groenland ou de la pêche à la baleine. La poussière même qui tourbillonne parfois autour de la voiture, je la salue comme une poussière natale que je n'aurais point vue de bien longtemps. Le carillon des sauterelles m'agrée par-dessus tout ; il pénètre, sans importuner. Et quel plaisir d'entendre de joyeux bambins rivaliser par leurs sifflements avec une armée de ces chanteuses! On se figure une joute réelle. La soirée même est douce comme le jour. »

Au centre de la région s'élève la ville de Trente (*Trient*), qui lui a donné son nom. Cette

LE CHÂTEAU DE TRENTE.

antique cité romaine, située à 181 mètres d'altitude, sur la rive gauche de l'Adige, dont l'ancien lit demeure à côté silencieux et vide, offre un aspect des plus pittoresques avec ses murs crénelés du temps de Théodoric, ses clochers et ses tours rébarbatives. Le premier monument qu'on vous fera voir, à votre arrivée, c'est le Château ou *Castell*, qui domine orgueilleusement la ville, dominé lui-même plus orgueilleusement encore par les montagnes d'alentour. C'était jadis la résidence du prince-évêque et de son chapitre, lequel avait, on s'en souvient, le privilège de ne se recruter que parmi la noblesse ou les savants les plus illustres. A présent, ce n'est plus, je crois, qu'une caserne.

Sur la place de la Cathédrale ou du Dôme, vous remarquerez une belle fontaine murmurante en marbre rouge, représentant Neptune avec ses tritons et ses sirènes. Au nom de la vieille divinité mythologique se lie étroitement, si l'on en croit la légende, celui du fameux martyr chrétien Vigile, dont le Dôme renferme les ossements, et qui fut mis à mort par les païens pour avoir, dans sa pieuse fureur iconoclaste, porté la main sur l'oncle de Proserpine, l'antique patron de la ville. De savants étymologistes vous diront même que le nom de *Trient* vient du *trident* de ce dieu, emblème qui se trouve gravé, dit M. Karl Stieler dans son *Voyage des Alpes à l'Etna*, sur une borne romaine encore intacte. Il est vrai que d'autres, se rangeant à l'avis de Pline et de Strabon, affirment qu'il faut rattacher l'origine du nom au confluent des trois rivières qui coulent en cet endroit.

FONTAINE DE LA PLACE DU DÔME A TRENTE.

L'église de Sainte-Marie-Majeure (*Santa Maria Maggiore*), où se tint, de 1545 à 1563, le fameux concile général, le dernier en date avant celui de 1870, est un bâtiment du seizième siècle, où domine le marbre blanc et rose. Dans le chœur, une grande peinture à fresque représente les scènes principales de la grande assemblée œcuménique, qui ne compta pas moins de vingt-cinq sessions. On y voit les portraits d'un grand nombre de prélats qui y siégèrent ; au-dessus d'eux plane la Vierge, qui, l'enfant Jésus dans ses bras, tempère le feu de la discussion.

Les rues de la ville sont animées d'une foule à l'aspect un peu indécis, comme c'est le caractère des populations de pays frontières. Si le Trentinais a déjà la vivacité du Midi, il lui manque cette *grandezza* qui distingue le véritable Italien, même de la classe

ENTRÉE DU PALAIS SARDAGNA A TRENTE.

commune; dans son extérieur comme dans son langage, il est encore mi-Teuton et mi-Welche. Toutes les places de Trente sont encombrées de marchands et de marchandes de fruits empressés à vous offrir, sur des corbeilles rondes-plates, une quantité de poires et de pêches magnifiques. Quelques palais particuliers, entre autres le palais *Sardagna*, méritent d'être visités.

A quelques milles en deçà de la douane italienne, se trouve Roveredo, petite ville de dix mille âmes, sur la rive gauche de l'Adige, restée célèbre dans l'histoire par la série de combats qui furent livrés dans ses environs, en septembre 1796, par le général Bonaparte. Ici le langage prend une forme décidée, et l'empreinte du Midi devient tout à fait frappante. La blancheur éblouissante des murs, l'éclat de la végétation arborescente et des fleurs qui ornent les jardins, les eaux abondantes qui, de toutes parts, jaillissent des fontaines, le rire sous cape des femmes, leurs menus trémoussements, leur regard à la fois

MARCHANDS DE FRUITS A TRENTE.

chaud et mutin, leur façon d'agiter l'éventail, tout annonce la terre italienne. Et, pour mieux vous convaincre que vous êtes bien en Italie, regardez là-bas à l'horizon; vous apercevrez, au pied du mont Baldo, une nappe bleue : c'est le lac de Garde.

II

LE LAC DE GARDE

Le chemin le plus pittoresque pour descendre au lac de Garde, c'est, sans contredit, celui qui traverse le val de la Sarca. Il offre tour à tour des gorges sévères comme

MOULIN A BUSO DI VELA, VAL SARCA.

celle de *Buco di vela*, des déchirures desquelles s'échappe çà et là un petit torrent qui fait mouvoir un moulin solitaire; des chaos pierreux, comme celui de la *Pietra murata*; de jolis lacs encaissés, tels que le *Lago di Cavedine*, et des châteaux juchés sur d'ef-

froyables escarpements, dont le spécimen le plus remarquable est celui des anciens
comtes d'Arco.

PIETRA MURATA (VAL SARCA).

Le lac de Garde, le *Benacus* des anciens, situé à la limite du Trentin, de la Vénétie

LAGO DI CAVEDINE (VAL SARCA).

et de la Lombardie, est le plus grand des lacs italiens; il a 124 kilomètres de circonférence, un tiers de plus que le lac Majeur.

« Les lacs, de même que les mers, dit M. Élisée Reclus dans son beau livre intitulé *la Terre*, sont en général d'autant plus profonds qu'ils sont dominés par des promontoires plus escarpés, car les cavités que remplissent les eaux doivent répondre par leurs dimensions à la puissance des masses soulevées. Ainsi, pour ne citer d'autre exemple que celui des lacs Alpins, les plus profonds de ces bassins se trouvent à la base méridionale des Alpes, qui, de ce côté, dressent leurs pentes les plus abruptes. Le lac Majeur, dont le niveau est à 199 mètres au-dessus de l'Adriatique, n'a pas moins de 854 mètres de profondeur; le lac de Côme a 604 mètres dans la partie la plus creuse de son bassin; les lacs de Garde et d'Iseo sont moins profonds; mais ils le

CHÂTEAU D'ARCO (VAL SARCA).

sont toujours assez pour descendre beaucoup au-dessous de la surface de la mer. Que l'on se figure le massif des Alpes rasé jusqu'au niveau marin, les abîmes qu'emplissent les eaux des lacs Majeur, de Côme, de Garde et d'Iseo auraient encore respectivement 655, 402, 158 et 130 mètres de profondeur, tandis que, de l'autre côté des Alpes, tous les bassins se trouveraient vidés, à l'exception peut-être du seul lac de Brienz, s'il est vrai, comme le dit de Saussure, qu'il ait 600 mètres de profondeur. »

L'aspect du lac de Garde présente une étonnante diversité. Au nord, à la partie la plus étroite du bassin, sur la rive tyrolienne, déchiquetée par de nombreuses baies, les sites sont d'une sauvagerie abrupte; les lignes rocheuses du Monte Baldo et du Monte Adamo s'y découpent durement sur le ciel bleu; puis, à mesure qu'on s'avance vers le sud, le tableau s'agrandit : les rivages, à droite et à gauche, se reculent : les roches perpendiculaires font place à des collines aux molles déclivités qui finissent par disparaître à leur tour ; la vague chantante s'étale alors à son aise, et a déjà le charme pénétrant de l'Adriatique ; les îles elles-mêmes, qui s'élèvent de place en place, sont exemptes de ces échancrures qui indiquent le combat de la terre avec l'eau.

Pour bien jouir du spectacle de ces bords couverts de jardins en terrasses, pleins d'orangers, d'oliviers, de citronniers et de vignes, il faut prendre le paquebot et faire le tour du lac. Voici d'abord, à l'extrémité septentrionale, Riva, nom enchanteur, que la

RIVA.

bouche prononce sans effort, et presque d'un souffle. Cette petite ville, blottie au pied du mont Ginmella, et entourée d'une ceinture de vieux et magnifiques oliviers, n'est, en partie, qu'un écheveau emmêlé de rues étroites ; les murs, rongés par le temps, semblent avoir surgi tels qu'ils sont du sol pierreux où ils s'élèvent ; mais quelle admirable couleur est épandue sur tout cela ! Asseyez-vous sur cette haute terrasse aux arbres chargés de fruits, et regardez à vos pieds ces enfants en train de prendre leurs ébats ou de se colleter pour un citron tombé à terre, puis, là-bas, tout là-bas, cette voile blanche de pêcheurs qui frissonne au vent, dans l'air parfumé. Quel tableau plein de fraîcheur et de poésie ! Ou bien encore, suivez cette belle rue *Ponal*, passez devant la splendide cascade de ce nom, et enfoncez-vous dans le val de Ledro : vous trouverez là dans la montagne un petit lac silencieux et profond, dont les parois calcaires et à pic vous rappelleront les sites alpestres, mais qui est cependant bien italien par l'odorante et riche végétation de ses bords.

La partie la plus fertile de la rive occidentale du lac est celle qui se trouve au-dessous de Limone et de Tremosine, et s'étend de Gargnano à Desenzano, en passant par la

DESENZANO.

baie de Salò. On l'appelle *Riviera*, et c'est le rendez-vous d'été, le lieu de villégiature de la noblesse de Vérone et de Brescia. Sur la rive opposée, l'endroit le plus remarquable est Torbole, protégé par un petit port autour duquel soufflent ou se combattant deux vents contraires : le vent du nord, qui vient des Alpes, le *Sover*, comme on l'appelle, et celui du sud, l'*Ora*. Ce sont leurs alternatives de violence et d'accalmie qui donnent au lac cette inépuisable richesse de teintes, où se succèdent et s'entremêlent le bleu foncé, l'acier mat, la couleur de plomb et le vert pâle ; de là aussi les tuméfactions et les murmures de ces ondes, qui ont fait dire à Virgile :

« Fluctibus et fremitu assurgens, Benace, marino. »

RIVAGE PRÈS DE TORBOLE

Bien des choses ont changé depuis dix-huit siècles, écrivait Gœthe, de Torbole, en septembre 1786, « mais le vent gronde toujours sur le lac. »

Au-dessous de Torbole, et du même côté, vient Malcesine, avec son château pittoresque, à propos duquel il arriva au même Gœthe une si plaisante aventure ; puis Garda, qui a donné son nom au lac, et où se trouvent encore quelques vieilles tours noyées dans la verdure, les camellias et les lauriers-roses ; ensuite, après maint village en amphithéâtre qu'on salue au passage, surgit des flots, avec ses splendides forêts d'oliviers, la péninsule de Sermione, — encore un nom charmant et plein d'euphonie, — vrai

TORBOLE.

paradis, habité et chanté jadis par le poëte Catulle ; enfin, sur la rive méridionale, Peschiera, aux murailles noircies, un des ouvrages du célèbre quadrilatère. C'était là que naguère, ou plutôt jadis, tant les événements se sont pressés depuis lors, la douane autrichienne demandait les passe-ports. A Peschiera, la Sarca, entrée dans le lac de Garde près de Riva, en ressort sous le nom célèbre de Mincio. Le poisson abonde dans le courant de cette rivière riche en roseaux, *velatus arundine glauca*, comme dit encore Virgile : c'est une idylle de pêche que rencontre le dernier regard jeté en arrière par le voyageur ; c'est le chant lointain du jeteur de filet que le vent du soir lui apporte à l'oreille, tandis qu'il débarque, à regret, le cœur tout plein de la poésie du grand lac.

III

VÉRONE

De Peschiera à Vérone, il n'y a que 23 kilomètres par le chemin de fer. Dès Somma Campagna, on aperçoit la ville, et, derrière elle, les collines surmontées de forts qui la

DÉPART D'UN BATEAU DU LAC DE GARDE, À PESCHIERA.

dominent. Ce qui frappe en Vérone, au premier abord, c'est je ne sais quel air de vétusté rongeuse qui ne se trouve au même degré dans aucune autre cité italienne du nord. Ce ne sont pas, du reste, les vicissitudes qui ont manqué à sa fortune : successivement municipe romain, résidence d'Odoacre et de Théodoric, capitale du royaume carlovingien d'Italie, puis république, tour à tour indépendante, puis esclave, elle a épuisé de siècle en siècle les destinées les plus émouvantes et les plus diverses.

VUE DE VÉRONE.

L'Adige la sépare en deux parties inégales, dont la plus petite, qui n'est pas la moins curieuse, est située sur la rive gauche et porte le nom de *Véronette*.

Un des points les plus animés de la ville, c'est la *Piazza delle Erbe*, Place aux Herbes. C'était jadis le forum de la république, le rendez-vous des politiqueurs. Sur un des côtés s'élève l'ancienne Maison aux Marchands, *Casa dei Mercanti*, qui date du treizième siècle; de l'autre est le palais des Maffei; au milieu, une fontaine de marbre, ornée d'une statue qui est la personnification de la cité. On y voit, en outre, une colonne monolithe au fût découronné; là trônait autrefois le lion de bronze de Saint-Marc; il en fut enlevé en 1799.

PIAZZA DELLE ERBE.

La *Piazza delle Erbe* mérite bien son nom. Elle est comble de légumes et de fruits. Vendeurs et acheteurs s'y pressent et criaillent sous les tentes blanches, pleines de petites tables où abondent, dans des corbeilles, *piselli* (petits pois), *faginolini* (haricots), *fragole* (fraises), *uve* (raisins), *limoni* (citrons); n'oublions pas l'*aglio* et la *cipolla* (l'ail et l'oignon), qui, partout en Italie, répandent à cœur joie leurs âcres senteurs.

Tout autre et plus imposant est l'aspect de la place Victor-Emmanuel (ci-devant *place Brà*), où débouche le grand *Stradone* qui part de la Porte-Neuve. Là s'élèvent les restes d'un théâtre antique et un cirque romain, l'*Arène*, le mieux conservé qui existe. De forme ovale, comme le Colisée de Rome, ce cirque a un pourtour de 400 mètres et quarante-cinq rangs de gradins en bon état; cinquante mille personnes pouvaient, dit-on, y trouver place. Il est bâti, pour la plus grande partie, d'un marbre rougeâtre, tiré des défilés rocheux qui avoisinent Vérone, mais malheureusement fort sensible aux influences atmosphériques. Aussi est-il l'objet d'une restauration continue, qui lui donne, le jour, un air demi-neuf un peu étrange.

Ce monument passe pour avoir été érigé sous le règne de l'empereur Trajan. Maffei, l'historien véronais, raconte que, lorsque les Barbares menacèrent la ville, les habitants faisant, selon le proverbe, flèche de tout bois, prirent les pierres de l'Arène pour construire des murs de défense. Plus tard, pendant les dissensions civiles, celle-ci fut transformée en une citadelle où se retranchèrent tour à tour les partis; plus tard encore, dans cette

L'ARÈNE A VÉRONE.

même enceinte, où le pouce des matrones romaines avait disposé de la vie du gladiateur terrassé, on exécuta, sans recours cette fois, les condamnés. Puis les filles publiques s'y logèrent. Enfin, au seizième siècle, un remords prit aux Véronais : l'enlèvement des pierres fut interdit; les gens domiciliés dans les arcades furent soumis à une surveillance sévère, et on leva des taxes publiques pour réparer les offenses trop longtemps faites à ce vénérable édifice.

Il y a, ce me semble, aujourd'hui, à l'intérieur de l'Arène un théâtre de marionnettes (*burattini*); forgerons, fripiers et marchands de ferrailles ont pris possession des vomitoires; où rugissait le lion de Numidie retentit à présent le coup de marteau cadencé de l'artisan.

Si la place Brà représente l'antiquité, la *piazza Dante* ou *dei Signori* respire avant tout le moyen âge. Nous trouvons là en effet le Palais du Conseil (*Palazzo del Consiglio*) où ont résidé les Scaliger, dont les tombeaux se peuvent visiter, tout à côté, dans l'église *Santa Maria l'Antica*. Les portiques de cette *loggia* sont décorés des statues de cinq hommes illustres que les Véronais revendiquent comme leurs : Pline le Jeune,

Cornelius Nepos, Vitruve, Macer et Catulle. Rien ne prouve, soit dit en passant, que les trois premiers soient nés à Vérone. Au milieu de la place s'élève la statue de Dante Alighieri, lequel, au cours de son exil, fit une assez longue halte auprès des Scaliger.

Ces Scaliger (*Della Scala*), qui furent un moment la plus puissante famille de l'Italie, descendaient d'un simple marchand. A une époque où la bourgeoisie des villes était engagée dans une lutte acharnée contre la noblesse, les services rendus par un homme du tiers état se payaient volontiers au plus haut prix; le pouvoir allait vite à la consi-

COUR D'UNE MAISON, A VÉRONE.

dération. C'est ainsi que le peuple de Vérone élut pour podestat, en 1259, Mastino della Scala, chef du parti gibelin; c'est ainsi encore que, trois années plus tard, il le nomma prince à perpétuité. Après qu'il eut été assassiné — ce qui était la fin assez ordinaire des règnes dans l'Italie de ce temps-là — son frère Alberto, déjà seigneur de Mantoue, lui succéda; celui-ci eut trois fils, qui gouvernèrent à tour de rôle après lui et dont le plus célèbre, Can I**er**, mort en 1329, reçut le surnom de *Grande*.

Ce fut Can Grande qui commença, dans le Véronais, cette période d'éclat à la fois militaire et artistique dont l'histoire a gardé le souvenir. Capitaine général de la ligue lombarde des Gibelins, il mena grand train ses succès guerriers; il enleva à la république guelfe de Padoue la seigneurie de Vicence, puis Feltre, puis Trévise. Ami de toutes les grandeurs intellectuelles, il fit de sa cour l'asile des poëtes et des savants, et couvrit l'art et le génie de sa constante sollicitude.

Cette haute fortune des Scaliger dura peu ; les divisions intestines et les meurtres en accélérèrent la ruine, après Can Grande ; les ambitions voisines à l'affût ne manquèrent pas, au moment propice, la curée : les Visconti de Milan et les Carrare de Padoue se partagèrent les premiers lambeaux de la puissance déchue ; l'âpre Venise eut le reste.

Il y a plus de cinquante églises à Vérone ; la plupart sont de ce style mixte et tâtonnant, intermédiaire entre le roman et le gothique, qu'on appelle le style *lombard*.

UNE RUE, À VÉRONE.

La cathédrale (*Santa Maria Matricolare*), bâtie sur l'emplacement et avec les débris d'un ancien temple de Minerve, en présente le type frappant, avec son porche du douzième siècle, derrière les colonnes duquel on voit les statues de Roland et de la reine Berthe, mère de Charlemagne, ses clochetons, ses arceaux brodés et ses ogives entrelacées de feuillages tordus. Près de là est la Bibliothèque capitulaire, où Pétrarque découvrit les Lettres familières de Cicéron, et Niebuhr les Institutes de Gaïus.

Santa Anastasia, dont le clocher principal est environné d'une véritable nichée de cônes de toute taille, a été commencée en 1261 ; elle a une annexe curieuse, la chapelle Pellegrini, chef-d'œuvre de San Micheli, bâtie en *bronzino* des environs de Vérone et décorée de sculptures du quinzième siècle, pleines de grâce et d'originalité, qui représentent les scènes principales de l'Évangile.

San Zenone, située à l'extrémité nord-ouest de la ville, est la plus remarquable de toutes ces églises par la grandeur simple de ses proportions architecturales et en même temps par les étranges imaginations de ses sculptures. Ses parties primitives datent du neuvième siècle, le reste est des deux siècles suivants. *San Giorgio*, près de la porte de ce nom, sur la rive gauche de l'Adige, a une coupole de San Micheli et un tableau de Paul Véronèse, qui est un chef-d'œuvre : le Martyre de saint Georges.

De cette église, on peut aller presque tout droit, en passant devant le théâtre antique.

jusqu'au centre de Véronette, c'est-à-dire au palais Giusti, dont les jardins étagés sont une véritable merveille de l'art et de la nature réunis.

C'est du haut de la terrasse supérieure de ce charmant Éden, à laquelle on grimpe par un escalier tournant, qu'il faut contempler Vérone et ses environs. Admirez d'abord autour de vous ce labyrinthe de cyprès énormes, cinq ou six fois centenaires, entremêlés de lauriers-roses, de myrtes, d'oliviers et d'acanthes, qu'ils dominent superbement de leurs cimes aiguës; voyez ce peuple immobile et songeur de statues antiques ou modernes,

L'ÉGLISE SAINTE-ANASTASIE, À VÉRONE.

ces mystérieux réduits, ces grottes rocheuses, cet écheveau de chemins où s'égarent la rêverie et l'amour; puis portez vos yeux un peu en avant : voici la ville des Scaliger, avec son jaillissement de tours et de palais à l'architecture multiple, son Vieux-Château au pont si pittoresque, son fouillis de rues et de places. Plus loin encore, regardez cette ceinture de villas, et, au delà, la plaine lombarde, avec ses champs dorés, ses maïs, ses files de mûriers et ses innombrables canaux. Le cercle de l'arrière-plan, par-dessus tout, appelle une longue contemplation : au sud-est, ce sont les collines Euganéennes, dont je vous reparlerai plus tard, et où repose la cendre de Pétrarque; plus à droite se dessine la coupole de Saint-André, à Mantoue ; puis, tout là-bas, la fine chaîne des Apennins. Retournez-vous : voici les Alpes aux flancs noirâtres et au crâne chenu.

« Si vous aimez Shakspeare, dit M. Paul de Musset dans son *Voyage pittoresque en Italie*, ne partez pas de Vérone sans jeter une fleur au tombeau de Juliette. Dans ce siècle où l'amour ne fait plus de victimes, la charmante fille dont la mort a fourni le sujet du drame le plus touchant et le plus passionné mérite au moins un souvenir. La guerre civile des patriciens de Vérone s'est éteinte, aussi bien que la puissance des Scaliger ; mais les amours des deux pauvres enfants vivent encore dans toutes les mémoires, et ils y resteront tant que vivra la poésie. Avec ce privilège du génie qui devine les caractères et les mœurs sur un mot, sur un trait fugitif, Shakspeare, sans avoir vu l'Italie, a su donner à ses personnages les idées et le ton du pays. Ce besoin d'expansion, cette éloquence un peu diffuse, ces *concetti*, cette emphase, ces élans pathétiques de douleur, de tendresse ou de colère, tout cela semble pris sur nature. L'amour subtil qui enflamme à première vue Roméo et Juliette a bien le caractère de la passion méridionale ; c'est par les yeux que le feu prend en Italie. Quant à Mercutio, malgré son langage éminemment shakspearien, il est peut-être le plus vrai de tous. Soit par hasard, soit avec connaissance de cause, le poëte a fait de Mercutio non-seulement un Italien, mais un enfant de Vérone. Il faut savoir que l'air de ce pays a je ne sais quoi de subtil qui exalte le cerveau. Les gens gais, éveillés, les originaux, les rimeurs et les langues bien pendues sont plus nombreux à Vérone qu'en aucun lieu du monde. »

LA MAISON DE JULIETTE.

Cette dernière observation est tout ce qu'il y a de plus exact ; il suffit, pour s'en convaincre, de flâner quelques instants parmi la foule bariolée de la *Piazza delle Erbe*. On sent de reste une population d'évaporés, d'ingénieux *enlumineurs* d'idées et de sentiments, comme dirait notre Montaigne, et qui a l'esprit *giocondo* par excellence. Le plus illustre des Maffei, Scipion, avait lui-même un bon grain de cette agréable préciosité : témoin la thèse qu'il soutint publiquement en 1702 sur *l'amour*, dans l'Académie de

VUE DES JARDINS GIUSTI, A VÉRONE.

Vérone, en présence des dames véronaises siégeant comme docteurs. Ladite thèse, qui était, paraît-il, un fragment d'un grand ouvrage, d'un *Voyage dans la lune*, resté d'ailleurs en projet, contenait cent conclusions, qui descendaient « du genre aux espèces, de la cause aux effets, avec définitions, divisions, axiomes, corollaires », le tout déduit dans les termes rigoureux de « l'école » : le comble du *gingillo*, ou « le fin du fin », comme on disait chez nous dans les ruelles du dix-septième siècle.

J'allais oublier de rappeler où est, à Vérone, le monument funèbre de Juliette, ou

LA FONTAINE DE FER, PRÈS DE VÉRONE.

du moins le sarcophage qu'on vous montre comme tel. De la place Brà, prenez au sud la rue Pallone qui descend à l'Adige, et là, entre la rue des Capucins et le fleuve, vous trouverez, dans un jardin qui fut autrefois le cimetière d'un couvent de Franciscains, un tombeau vide, en granit rouge, sans couvercle. Ce couvercle a disparu depuis bien longtemps, et nul ne sait où il est. La pierre, au rebord de laquelle appendent quelques couronnes jaunies, est considérablement ébréchée, car plus d'une main étrangère en a brisé un morceau pour s'en faire une relique. Ce tombeau est en forme d'auge, et il a du reste servi un moment d'abreuvoir aux bestiaux et de baquet aux laveuses de salade. Il y a aussi, dans la rue Saint-Sébastien, une maison qu'on vous fera voir comme ayant été jadis la demeure des Capulet; passez vite : ce n'est plus aujourd'hui qu'une *osteria* mal famée.

Les environs de Vérone abondent en souvenirs et en beautés naturelles qui méritent l'attention du voyageur. Je citerai seulement près de la ville la *Fontaine de fer*; puis, sur la route de Mantoue, le *Château de Villafranca*, bâti par les Scaliger, et dont la tour hardie pyramide de loin dans le ciel bleu. Cette petite ville de Villafranca, où

CHÂTEAU DE VILLAFRANCA, PRÈS DE VÉRONE.

furent signés dans l'été de 1859 les préliminaires de paix entre les Français et les Autrichiens, était autrefois une des places les mieux fortifiées du Véronais; l'ouvrage le plus remarquable en était la célèbre *muraglia*, élevée au quatorzième siècle, et qui s'étendait, munie de créneaux, de tourelles et de portes, sur une longueur de six kilomètres vers Valleggio.

Il subsiste encore, non loin de cette dernière localité, une curiosité du même genre : ce sont les ruines d'un pont qui franchissait jadis le Mincio à Borghetto. Cette construction traversait toute la vallée, c'est-à-dire qu'elle avait un demi-kilomètre de développement ; sa largeur était de 25 mètres, et quatorze tours puissantes défendaient de place en place cette gigantesque chaussée, dont les Visconti de Milan s'étaient mis en frais pour détourner l'eau du fleuve de la ville de Mantoue, leur ennemie.

RUINES DU PONT DE BORGHETTO PRÈS DE VALEGGIO.

IV

LES SEPT-COMMUNES

Un des pays les plus étranges qui soient au monde, c'est à coup sûr le fouillis de montagnes et de défilés qu'on appelle les *Sette-communi*, et qui s'étend depuis Trente jusqu'aux abords de Vicence. Situé entre le Tyrol et l'Italie, il n'est ni tyrolien ni italien. Grâce à son isolement, il a formé de longue main, sous le protectorat de Venise, un petit État pauvre, mais neutre et quasi libre, ayant son langage, ses mœurs, ses institutions à part. Cette mystérieuse république de pâtres et de chasseurs a vivement exercé la curiosité ; on a voulu y voir une colonie primitive soit de Danois, soit de Huns, soit de Lombards ou d'Alémans. Ce qu'il y a de certain, c'est que la contrée, comme les hommes qui l'occupent, présente un caractère exceptionnel de sauvage originalité. L'ensemble de la population, réparti sur une trentaine de lieues carrées, monte à

CITTADELLA.

quarante mille âmes environ, y compris les habitants de treize villages, dits les *Tredeci*, qui sont enclavés dans les mêmes montagnes et jouirent toujours des mêmes immunités.

BASSANO.

quoique formant une confédération particulière. Une rivière torrentueuse, la Brenta, arrose du nord-ouest au sud-est cette mélancolique et âpre région, où les deux tiers du sol restent forcément incultes, et où, l'hiver, plus d'un pâtre fait sa nourriture à peu près exclusive de lichens pilés et bouillis.

Cittadella, aux murailles flanquées de tours, sur la rive gauche de la Brentella, au point d'intersection de quatre routes, qui se dirigent aux quatre points cardinaux, vers Trente, Trévise, Vicence et Padoue, forme en quelque sorte le vestibule méridional du territoire des Sept-Communes.

Bassano en est, du sud au nord, la première étape. C'est une petite ville de dix mille âmes environ, située au pied de hautes montagnes, à l'endroit où la Brenta débouche dans la plaine par une vallée étroite et sauvage. Un peu plus haut, entre Carpenedo

VALSTAGNA.

et Valstagna, la rivière, entrée en plein dans les roches, n'est déjà plus qu'un torrent blanc d'écume qui se brise à plaisir entre des parois à pic et cabriole au fond de gouffres hurlants. Le voyageur stupéfait n'aperçoit plus de toutes parts que de hautes pyramides calcaires, aux reflets fauves ou bleuâtres, que sillonnent, comme des veines, des couches de basalte. De misérables hameaux s'accrochent çà et là aux pentes rocheuses, sur lesquelles se détache tantôt un lambeau de forêt, tantôt un maigre pâturage où paît, au-dessus des précipices, un petit troupeau de moutons ou de chèvres. On ne rencontre pas ici, comme dans la Suisse ou le Tyrol, ces contre-forts de collines herbues ou cultivées, qui rompent si doucement pour l'œil l'âpreté farouche des aspects : tout est glabre et osseux; chaque pyramide touche la voisine par sa base, que ronge un torrent ou que sillonne de ses spires un sentier creusé dans le roc.

Au centre de ces défilés, à quatre heures environ de Bassano, se trouve Asiago, le chef-lieu du pays, qui n'a rien de remarquable en soi qu'une cathédrale, à toiture cintrée, du onzième siècle. Là les montagnes s'écartent un peu et se couvrent par places de belles forêts de sapins; dans les intervalles se montrent quelques vallées de bonne culture. Nous sommes ici dans le district relativement riche et nourricier des Sept-Communes, celui qu'on appelle la *région d'en bas*, parce qu'il n'est qu'à un millier de mètres

HUTTES DANS LA VALLÉE DE LA BRENTA.

au-dessus de l'Adriatique. C'est en cet endroit que la population se présente sous son aspect le plus avenant et tout à la fois le plus typique. Les hommes sont presque tous de haute stature, avec un visage ovale, des yeux bleus, un ensemble de traits prononcé et doux. Leur costume a beaucoup d'analogie avec celui des montagnards de Trente et de Roveredo : les femmes se coiffent volontiers d'un chapeau d'homme à bords relevés, comme font les *contadines* du pays padouan.

De même que les Tyroliens, et particulièrement les habitants de l'Œtzthal, les gens des Sept-Communes sont très-superstitieux. Ils croient à « la femme sauvage », aux « esprits de la forêt », hostiles aux chasseurs, à certaines époques de l'année, comme les montagnards de Soelden et de la vallée de l'Ache croient aux « bienheureuses demoiselles », filles du vieux Murzoll, le grand mont glacé de la région, et ennemies jurées des traqueurs de chamois. Ils croient, par-dessus le marché, à des « lutins » qui renversent malicieusement les marmites, brisent à plaisir écuelles et outils; à des « nains » qui se métamorphosent en oiseaux pour piller l'orge et l'avoine, en souris ou en rats pour grignoter le lard et le fromage, en grêlons meurtriers pour exterminer les moissons.

PRÈS DE PRIMOLANO.

en cailloux même pour faire trébucher à l'improviste le grimpeur d'alpe. Les légendes locales placent sur la cime du mont Portole une sorte de « paradis des bêtes », un vallon caché derrière un rempart de roches abruptes, où vivent et s'ébattent en liberté, hors de la portée du chasseur, comme dans le « palais de cristal » des « bienheureuses demoiselles ». des troupes de chamois, d'urus, de licornes et de bouquetins.

Plus on s'enfonce dans le défilé de la Brenta, plus le paysage se rétrécit. Sur le territoire du Trentin, on atteint enfin le Val Sugana. Quels singuliers aspects, vers Primolano, par exemple ! Quel chaos effrayant que ce *saltus* du Cordevole, avec le pont qui y traverse le torrent !

Mais le site le plus étrange de tout le pays, c'est la gorge revêche où se dresse le fort de Covolo. Qu'on se figure un rocher de quatre ou cinq cents pieds d'altitude, dont la face antérieure se présente à pic, et comme polie artificiellement de la base au sommet. Dans une caverne creusée par la nature à mi-hauteur à peu près de l'immense muraille, se trouve un château fort, célèbre au moyen âge, et bien des fois assiégé,

LE DÉFILÉ ET LE PONT DE CORDEVOLE.

quoiqu'il fût réputé imprenable et que la garnison elle-même ne s'y hissât qu'au moyen d'une corde à ceinture, dévidée en haut par une roue dentée. Depuis l'invention des bombes et des boulets, ce *castel* n'est plus guère qu'un curieux joujou ; mais, il y a cinq ou six siècles, on y pouvait longtemps défier toutes les attaques du dehors, pourvu que les profonds et obscurs corridors dont est percé le rocher où sont incrustées les casemates et la petite chapelle fussent suffisamment garnis de vivres et de munitions. L'eau même n'y faisait pas défaut, car une source jaillit à l'intérieur, et son écoulement y est reçu dans des réservoirs de pierre.

Le genre de vie dans les *Sette-Communi* est à peu près celui des pâtres de la Suisse et des montagnards du Tyrol. L'indigence y est naturellement d'autant plus grande que l'hiver est plus long et plus rigoureux ; or longueur et rigueur y manquent rarement à l'hiver. J'ai dit que tout cet écheveau de montagnes calcaires et basaltiques offrait une saisissante image du chaos; ce coin de terre a dû être, à des époques préhistoriques, bouleversé de fond en comble par de terribles convulsions. De hautes cimes tabulaires ou pyramidales se sont fendues de la base au sommet, et se sont abattues, en gigantesques cônes d'éboulement, sur les vallées latérales, que leurs masses ou leurs émiettements ont obstruées. Qui s'est trouvé, d'abord, le plus mal à l'aise de ces cataclysmes? Les torrents. Mais les torrents ne se laissent pas longtemps arrêter. Après avoir tâté le flanc du mont, ils en découvrent les fissures, s'y précipitent, et les élargissent d'autorité, ou bien ils perforent peu à peu l'obstacle qui leur barre la route. Plus d'un chemin souterrain, aujourd'hui fréquenté par l'homme dans les Sept-Communes, a été ainsi frayé par les eaux grondantes et furieuses.

Un des rares voyageurs qui ont exploré les moindres recoins de cet étrange pays, dont on se borne le plus ordinairement, faute de temps ou d'indications précises, à visiter le grand défilé longitudinal, raconte que parfois, sur le chemin qui rejoint le val de la Brenta et Bassano par Rouchi et Enego, on est témoin d'un singulier spectacle. Ce sont des troupeaux entiers qui voyagent suspendus dans l'espace, à l'instar des garnisaires du fort Covolo. Chèvres et moutons sont hissés au moyen de cordes le long des roches à pic et passent ainsi des pâtis desséchés du bas pays aux herbages des hauts plateaux.

LA FORTERESSE DE COVOLO.

que la fonte récente des neiges a mis à découvert, et où l'on ne peut arriver que par des échelles plantées, au-dessus des précipices, dans les interstices du rocher. Des échelles semblables existent en Suisse, sur la route de la *Gemmi*, dans une gorge voisine de Louèche-les-Bains. Il n'est pas rare non plus que deux des quatre « éléments », la terre et l'eau, voyagent de la même façon : car le paysan des Sept-Communes, ingénieux à étendre et à féconder son maigre bien, dédouble volontiers son champ fertile de la vallée au profit de sa lande haut perchée, en transférant de l'un à l'autre à l'aide de tuyaux ou par panerées le trop-plein d'irrigation ou d'humus.

Qu'on me permette, pour finir, de narrer, d'après la même source, une anecdote tout à fait typique, au point de vue des mœurs de ces contrées. On y verra quelle latitude, pour ne pas dire plus, y est laissée, en de certains cas, à l'homme outragé dans son honneur.

Un colporteur de Campo Rovere, du nom d'Azolo, vint à savoir que sa femme Mélane le trompait avec un pâtre du Val di Sella, appelé Giacomo ; la tromperie, comme il n'arrive que trop souvent, était déjà de notoriété publique, quand l'intéressé en eut vent. Prétextant un voyage de quelques jours, il partit un matin de chez lui avec sa balle ; mais, à peine sorti du hameau, il fit un détour et revint se cacher à peu de distance de son chalet dans une fente de rocher masquée par des broussailles, d'où il pouvait voir sans être vu tout ce qui se passait.

Vers le soir, sa femme sortit du jardin attenant à la maison ; un homme s'approcha d'elle, et lui parla tout bas ; puis tous deux se séparèrent. La nuit une fois tombée, Azolo sortit de son creux de rocher et rampa comme un serpent parmi la bruyère pour se rapprocher le plus possible du chalet. Là, il prit patience. Vers le tiers de la nuit, il aperçut une ombre qui s'avançait en frôlant les murs et en épiant à droite et à gauche. C'était Giacomo, qui, arrivé à la porte de la maison, la trouva ouverte, la poussa et entra.

Azolo eut le courage de patienter encore ; il attendait le point de maturité de sa vengeance. Enfin, au milieu de la nuit, quand tout dans le village fut bien endormi, il amoncela sans bruit des bourrées de bois sec devant la porte et sous la fenêtre du chalet, construit, comme beaucoup de ces habitations, en bois lamellé de sapin encore revêtu de son épiderme résineux. Le tas fait, il alluma en dessous des étoupes qu'il avait imbibées du contenu de sa gourde d'eau-de-vie, et, derechef, il attendit.

Ce ne fut pas long. La flamme s'éleva en pétillant, et dans un clin-d'œil eut enveloppé le chalet. Alors Azolo, de plus en plus avisé, saisit une énorme poutre, l'appuya contre le volet clos de la croisée, et s'en servit comme d'un arc-boutant pour l'empêcher de s'ouvrir; il barricada également la porte à l'extérieur. Puis, s'asseyant à quelques pas de là, il attendit, pour la quatrième fois de la journée, en regardant l'incendie.

Au bout de quelques instants, des cris de femme affolée auxquels se mêlaient les

PORTE KUSTEL, A FELTRE.

imprécations et les hurlements d'une voix mâle, retentirent dans le chalet. On faisait effort, de l'intérieur, pour ébranler le volet, qui tenait bon. Les habitants du village, réveillés par le bruit et la lueur du feu, accoururent; une fois accourus, ils voulurent éteindre. Azolo les arrêta : « Laissez, dit-il, Giacomo et Mélane sont là. » On comprit.

on laissa, on applaudit même; que dis-je? on vint en aide à Azolo. Lorsque, après des efforts terribles, le pâtre adultère, ayant brisé le volet à demi consumé, parut à la fenêtre, tenant Mélane dans ses bras, et fit mine de s'élancer au dehors, tout le hameau, armé de pioches, de fourches et de fléaux, repoussa le groupe humain dans les flammes, où on le vit se tordre et s'abîmer.

Deux choses, à mon sens, sont plus remarquables encore que cette vindicte conjugale par les fagots secs: la première, c'est que Mélane n'a pas été la dernière ménagère de Campo Rovere qui ait trompé son mari; la seconde, c'est qu'Azolo lui-même a éprouvé le besoin de se remarier quelque temps après, et, qui plus est, a trouvé femme.

A l'entrée du *Val Sugana*, une route conduit à *Feltre* et à *Bellune*, les deux villes les plus importantes des montagnes de la Vénétie. Feltre, située à une certaine distance de la Piave, le grand véhicule des bois du pays vers l'Adriatique, a des murs crénelés, avec une porte curieuse, la *Porta Rusteri*. Bellune, beaucoup plus considérable comme cité, occupe une colline sur la rive droite de la même rivière, et possède, outre une cathédrale de Palladio, un hôtel de ville remarquable et un palais épiscopal qui existait déjà du temps de Barberousse. Ce qui manque dans la région, ce sont les chemins de fer; il faut redescendre au sud, jusqu'à Trévise, pour trouver l'unique voie ferrée qui sillonne ces provinces de l'extrême nord-est, celle d'Udine à Venise, d'une part, et à Padoue, de l'autre.

V

DE VÉRONE A VENISE

A mi-chemin de Vérone à Venise, par Montebello, on rencontre une chaîne de montagnes volcaniques, les *monts Berici*, au pied septentrional de laquelle se trouve, sur le confluent du Bacchiglione et du Retrone, une ville de quarante mille âmes, ramassée assez à l'étroit, mais curieuse au point de vue artistique : c'est Vicence, la patrie du poëte Trissino et du célèbre architecte Palladio, qui eut la gloire de faire école après les Alberti, les Bramante, les San Micheli. Né en 1518, Palladio fut d'abord sculpteur, puis, au retour d'un voyage à Rome, il se tourna vers l'architecture. Il fut un des artistes qui présentèrent un plan pour la construction de la basilique de Saint-Pierre.

Vicence a de lui de splendides édifices en simples briques recouvertes de stuc, à l'exemple des constructions anciennes de Berlin, mais d'un goût très-pur, d'un ordre colossal et d'une variété infinie d'invention. En quelques heures du reste, on peut voir

PLACE DES SEIGNEURS, A VICENCE.

toutes les curiosités de la ville : la Basilique ou maison commune; la *Loggia del Delegato*, qui lui fait face; le Dôme; le Musée Civique, ancien *Palais Chiericati;* la Place des Seigneurs, avec ses deux colonnes, emblème de la puissance vénitienne, et sa Tour de l'Horloge, de quatre-vingt-deux mètres de hauteur; enfin le Théâtre Olympique, commencé par le même Palladio, à l'imitation des théâtres antiques, d'après le Traité d'architecture de Vitruve, et terminé par son fils. N'omettons pas de mentionner le remarquable pont du Retrone dû à San Micheli, le Vieux Séminaire, le Palais *Trissino*, de Scamozzi, et, sur une riante colline, à deux kilomètres de la ville, le bâtiment appelé *la Rotonde*. Gœthe l'a décrit en détail dans son *Voyage en Italie*.

VIEUX SÉMINAIRE, A VICENCE.

De Vicence à Padoue, la patrie de Tite-Live, il n'y a que cinquante minutes par le chemin de fer, au lieu de trois heures et demie qu'on mettait jadis, en diligence ou en *sediola* (petite chaise), par la route postale. Le pays que l'on traverse est le plus fertile qu'on puisse voir : plaines immenses, où verdissent à l'envi les fraîches cultures; ravissants coteaux, où pullulent les arbres fruitiers, les plantes exotiques, les villas poétiquement gazées d'un crêpe de feuillage.

Padoue fait tout d'abord l'effet de la plus triste des villes, au milieu de l'entourage le plus gai du monde. Cela tient, je crois, à l'aspect vétuste et singulier de ses rues désertes et irrégulières, qu'enserre une vieille enceinte garnie de bastions, à ses sombres rangées de maisons au bord du Bacchiglione, à ses silencieuses arcades, à cet air d'ordonnance et de tranquillité excessive répandu sur toutes choses.

Encore une *Piazza dei Signori*, avec sa *Loggia del Consiglio;* puis, de nouveau, une *Piazza delle Erbe*, avec un *Palazzo della Ragione*. Ce dernier édifice renferme une véritable merveille, le *Salone;* c'est une immense salle, au plafond lambrissé, avec galeries extérieures à deux étages et à colonnes, qui passe encore aujourd'hui pour la plus vaste qui soit en Europe. Sa longueur dépasse quatre-vingts mètres, et l'aire du sol mesure seize mille cinq cents pieds carrés : une place de marché voûtée, comme dit Gœthe, « un infini fermé, plus en harmonie avec l'homme que le ciel étoilé, car celui-ci nous ravit hors de nous-mêmes, tandis que celui-là nous y ramène doucement. » Le *Salone* contient plus de trois cents compartiments ou motifs de peintures murales indépendants.

Padoue est, avant tout, la ville de saint Antoine, la ville *du Saint*, comme on appelle ici par excellence cet ardent évangéliste venu du Portugal par la France, qui osa repro-

L'ÉGLISE SAINT-ANTOINE, A PADOUE.

cher au tyran Ezzelino ses débordements, sa férocité, et tenta même, fort inutilement, de le convertir. Tout, à Padoue, lui est dédié : rues, places, écoles, et particulièrement une colossale église (*Il Santo*), surmontée de sept coupoles, avec deux fins campaniles aux flancs, où se trouve une chapelle qui attire toute la dévotion de la ville et des alentours.

Cette chapelle du saint, où l'on conserve ses reliques, est décorée de hauts-reliefs

DE VÉRONE A VENISE.

en marbre de Carrare qui représentent les divers miracles accomplis par cet apôtre du treizième siècle, qui poussait, dit-on, la ferveur jusqu'à prêcher les poissons eux-mêmes. Les ex-voto y abondent aux murs et les offrandes dans les troncs.

Sur la place de l'Église est la statue équestre — chef-d'œuvre de Donatello — du célèbre condottiere Guattamela, qui défendit (1438) Venise contre Sforza.

VILLA GIUSTINIANI, A PADOUE.

D'autres églises encore, le Dôme, bâti sur les dessins de Michel-Ange, *Santa Maria dell'Arena*, avec ses fresques de Giotto, *Santa Giustina*, avec ses huit dômes, en face du spacieux et riant Prato della Valle; celle des *Eremitani*, avec ses peintures de Mantegna, méritent bien d'être visitées. Parmi les palais, le plus remarquable est le palais *Giustiniani*, orné d'une cour et de jardins splendides où se trouve une villa solitaire.

de l'aspect le plus enchanteur. Cette ancienne habitation des Cornaro date de 1524 ; elle est l'œuvre du grand architecte Falconetto.

On sait que l'université de Padoue, fondée en 1223, et illustrée par Albert le Grand et Galilée, attira autrefois la jeunesse de toute l'Europe ; elle compte encore aujourd'hui près de trois mille étudiants. Le bâtiment (*Il Bo*) est situé au centre de la ville, près de l'immense café Pedrocchi, et séparé de sa bibliothèque, établie à côté du Dôme, dans une salle dite des Géants (*Giganti*), à cause des figures colossales d'empereurs romains qui y ont été peintes à fresque par Campagnola.

A l'extrémité sud-ouest de la ville est l'Observatoire, installé dans une tour d'un palais d'Ezzelino qui servait de cachot au temps de ce farouche podestat. Du haut de ses terrasses, on jouit d'une vue magnifique sur Padoue et la mer de verdure qui l'environne : par delà, au nord, on distingue la chaîne du Tyrol ; vers le nord-ouest, celle du Vicentin ; plus au couchant, les montagnes d'Este, et au levant, par un temps clair, le Campanile de la place Saint-Marc à Venise.

J'ai déjà parlé des collines Euganéennes. Cette chaîne de volcans éteints, dont les feux avaient sans doute leur foyer sous les hautes et branlantes cimes des Sept-Communes, dessine, au sud-ouest de Padoue, un massif isolé et touffu, de cinq lieues environ d'étendue. Le mamelon le plus élevé n'atteint pas six cents mètres. Au milieu de ces collines, abondantes en sources thermales et couvertes d'une magnifique végétation, se trouve, à quatre lieues de distance, sur la route de Ferrare, un petit bourg nommé *Arqua*, où le voyageur curieux peut aller voir la maison et la tombe de Pétrarque. La tombe, érigée par Brossano, le gendre du poëte, est à un bout du village, en face de l'église ; la maison est à l'autre extrémité. Celle-ci est en assez mauvais état et habitée par des paysans. « Sur les murs des chambres, dit Valery, quelques traits des amours de Pétrarque, pris de la première *canzone*, sont grossièrement peints : on le voit couché sous un arbre, et faisant un ruisseau de ses larmes ; l'aventure de Laure qui, se baignant dans une fontaine, fit jaillir l'eau avec ses mains, afin de se dérober à la vue de Pétrarque, est si singulièrement représentée, qu'on pourrait croire qu'elle lui jette, avec assez peu de modestie, de l'eau au visage, quoiqu'il s'avance vers elle avec une gravité imperturbable. Il apparaît aussi presque métamorphosé en cerf : c'est Actéon en robe d'archidiacre. Dans une niche l'on voit, empaillée, la petite chatte blanche aimée et chantée par Pétrarque ; mais elle n'est pas, je crois, la véritable ; elle a l'air toute neuve, et j'ai su que, des étrangers sensibles voulant emporter quelque portion de cette illustre chatte, elle était renouvelée chaque année, ainsi que le laurier du tombeau de Virgile, à l'arrivée des voyageurs. »

CHAPITRE III

VENISE ET TRIESTE

I

COUP D'ŒIL GÉNÉRAL SUR VENISE

Je vous conseille d'arriver à Venise le soir et, s'il se peut, par le clair de lune.

Au premier tour de roue de l'express de Mestre sur le grand viaduc qui relie les îlots vénitiens au continent, vous sentez qu'un monde étrange surgit devant vous. Vous regardez par la portière : à droite et à gauche, la terre a disparu, les prairies et les arbres du pays padouan se sont évanouis, la mer seule vous environne. Et quelle mer ! Ce n'est pas cet océan du Nord aux vagues grondantes et verdâtres sur lequel nos voisins les Anglais ont jeté leur audacieux chemin de fer du pays de Galles à l'île d'Anglesey ; c'est une sorte d'épanchement doux et diaphane, moitié sable et moitié eau, où paraissent tour à tour sommeiller et courir de grandes ombres brunâtres figurées par des bancs de vase ou de gravier plats, plus ou moins submergés, selon la hauteur du flot. Il vous semble que vous glissez sur la surface d'un miroir mal poli, et d'inégale transparence : c'est la Lagune.

Cette première vision indécise vous dure huit ou dix minutes, car le gigantesque pont de 222 arches, que franchit le train, a près de quatre kilomètres, et va jusqu'à l'entrée du Grand Canal. Là vous débarquez, ou plutôt vous vous embarquez. Nul bruit, nulle apparence même de mouvement : la noire gondole vous attend au bas de l'escalier ; machinalement vous y prenez place, et vous voilà parti pour l'hôtel San Marco ou l'hôtel Bellevue, par les méandres du *Canale Grande*.

C'est alors que commence véritablement la féerie. Partout ailleurs le voyageur, monté, au sortir d'une gare, dans un de ces paresseux véhicules qu'on appelle fiacres, éprouve une irritante impression de malaise et de lenteur qui ne le porte certes ni au repos ni à la rêverie; jeté au milieu d'une sorte de tohu-bohu, dans le subit grouillement de la foule et des voitures, en proie à d'horribles cahots, il regrette le bercement monotone du wagon qu'il vient de quitter, et n'a qu'un désir, celui d'atteindre le gîte au plus tôt.

Ici c'est tout autre chose. A demi couché sur les moelleux coussins de la barque à toiture cintrée, vous vous sentez, au bout d'un instant, ravi à vous-même; vous oubliez d'où vous venez et où vous allez; il vous semble que vous êtes là de toute éternité. Chaque oscillation imprimée au bateau par le coup de rame du gondolier avive, loin de le troubler, votre doux songe éveillé.

Autour de vous, l'eau jaspée, à peine bruissante, renvoie par des myriades de facettes la blanche clarté de la lune; les palais de marbre se dressent, à droite et à gauche, fantastiques dans le clair-obscur. Tantôt, au-dessus d'un balcon, une demi-vitre ou une ogive apparaît toute rouge-flamboyante; tantôt, au confluent d'un petit canal, c'est une strie lumineuse qui court, brisée à l'infini, sous la voûte d'un pont ou sur les degrés d'un escalier. L'écheveau sombre des ruelles latérales, où la lune ne pénètre pas, contraste bizarrement avec l'étincelante courbe de la grande voie d'eau où vous voguez.

A l'approche de chaque tournant, le gondolier pousse un cri rauque, pour avertir les barques qui viennent en sens inverse; parfois alors on entend s'ouvrir une fenêtre treillissée sur le canal, ou bien une porte s'entre-bâille au haut d'un perron; quelqu'un avance la tête et épie, pour voir sans doute si c'est la gondole attendue, puis se renfonce aussitôt dans l'ombre. De temps à autre, une barque vous croise, frôlant presque la vôtre; les nautoniers se saluent d'un petit signe mystérieux; et vous, fils du Nord, nouveau venu et terriblement curieux, vous tâchez de dévisager au vol les formes féminines accoudées sur le maroquin; la barque passée, vous n'y pensez plus; vous êtes tout entier au frappement cadencé de ces avirons qui s'éloignent en fouettant l'eau souple à contre-temps de votre propre *barcaruolo;* puis, un moment après, vous écoutez avec dévotion le flot minuscule qui jase à la quille de votre gondole, ou qui clapote en remous contre un escalier. Le moindre susurrement qui monte dans l'atmosphère douce et moite, le moindre jet de lumière qui frissonne à la pierre dentelée des vieilles maisons à pic, tout vous est nouveau, tout vous occupe, tout vous entre dans l'âme et vous caresse l'imagination.

Le Grand Canal, infléchi tout à l'heure de l'ouest à l'est, décrit maintenant une majestueuse courbe vers le sud, et vous passez sous le fameux pont du Rialto; quelques minutes après, nouvelle courbe de l'ouest à l'est; puis, tout à coup, la voie s'élargit et débouche dans un vaste bassin qui chatoie à perte de vue. En même temps un roulement sourd vous frappe l'oreille : c'est la haute mer, c'est l'Adriatique, la veuve des doges, qui monte là-bas derrière le Lido et pénètre lentement dans les lagunes. Vous ne la voyez point, mais vous sentez, par tous les pores du corps et de l'âme, sa puissance fascinatrice. Le flux, en léchant les pieds de la ville reine, vous envoie, à travers l'air plein de scintillements métalliques, son harmonieux murmure pour salut du soir.

EN GONDOLE.

A droite cependant, de grandes îles surmontées de rondeurs et de hérissements vous apparaissent sommeillant dans l'immense lac; devant vous à l'horizon, des mâts de navires, le long du quai des Esclavons; plus loin, à la pointe extrême du rivage troué par de sombres passes, un vague amas de verdure, le Giardino. Vous n'avez que le temps d'embrasser d'un regard circulaire cette mystérieuse perspective; un amoncellement de lumières jaillit à votre gauche, et la gondole atterrit parmi d'innombrables barques, près d'un perron de marbre blanc : c'est l'entrée de la Piazzetta. Voici Saint-Marc, le Campanile, le Palais Ducal, les sept merveilles réunies. Des centaines de candélabres éclairent cette vision d'Orient toute ruisselante d'or et de mosaïques. L'orchestre vient de jouer son dernier morceau ; les deux places sont pleines d'une multitude fourmillante et joyeuse, qui se presse sur les degrés de l'embarcadère, parmi les appels des *facchini* hélant de toutes parts les gondoliers. Tout à l'heure une première flottille d'embarcations démarrées frappera l'onde de ses avirons et, pour un instant, répandra la vie dans le réseau des noirs canaux.

Telle est la première impression pour qui arrive le soir à Venise. Vous avez traversé, immobile, un ondoiement de lumière et d'ombre, où chaque objet revêtait une forme et des couleurs fantastiques ; vous n'avez rien vu, et pourtant vous restez pénétré de tout ; vous vous couchez dans une sorte d'extase, tout plein des suaves harmonies de ce silence, tout ébloui des vacillantes clartés de ces ténèbres. Heureux voyageur! vous avez découvert, cette nuit-là, une première Venise; demain, au jour, vous en découvrirez une seconde, dont l'autre n'était que le spectre indécis, et qui achèvera, j'en ai peur, de faire de vous un renégat du reste du monde.

Décrire la ville des Doges est chose impossible. Demandez à tous ceux qui l'ont essayé. On ne peut que mettre bout à bout sur le papier une suite d'impressions où l'on ne sait soi-même ce qui l'emporte, de la réalité ou du rêve, de la fantaisie ou de l'exactitude.

La place Saint-Marc dorée par le beau soleil de l'Adriatique : poëme unique! La mer toute bleue aux vagues lustrées et chantantes : coup d'œil sans pareil! Les façades des palais étincelants, épanouis, comme une sorte de végétation magique, issue de la mer féconde, nourrice préférée de ce peuple amphibie : quel enivrement! Par où commencer? par où finir?

La place Saint-Marc — à tout seigneur tout honneur — est un grand quadrilatère fermé de trois côtés, presque une cour, qui se prolonge vers le quai ou Môle par la petite place ou Piazzetta. L'une et l'autre sont dallées en marbre blanc et bordées d'arcades qui forment une promenade couverte ininterrompue. Sur la première, d'un côté à gauche, s'élèvent les *Procuratie vecchie* (anciennes Procuraties), ainsi nommées parce qu'elles étaient jadis la résidence des Procurateurs de Saint-Marc ; de l'autre, au sud, les *Procuratie nuove* (nouvelles Procuraties) d'une architecture plus moderne, aujourd'hui le Palais-Royal. Au nord est la Tour de l'Horloge, à côté la petite Cour des Lions, qui brise l'angle de la place, d'ailleurs complétement dépourvue d'unité et de symétrie ; puis la Basilique de Saint-Marc ; enfin, au point d'intersection des deux places, le Campanile ou Clocher de Saint-Marc, ayant à ses pieds un délicat petit édifice de la Renaissance tout de marbre rose et de bronze, œuvre de Sansovino, qui servait autrefois de lieu de réunion aux *Nobili* de la république.

LA PLACE SAINT-MARC.

Tournez à droite, vous êtes sur la Piazzetta, bordée à l'est par une des façades du Palais Ducal, à l'ouest par la *Libreria vecchia* (ancienne Bibliothèque), dont les arcades se relient à celles de la place Saint-Marc, et par la *Zecca* (la Monnaie). En face de ce fouillis de marbre, de porphyre et de bronze se dressent les deux Colonnes de granit surmontées l'une de la statue de saint Georges, un des patrons de Venise, l'autre du Lion ailé de saint Marc, où le conseil des Dix faisait accrocher par les pieds les cadavres des criminels d'État. Avancez un peu et tournez l'angle du Palais Ducal : vous avez devant vous, à droite, sur la rive opposée du Grand Canal ou Canalasso, qui finit en cet endroit, les dômes de Santa Maria della Salute ; plus loin, derrière, le vaste bassin, la Giudecca ; puis l'île de Saint-Georges et son église ; à gauche se déroule la longue courbe du quai des

LAGUNES DE VENISE.

Esclavons et la presqu'île du Giardino, qu'hier, dans les pâleurs de la nuit, vous n'aviez fait qu'entrevoir.

Que si maintenant vous voulez embrasser d'un seul regard la splendide agglomération de ces trente mille palais bâtis sur 120 îlots reliés par 400 ponts, et vous rendre compte de l'étonnante situation de Venise, montez au sommet du Campanile qui domine, de sa hauteur de 99 mètres, tous les édifices de la ville. Vous remarquerez que cette « république de castors », comme l'appelle Gœthe, s'élève d'un bassin intérieur de neuf kilomètres à peu près de long sur trois ou quatre de large, protégé du côté de la mer par une langue de terre étroite et longue, le Lido. Cette digue, pourvue à sa partie sud d'un revêtement de murs (*murazzi*), a trois entrées fortifiées, par où le flot pénètre doucement dans les lagunes et qui forment les passes, intermédiaires et plus profondes, affectées à la navigation. Tout le golfe, où se découvrent, à marée basse, une quantité de bancs de sable à moitié immergés, a l'avantage d'être à l'abri non-seulement des tempêtes de l'Adriatique, mais encore de la plus légère émotion du flot; les canaux intérieurs conservent toujours leur placidité de miroir poli; s'il en était autrement, la circulation y deviendrait impossible, et Venise cesserait d'être habitable.

Ce qui frappe ensuite du haut du Campanile, c'est l'enchevêtrement inextricable des canaux, des rues et des ponts; c'est ce pêle-mêle de maisons, d'eau, de navires, de barques et de piétons qui se croisent et se confondent si bien, qu'on ne sait plus, comme on en a fait très-justement la remarque, si ce sont les barques qui circulent dans les rues ou les hommes qui marchent sur l'eau. De ce magnifique observatoire, on aperçoit aussi à l'ouest les monts du Padouan et du Vicentin, et au nord les pics neigeux de la chaîne alpestre. Seulement, dans cet horizon ainsi élargi, Venise, trop longtemps contemplée, finirait par perdre de sa majesté; il n'est pas bon pour la perspective que les détails s'accusent trop nettement; la topographie générale une fois saisie par l'œil, redescendez : le charme suprême ici, c'est de cheminer à l'aventure, au travers du double labyrinthe de la terre et de l'eau; l'infinie jouissance tient au hasard de la découverte parmi les spires de la route, à la surprise d'un brusque tournant, au jeu de l'ombre et de la lumière dans un petit espace.

II

LES CANAUX ET LES ÉDIFICES

La Basilique de Saint-Marc, édifice byzantin à cinq coupoles, fut commencée en l'an 977, par le doge Pietro Orseolo, et enrichie successivement des dépouilles du monde entier. « Ce doge, dit M. Adalbert de Beaumont, fit venir d'Orient les ouvriers les plus habiles; chaque navire de la flotte, en parcourant la Méditerranée, reçut l'ordre de rapporter sa pierre à l'édifice sacré, qui devait surpasser en magnificence Sainte-Sophie de Constantinople. Celui-ci arrache aux temples de Corinthe, de Sparte et de Rhodes, leurs colonnes, leurs chapiteaux et leurs marbres précieux; cet autre, les ivoires, les mosaïques, les tribunes, les lampes, les châsses, les ustensiles, les ornements de toute espèce. Alors, pendant les dixième et onzième siècles, se dressent les murailles, les voûtes et les colonnes, se percent des fenêtres et s'arrondit le chœur. Une galerie voûtée, de 128 arcades, entoure le monument, qui offre dans sa longueur un développement de 220 pieds sur une circonférence de 950.

VENISE.

« A chaque conquête de la République, dans chaque alliance qu'elle contracte, dans chaque traité qu'elle signe, la métropole n'est jamais oubliée. Le Lion de Saint-Marc, le glaive au poing, songe à sa part, vraie part de lion. Que ce soit de l'art grec, romain, arabe ou persan, peu lui importe ; il en charge ses navires, et rapporte, pour la maison de son maître, d'inestimables trésors. »

De la Basilique on peut entrer directement, par la porte *della Carta*, dans le Palais Ducal, construit par l'architecte Calendario, sous le fameux doge Marino Faliero. Cet édifice, de forme quadrangulaire, est le triomphe de l'audace et de la fantaisie : il a en effet deux colonnades superposées, dont l'une est à fûts robustes, tandis que l'autre, la supérieure, toute dentelée et à jour, supporte un mur massif de marbre rouge et blanc ; ce qui complète le caractère merveilleux de cette structure, c'est que l'angle énorme de l'édifice, sur le quai, n'a d'autre point d'appui qu'un pilier unique. L'ensemble, percé seulement d'un petit nombre d'ouvertures, offre l'aspect d'une forteresse.

Dans la cour, l'Escalier des Géants, ainsi nommé des deux

PONT DES SOUPIRS.

statues colossales de Mars et de Neptune qui en occupent le palier, conduit dans une galerie à jour où aboutit la *scala d'oro* (escalier d'or), entrée des appartements. Voici d'abord l'immense Salle du Grand Conseil, aujourd'hui Bibliothèque, où l'illustre pléiade des peintres vénitiens dont je dirai quelques mots plus loin a écrit au pinceau sur les murs et sur les plafonds les fastes de la République. La frise, autour de la salle, présente les portraits de soixante-seize doges : une seule image manque à la série, celle de Marino Faliero, qu'on a effacée lorsque la tête du conspirateur fut tombée sous le glaive du bourreau; dans le cadre noir, une inscription en latin rappelle le crime et le châtiment.

C'est dans cette salle qu'était la sinistre *bocca di leone* où la haine et l'envie versaient en secret leurs dénonciations; c'est là aussi que, d'une fenêtre à balcon sur la mer, la dogaresse et sa cour regardaient, le jour de l'Ascension, le doge, monté sur le *Bucentaure*, célébrer solennellement ses épousailles avec la mer. Cette même salle communique, par une porte, avec un passage suspendu, de lugubre mémoire, le Pont des Soupirs (*Ponte dei Sospiri*), qui rejoint les prisons par-dessus le *rio di Palazzo*. La salle voisine, où se réunissait le Conseil des Dix, communique avec une petite pièce, celle des Inquisiteurs d'État, qui mérite bien une mention à part. Là s'ouvre, dans un coin, une sorte d'armoire où apparaît un escalier pratiqué dans l'épaisseur du mur. Cette sombre hélice, par où les condamnés étaient amenés devant les juges, descend jusqu'aux souterrains qu'on appelle Puits (*Pozzi*), et monte jusqu'aux Plombs ou combles (*Piombi*).

Les Puits étaient une suite de cachots ou cellules au niveau du sol de la cour, où l'air n'arrivait que par un étroit soupirail, et d'où le prisonnier, par un ironique surcroît de souffrance, pouvait entendre tous les bruits joyeux de la place, et les accords de la musique, et le cortége des folles mascarades.

La chambre des tortures, dallée de pierres polies, pour que le sang s'effaçât plus vite, conserve encore au plafond l'agrafe où l'on accrochait les infortunés. Séjour affreux, s'il en fut jamais, que ces souterrains! « Sur ce petit banc de pierre que vous voyez adossé au mur du corridor, écrit M. Paul de Musset, un prisonnier se tenait assis, les mains et les pieds liés par des chaînes. Une corde, passée autour de son cou, sortait de l'autre côté du mur par une petite ouverture qu'il faut observer de près. Dans le corridor, les bouts de cette cravate du patient venaient s'enrouler autour d'un tourniquet de bois. On vous laissait là des jours, des mois, des années, attendant la mort qui ne se pressait pas d'arriver... Un matin, au milieu d'une rêverie, d'une prière..., vous étiez interrompu tout à coup; le geôlier, sur l'ordre de l'Inquisiteur, tournait la manivelle en passant dans le corridor, et vos peines étaient finies. » Le gondolier du bourreau n'avait plus qu'à accoster près d'une porte basse et grillée, qui donnait, au bout du sinistre couloir, sur le canal : on enlevait le corps dans un linceul, et la funèbre barque à flamme rouge le transportait, par-dessous le Pont de la Paille, de l'autre côté de la Giudecca, vers ce sinistre canal Orfano, profond de trente pieds, dont les eaux muettes et boueuses engloutissaient avidement leur proie. De par la police vénitienne, il était interdit aux pêcheurs « de jeter là leurs filets ». L'endroit était réservé.

VENISE.

Les Plombs et les Puits étaient le *carcere* des condamnés à mort ; pour les prisonniers détenus à temps ou à perpétuité, il y avait, sur la rive opposée du petit canal intermédiaire, d'autres cachots dont la porte s'ouvrait sur le Quai des Esclavons, et qui étaient, comme je l'ai dit, reliés au Palais Ducal par le Pont des Soupirs.

Quittons ces mornes profondeurs, qui étouffent et qui font frémir. Revenons à l'air, au soleil. Salut, douce lumière de la Piazzetta ! Arcades joyeuses et bavardes, glaces miroitantes des *giojellieri*, essaims picorants de tourterelles, grisettes rousses à la noire mantille qui disparaissez trop vite, hélas ! par la rue de la *Merceria*, tas de lazzarones déguenillés et superbes qui encombrez l'abord des gondoles, salut à tous et à toutes! Vous êtes la vie, la beauté, la matière rayonnante et la chair lustrée, que caressent, du matin au soir et du soir au matin, les brises parfumées « d'amont » ; votre aspect me réchauffe le cœur, et ranime à point le sourire éteint sur mes lèvres.

En attendant l'heure du *fresco*, c'est-à-dire le moment de l'après-dîner où tous les oisifs de Venise s'en vont, comme à Paris l'on va au Bois, prendre le frais en gondole sur le Grand Canal, jetons, si vous le voulez, un coup d'œil rapide aux palais. Les plus splendides, parmi ces habitations des anciennes familles patriciennes de la République, se trouvent en bordure des deux côtés de ce même *Canalasso*, le plus consi-

dérable de beaucoup des quatre cents canaux qui sillonnent l'écheveau d'îles et d'îlots dont se compose la ville. Sa largeur varie de 30 à 70 mètres; il s'étend sur une lieue environ de longueur, de l'île Santa Chiara, près du chemin de fer, jusqu'à l'entrée orientale du canal de la Giudecca.

Voici d'abord, sur le promontoire du Canalasso qui fait face aux escaliers de la Piazzetta, la *Dogana di mare* (Douane de mer), et le Séminaire des Patriarches, dominés l'un et l'autre de haut par la magnifique église *Santa Maria della Salute* (Sainte-Marie de la Santé), érigée au dix-septième siècle à la suite d'une peste qui avait fait périr, à Venise, près de cinquante mille personnes. En face, sur la rive droite, vous voyez le palais Giustiniani, aujourd'hui un hôtel; puis le palais Contarini Fasan, avec sa façade à balcons de marbre effilés, et le palais Corner. Nous passons en barque sous un

POISSONNERIE DU PONT DE RIALTO.

pont de fer, et nous trouvons à gauche l'Académie des Beaux-arts ou Musée, et le
palais Foscari, œuvre de Sansovino, situé pittoresquement à un détour du canal. Si
vous abordez pour le visiter, on vous montrera, entre autres appartements, la chambre
où le roi de France Henri III séjourna sept mois, lorsque, à la mort de son frère, il
revint de Pologne à bride abattue, après avoir si cavalièrement planté là le peuple
qui l'avait honoré de la couronne des Jagellons; on vous fera voir aussi la chambre
à coucher du doge Francesco Foscari, dont le règne si tragique a fourni un sujet
d'opéra au maestro Verdi.

Va toujours, gondolier! De nouvelles demeures seigneuriales, Balbi, Grimani, Michieli,
Mocenigo, Loredan et Manin, alignent, à droite et à gauche, leurs marmoréennes

SUR LES TOITS.

beautés et leurs blancs escaliers ou débarcadères. Bientôt nous avons atteint le pont
du Rialto, qui, tel qu'il est, date du seizième siècle; il fut longtemps l'unique voie de communication entre les deux moitiés de Venise. Quelle animation règne en cet endroit!
C'est le centre du petit négoce; là se tient le marché des pêcheurs, la poissonnerie;
là, autrefois, sur une colonne appelée *Gobbo di Rialto*, on promulguait les lois de
la République. Sur le pont même, construit d'une seule arche, au moyen de douze mille
pilotis, se trouve une double rangée de menues boutiques ou *botteghe*, bâties en marbre,
avec une couverture de plomb.

Tout près du pont, à droite, vous apercevez le *Fondaco dei Tedeschi*, jadis
entrepôt du commerce allemand, alors que tout le trafic du Levant avec le Nord
passait par Venise et la Hanse. Plus loin, à gauche, est un édifice analogue, le
Fondaco dei Turchi, qui fut longtemps le rendez-vous des marins et des marchands

turcs; puis, du même côté, le Marché aux Herbes et la *Pescheria* (ancienne Poissonnerie), et, à droite, le petit palais ogival qu'on nomme la *Ca d'oro* (casa d'oro), à cause des splendides dorures de sa façade. Il a, paraît-il, appartenu à la danseuse Taglioni.

Avant d'arriver à l'embouchure du Canalasso dans les lagunes, on rencontre, à droite, une voie d'eau latérale, le *Canareggio*, qui passe derrière le Jardin Botanique et conduit à Mestre. Là se trouvent le fameux palais Manfrin, du dix-septième siècle, et le palais Galvagna, dont la collection de tableaux, aujourd'hui vendue et dispersée, était naguère encore la plus fameuse de Venise.

Au lieu de filer directement dans le Grand Canal depuis le Môle jusqu'aux bouées rouges de l'île Santa Chiara, nous aurions pu, non sans profit, faire une pointe à travers quelques-uns des étroits affluents ou *canaletti* qui s'y embranchent; mais une promenade à pied, au travers des rues tortueuses et bordées de boutiques pittoresques, a bien aussi son intérêt. C'est encore de la place Saint-Marc qu'il nous faut partir, en prenant par exemple la Merceria, qui nous conduira, par le raccourci, au Rialto (*rivo alto*). Cet îlot du Rialto fut le primitif noyau de la ville, quand, au cinquième siècle, les Venètes de Padoue, fuyant successivement devant les barbares d'Alaric et ceux d'Attila, vinrent se cacher parmi les lagunes de l'Adriatique. La nouvelle colonie, après avoir d'abord grandi sous la métropole, ne tarda pas à s'en détacher, et resta libre « entre les Césars dorés de Byzance et les Césars cuirassés d'Aix-la-Chapelle ». Au sixième siècle, l'invasion lombarde y amena un nouveau ban de réfugiés; les îlots, de plus en plus peuplés, se réunirent bientôt sous un chef commun, un *dux* ou doge. Tout en travaillant et en bâtissant, la jeune République acquit la Dalmatie, les royaumes de Chypre et de Candie, s'épandit sur tous les rivages de la Méditerranée, et la bourgade de vendeurs de poisson devint métropole à son tour. Nulle puissance de l'Europe ne réussit à mordre au flanc cette autre Carthage. Au douzième siècle, les négociants de Rialto, de Castello, de San Nicolo, mettent en déroute les galères de l'empereur Frédéric-Barberousse; au quatorzième siècle, ils anéantissent la flotte génoise; au quinzième, sous les Foscari, leur prospérité est sans rivale : ils s'emparent d'une portion de la Lombardie, de la Polésine de Rovigo, et possèdent, épars sur toutes les mers du monde gréco-romain, plus de 3,000 navires montés par 40,000 matelots. Bien que ruinée par la découverte des deux Indes, qui détourna, au profit d'États plus occidentaux, presque tout le mouvement maritime de l'Europe vers le cap de Bonne-Espérance et les côtes de l'Amérique, Venise ne s'abandonna pas; elle poussa énergiquement sa fortune du côté de l'Orient, et pendant longtemps elle soutint seule, au nom de la chrétienté, une terrible guerre contre le Croissant ; mais ce suprême effort acheva de briser son énergie, et lorsque, en 1797, le *livre d'or*, registre de la vieille oligarchie vénitienne, fut brûlé solennellement, il y avait longtemps que la république de Saint-Marc n'existait plus, pour ainsi dire, que de nom. On sait par combien de retours cruels elle a passé depuis lors. Après le grand désappointement de la paix de Villafranca, il semblait, pour la patriotique cité, que tout fût perdu à jamais. « Tout tombe, écrit M. Taine en 1864. La Giudecca, qui est un port énorme, n'a presque point de navires, le commerce et les affaires vont à Trieste. La ville est coupée du Milanais par les douanes. On n'y travaille pas ; la tristesse alanguit tous les efforts comme tous les plaisirs; les nobles vivent cloîtrés dans leurs terres ; beaucoup de palais se dégradent, quelques-uns semblent abandonnés. Sur cent vingt mille habitants, il y a quarante mille pauvres, dont trente mille à l'aumône et inscrits sur les registres de secours... Quand l'escadre française, dans la dernière guerre (1859), parut en vue de la ville, ce fut un délire, et, qui plus est, un délire contenu. Au premier coup de canon de la flotte, la révolte allait éclater ; gens du peuple, gondoliers, tous étaient prêts. Plusieurs sont devenus fous en apprenant l'armistice. Beaucoup ont émigré et se sont établis depuis en Lombardie. Ils ne peuvent s'accoutumer à la pensée que Venise, qui

MONUMENT DU GÉNÉRAL TANARIS-GESLATI.

seule en Italie pendant tant de siècles avait échappé aux étrangers, demeure seule en Italie aux mains des étrangers : figurez-vous dans une famille cinq ou six sœurs qui deviennent des dames, et la dernière, la plus belle, la charmante Cendrillon, qui reste servante. »

À présent que le beau palais des Foscari ne sert plus de caserne aux soldats autrichiens, Venise a repris sa gaieté, en attendant qu'elle recouvre son opulence. De nouveau, l'axe de la grande route commerciale du monde, déplacé une première fois de l'est à l'ouest, au quinzième siècle, tend à se reporter vers l'Orient ; les rivages méditerranéens redeviennent le vestibule des riches contrées de l'Inde ; la cité des doges se retrouve une des mieux situées sur la vivante diagonale.

Non loin du Rialto est l'église la plus ancienne de la ville, San Giacomo, érigée au sixième siècle, dit l'inscription placée sur la porte ; un peu à l'est, sur une place ornée de la statue équestre du général Colleoni, s'élève Santi Giovanni è Paolo, vulgairement San Zanipolo, sorte de panthéon qui renferme les mausolées des doges et des grands hommes de la République ; de l'autre côté du Grand Canal, à l'ouest de la place Saint-Paul, Santa Maria Gloriosa dei Frari, avec la pyramide funèbre de Canova ; plus bas, sur le *fundamento* ou quai qui fait face à la Giudecca, l'église des Gesuati, où se trouve le monument du général Farnèse : quelle délicieuse promenade, soit dit en passant, que de revenir de là, en gondole, par la pointe du Champ de mars, jusqu'à l'île Santa Chiara !

Comme Venise possède une centaine d'églises toutes remarquables à divers titres, on me permettra d'arrêter ici la nomenclature, et de renvoyer le lecteur à l'excellent *guide* de M. A.-J. du Pays.

Ce n'est aussi qu'en bien peu de lignes qu'il m'est permis de rappeler ici les principaux titres de gloire de l'art vénitien. On a vu qu'en architecture le monde byzantin avait été son premier modèle. Plus tard, l'introduction du style ogival n'ôta pas aux édifices de Venise leur caractère propre et leur physionomie orientale, car, au lieu de se mêler comme ailleurs aux réminiscences de l'antique, ce style s'y associa aux formes arabes. Plus tard encore, le mouvement artistique de la Renaissance y conserva une allure délicate et pittoresque tout à fait à part ; le goût spécial de l'ornementation y produisit une variété d'aspects infinie. J'ai nommé, je crois, chemin faisant, la plupart des grands architectes-sculpteurs qui décorèrent, aux quinzième et seizième siècles, la ville des lagunes : après les Lombardi, les Sansovino, les Palladio, les San Micheli, les Scamozzi, les Cattaneo, les Campagna.

Si, par la construction de la Basilique de Saint-Marc, antérieure à l'an 1000, Venise a eu la plus belle part au premier réveil de l'architecture au moyen âge, en peinture son originalité et son initiative furent plus grandes encore. L'époque véritablement brillante ne date toutefois que de Bellini, dont le génie fécond emplit tout le quinzième siècle. Avec lui se développent ces qualités merveilleuses de coloris, qui ont fait la renommée de l'école vénitienne. Tandis qu'à Rome et à Florence l'art naissant, préoccupé de l'antique, se tourne vers l'austérité et le symbolisme, le nouveau style, à Venise, s'adresse bien moins à l'esprit qu'aux sens ; il reflète le milieu ambiant, il

TOMBEAU DE CANOVA, DANS L'ÉGLISE DEI FRARI.

s'inspire du goût national et de ses tendances traditionnelles vers l'éclat extérieur, la magnificence asiatique. De là cet inépuisable mélange de tons, ce jaillissement de lumière, cet épanouissement de chair broyée, où circule la sève humaine; de là, comme l'a dit un critique moderne, cette fécondité à rendre « la puissante poussée de la végétation intérieure qui soulève la matière lente et la dresse en formes vivantes sous la chaleur du soleil. » Quatre noms surtout, Giorgione, Titien, Véronèse, Tintoret, résument la glorieuse pléiade des peintres vénitiens.

Le premier, ami du plaisir non moins que du travail, viveur autant qu'artiste, meurt dans la fleur de l'âge et du talent, avant d'avoir dit son dernier mot. Aussi ses toiles sont-elles peu nombreuses; son *Concert*, du palais Pitti, à Florence (salle de l'Iliade), est considéré comme le chef-d'œuvre de son pinceau. Les œuvres qu'avait de lui le palais Manfrin ont été dispersées. Il reste à voir, avant tout, à l'Académie des Beaux-Arts de Venise (salle de l'Assomption), sa *Tempête apaisée par saint Marc*, et, dans la chapelle du Palais Ducal, sa *Descente du Christ aux Limbes*. Titien, chef de l'école après lui, hérite du *feu giorgionesque* et en porte l'éclat à un degré de perfection au delà duquel il n'y avait plus de progrès à faire. Honoré de la protection de tous les princes de l'Europe, à commencer par Charles-Quint et François Ier, il conserve néanmoins son indépendance, et meurt, en quelque sorte, le pinceau en main, à quatre-vingt-dix-neuf ans, « au moment où

il commençait à comprendre, disait-il, ce que c'était que la peinture. » Ses tableaux de l'Académie, un *Repas chez Lévi*, une *Visitation*, une *Présentation de la Vierge*, une *Déposition du Christ*, etc., font admirablement toucher de l'œil les différentes phases et transformations de son génie.

Avec Paul Véronèse, qui, bien que beaucoup plus jeune, précède de quelques années Titien dans la tombe, le coloris vénitien a moins de force et de science; en revanche il a plus de variété et peut-être aussi plus de charme; les défauts et les qualités de l'école ont en lui leur plus frappante expression. Ses toiles, à Venise, sont innombrables. Rien qu'au Palais de Saint-Marc, que de magiques compositions! l'*Apothéose de Venise*, la *Prise de Smyrne*, l'*Enlèvement d'Europe*; puis, à San Giuseppe, une *Nativité*, à San Sebastiano, le *Martyre de saint Sébastien*, à San

à Sainte-Marie de la Santé, à Saint-Georges, etc.

Francesco della Vigna, une *Résurrection*, etc.

Tout autre est le Tintoret, qui survit d'une vingtaine d'années aux trois artistes que je viens de nommer, et qui, comme eux, a travaillé à la décoration du Palais Ducal. Génie incorrect, mais fougueux, d'une originalité sauvage et d'une invention quelque peu bizarre et tapageuse, le Tintoret s'inspire de Michel-Ange, dont il possède les fortes études d'anatomie. Dans le clair-obscur, il est réputé sans rival. Il se plaisait aux grandes machines: son tableau de la *Gloire du Paradis*, au Palais Ducal, est la plus vaste toile qui soit au monde. Une salle entière, à la Scuola di San Rocco, est pleine de lui; ses autres œuvres célèbres, un *Miracle de saint Marc*, une *Mort d'Abel*, *Ève*, *Assomption*, *Noces de Cana*, *Martyre de saint Étienne*, — j'en omets bien volontairement, — sont, les unes à l'Académie, les autres aux Jésuites, à Saint-Jean et Saint-Paul,

Autour de cette constellation au quadruple rayonnement gravitent, comme satellites, un certain nombre d'artistes moins renommés, phalange d'imitateurs, qui ont aussi, pour la plupart, laissé leurs traces sur les murs du Palais des Doges : les deux Palma, Bonifazio, Bordone, le Padouan, Canaletti. Avec le dernier, nous atteignons presque la fin du dix-huitième siècle; la décadence de la peinture vénitienne a déjà près de cent ans d'âge.

Le Ghetto

En dehors des splendeurs en quelque sorte officielles de Venise, que nul étranger n'omet de visiter, il y a dans la merveilleuse cité mille beautés moins connues et à demi cachées qu'on ne découvre qu'à la condition de la parcourir en tous sens, à pied plutôt qu'en gondole. Il ne faut pas craindre par exemple de s'engager à l'aventure dans l'inextricable labyrinthe des rues et des ruelles, ni d'explorer les moindres recoins du *campiello* le plus retiré ou de la *corte* la plus obscure. Chaque maison, outre sa porte d'honneur et son escalier donnant sur le *rio* ou le canal, a, de l'autre côté, sur la *lista* ou la *calle*, une seconde entrée qui conduit au même vestibule. Selon que la voie d'eau ou celle de terre décrit plus ou moins de sinuosités, on peut ainsi, par un itinéraire ou par l'autre, arriver plus ou moins vite à un point désigné de tel *sestiere* ou quartier. De place en place d'ailleurs, vous rencontrez un *traghetto*, c'est-à-dire une station de barcarols, qui vous transportent pour quelques centimes d'une rive à une autre; en outre, des raies blanches, tracées sur les dalles des rues principales, vous indiquent au besoin la route à suivre pour vous rendre à coup sûr, soit à la place Saint-Marc, soit au Rialto et au chemin de fer.

Pas un quartier ne ressemble à l'autre; chacun a sa vie, ses habitudes, sa manière d'être à part. Un des plus curieux au point de vue de l'aspect et des mœurs, c'est, à l'ouest, le *sestiere* du *Canareggio*, ainsi appelé du canal principal qui le traverse. Là est le *Ghetto*, l'ancienne juiverie vénitienne, pays sauvage s'il en fut, mais d'un pittoresque achevé. Il faut le voir surtout quand, aux jours des grandes fêtes d'Israël, l'étroite *calle* se transforme en un jardin vert, que, d'une fenêtre à l'autre, on étend des guirlandes de feuillage, et que de rouges tapis ornent les balcons. Heureux Shylock! l'astre de la liberté s'est enfin levé pour lui aussi! Il peut aller et venir à son aise où bon lui semble, sans porter, comme jadis, la marque rouge au chapeau; il peut deviser

DEVANT LA PORTE, À VENISE.

en paix de l'époque lointaine, et disparue sans retour, où ses ancêtres n'avaient pas même le droit de hasarder leur nez maudit hors de l'île de la Giudecca.

Ce *sestiere* du Canareggio est le repaire des barcarols noirs, les *Nicolotti*, adversaires traditionnels des barcarols à bonnets et à ceintures rouges, qu'on nomme les *Castellani*, parce qu'ils habitent dans une autre partie de Venise, le *sestiere* du *Castello*. Cette rivalité, dit un écrivain que nous avons déjà cité, M. Adalbert de Beaumont, remonte à l'époque première de la création de la ville, et se manifeste principalement dans les fêtes nautiques ou régates. « Les habitants d'Héraclée et d'Aquilée, qui formaient deux factions ennemies, en fuyant dans les lagunes, choisirent des quartiers opposés ; l'une occupa l'île de Castello, à l'extrémité orientale de la ville, et l'autre l'île San-Nicolo, de l'autre côté du Rialto. La première, à mesure que la population s'augmenta, s'étendit sur la rive des Esclavons, la place Saint-Marc, le commencement du Grand Canal, et s'arrêta au pont du Rialto, coupant ainsi la ville, de l'Arsenal au Champ de Mars. La seconde prit tout le reste de la cité, qui est la partie la plus considérable, mais la moins brillante, puisque le doge, les sénateurs et les plus riches patriciens se trouvaient être Castellani par le quartier qu'ils habitaient. Aussi les Nicolotti formèrent-ils la faction démocratique, tandis que les Castellani furent les aristocrates.

UNE RUE DE VENISE.

« On comprendra aisément la jalousie et les querelles qui en résultèrent. Pour apaiser ces dissensions, les Nicolotti furent autorisés à prendre parmi eux un doge spécial ; ses fonctions, comme bien on pense, se bornaient à présider les jeux et les délibérations de son parti, et le reste du temps il vivait et travaillait comme avant, au milieu de ses anciens compagnons. Nommé par élection, on entourait son élévation d'une certaine pompe, qui flattait le peuple, car c'était un gondolier connu pour son habileté et sa bonne conduite qui presque toujours était choisi. La cérémonie se faisait à l'église San Nicolo, où le nouveau doge était consacré par la religion et revêtu d'un costume magnifique. Les Nicolotti, satisfaits dans leur orgueil, narguèrent les Castellani, en leur jetant sans cesse ces paroles qu'on répète encore : « Toi, tu rames pour le doge, et moi, je rame avec le doge. »

Ce furent du reste les seules *partialités*, comme on disait autrefois chez nous, qui existèrent dans la République. Si Venise eut parfois une sombre histoire, elle ne connut point, à proprement dire, ces guerres civiles dont les autres cités italiennes furent, durant des siècles, le théâtre.

Sortons maintenant du Canareggio, en suivant les stries de marbre blanc tracées

PORTEUSE D'EAU VÉNITIENNE.

sur les côtés de la *salizada* (c'est le nom qu'on donne à la rue, lorsqu'elle a une certaine largeur), et gagnons la *Merceria*, qui aboutit à la place Saint-Marc. S'il vous plaît de continuer à pied par la *Bocca di Piazza*, nous jetterons un regard au petit quartier de la *Frezzaria*. Que de victuailles, bon Dieu! s'étalent ici à nos yeux! Quelle rangée de rôtisseries et de charcuteries, qui, toutes ensemble, et chacune à part, exhalent leur odeur *sui generis*! Si ce nom de *Frezzaria* ne vient pas de l'allemand *fressen*, c'est à dérouter pour toujours les chercheurs d'étymologies. Les gros mangeurs tudesques d'outre-mont ont pu seuls baptiser ce coin de Venise d'une appellation si conforme à leur appétit.

Ce qui manque, cela va sans dire, dans tous ces *sestieri* du centre, — je ne parle pas de quelques humbles crucifères qui se font péniblement jour entre les pierres, — c'est la campagne, la verdure. Pour la rencontrer, il faut aller, le long de la rive des

Esclavons, qui est le port de Venise, jusqu'aux *Giardini* ou jardins publics, créés en 1807 par Napoléon. Chemin faisant, on trouve l'arsenal, dont les énormes murailles, les bastions, les immenses darses, les chantiers couverts, les gigantesques fonderies, donnent une idée frappante de l'antique puissance navale de cette république qui, dès le neuvième siècle, c'est-à-dire avant la Hollande elle-même, construisit des navires à trois mâts. Cet établissement n'a pas moins de deux milles de pourtour; entre autres curiosités, on vous y montre le Bucentaure, « cette galère de parade, cet ostensoir,

QUAI DES ESCLAVONS.

comme dit Goethe, véritable pièce d'inventaire, où l'on peut voir ce qu'étaient les Vénitiens et ce qu'ils se flattaient d'être. »

Quant au Giardino, c'est un magnifique terre-plein où s'élèvent, au milieu de haies verdoyantes et de parterres fleuris, des bouquets de platanes et de chênes, qui se mirent fantastiquement dans la mer; de ce frais observatoire, on contemple à l'aise l'horizon d'azur et le semis nacré des grandes îles situées à l'entrée de l'estuaire vénitien.

L'eau potable est plus rare encore, à Venise, que la verdure; les innombrables citernes publiques et particulières de la ville sont surtout alimentées par les conduites établies sur le gigantesque viaduc de Mestre ; on va aussi s'approvisionner au moyen de barques aux embouchures des fleuves voisins. La distribution dans les maisons dépourvues de réservoirs se fait par des porteuses d'eau, jeunes va-nu-pieds fort originales, coiffées l'été d'un chapeau de paille, qu'elles échangent, l'hiver, pour un chapeau de feutre. Elles sont presque toutes originaires du Frioul ; on les appelle *Bigolante*.

III

LA BANLIEUE VÉNITIENNE. — CHIOGGIA

Une grande île, le *Lido*, forme la digue naturelle de tout l'Archipel. Ce n'est autre chose qu'un long banc de sable, où l'on va l'été prendre les bains de mer ; il s'y trouve

SAN PIETRO DI CASTELLO.

quelques maisons, une église et des jardins. C'est sur cette grève, où s'ouvre une des entrées fortifiées de la baie, qu'il faut venir, le soir, contempler Venise aux feux du soleil couchant. Quelle féerie de couleurs présente alors la ville du Titien ! Quels flamboiements indescriptibles projette cet entassement de tours, d'églises et de palais, qu'estompent de leurs nuées vacillantes les ombres les plus bizarres ! Puis, quelle transition magique du crépuscule rouge à la nuit brune, quand s'éteignent presque tout à coup les réfractions de l'astre mourant ! Les cimes dorées, qui semblaient

UN RIO A CHIOGGIA.

tout à l'heure nager dans une chaude et moite vapeur, apparaissent soudain immobilisées sous la pure coupole du firmament ; les unes s'y découpent en arêtes dures et tranchantes, les autres y enfoncent mollement leurs masses indécises ; sur le tout monte une sorte de buée blanche, formée par le rayonnement des lumières au bord des canaux et aux façades des maisons ou des édifices.

De l'autre côté du Lido, au levant, l'impression n'est pas moins grandiose. Là, c'est la vaste mer, avec ses tuméfactions et ses murmures. L'écume des lames déferle contre la dune ; le sable crie sous vos pieds ; une barque de pêche avec sa voile blanche passe, comme un fantôme, à quelques mètres du rivage, cherchant la passe voisine du fort San Nicolo. C'est l'heure du flux : la clameur des vagues va grandissant de minute en minute ; mais toute cette colère de l'Adriatique se brise dans un assaut impuissant contre le rempart qui protége la cité et ses lagunes.

IMAGE D'UNE BARQUE DE PÊCHE.

En deçà du Lido, au sud-est de Venise, se trouve une île intéressante à visiter, Saint-Lazare des Arméniens, avec un couvent fondé au dix-huitième siècle par des moines grecs venus de Morée ; il y a là une imprimerie, et, de plus, une bibliothèque qui est par ses manuscrits une des plus riches de l'Europe. De l'autre côté de la passe, au nord, sont plusieurs autres îles : San-Pietro, qui renferme une belle église, Saint-Pierre-du-Château, avec des peintures de Paul Véronèse ; plus haut, Saint-Michel et Saint-Christophe, qui servent de cimetière, de *Campo Santo*, à Venise, et où le peintre Léopold Robert a son tombeau ; puis la populeuse Murano, célèbre par ses fabriques de verroteries, et enfin Torcello, la plus curieuse de toutes, avec sa cathédrale du septième siècle et son beau temple byzantin de Santa Fosca.

Mais l'excursion la plus charmante que l'on puisse faire avant de quitter Venise, c'est celle de Chioggia, île située à cinq lieues et demie environ au sud de la ville : deux heures de trajet par le bateau à vapeur qui part du quai des Esclavons. On file

ÎLE TORCELLO.

d'abord par le canal Orfano, au beau milieu de la *laguna viva*, comme l'on appelle, par opposition à la lagune côtière ou lagune morte, cette partie plus profonde et plus vive du grand lac vénitien qui avoisine les *lidi*; de là on entre dans le canal San Spirito, à l'extrémité duquel se trouve l'entrée principale de l'estuaire, celle que prennent les navires d'un fort tonnage, le port de Malamocco. Après cette passe, protégée par une digue qui s'avance à une demi-lieue en mer, s'étend le lido de Palestrina ; là commencent les *Murazzi*, ces massives murailles en pierre d'Istrie, qu'on a établies de chaque côté de la dune pour en prévenir les dégradations et empêcher l'ensablement des chenaux : c'est au bout de ce rempart que se trouve Chioggia, le troisième port de

CAFÉ SUR LE QUAI DES ESCLAVONS

Venise, au-dessous duquel le fleuve principal de la Vénétie, l'Adige, se jette dans l'Adriatique.

Chioggia, divisée en deux parties inégales par un rio qu'on nomme la *Vena*, et séparée du lido de Sotto-Marina par un grand canal large de près d'un kilomètre, a été comparée pour la forme à un grand poisson de mer; l'épine dorsale en est figurée par la rue ou plutôt par l'avenue centrale qui traverse la ville d'un bout à l'autre ; les rues secondaires, à droite et à gauche, en sont les arêtes. Cette cité, qui, à cause de son importance stratégique, a joué un grand rôle dans les fastes militaires de Venise, est peuplée encore de vingt mille pêcheurs ou petits marchands. Elle possède une dizaine d'églises, sans compter la cathédrale, et un théâtre ; c'est d'ailleurs le plus grand chantier de constructions navales de toute la côte : une chose lui manque, un chemin de fer qui la relie par la Polésine à Rovigo.

Parti de Venise dans la matinée, vous y rentrez, enchanté de votre promenade, à l'heure où les arcades des Procuraties commencent à regorger de monde, et où la Tour de l'Horloge éclaire son cadran d'azur. Vous vous asseyez devant le café Florian, pour écouter derechef la musique en regardant aller et venir parmi les rangées de chaises les bouquetières et les colporteurs. Si, le lendemain, vous devez reprendre le train de Mestre, je ne sais trop à quel moment vous irez au lit cette nuit-là. Les bans de consommateurs se succéderont d'heure en heure ; l'orchestre officiel cédera la place aux musiciens et aux chanteurs ambulants; des groupes sans cesse nouveaux de politiqueurs s'installeront sous les galeries ; les gondoles disparaîtront l'une après l'autre, les *facchini*, éreintés, se coucheront pêle-mêle dans les encoignures et sous les portiques. Vous, vous serez toujours là, rêveur et charmé, parmi la foule bourdonnante, et vous retarderez de minute en minute l'instant abhorré où il vous faudra redescendre enfin le perron luisant de la Piazzetta, pour ne plus, — qui sait? — le remonter peut-être de votre vie.

IV

TRIESTE

Ce n'est pas d'aujourd'hui que la géographie et la politique sont en désaccord. A ne consulter que la première, les vraies frontières septentrionales de l'Italie, ce sont les sommets alpestres qui rattachent au massif de la péninsule toutes les vallées du versant sud, y compris la côte de Trieste. Ce dernier littoral n'est en effet qu'un des côtés du grand golfe dont Venise occupe l'entrée occidentale ; il n'a pas plus de liaison naturelle avec les contrées transalpines, et le caprice des événements a seul forgé l'agrafe qui le joint à l'Austro-Hongrie.

Si l'on examine sur la carte le système orographique qui sépare le bassin du Danube de celui de l'Adriatique, on voit qu'il se compose de trois chaînes juxtaposées. La première, traversée par le chemin de fer du Semmering, sépare les eaux du Danube de celles de la Drau ou Drave ; en deçà de la seconde coulent la Sau ou Save et ses affluents, séparés eux-mêmes par une ligne de faîte plus méridionale du bassin maritime où s'élève Trieste. Ce n'est pas tout. Tandis que les deux premiers *complex*, comme disent les Allemands, ne présentent plus, à l'est de la voie ferrée, que des ramifications brusquement déprimées, le troisième au contraire, celui qui enserre la baie de Trieste, pousse ses hautes murailles continues jusqu'à Fiume et à l'extrémité de la grande île Veglia, sur la côte d'Illyrie.

Là, comme sur toute la ceinture elliptique des Alpes, les côtés les plus abrupts, les plus hérissés, sont sur le versant italien. Les Alpes Juliennes plongent leurs assises méridionales jusque dans l'Adriatique et dressent leurs escarpements contre la ville même. Nulle saignée naturelle ne déchire cette formidable ossature ; il a fallu les puissantes innovations du génie moderne pour établir, à travers cette succession de crêtes dénudées, une route régulière et facile, propre à ouvrir les débouchés du Danube à l'immense trafic de Trieste, et à faire de cette ville le marché principal de toute la région au delà des monts, jusqu'à Buda-Pesth.

Trieste, fondée par les Thraces, dit l'histoire, par les Argonautes, dit la légende — ce qui compliquerait singulièrement l'itinéraire des conquérants de la Toison d'or — fut occupée par les Romains en l'an 177 avant l'ère chrétienne. Elle s'appelait alors *Tergestum* ou *Tergeste*. Bâtie sur une colline, à quelque distance de la mer, la place primitive avait pour mission de contenir les remuantes peuplades qui habitaient entre les Alpes et l'Adriatique ; le peu qui en subsiste est compris aujourd'hui dans cet écheveau de ruelles grimpantes qui va vers le Castello.

Pendant tout le moyen âge, Trieste est à la merci d'une redoutable voisine, Venise, qui s'est emparée d'elle et la gouverne par des podestats. Rien n'est omis pour entraver le développement de son commerce ; ses matelots n'ont même pas le droit de naviguer dans le golfe sans une patente, qu'ils sont obligés d'aller chercher au petit port de Capo d'Istria. Ce vasselage, rompu à maintes reprises par des révoltes, ne cesse définitivement qu'à la paix de Noyon, en 1516 ; encore les Triestains ne font-ils que changer de maître ; ce coin de terre, qui semblait créé entre tous pour la liberté,

TRIESTE.

n'a jamais connu que la plus étroite dépendance; depuis trois cent cinquante ans son histoire, toute silencieuse et obscure, se confond dans celle de l'Autriche.

L'Autriche, du moins, a su faire rapidement la prospérité commerciale de Trieste. Dès le commencement du dix-huitième siècle, on se préoccupe sérieusement à Vienne des moyens de détourner vers le nord de la péninsule istrienne le trafic des denrées qu'on tirait alors du Levant par la mer Noire et par le Danube. La grande difficulté était, on l'a vu, de franchir le rempart des monts pour distribuer ces marchandises dans les provinces de l'Empire. Une « compagnie orientale » autrichienne offrit des sommes considérables pour la création d'un chemin; cinq régiments devaient être employés à ce gigantesque travail. L'empereur Charles VI vint lui-même à Trieste pour se rendre compte par ses yeux de l'état des choses. Le port n'était alors qu'une sorte de plage resserrée entre le pied des Alpes et la pointe Saint-André; la ville comptait cinq mille habitants environ. Charles VI commença par décider la construction d'un nouveau havre et l'ouverture des routes de Trieste à Vienne par Gratz et à Carlstadt par Fiume; puis, en 1710, il décréta la franchise du port. Sa fille Marie-Thérèse continua l'œuvre d'agrandissement, érigea la citadelle et créa le quartier dit alors *citta Teresa*. Le traité de Campo-Formio (1797), en attribuant à l'Autriche la plupart des dépouilles de Venise sur les côtes de l'Adriatique, acheva de fonder la grandeur maritime de Trieste.

Trieste est donc une ville de création toute moderne; elle est de plus essentiellement cosmopolite par son commerce, à la fois italienne, allemande, grecque et levantine, un vaste caravansérail où s'entremêlent toutes les races et tous les dialectes. Le port, qui n'a pas moins de 1,500 mètres d'ouverture, n'est peut-être pas le plus sûr de la côte, à cause des souffles perturbateurs du vent d'est-nord-est, l'ancien Borée, appelé aujourd'hui *bora;* mais on a remédié le mieux possible à cet inconvénient par la construction de môles perpendiculaires aux quais, qui servent de quais eux-mêmes en s'avançant au large, et sur les musoirs desquels s'amortit la force des lames. Au milieu s'ouvre le Grand Canal, par lequel les navires les plus lourds vont s'amarrer, comme dans nos immenses bassins du Havre, au cœur même de la ville. Le Phare, qui se trouve sur la pointe extrême du môle Sainte-Thérèse, date de 1834.

Presque toutes les constructions de Trieste ont nécessairement un air de jeunesse en rapport avec la récente fortune de la ville; en dehors des quartiers primitifs dont j'ai parlé, tout est spacieux, symétrique, tiré au cordeau; les rues sont propres et bien pavées, en dalles de calcaire jurassique. La place la plus animée est la *Piazza della Borsa*, au sud du Canale Grande. Tout près de là, en face du Théâtre, se trouve le Tergesteo, palais gigantesque bâti en 1840, et centre du commerce levantin. Des galeries vitrées, où se presse continuellement une foule affairée, traversent l'édifice, qui renferme le fameux *Lloyd* autrichien.

Le Lloyd, c'est l'âme même de Trieste. Établi en 1836, sur le modèle de l'institution

TOMBEAU DE WINCKELMANN.

anglaise du même genre, et sous la direction du baron de Bruck, qui fut ensuite ministre des finances d'Autriche, il envoya, le 16 mai 1837, à Constantinople un premier vapeur construit sur les chantiers de Londres. Après avoir relié régulièrement à

CHATEAU DE MIRAMAR.

Trieste les côtes de l'Istrie et de la Dalmatie, ses bateaux desservirent la Romagne, l'Albanie, l'Épire. Bientôt l'Archipel, Salonique, les grands ports de l'Asie Mineure, de la Syrie et de l'Égypte sollicitèrent leur admission dans le réseau naissant; puis le Lloyd

GROTTE DE SAN SERVOLO, PRÈS DE TRIESTE.

pénétra en maître dans la Propontide et la mer Noire, et, dès le percement de l'isthme de Suez, s'élança sur les eaux de la mer Rouge jusqu'au détroit de la Sonde. En même temps des flottes de chalands, remorqués par les vapeurs de la grande compagnie, remontaient le Pô et pénétraient dans le lac Majeur. Aujourd'hui, le capital du Lloyd, qui n'était originairement que d'un million de florins, se trouve plus que décuplé; près de cent paquebots transportent annuellement quatre cent mille voyageurs et plus ; je ne parle pas de la quantité immense de ballots qui vont ainsi des bouches du Cattaro à celles du Nil et à Trébizonde.

Quel service rendu à la cause de la civilisation dans le seul bassin de la Méditerranée! « Avanti! » Telle est la devise de la Société, qui dit également : « Quand le Lloyd cesse d'avancer, il rétrograde (1). »

Aussi le port de Trieste, surtout depuis que les événements de l'année 1866 l'ont débarrassé des entraves de la Confédération germanique, pour le rendre à une sorte de neutralité politique, semble-t-il appelé à une prospérité presque sans limite. La pauvre crique rocailleuse, où abordaient il y a cent soixante ans quelques barques chargées de poisson et de légumes, atteint présentement un mouvement maritime qui menace de dépasser, comme tonnage, celui de Marseille, et qui en fera peut-être un jour le premier entrepôt de l'Europe. Le port peut du reste s'agrandir indéfiniment, au fur et à mesure des exigences du trafic, grâce au système de digues transversales, si commode pour l'amarrage et le débardage des bâtiments ; au besoin, la belle anse voisine de Muggia fournirait, à l'aide d'un môle, l'emplacement d'un havre nouveau.

L'art proprement dit tient peu de place dans cette cité d'affaires et de négoce. Le Musée dit d'antiquités, situé dans le voisinage du château et de la cathédrale, est surtout intéressant par le tombeau de Winckelmann, assassiné en 1768, à Trieste, pour l'amour de l'art, par l'Italien Archangeli.

Deux choses sont à visiter aux environs de la ville : la grotte de San Servolo et le château de Miramar. Cette dernière résidence servit de lieu de villégiature à cet infortuné archiduc Maximilien, dont l'éphémère royauté transatlantique s'évanouit si tragiquement à Queretaro. De puissantes digues en pierres d'Istrie protégent contre les morsures des flots les créneaux de ce mélancolique castel, bâti au bord même de la mer, et ombragé d'avenues luxuriantes où conduisent des escaliers monumentaux.

---

(1) Le nom vient d'un Anglais appelé Lloyd, qui, d'abord propriétaire d'un café à Londres, prit ensuite la restauration de la Bourse. Ce dernier local servit alors de lieu de réunion aux agents et courtiers pour y traiter d'affaires, puis à une société de commerce qui eut bientôt ses représentants sur tous les points du globe, si bien que les nouvelles venues de l'étranger furent affichées dans le *Lloyd* et publiées dans une feuille, le *Lloyd's List*, fondée dès l'an 1800.

CHAPITRE IV

LA PLAINE DU PÒ

I

MILAN

On sait que la plaine lombarde, ancien golfe de l'Adriatique, est un terrain d'alluvion, composé de débris de toute sorte arrachés aux flancs des Alpes par les torrents, les glaciers et les avalanches. Aucune contrée de l'Europe, la Hollande exceptée, n'a été plus que celle-ci pétrie et renouvelée par les eaux. Des lacs qui se forment ou qui se vident, des rivières qui changent de direction, qui se rejoignent entre elles, ou qui, de cours d'eau tributaires, deviennent des fleuves indépendants, des alternatives bizarres d'atterrissements qui fécondent et d'inondations qui dévastent, telle est l'histoire physique de la grande vallée qu'arrosent le Pò et ses affluents.

C'est cette abondance d'eaux « intérieures », comme disent les Néerlandais, qui donne à la Lombardie son aspect et son caractère. Chacun des fleuves torrentueux et à rives plates qu'y envoient les inépuisables réservoirs des Alpes a dû être endigué par la main de l'homme, et cet immense système de levées (*argini*), qui n'embrasse pas une étendue de moins de 1,200,000 hectares, exige, cela va sans dire, un entretien de tous les instants. Un trou de taupe qu'on néglige de boucher à temps, et voilà des villages entiers menacés de se voir engloutis. A la vérité, les habitants de cet antique estuaire marin, comblé par le colmatage naturel des rivières, sont nés ingénieurs et hydrauliciens, et l'incurie n'est point chez eux défaut dominant. Ils n'excellent pas seulement à discipliner les cours d'eau, ils savent encore les ramifier à l'infini par un régime de canaux vraiment merveilleux. Dès le moyen âge, alors que le reste de l'Europe était plongé dans une épaisse ignorance des choses de la vie pratique, les Lombards s'occupaient d'assécher leurs plaines basses par des fossés d'écoulement et de creuser des artères d'irrigation à travers leurs champs fertilisés. Ne sont-ce pas aussi les ingénieurs milanais qui ont inventé au douzième siècle l'art de surmonter, au moyen d'écluses, les hauteurs du sol?

Aujourd'hui le pays est sillonné en tous sens par un lacis artificiel de cours d'eau et de rigoles auquel il semble impossible de rien ajouter. Le moindre ruisseau ou fontanile, issu des montagnes, est devenu partie constituante d'un gigantesque outillage agricole; chaque motte de terre susceptible d'arrosement est aménagée de manière à fournir son maximum de rapport; c'est la culture, c'est le jardinage poussé aux dernières limites du perfectionnement. Aussi Arthur Young, qui parcourait l'Italie à la fin du siècle dernier, pouvait-il dire, en parlant du splendide Opéra de Milan : « C'est la charrue qui subvient à tout ce luxe. »

La charrue et la bêche sont en effet les deux instruments magiques qui ont créé cette prospérité de la plaine lombarde, le pays de l'Europe, sans en excepter la France, où la propriété est le plus divisée. Sur cette terre, où une commune servitude a produit de bonne heure une sorte d'égalité, toute richesse sort directement du gras humus où se sont enfouis de bon cœur tous les capitaux des générations. Les campagnes, coupées d'innombrables clôtures, présentent à l'œil des cultures variées à l'infini : ici le pâturage alpestre, là le hêtre et le châtaignier, l'olivier et la vigne; plus loin les céréales du Danube, le lin des Flandres, le maïs du Mississipi, le mûrier de Chine et les grandes rizières. Partout règne un air d'aisance et de contentement; on dirait, à ne prendre, bien entendu, que l'ensemble de ce plaisant « ménage des champs », le rêve idyllique de Sully réalisé au delà des monts. Tout village a pour avenue une belle route ombragée, avec un parapet de pierre le long du canal en bordure. Ajoutez que la Belgique seule présente une densité supérieure de population. Il est vrai que cet entassement d'habitants provient, dans la plaine du Pô, des groupements urbains plus que des campagnes. « La Lombardie, dit M. Élisée Reclus, est la partie de notre continent où les villes sont le plus pressées les unes contre les autres; il faut aller jusque sur les bords du Gange et dans la *Fleur du Milieu* pour trouver de pareilles agglomérations humaines. »

La cité centrale et maîtresse de cette opulente région, c'est Milan.

De Venise, on y peut revenir par Mantoue, Crémone, Plaisance et Pavie. Mantoue, la ville des Gonzague, ou encore la Cité Virgilienne, comme on l'appelait souvent au moyen âge, est, on le sait, la plus forte place du quadrilatère. Bâtie au milieu de lacs artificiels formés par le Mincio, qui la relie à Peschiera, elle n'attire point précisément par les agréments de sa position; ses environs déploient par trop ce « manteau verdâtre des eaux stagnantes », dont parle Shakespeare en son langage imagé. En revanche, elle a sa Cathédrale, son Palais Ducal et surtout son fameux Palais du T, embellis par les splendides compositions de trois grands artistes, André Mantegna, Jules Romain et le Primatice. Crémone a ses violons, et de plus son Torazzo, campanile haut

MANTOUE. VUE PRISE PRÈS DU PONT SAINT-GEORGES.

de 121 mètres. Quant à Pavie, jadis rivale de Milan, aujourd'hui triste et déchue entre toutes les cités lombardes, elle ne doit plus qu'à son université un reste d'animation intermittente. Aux environs, sur la route même de Milan, se trouve la fameuse *Certosa* ou Chartreuse. Construite à la fin du quatorzième siècle, par l'architecte Bernardo da Venezia, ce monastère passe pour le plus somptueux qui soit en Europe. La façade est un prodige de délicatesse sculpturale. L'église, à trois nefs, surmontée d'une coupole, possède des peintures du Borgognone et du Pérugin, et le mausolée du fondateur, Jean-Galéas Visconti, par Gal. Pellegrini. Dans les cours intérieures, on remarque le Petit Cloître de la Fontaine dont les arcades sont supportées par de légères colonnettes en marbre blanc, et décorées de fort jolis bas-reliefs en terre cuite. Deux douzaines d'habitations à un étage, chacune avec jardin, règnent autour des portiques du Grand Cloître.

MOINE AU PUITS, A LA CHARTREUSE DE PAVIE.

De Pavie on atteint Milan, en une heure environ, par le chemin de fer. Cette ancienne capitale de la Gaule Cisalpine, puis de la Lombardie, est située au débouché naturel des deux lacs Majeur et de Côme, et compte près de 300,000 habitants, y compris son immense banlieue de faubourgs ou *corpi santi*. Trois canaux alimentent son commerce, qui ne le cède, comme importance, qu'à celui de Gênes ; ce sont : le *Naviglio Grande*, qui y amène par Abbiate les eaux du Tessin ; celui de la Martesana, achevé par Léonard de Vinci, et que l'Adda remplit au sortir du lac de Côme ; puis le canal de Pavie, qui porte au Pô le tribut des deux autres.

Milan est sans contredit la ville italienne qui a le plus travaillé et le plus souffert pour la cause de l'indépendance nationale. Une fable antique dit que le Pô ou Éridan

LA CHARTREUSE DE PAVIE.

a été formé des pleurs répandus par les sœurs de cet imprudent Phaéton qui paya si cher son apprentissage d'un jour, comme automédon; on pourrait aussi bien prétendre, et l'on serrerait de plus près l'histoire, que le « père des fleuves » s'est enflé des larmes et du sang des peuples riverains. Milan a subi, pour sa part, une trentaine de siéges.

L'accroissement de sa puissance date du grand mouvement qui affranchit, au onzième siècle, les communes d'Italie. Elle prit alors la tête de la Ligue lombarde; mais que de calamités lui attira son rôle glorieux! La liberté italienne enfanta de terribles discordes. Ce fut d'abord une lutte à mort contre Pavie, la ville aux cinq cent vingt-cinq tours, qui était alors la plus florissante et la plus ambitieuse des cités du Pô après Milan. Le moindre prétexte, une contestation sur le cours des eaux d'arrosement, allumait la guerre fratricide. Les villes de la région circonvoisine ne manquaient pas de prendre parti; Crème, Brescia, Parme, Modène marchaient d'ordinaire avec Milan; Plaisance, Reggio, Lodi, Crémone, Novare épousaient de préférence la cause de Pavie. Et il fallait voir les brillants faits d'armes des guerriers rassemblés autour de leur *carroccio*. Le malheur était que l'ennemi commun et héréditaire, le chef du Saint-Empire, savait profiter à point de ces divisions.

En 1162, Frédéric Barberousse détruisit Milan, non sans appeler à la curée les cités rivales; mais quelle revanche pour les Milanais quatorze ans plus tard! Après sept siècles écoulés, le nom de Legnano sonne encore au delà des monts comme chez nous celui de Bouvines. La grande bataille, en commémoration de laquelle les Italiens viennent d'élever un monument national, fut livrée entre l'Olonne et le Tessin à l'armée impériale descendue, avec la furie d'un torrent, par l'Engadine et le lac de Côme. Le courage de la « cohorte de la mort » et du « bataillon du Carroccio » eut raison des phalanges tudesques. Pour longtemps, les républiques cisalpines se trouvèrent sauvées de l'étranger. Elles n'étaient pas malheureusement sauvées d'elles-mêmes.

Des factions implacables surgirent bientôt du sol, tout fumant encore, et de la liberté reconquise; sous ses tyrans indigènes, Milan devint oppressive à son tour; c'est l'ère des *condottieri*, dont la race va se propaguant des rivages tyrrhéniens à ceux de l'Adriatique. Les Visconti succèdent aux Torriani, les Sforza aux Visconti, jusqu'au jour où le Milanais, disputé comme une proie entre Charles-Quint et François Ier, échoit décidément à la maison d'Autriche, qui l'a gardé, sauf pendant un intervalle de dix années (de 1805 à 1815), jusqu'à la paix de Villafranca.

Milan est une cité toute moderne, et n'offre pas un caractère italien bien tranché;

la plupart de ses anciens monuments ont en effet péri dans les guerres incessantes qui ont dévasté la plaine du Pô. Son édifice le plus fameux, c'est le Dôme ou Cathédrale. Cette merveille de marbre ciselé s'élève sur une place carrée, à peu près au centre de la ville. Elle fut commencée en 1386 par le premier duc de Milan, Jean-Galéas Visconti. Les riches carrières de Condoglio, près du lac Majeur, en ont fourni, depuis quatre siècles et demi, — car le bâtiment n'est même pas terminé, — tous les matériaux de granit et de marbre blanc.

On a reproché à cet étrange monument de n'être qu'un gigantesque bijou; on pourrait ajouter que les disparates de style n'y manquent point, et que la grande nef a quelque chose d'écrasé qui cause dès l'abord une impression déplaisante; mais tant de maîtres de l'œuvre, venus de tous les points de l'Europe, ont travaillé à cette masse architecturale, tant de ciseaux divers en ont fouillé successivement les bossages, qu'on n'y peut guère chercher la sévère unité de l'ensemble. Ce qui fait l'incomparable beauté du Dôme, c'est le fini des détails, l'inépuisable richesse de l'ornementation sculpturale, la multitude des terrasses et des escaliers, l'audacieux et svelte élancement de la pyramide centrale, autour de laquelle pointe et s'échelonne une forêt prodigieuse de tourelles, d'aiguilles, avec des statues en telle profusion que c'est par milliers qu'on les compte. Aussi, le soir, l'énorme édifice ressemble-t-il à un minaret.

C'est du haut de la plate-forme qu'il faut voir cet immense festonnement marmoréen, ces reliefs de fleurs entrelacées, ce fouillis de flèches aiguës, ces têtes d'anges, de saints et de dragons qui proéminent de toutes parts; c'est de là aussi que, par une claire journée de soleil, il faut contempler à l'horizon la chaîne des Alpes avec leurs majestueuses déclivités, qui, des cimes rocheuses ou glacées du Viso, du Grand-Paradis, du Mont-Blanc, du Splügen et autres descendent, de contre-fort en contre-fort, de gradin en gradin, à travers les forêts de hêtres et de mélèzes, jusqu'à la plaine humide où s'alignent les plants de mûriers, et où étincellent, dans la verdure sombre, les blanches cités transpadanes.

Une autre curiosité de Milan, dans un genre tout différent, c'est la galerie Victor-Emmanuel, qui fait communiquer la place du Dôme avec le théâtre de la Scala, et dont la première pierre a été posée en 1865.

Il n'y a rien d'analogue dans aucune capitale de l'Europe. Figurez-vous un passage vitré, une véritable rue couverte avec une coupole médiane de cinquante mètres de haut et deux entrées monumentales à chaque bout. La longueur totale est de 200 mètres, la hauteur minimum de 32.

Ce magnifique promenoir est coupé en croix, comme notre passage des Panoramas

INTÉRIEUR DE LA CATHÉDRALE DE MILAN

à Paris, par des galeries latérales qui aboutissent aux rues adjacentes. A l'octogone du centre sont les statues des Italiens les plus illustres, entre autres Raphaël, Dante,

CORSO VICTOR EMMANUEL, MILAN.

Savonarole, Arnauld de Brescia, Machiavel, et Cavour, le grand patriote. Quand, le soir, les innombrables becs de gaz de la galerie, allumés instantanément dans la coupole par une petite locomotive circulaire, projettent leurs magiques étincellements sur la gigantesque verrerie des magasins et des cafés et sur le pavé en mosaïques, on dirait d'un bazar d'Orient, d'une vision des *Mille et une Nuits*. C'est là et sur le

DAME MILANAISE.

Cours Victor-Emmanuel, qui va jusqu'à la Porte de Venise, que se rassemblent les

Milanais après le travail de la journée ; c'est là qu'ils viennent flâner et s'amuser, avec ce mélange de gravité du Nord et de pétulance méridionale qui est surtout sensible

STATUE DE LÉONARD DE VINCI.

chez ces *donne* corpulentes et aux regards noyés, dont la mantille retombe nonchalamment par devant sous la main qui tient l'éventail. C'est là enfin qu'on discute et qu'on politique à perte de vue, parmi la foule des vendeurs de journaux, qui parcourent les groupes animés en criant à tue-tête : *Nazione! Perseveranza! Fanfulla! cinque centesimi!*

A gauche de la galerie, en regardant le nord, se trouve la Place des Marchands (*Piazza dei Mercanti*), avec la Tour de l'Horloge; de l'autre côté, la place-square de la

SANTA MARIA DELLE GRAZIE.

Scala, où l'on a érigé en 1872 la statue de Léonard de Vinci, entouré de ses quatre élèves, Marco d'Oggiono, Andrea Salaino, Cesare da Sesto et Beltraffio, dont le groupe représente l'époque la plus brillante de l'école de peinture milanaise. Le théâtre de la Scala, ainsi nommé parce qu'il fut bâti à la fin du siècle dernier, sur l'emplacement de l'ancienne église Santa Maria della Scala, est, on le sait, le plus vaste de la Péninsale et donne place à près de quatre mille spectateurs. Les loges y sont disposées de manière qu'on y puisse, suivant l'usage italien, recevoir et causer à son aise comme dans un salon. Outre la Scala, Milan possède du reste huit ou dix autres théâtres.

Quant aux églises, elles sont en si grand nombre, qu'un *guide* même n'entreprendrait point de les énumérer. Deux d'entre elles sont à visiter plus particulièrement, Saint-Ambroise (*Sant' Ambrogio*) et Sainte-Marie des Grâces (*Santa Maria delle Grazie*).

COLONNADE SAN LORENZO.

Saint-Ambroise, fondée au quatrième siècle par le célèbre évêque dont elle a pris le nom, fut la première grande basilique de Milan ; c'est là que les rois d'Italie recevaient le diadème ; c'est de son seuil que le saint prélat repoussa l'empereur Théodose après le massacre de Thessalonique ; c'est dans sa nef enfin que saint Augustin abjura ses erreurs. A l'église était contigu un couvent, transformé aujourd'hui en hôpital militaire, et dont Bramante fut l'architecte. Ce même Bramante passe pour avoir achevé l'autre église dont j'ai parlé, Sainte-Marie des Grâces. Située vers la porte de Magenta (route de Verceil), celle-ci renferme un chef-d'œuvre ou plutôt les ruines d'un chef-d'œuvre, la fameuse *Cène* de Léonard de Vinci, si fâcheusement écaillée et détériorée par toutes sortes d'accidents, y compris les restaurations maladroites ou intempérantes. La fresque aujourd'hui n'existe plus guère, en réalité, que sur la gravure de Morghen, exécutée d'après plusieurs copies primitives. J'oubliais de dire qu'elle se trouve dans l'ancien réfectoire du couvent, qui sert actuellement de caserne.

Le corso qui conduit à la *Porta Ticinense*, près du Naviglio Grande, offre une curiosité qui n'est, je crois, mentionnée dans aucun Guide, et qui mérite bien plus d'être vue que l'Arc du Simplon ou le Jardin public : c'est la colonnade San Lorenzo, formée de seize piliers corinthiens, qui tous proviennent de thermes romains, et dont il est déjà question dans Ausone. Le soir surtout, je ne sais quelle poésie étrange et mélancolique se dégage de ces admirables fûts de marbre, qui se dressent dans leur majesté vénérable à l'extrémité de la ville moderne !

II

LES TROIS LACS

Qui décidera quel est le plus beau des trois ? qui dira pour lequel la nature créatrice s'est mise le plus en frais de magie ? Est-ce pour le sévère bassin qui embrasse entre ses deux fiords inférieurs le riant jardin de la Brianza, ou pour la majestueuse cavité au sein de laquelle reposent les îles Borromées, ou bien pour l'étang rêveur qu'enserrent les cimes métamorphiques du Generoso et du Salvatore ?

Nulle part au monde le vert des bois et des prés ne se marie plus intimement à l'azur frissonnant des eaux ; nulle part ailleurs que dans cet ensemble panoramique, développé en diagonale de la Valteline au Piémont, ne se montrent une gamme plus harmonieuse de couleurs et une succession mieux graduée d'aspects. Un avant-mont, raide et dentelé, par-dessus la tête duquel regarde une rangée de pics blancs : voilà l'horizon du nord ; au-dessous, un pêle-mêle d'entonnoirs et de défilés, avec des bouquets de pins sombres ; puis, plus près, des ondulations aux teintes veloutées, un moutonnement de terrasses et de déclivités charmantes, où se pressent et s'étagent, comme pour monter à l'assaut du ciel bleu, hameaux blancs et villas fleuries.

Le lac de Côme est le plus proche de Milan. On s'y rend par le chemin de fer de Monza, l'antique cité où l'on conserve une glorieuse relique, je veux dire la célèbre Couronne de fer. A Camerlata, la dernière station de la ligne, on prend l'omnibus de Côme, et l'on descend par une jolie route contournant la colline de Baradello, dernier prolongement des montagnes qui encaissent le grand réservoir lacustre.

Sismondi a déjà remarqué que la ville de Côme rappelle par sa forme celle de l'écrevisse. Le port, au fond du lac, en représente la bouche; les deux faubourgs de Vico et de Coloniola, qui embrassent les deux rives, en sont les serres; le corps s'allonge dans la plaine, resserré entre trois collines dominées chacune par une citadelle, Castelnovo à l'est, Baradello, déjà nommé, au midi, Carnesino au couchant. Enfin un long faubourg extrême, bâti vers le sud, répond à la queue de l'écrevisse.

LAC DE CÔME.

Au bord de sa nappe bleue, entre le bruissement de ses coteaux pleins d'arbres et le murmure de ses ondes qui caressent en remous les pieux de sa noire estacade, Côme représente si bien un séjour de paix et d'innocence, qu'on se figurerait volontiers que son passé n'a été qu'une longue idylle uniforme. L'histoire dément néanmoins cette apparence. Les Cômasques ont eu une existence aussi agitée et aussi tragique que pas une cité de la haute Italie; au douzième siècle surtout, ils ont vécu toute une épopée. Côme était alors une ville libre, et elle tint pendant quelque temps sous sa dépendance toutes les riches et puissantes bourgades bâties au revers des Alpes. Cette hégémonie lui porta malheur. En querelle avec Milan, elle eut à soutenir contre la ligue lombarde un siège qui dura dix ans, et qui a même été chanté, à l'instar du siège de Troie, par un poëte comasque. Il plut du sang, et, finalement, la victoire resta aux Milanais.

Sa cathédrale, bien que d'un style bigarré, est une des plus belles églises de l'Italie. Le portail, très-orné, présente, à côté de nombreuses figures de saints, les statues de Pline l'Ancien et de son neveu, nés à Côme l'un et l'autre. Le grand physicien Volta a aussi la sienne sur une place qui garde son nom. Le port est très-vivant, car tout le mouvement des deux branches du lac y aboutit. C'est par la corne orientale, celle de Lecco, où le courant est le plus prononcé, que sort l'Adda.

UNE RUE A TREMEZZO.

Le lac de Côme mesure 45 kilomètres de long à peu près sur 6 de large; ses crues atteignent, paraît-il, lors de la fonte des neiges, jusqu'à 5 mètres au-dessus de l'étiage. Le bassin, très-étroit à partir de Côme, commence à reculer ses rives au promontoire de Geno, à droite; puis il se rétrécit de nouveau à Torno, pour former ensuite une belle anse, où l'on aperçoit la Villa de Pline (*Villa Pliniana*), célèbre par la source intermittente, décrite dans une lettre de Pline le Jeune, et qui monte et retombe plusieurs fois par jour, comme par l'effet d'un flux et d'un reflux souterrains. Après Nesso, le rivage décrit une nouvelle inflexion, et l'on arrive bientôt à la plus belle partie du lac, la Tremezzina, comme on l'appelle, du nom du village de Tremezzo, situé à une demi-lieue environ de la côte occidentale. Là se trouve la reine des habitations riveraines, la Villa Carlotta ou Sommariva, qui rassemble en elle toutes les beautés de l'art et de la nature.

Presque en face, à la pointe de Bellaggio, où les deux bras inférieurs du lac se réunissent en un seul, on débarque pour visiter la Villa Serbelloni et, plus loin, la Villa Giulia. De ce point à l'extrémité septentrionale du bassin (Domaso), dont le delta marécageux se prolonge, à l'entrée de la Valteline, par une nappe d'eau appelée le lac Mezzola, il y a une vingtaine de kilomètres.

Les localités les plus intéressantes de la rive orientale, en redescendant jusqu'au

BELLAGGIO VU, PRISE DE LA VILLA JULIA.

fond du solitaire bras de Lecco, sont : Colico, où aboutissent les deux routes qui franchissent le col du Splügen (vers la Suisse) et celui du Stelvio ou Stifs (vers le Tyrol); Bellano, où débouche en cascade le beau torrent de la Pioverna; et Varenna, près de laquelle se précipite d'une hauteur de 300 mètres la redoutable Fiume di Latte. De Lecco, au pied du Resegone, part le chemin de fer de Bergame. Le fond de l'étroite vallée lacustre jusqu'à Brivio est coupé en une série de petites nappes d'eau que l'Adda relie comme une chaîne en les traversant. C'est là que s'ouvre, à gauche, le district le plus ravissant du pays, celui de la Brianza, situé à la base orientale de la péninsule triangulaire dont Bellagio forme le sommet. Ce « jardin de la Lombardie », comme on l'appelle, est arrosé du nord au sud par le Lambro, et renferme une quantité de petits lacs, dont plusieurs sont des épanchements de l'Adda. Les montagnes y sont remarquablement pittoresques et abondent en curiosités naturelles ; la plus intéressante est sans contredit le groupe de cavernes du Piano del Tivano avec son mystérieux écoulement d'eaux.

Peut-être, après tout, le plus poétique des trois lacs est-il celui de Lugano. C'est assurément celui où les cimes présentent les déchiquetures les plus hardies, où les baies sont le plus sombres et le plus rocheuses, où le paysage d'en haut conserve le mieux le caractère de l'alpe allemande sous le ciel italien. Il appartient, pour sa plus grande partie, au canton suisse du Tessin.

Ses bords décrivent des sinuosités innombrables. La route qu'on suit, en venant de Milan ou de Côme par Capolago, localité qui occupe le fond d'un des golfes inférieurs, escalade en spires les promontoires de la rive orientale jusqu'à Bissone ; là elle franchit le lac par une chaussée de pierre, de près de 800 mètres de long, qui rejoint la côte opposée à Mélide. Ce pont gigantesque, d'où l'on a une vue magnifique sur les trois golfes, a été construit par Lucchini en 1848. La profondeur du bassin, qui, un peu plus haut, à Oria, excède 300 mètres, n'est plus ici que de quelques toises, de sorte que plusieurs pensent que cette cavité lacustre n'est qu'un étang bas alimenté par des sources souterraines.

De Mélide, la route de Lugano côtoie, sur une étendue de deux lieues, le pied du mont San Salvatore, qui se dresse à une hauteur de 900 mètres sur la langue de terre projetée du nord au sud entre les deux branches principales du bassin.

Lugano, chef-lieu suisse, qui compte six ou sept mille habitants, est situé au point central du canton du Tessin, sur la côte occidentale de la plus grande corne du lac. La douceur exceptionnelle de son climat, la beauté de son golfe protégé de tous côtés par de hautes montagnes, font de cette ville un véritable paradis; aussi les hôtes y affluent-ils de toutes les parties de l'Europe. Mazzini a demeuré là plusieurs années, au seuil même de la « patrie italienne », avant d'entrer pour toujours dans son tombeau de Pise.

Lugano possède un hôtel splendide, celui du Parc, tout à côté de l'église de Sainte-Marie des Anges, avec de magnifiques jardins et de hautes terrasses d'où l'on jouit d'une très-belle perspective sur le San Salvatore, et sur l'horizon circulaire d'oliviers, de vignes, d'orangers et de myrtes au-dessus duquel se dressent, à l'arrière-plan, d'immenses et sombres forêts de pins. Le port est très-vivant, les jours de marché,

LA TOUVENA, PRÈS BELLANO.

et ce n'est pas un plaisir médiocre pour le touriste flâneur et désœuvré que de contempler cette population bariolée de montagnards et de pêcheurs, d'Italiens et de Suisses, qui se pressent sur le quai, ou dans les pittoresques osterias, et dont l'extérieur original unit l'énergie du Nord à la grandezza du Midi.

Mais, si vous voulez bien voir le lac et ses environs, n'ayez pas peur de faire, comme je l'ai fait moi-même, à l'heure matinale où le soleil se lève, l'ascension du San Salvatore. Le sentier n'est pas toujours commode et bien frayé ; mais qu'importe ? A mi-côte, la féerie commence. Tournez-vous : à vos pieds, Lugano avec ses clochetons ; à droite, la tête pelée du mont Brè ; plus loin, au nord, le val Colla, le Monte Cenere, et, plus loin encore, les murs massifs du Saint-Gothard, les pics de la chaîne des Grisons et les glaciers du Simplon. Du côté où émerge le disque purpurin du soleil, au delà de Côme et du Bergamasque, quelques

UNE OSTERIA, A LUGANO.

nuées violettes se sont mises à courir comme affolées. Avant que vous ayez atteint le plateau culminant du mont, où s'élève une petite chapelle, l'embrasement sera complet

MOINE MENDIANT DE LA BRIANZA

au levant, et c'est alors qu'il faudra regarder, à l'horizon opposé, les cimes vaporeuses du mont Rosa s'éclairer d'une teinte fantastique, rendue plus éblouissante encore par les ténèbres de la plaine lombarde.

De Lugano au lac Majeur, c'est-à-dire au bourg de Luino, situé au milieu à peu près de sa rive orientale, il n'y a qu'un trajet de deux heures et demie par la diligence. Sans mériter tout à fait son nom, puisqu'il est surpassé en étendue par le lac de Garde, le lac Majeur ou *Verbano* est néanmoins le plus majestueux des trois grands récipients

— LE MONT SAN SALVATORE.

sur lesquels débouchent les vallées suisses. Il reçoit toutes les eaux des Alpes depuis le mont Rosa jusqu'au Bernardino ; une rivière, la Tresa, l'unit au Lugano ; une autre, plus importante, le Tessin, qui s'échappe de sa corne inférieure, le met par le Pô en communication avec l'Adriatique. Les études des géologues ont démontré qu'autrefois le lac Majeur, le Lugano et les petites nappes environnantes d'Orta, de Varese et de Commabio ne formaient qu'une seule et même cavité lacustre. La nature, dont le lent travail a vidé les réservoirs intermédiaires, continue du reste son œuvre de colmatage. « L'histoire contemporaine, dit M. Elisée Reclus, nous apprend qu'à l'extrémité suisse du lac Majeur les alluvions du Tessin et de la Maggia empiètent sur le lac comme à vue d'œil, et que les ports d'embarquement doivent se déplacer à mesure, à la poursuite du rivage qui s'enfuit. Il y a sept cents ans, le village de Gordola, situé à près de deux kilomètres du rivage, sur la Verzasca, était un port d'embarquement. De nos jours, les embarcadères de Magadino, à l'entrée du Tessin, sont si vite délaissés par les eaux, que le village doit se déplacer incessamment le long de la rive; les maisons devraient en être mobiles pour suivre le mouvement de recul du lac Majeur. Il y a soixante ans, les

VUE DE PALLANZA LAC MAJEUR.

barques allaient prendre leur chargement à plus d'un kilomètre en amont, près d'un quai désert bordé de ruines. Le golfe de Locarno, dont la plus grande profondeur n'est plus que d'une centaine de mètres, est destiné à se transformer peu à peu en un lac distinct, car les alluvions envahissantes de la Maggia, qui s'avancent dans le lac en un vaste hémicycle, ont déjà diminué de moitié l'espace moyen qui sépare les deux rives. Un phénomène analogue s'est accompli pour le golfe dans lequel se groupent les îles Borromées. Les alluvions réunies de la Strona et de la Toce ont coupé le petit lac

Mergozzo de la nappe d'eau principale et l'ont laissé au milieu des campagnes, comme une sorte de témoin des anciens contours du Verbano. »

La partie septentrionale du lac Majeur appartient, comme le lac de Lugano, au canton

COTONDE D'HERCULE SOUS BELLAY.

suisse du Tessin. Malgré les hautes montagnes qui enserrent la moitié de son bassin, c'est sur ses bords que se trouvent les sites les plus favorisés de la haute Italie, au point de vue de l'égalité du climat. Telle est, par exemple, la baie de Pallanza, qui échancre, aux deux tiers à peu près de son étendue, la rive occidentale; telles sont aussi les fameuses îles Borromées, situées un peu au-dessous, à la hauteur de Stresa et de Baveno, en face du superbe monte Motterone, du sommet duquel on domine toute la plaine du Pô et la chaîne elliptique des Alpes jusqu'aux glaciers du Tyrol.

Les îles Borromées sont au nombre de quatre ; deux d'entre elles, l'Isola Superiore ou de' Pescatori, et l'Isola San Giovanni ou Isolino, n'offrent pas beaucoup d'intérêt. Ce ne sont que de pauvres îlots, habités par des pêcheurs, avec une méchante rue bordée d'humbles maisonnettes. Quelques barques attachées à de noirs piquets, des rangées de filets qui se gonflent au souffle de la *tramontane*, des enfants nus qui jouent sur le sable de la rive : voilà l'idylle, dans toute sa simplicité.

Tout autres sont l'*Isola Bella* (île Belle) et l'*Isola Madre* (île Mère). La première a, il est vrai, un arrangement un peu théâtral et des effets de beauté par trop mythologiques ; mais elle n'en présente pas moins un grand coup d'œil avec ses dix terrasses voûtées qui s'étagent au-dessus de la nappe d'azur à une hauteur de 32 mètres. Cette architecture de terre et de végétation est l'œuvre du comte Vitaliano Borromeo. C'est lui qui, au dix-septième siècle, a créé sur ce rocher primitivement stérile ces allées ombreuses, ces espaliers, ces fontaines, ces grottes de rocaille et de mosaïque ; c'est lui qui a fait apporter en barque du continent l'humus d'où s'élancent aujourd'hui ces bosquets d'orangers, de citronniers, de magnolias, ces buissons de plantes exotiques et parfumées, qu'emplit le chant des oiseaux, ces tapis de verdure immaculée où le paon étale orgueilleusement les splendeurs de sa robe versicolore. Au sommet se trouve un palais, la Rotonde d'Hercule, qui renferme une galerie de tableaux où sont des toiles du Titien, de Lebrun, et du Hollandais Pierre Molyn, connu sous le nom de Tempesta, parce qu'il se plaisait à peindre des tempêtes.

A l'Isola Bella je préfère, pour ma part, l'Isola Madre. Celle-ci est la plus grande du groupe et a l'air, par sa situation, d'une mère au milieu de ses enfants : d'où son nom. Elle a moins que l'autre l'aspect d'un jardin d'Armide. Tout y est solitaire et silencieux ; le palais inhabité ressemble de loin à celui de la Belle au bois dormant ; le gardien qui prend soin de l'enclos règne seul dans ce quadruple parc aux assises superposées. La végétation de toutes les zones s'y développe sans obstacle : ici le pin du Nord et le chêne-vert ; là le palmier, le cèdre, le grenadier ; ailleurs la canne à sucre, l'arbuste à thé et le figuier d'Inde.

Les rives du lac Majeur sont très-peuplées ; partout, au-dessus des palais et des villas, des huttes s'accrochent au revers des rochers. Les localités de son pourtour ont je ne sais quel air antique et rêveur, que fait ressortir à merveille l'encadrement des coteaux herbus, des plaines boisées et des hautes roches aux rugosités grisâtres : petit port constellé de barques sombres, maisons avec arcades, rues escarpées, et, sur la

hauteur, des ruines. De temps à autre, le large quai de pierre se réveille ; c'est à l'heure où arrivent le bateau, la diligence ou quelque convoi de vetturini aux grelots retentissants. Chacun d'accourir alors vers les étrangers bienvenus, qu'on s'arrangera pour garder le plus longtemps possible.

De ces petites bourgades riveraines, la plus considérable et la plus vivante est, sans contredit, Arona, située à l'extrémité méridionale du lac. Sur une colline près de la ville se dresse la statue colossale de saint Charles Borromée, qui fut archevêque de Milan au seizième siècle. Ce monument a coûté plus d'un million de francs. Le piédestal, en granit, a 15 mètres de hauteur. La personne même du saint mesure près de 22 mètres. On peut grimper dans l'intérieur jusqu'à la tête nue, s'asseoir dans ses colossales narines et contempler par les ouvertures de ses yeux la nappe lacustre et les montagnes. De loin, cette gigantesque statue découpe bizarrement son relief sombre sous le ciel bleu, et de sa main bénissante, étendue sur la ville, semble poursuivre le voyageur dans sa marche.

III

TURIN

Nous voici revenus, en suivant le Pô, dans le voisinage du mont Cenis, au débouché italien du grand tunnel de Modane à Bardonnèche et à Suse. Le Piémont, c'est le nom de ce territoire, où convergent tous les chemins traversiers des Alpes, du mont Blanc au premier chaînon des Apennins, appartient encore tout entier, sauf quelques torrents hivernaux, au bassin de l'Adriatique. C'est au milieu d'une vaste plaine, sur la ligne de la Doire Baltée au nord et du Tanaro au midi, que s'élève Turin (*Torino*), la ci-devant capitale du ci-devant royaume de Sardaigne. Centre naturel de commerce, *emporium* tout désigné, surtout à partir du jour où l'on commença de fréquenter régulièrement les nombreux cols qui dépriment l'hémicycle des monts voisins, Turin a fait, sous la branche cadette de Savoie, une fortune brillante et rapide, à laquelle la géographie n'a pas moins aidé que l'histoire.

La ville est bâtie au confluent de la Doire Ripaire et du Pô, sur un terrain de transport parsemé de fossiles, où se sont épanchés jadis de vastes courants glaciaires dont il subsiste des écroulements de moraines considérables. Hannibal l'a brûlée, dit-on, au passage, parce que ses habitants, les Taurini, ne voulurent point s'allier avec lui contre les Romains. Depuis cette époque lointaine jusqu'au moment où elle échut aux princes de Savoie, la vieille cité ne fit pas grand bruit dans le monde. Elle prit véritablement pied dans l'histoire au moment où ces princes échangèrent leur titre de comtes contre celui de ducs, c'est-à-dire à la fin du quatorzième siècle. Nulle autre ville au monde ne s'est incarnée à ce point dans une dynastie. Durant longtemps, il est vrai, on ne sut trop de quel côté aurait lieu l'expansion définitive de cette maison de Savoie. Partie des gorges profondes de la Maurienne, elle était descendue des montagnes, le long de l'Isère et du Rhône, jusqu'à Vienne et à Lyon, tout en pénétrant, par-dessus Genève, au cœur de l'Helvétie jusqu'à Fribourg et jusqu'à l'Oberland bernois. Elle ne s'arrêta, sur ce versant des Alpes, que devant la puissance grandissante de la monarchie française et des cantons suisses.

État provisoire, fait et flanqué de pierres d'attente, le Piémont connut de bonne heure le prix du temps et les vertus résolutives de la patience.

Durant quatre cents ans il a couvé l'œuf d'où, avec l'aide des événements, est sortie enfin la grande patrie italienne. Il a eu plus d'une fois des lueurs d'avenir aussitôt éteintes qu'allumées. N'était-ce pas à lui, par exemple, que devait revenir le Milanais dans le *grand projet* prêté par Sully à Henri IV? A deux cents ans de là, — quel retour de fortune! — Turin se voyait chef-lieu d'un département français. Depuis lors, quelle succession prodigieuse d'événements! Si la fière devise : *Italia farà da sè*, s'est trouvée en somme présomptueuse, le patriotisme piémontais, servi à point par les alliances et la politique, a eu raison de tous les obstacles; Garibaldi et Cavour ont réalisé, d'une façon autre et meilleure, la grandiose idée de Gioberti.

Aux premiers pas qu'on fait à Turin, on se sent dans une ville d'action par excellence. Le peuple y a, comme l'air, quelque chose d'âpre et de vif, qui exclut le rêve au profit du fait. L'effort et le mouvement sont si bien l'essence des Turinois que, pour avoir cessé d'être capitale, leur ville n'a nullement déchu. Le départ de la cour et de tout l'attirail gouvernemental n'y a point laissé de vide sensible ; les progrès de l'immigration et ceux du commerce n'y continuent pas moins d'aller leur train. Et pourquoi non? Le cultivateur piémontais élève comme devant ses vers à soie; les vignerons d'Asti, de Casale et d'Alexandrie font nonobstant leurs cuvées, et Gênes a toujours sa marine et ses oliviers.

La ville est neuve, toute neuve, bâtie en briques rouges ; les rues se coupent à angle droit avec une régularité monotone ; tout est aligné au cordeau; pas la moindre saillie, aucune disparité pittoresque; de ruines, nulle part. Il y avait, paraît-il, autrefois, un reste d'amphithéâtre romain du temps d'Auguste ; les Français l'ont détruit dès le commencement du seizième siècle, sous le duc de Savoie, Charles III.

Si le visiteur, à Turin, ne se perd point au milieu des antiquités, il peut en revanche

FONTAINE DU JARDIN ROYAL.

faire, presque dans chaque rue, un cours instructif d'histoire moderne. Tout ici est plein de la maison nationale de Savoie: partout reviennent les noms d'Amédée, de

Philibert, d'Emmanuel, de Charles-Albert; n'oublions pas ledit comte de Cavour, auquel on a élevé, il y a trois ans, un monument qui le représente debout, avec l'Italie à ses pieds, lui offrant une couronne civique. Le point à peu près central de la ville est la Place du Château, où aboutissent les rues les plus importantes, celles du Pô, de Rome, de Dora Grossa. Là se trouve le Palais Madame (l'ancien sénat), en briques tapissées de lierre, avec des jardins magnifiques ouverts à tout venant. Dans le voisinage sont les autres principaux édifices officiels, le Grand Théâtre et le Jardin Royal. Trois beaux

MONT DES CAPUCINS, PRÈS DE TURIN.

ponts sont jetés sur le Pô, qui longe la ville à l'est, et un sur la Doire, qui la contourne au nord.

Les églises de Turin, bien qu'au nombre de plus de cent, n'offrent pas, à beaucoup près, le même intérêt que celles de la plupart des autres cités de la haute Italie; on peut visiter, si l'on en a le loisir, la cathédrale, la Consolata, et surtout Madre di Dio, au delà de la rue et du pont du Pô, sur la rive droite; mieux vaut cependant aller tout droit au Palais de l'Académie des sciences voir le Musée égyptien et d'antiquités, un des plus riches qui soient au monde, et tel que Paris, malheureusement, n'en possède point. La Galerie Royale des tableaux, établie dans le même édifice, contient une salle de portraits, trois salles affectées à l'école piémontaise, et une douzaine d'autres salles remplies par des toiles anciennes et des tableaux des écoles flamande, hollandaise, allemande et française.

ROUTE DE LA SUPERGA.

Les environs de Turin présentent quelques sites très-beaux : tel est, au delà du Clos de la Reine (*villa della Regina*), le mont et l'église des Capucins, où l'on arrive par une route montante, et où est le tombeau du maréchal de Marchin; telle est surtout, à deux lieues environ de la ville, sur la rive droite du Pô, la Superga, véritable bois de

Boulogne des Turinois, but ordinaire de promenade pour les cavaliers et les piétons. Là se trouve, à l'extrémité d'une magnifique avenue, un château construit par Valentine de Birague, et, au sommet du mont, d'où l'on jouit d'une vue splendide sur la plaine et les

MONCALIERI.

Alpes, un sanctuaire dont les galeries souterraines servent de sépulture aux princes de Savoie. Moncalieri, situé un peu plus au sud, au bord du Pô, sur le chemin de fer de Gênes, est encore un des lieux de villégiature les plus fréquentés de la banlieue turinoise.

CHAPITRE V

LA RIVIÈRE DE GÊNES

I

GÊNES

Des plaines padanes à la rivière ligurienne, on passe d'un monde à un autre : non pas que la transition ne soit ménagée, et même doucement ménagée, au point de vue des niveaux orographiques, entre le grand hémicycle alpestre et l'arête côtière des Apennins ; mais le contraste est complet quant à l'aspect du pays et à la couleur des horizons. Adieu les plateaux gazonnés, les hautes sapinières, les lacs encadrés de verdure, les belles châtaigneraies et les longues rivières mugissantes. Adieu les épaisses frondaisons qu'engendre l'humide. Passé le col de la Bocchetta, le sol devient sec et pierreux ; les angles du paysage s'accentuent. C'est la région préférée de l'oléandre, la terre d'où les grands oliviers tirent leur huile, le pays des âpres ravins, des falaises abruptes, que presse, derrière l'étroit littoral, comme pour les jeter à la mer, le glabre relief de l'Apennin.

« Une mer sans poissons, des montagnes sans bois, des hommes sans foi, des femmes *senza vergogna,* voilà Gênes, » répétaient autrefois les ennemis et les envieux de la vieille cité. Dût ce dicton être pris au pied de la lettre, il n'en reste pas moins à la ville des Ligures cent côtés et mille splendeurs par où elle se sauve. Et d'abord, vu de la mer, le panorama qu'elle présente est d'une grandeur saisissante. Autour de son golfe profond, entaillé de nombreuses déchiquetures, la ville étage en amphithéâtre ses hautes maisons et ses palais sur le flanc de collines escarpées, que dominent à l'arrière des crêtes couronnées de forts. Le port, large d'une demi-lieue, est fermé en croissant par deux môles ; c'est à la pointe San Benigno, près du môle Neuf, à l'ouest, que s'élève le fameux phare appelé la Lanterne. Cette énorme colonne blanche est le premier objet que l'on aperçoit, au détour de l'ancienne route postale, en venant de Savone et de Nice. En même temps les hauteurs voisines prennent ces

SUR LE PORT DE GÊNES.

formes anguleuses auxquelles on reconnaît les travaux du génie. Quelques pas encore, et vous êtes au faubourg Saint-Pierre, sous lequel passe aujourd'hui le tunnel du chemin de fer. Un large quai en demi-cercle s'ouvre à la Porte de la Lanterne ; vous rangez les terrasses du Palais Doria, et tout à coup une muraille vous dérobe la vue de la mer ; le quai se rétrécit, les maisons vous couvrent de leur ombre, et vous voilà perdu dans un dédale de rues étroites et obscures où s'agite en tous sens une véritable fourmilière humaine.

Cette muraille de ronde, par-dessus laquelle pointent seulement des sommets de mâts, est formée d'une longue digue, dont la plate-forme constitue une magnifique promenade, un peu analogue aux Terrasses de Nice. Les halles voûtées de l'intérieur servent à emmagasiner les marchandises qui arrivent de l'étranger tant par terre que par mer ; plusieurs portes sont percées dans ce rempart pour l'embarquement et le débarquement des ballots.

L'activité du port de Gênes, bien qu'inférieure à celle des ports de Marseille et de Trieste, n'en représente pas moins près de la moitié du trafic maritime de l'Italie ; les grands navires, voiliers et vapeurs, s'y comptent par centaines, et les petites embarcations ou allèges, par milliers. Beaucoup de bâtiments portent patriotiquement à l'éperon l'image de Christophe Colomb ou de Garibaldi. Un chemin de fer relié à la gare, que les Génois, plus avisés que les Marseillais, ont établi tout près du quai, entre les deux arsenaux, facilite au fur et à mesure le transport des denrées. Le port, tel qu'il est, a cependant deux défauts : il est visiblement trop petit, eu égard au mouvement de jour en jour plus considérable du commerce méditerranéen sur ce

PORTE VIEILLE DE LA LANTERNE.

littoral, situé à l'aisselle même de la Péninsule et au débouché des chemins de fer des Alpes occidentales par le Piémont ; de plus, il n'est pas suffisamment abrité sur tous les points de son étendue. Disons en passant qu'il serait facile de remédier à l'un et à l'autre inconvénient par la construction d'un môle supplémentaire en travers de la rade extérieure (1).

(1) Comme ces lignes étaient imprimées, la Chambre italienne votait la reconstruction du port de Gênes ; quarante millions, dont la moitié provient de la libéralité de M. le duc de Galliera, sont affectés à cette

158 L'ITALIE.

La ville se divise en deux parties, la ville basse et la ville haute. Dans la première

PORT DE GÊNES.

le centre principal des affaires est à la Piazza de' Banchi, où se trouve la fameuse œuvre, qui, avec les travaux projetés pour le Tibre à Rome, sera l'entreprise matérielle la plus gigantesque du nouveau royaume.

Bourse génoise. C'est de ce point que l'on a ouvert récemment la belle rue *degli Orefici*. Plus bas, à la place Sarzane et vers le pont de Carignan (*Sotto il Ponte*), le vieux quartier des marins et des pêcheurs a mieux conservé son caractère de laideur pittoresque. Ajoutons que Gênes est peut-être, avec Venise, la ville d'Italie où les types populaires et le va-et-vient des vieilles rues présentent l'imbroglio le plus intéressant et le plus

MARCHÉ DE LA POISSONNERIE.

étrange. Rien n'est plus curieux, à coup sûr, que les figures et l'accoutrement de ces portefaix, débardeurs, muletiers et *facchini*, à la poitrine hâlée, les uns nus jusqu'aux hanches, les autres revêtus seulement d'une chemise de laine bleue avec une ceinture nouée sur la culotte. Et quelles âcres senteurs s'exhalent de la *bettola* ou taverne, à l'heure où tout ce peuple en guenilles, délaissant les longues files assourdissantes de charrettes aux attelages d'ânes et de mulets, s'y enfourne pour déguster philosophiquement le fromage et la polenta. Notez que la plupart des rues de la ville basse, avec leurs maisons à sept et à huit étages, sont de véritables corridors où l'on circule en zigzag, sans presque apercevoir un pan de ciel bleu ; parfois, à l'angle d'une place minuscule ou au débouché de rues adjacentes, s'ouvre une échappée de vue sur la mer ; puis, derechef, la perspective est bouchée ; vous continuez de cheminer, et la rue se change en un escalier ou en une raide montée (*salita*), accessible seulement aux piétons et aux mulets.

Voulez-vous voir maintenant les quartiers de la ville neuve, suivez, au sortir de la gare, la magnifique enfilade des rues Balbi, Nuovissima et Nuova, qui aboutit à la place des Fontaines amoureuses (*Fontane amorose*), et, plus loin, à celle de Saint-Dominique, où s'élève le beau théâtre Carlo Felice. Là, édifices et population, tout est grandiose et luxueux ; ce n'est plus la démocratie tumultueuse et enfumée de charbon de terre que nous voyions grouiller tout à l'heure de la Darse à la place Sarzane ; c'est le négoce, passé grand seigneur, qui mire sa gloire historique dans le marbre étincelant des palais.

Et quels palais ! Tous, grands et petits, sont du plus pur style toscan de la Renaissance et en blocs veinés de Carrare ; tous, avec leurs portails énormes, leurs balcons, leurs balustrades, leurs cours exhaussées au-dessus du sol de la rue, leurs fontaines murmurantes au milieu de bosquets d'orangers fleuris et de superbes oliviers, leurs larges escaliers, leur succession de blancs portiques et le précieux carrelage de leurs galeries intérieures, donnent vraiment l'idée de la ville *superbe*, de la cité de *marbre*. Et tous ou presque tous vous offrent l'entrée libre ; c'est comme un reste du droit d'asile dont plusieurs jouissaient autrefois. Montez donc bravement au premier étage : au coup de sonnette on vous ouvrira, pour vous conduire dans ces merveilleux musées, qui ne le cèdent en richesses qu'à ceux de Florence et de Rome. Choisissez : rien que par l'itinéraire que je viens de vous indiquer, vous trouvez les palais Doria, Balbi, Brignole Sale, Durazzo, Rosso Grimaldi, Pallavicini, Negroni, etc. J'en passe, cela va sans dire ; l'énumération est affaire de guide ou de cicerone. Qu'on en a admiré de Titiens, de Véronèses, de Raphaëls, de Parmesans, de Carraches, de Van Dycks, lorsqu'on sort de ces résidences quasi royales ! Et dire qu'il faut encore de l'attention de reste pour une douzaine d'églises au moins qui rivalisent de splendeur artistique avec ces palais. Telles sont, entre autres, l'Annonciade (*Annunziata*), Saint-Ambroise, décorés à fresque par les frères Carlone, Sainte-Marie de Carignan ; situé sur une hauteur, à l'extrémité du pont gigantesque qui part de la place Sarzane, et, un peu en deçà, Saint-Laurent, la cathédrale, où, soit dit en passant, l'on conserve des reliques, — celles, je crois, de saint Jean-Baptiste, — qui sont l'objet d'une dévotion d'autant plus fervente, que le Génois, superstitieux entre tous les peuples, leur attribuait et leur attribue peut-être encore la vertu d'apaiser les tempêtes causées par le *sirocco* ou vent du

SALITA SAN PAOLO.

GÊNES. 165

sud-est. Il suffit, paraît-il, de promener, à la fin du troisième jour, la châsse vénérée par les rues et autour du port pour que l'ouragan s'apaise dans la nuit : « ce qui, ajoute humoristiquement un voyageur, est un grand bienfait pour Nice, Toulon, Marseille et les autres villes du golfe du Lion, quoique fort éloignées de la paroisse. »

LA PROCESSION.

Puisque je parle de la dévotion des Génois, j'ajouterai que cette dévotion a, comme tout le reste, dans cette ville étrange, un caractère original et bien tranché ; nulle part, sauf à Rome, les cérémonies du culte et les processions n'y sont environnées d'une pompe plus majestueuse ; nulle part les chants liturgiques n'emplissent les églises d'une plus chaude harmonie ; nulle part aussi le confessionnal n'est plus suivi, et c'est pour se rendre au réduit sacré, ou, le dimanche, à la messe, que les femmes

166   L'ITALIE.

de toute condition s'enveloppent le plus artistement dans les plis de leur ample voile blanc ou *mezzaro*.

ÉGLISE ET COUVENT CATHÉDRALE SAINT-LAURENT.

Gênes est, avec Naples, Venise et Florence, la ville d'Italie où l'on goûte le mieux le charme du soir. A l'heure où le grand phare s'allume, quand l'horizon circulaire des monts éteint ses dernières teintes purpurines et que la mer apprête ses jeux variés de phosphorescence, qu'il fait bon d'errer dans le voisinage du môle et d'y aspirer les douces brises du ponant! Quels tableaux ravissants et poétiques s'offrent aux regards du promeneur! Là-bas, en travers de la baie, se dresse la silhouette fantastique de la

LE SOIR PRÈS DU MÔLE.

Lanterne, qui projette son feu tremblant sur quelque grande voile au vent. La mer, tout à fait sombre dans le lointain, s'éclaire, à mesure qu'elle se rapproche, de longues stries blanchâtres que brisent de mille façons les reflets de la lune naissante. Parfois sur une assise de rochers chaotiques s'ébat une famille de pêcheurs, père, mère et enfants. L'homme, culotte retroussée, plonge un des petits dans la vague paisible et nourricière, où d'innombrables générations de Génois ont trempé, dès le berceau, leur torse hâlé, tandis qu'un autre émerge de l'onde amie vers la mère assise, les cheveux au vent, et qui tend avec un sourire son bras au jeune baigneur.

Outre ses môles, la ville ligure possède deux belles promenades intérieures : l'une est l'Acqua Verde, située à la naissance de la rue Balbi, devant la gare ; là s'élève la statue, en marbre blanc, du plus illustre des Génois, de qui les compatriotes n'ont point

L'Acqua Sola.

su malheureusement deviner à temps le génie : Christophe Colomb. L'autre, l'Acqua Sola, est un haut plateau, orné d'arbres et de fontaines jaillissantes, à l'extrémité opposée du quartier neuf ; piétons et voitures y arrivent au moyen d'escaliers et de rampes douces, et, de ce monticule, l'œil plane au loin par-dessus les toits et les bastions sur les plaines frissonnantes de la mer Tyrrhénienne.

II

LA RIVIÈRE DU PONANT

On appelle Rivière du Ponant la partie du littoral méditerranéen qui court de l'est à l'ouest, vers Savone et Nice. C'est par cette côte, en sens inverse, bien entendu, que les voyageurs qui ne veulent ni franchir les cols des Alpes ni s'engouffrer dans les ténèbres du grand tunnel, doivent aller de France en Italie. C'est par là que, pour la première fois, il y a déjà des années, celui qui écrit ces lignes a touché le sol italien. Est-il au monde une plus belle route que ce chemin en corniche qui tord, abaisse et relève ses spires fantastiques le long de la mer toute bleue, au travers d'une végétation quasi tropicale?

Une légende, qu'on aime fort à raconter sur ces rives bénies, prétend qu'Adam et Ève, sortis tête basse du paradis après leur désobéissance, errèrent longtemps vers le couchant, sans trouver sur la terre déserte aucun endroit qui les invitât à planter leur tente. Enfin, lorsqu'ils eurent atteint l'extrémité occidentale du golfe de Gênes, ils s'arrêtèrent émerveillés, croyant retrouver l'image de l'Éden perdu. On ajoute que notre mère Ève qui, déjà sujette à récidive, avait dérobé, avant de franchir le seuil du paradis, un magnifique citron, pour le donner au pays du globe qui lui paraîtrait le plus beau, le lança sans hésiter sur une terrasse de Menton. Depuis lors, les fils d'Ève se sont partout multipliés, un peu à tort et à travers, sous la brume comme sous le soleil, au nord non moins qu'au midi; quant aux citronniers, plus difficiles que les hommes, ils n'ont fait souche que là où le sol et le climat leur rappelaient les splendeurs premières du paradis ; et il faut croire qu'à ce point de vue le littoral mentonnais n'a point dégénéré depuis six mille ans, — date biblique, — car sur ce seul point de la côte on récolte tous les douze mois plus de quarante millions de citrons.

Mais laissons la légende, et revenons en deçà du déluge.

Étant donné notre itinéraire, c'est de Gênes que nous parcourrons cette fois la rivière du Ponant. Une chose frappe tout d'abord au sortir de la vieille cité : c'est l'interminable prolongement de ses faubourgs sur la ligne serpentine du golfe. Arrêtée dans son développement en largeur par le rempart escarpé de l'Apennin, la ville s'est effilée comme un mince ruban sur une étendue de plusieurs kilomètres. Nulle autre au monde ne projette une semblable banlieue côtière de gros bourgs populeux et industriels, alignement unique de maisons, de fabriques, de chantiers maritimes, où vingt et trente navires à la fois sont en construction. Rien ne rompt la continuité de ce quai vivant et bruyant; ses tronçons se rejoignent obstinément, comme ceux d'un reptile, à travers les lits de torrents, les creux de ravins et par-dessus les éperons rocheux des promontoires : San Pier d'Arena, Sestri, Pegli, Voltri sont ainsi reliés entre eux et paraissent presque ne former qu'une seule agglomération finement laminée.

Il fallait voir, il y a quelques années, avant que le chemin de fer de Toulon à Nice eût été poussé jusqu'à Gênes, quelle animation régnait sur cette route de la Corniche. Quel va-et-vient de diligences et de vetturini, quel bruit joyeux de grelots et de coups de fouet! Qu'on se figure les ravissements du voyageur, durant la longue succession des relais, sur ce chemin merveilleux qui se déploie en lacet de golfe en golfe, de cap en cap, variant sans cesse les profils et les couleurs, découvrant à chaque courbe bourgs nouveaux et villas nouvelles, ici juchés au front d'une colline abrupte, là se laissant choir à mi-côte, comme attirés par le miroir scintillant de la baie, ailleurs blottis dans un repli mystérieux du sol, parmi les bouquets d'oliviers d'aloès et de citronniers!

Il va sans dire que la voie ferrée, qui, en tout pays, n'a guère souci de la perspective, mutile ici singulièrement les aspects. Au moment même où le décor se déroule dans toute sa splendeur, elle vous coupe brusquement l'optique pour plonger dans l'odieuse ornière d'une tranchée ou s'abîmer dans un tunnel; cette mauvaise plaisan-

PLAGE PRÈS DE SALONE.

terie se répète, de Gênes à Nice, une centaine de fois. Malgré tout, ces brutales transitions, ces alternatives de nuit noire et de paysages ensoleillés ont aussi leur charme. Vous perdez plus ou moins longtemps la suite du panorama, mais quelle revanche pour vos yeux, quand le train, émergeant de la tranchée ou du souterrain, vous restitue tout à coup la vision à peine effleurée ! Quelle série de raccords délicieux et inattendus ! Si le touriste qui chemine à pied sur la vieille route savoure la jouissance par le menu et se régale analytiquement des beautés environnantes, vous, de la ban-

AU BORD DE LA RIVIÈRE DU PONANT.

quette de votre wagon, vous en saisissez tout au moins la fleur, et votre plaisir, plus synthétique, est mêlé d'une certaine fantasmagorie. A tel moment, la voie serre de si près la mer que l'écume du flot a l'air de lécher les roues ; à tel autre, elle traverse une crique, et il vous semble, en regardant par les deux portières, que vous courez sur la crête même des vagues azurées ; puis, une minute après, la Méditerranée paraît fuir loin de vous, ou s'abaisse comme résorbée par quelque gouffre invisible. Deux ou trois mouvements respiratoires de la mugissante locomotive ont suffi pour produire ces changements à vue.

En venant de Gênes, Pegli est une des premières stations de la rivière du Ponant.

C'est là que l'on va visiter la villa Pallavicini, si curieuse avec son parc aux frais ombrages, ses palais, ses temples païens, ses jets d'eau, ses kiosques et ses édicules en marbre blanc de Carrare; n'oublions pas son beau lac mythologique, d'où émerge un obélisque égyptien. Un peu plus loin, à partir de Voltri, l'ancienne route, taillée dans le roc, est un véritable tour de force. Après Albissola, patrie de Jules II, on arrive à Savone dont on contourne la baie bordée d'une ligne continue de maisons. Cette petite ville, qu'un chemin de fer relie directement à Turin, a menacé jadis de faire concurrence au commerce de Gênes; celle-ci a coupé le mal dans sa racine en comblant tout simplement le port : c'était au temps où « chacun pour soi » était la maxime de tout bon municipe italien.

VILLA PALLAVICINI.

Au delà de Savone, la voie a fort à faire pour se garer des torrents qui dégringolent du haut des monts; la route de terre elle-même en est réduite à se faufiler clandestinement par une galerie de cent vingt mètres creusée dans un massif côtier de marbre rougeâtre. A droite, la belle montagne des Sette Pani; puis Final Marina, ancien marquisat, avec sa forteresse de figure étrange, et le promontoire de Caprazoppa (la Chèvre boiteuse), qu'on traverse par un tunnel. La route des voitures va de là presque

en ligne droite jusqu'à Loano, pour longer ensuite les grands cônes de granit du mont Calvo : tout un chaos ruisselant de lumière, où se confondent dans un délicieux pêle-mêle la nature alpestre et celle du Midi.

Passé Albenga, vous apercevez au milieu de la mer un îlot rêveur : c'est Gallinaria ; pas une âme n'y habite, elle a perdu jusqu'à la colonie de poules sauvages qui lui a valu autrefois son nom. Après de nombreux tunnels, le chemin de fer reprend le bord de la plage pour atteindre le bourg pittoresque de Laigueglia, sillonné de ponts aériens. Quelques kilomètres plus loin, la côte. qui depuis Voltri courait au sud, s'infléchit mollement à l'ouest, vers Oneglia et Porto Maurizio, deux villes jumelles, pour ainsi dire : la première fut la patrie d'André Doria, la seconde est surnommée la

ENVIRONS DE SAN REMO.

« Fontaine d'huile ». La partie du littoral qui commence ici fournit, avec Gênes, les meilleurs marins de la rivière du Ponant. Encore quelques tours de roue, et vous apercevrez de gigantesques palmiers : c'est San Remo, dominé par ses trois grandes églises. une des stations d'hivernage les plus fréquentées de la côte. Sa baie profonde, abritée des mauvais vents par deux caps rocheux, est le centre d'un commerce relativement très-actif ; la ville basse n'y est qu'une suite de palais et de villas ; aussi n'est-ce point celle-là que le touriste devra visiter, c'est le dédale de ruelles étroites, d'escaliers bizarres et d'arcades volantes de la ville haute ; Gênes et Venise n'ont rien de plus original comme aspect.

Des palmiers. toujours des palmiers ; en voici toute une forêt : on se croirait en Asie ou en Afrique ; on regarde machinalement si l'on ne verra pas quelque file de dromadaires déboucher soudainement d'une oasis. A gauche, le long de la mer, une plaine de sable ; çà et là un refuge agreste, parmi des buissons d'aloès et de cactus ; à côté, tout à fleur de terre, une *noria* (puits) ; puis des groupes buissonniers d'enfants qui jasent, accroupis à l'ombre, car c'est l'heure de la méridienne... A ce moment, la gueule d'un tunnel vous ressaisit corps et âme ; à cinq reprises, coup sur coup, vous êtes happé, inhumé vivant par l'horrible tube. Patience ! La merveille de la Méditerranée, Bordighera, vous attend au sortir du gouffre.

La merveille, — je ne m'en dédis point, — ce n'est pas, bien entendu, cette laide

PRÈS DE BORDIGHERA.

et prosaïque rue de la *Marina*, près de laquelle le train s'arrête ; non, c'est la colline que l'on aperçoit au-dessus ; c'est le labyrinthe de rues escarpées qu'enveloppe une indescriptible frondaison de plantes tropicales ; c'est surtout ce féerique jardin Moreno, flore unique, assemblage sans pareil de végétaux rares, d'arbustes, de bambous et d'arbres, auquel chaque partie du globe a fourni son tribut. Quel prodigieux massif de palmiers, à la svelte tige, élançant leur panache flabelliforme jusqu'à 25 et 30 mètres de hauteur ! Une vraie futaie brésilienne, des rivages vierges du Madeira.

En avant ! qui s'arrête ici a trop de mal à s'en arracher. Voici le torrent de la

SAN REMO.

Nervia. Dans la vallée qui dessine à droite son sillon il y a encore de petits paradis : Campo Rosso, Dolce Acqua, Isola Buona et Pigna ; mais le moyen de tout voir, si l'on veut tout voir en détail ? A Vintimille (*Ventimiglia*), vous commencez de respirer le souffle de France ; puis, au sortir du tunnel des Roches-Rouges, où les morsures de la mer ont creusé de bizarres cavités, vous arrivez à Menton.

UNE VILLA PRÈS DE BORDIGHERA.

Cette célèbre station médicale, située sur une double baie semi-circulaire, de deux lieues environ de développement, se compose, comme San Remo, de deux villes distinctes. La vieille ville, sous laquelle passe le chemin de fer, présente un aspect essentiellement féodal ; c'est un inextricable et sombre écheveau de ruelles et d'escaliers qui s'étage au pied du château sur le flanc d'une colline rocheuse ; inaccessible aux voitures, ce dédale est aux piétons mêmes une rude école d'escalade.

La ville nouvelle, résidence des malades et de ceux qui se traitent comme tels, embrasse toute la baie orientale ; chaque année voit croître la colonie d'étrangers ; bientôt, à moins d'aller à l'ouest jusqu'au cap Martin, la place manquera pour les constructions. Le climat est si doux ici, et surtout si égal! En quarante-trois ans, le thermomètre, paraît-il, n'y est descendu que quatre fois, et seulement pour quelques heures, au-dessous de zéro ; très-souvent la température la plus basse de l'hiver n'y dépasse point huit degrés au-dessus. L'été, en revanche, les chaleurs sont très-supportables. Aussi, quelle poussée de végétation! Des géraniums hauts comme des lilas, des

BORDIGHERA.

chrysanthèmes, dont un seul pied fleuri couvre plus de deux mètres carrés, cent autres fleurs de jardin qui figurent de loin aux regards de gigantesques arborescences, des oliviers dont certains sont âgés, dit-on, de quinze et dix-huit cents ans ; des citronniers enfin, qui, plus féconds que ceux de Sicile, produisent en tous temps, hiver comme été, du premier janvier à la Saint-Sylvestre, de tendres fleurs et des fruits en état de maturité : voilà Menton et son territoire.

La locomotive a poussé son rauque sifflement ; un ban nouveau de voyageurs emplit les wagons. Le train file au-dessus des torrents, dans le roc des tranchées profondes, sous d'ombreuses futaies d'oliviers, devant Roquebrune et la lumineuse terrasse de Monte-Carlo, jusqu'au promontoire de Monaco. Cet écueil de granit est tout ce qui reste aux Grimaldi de leur primitive principauté, qui allait naguère encore jusqu'à Menton. En une demi-heure on a parcouru de l'est à l'ouest et du nord au sud cet Etat lilliputien, peuplé de quinze cents habitants. Il n'a de rival, pour l'exiguïté, que la république non moins fameuse de San Marino (Saint-Marin).

Monaco est un ancien repaire de pirates ; il en a bien conservé la mine. Un proverbe dit aujourd'hui :

Son Monaco sopra un scoglio.
Non semino e non raccoglio;
E pur mangiar voglio.

« Je suis Monaco, trônant sur un rocher ; je ne sème ni ne récolte, et pourtant je veux vivre. »

De quoi vit-il donc ? serait-ce de l'azur du ciel et des eaux, de molle rêverie et de farniente ? Non pas : il vit surtout, — le vieil écumeur, — du rendement mélodieux et doré des tapis verts de son voisin Monte-Carlo.

MENTON.

N'importe ! Dors en paix, à l'ombre de ton château ducal, au bruit trépidant du râteau et de la boule d'ivoire, cité mignonne entre toutes ; tes orages menus n'assombriront point la mer sereine qui lèche le pied de ton isthme ; l'Europe ne les pourrait voir qu'au microscope, et l'Europe n'a cure de si minces vétilles. Toute petite, tu n'en auras pas moins marqué dans l'histoire par quelque chose de phénoménal et d'énorme : une dynastie princière qui règne sans interruption depuis neuf cents ans.

Trois stations encore, Èze, Beaulieu, Villefranche, avec une douzaine de tunnels, au sortir desquels on jouit d'échappées de vue ravissantes sur la mer et sur les bosquets d'oliviers, séparent Monaco de Nice la Belle (*Nizza la Bella*).

Cette dernière venue dans la grande agglomération française n'est qu'un vaste caravansérail, composé de trois parties distinctes : la vieille ville, le port et la ville neuve. Celle-ci, exclusivement habitée par les étrangers, n'existe en réalité que l'hiver ; les six autres mois, une morne sieste engourdit ses villas désertes et ses avenues poudreuses. Seule alors la vieille ville continue de vivre et de grouiller à l'italienne, dans l'ombre de ses rues étroites et dallées.

Bien que située au pied des derniers gradins de l'amphithéâtre alpestre, Nice n'est

CAMPAGNE DE MONACO.

pas aussi bien abritée des vents du nord que Menton sa voisine ; le mistral notamment ne se prive pas d'y souffler et de mettre à mal maint phthisique qui ne s'en méfie. En revanche, les zéphyrs rafraîchissants du vaste golfe, — la baie des Anges, — y tempèrent agréablement les ardeurs estivales.

Ce qui donne à Nice sa physionomie, c'est le Paillon (*Paglione*), lit de torrent qui traverse la ville dans toute sa longueur. Ses deux rives, et principalement la rive droite, sont bordées de magnifiques quais neufs, où s'élèvent de belles plantations de palmiers et aussi d'eucalyptus aux senteurs de résine. D'un côté la place Masséna, avec son café de la Victoire, étalant ses tables toujours pleines sous les arcades où l'on hume avec un pipeau le moka jaune et glacé ; de l'autre côté, faisant face, au delà du pont, à

MONACO.

la longue Avenue de la Gare, la place Charles-Albert, carrefour circulaire qui débouche vers la rue Saint-François de Paule et le Théâtre.

Le Paillon, ou Paillon, — car les Niçois le personnifient tout comme un dieu de l'antique mythologie, — est un pur torrent idéal, un grand baquet sableux et caillouteux, où grésille un filet d'eau courante, juste de quoi sauver les apparences et refléter le torse des lavandières. Tout le jour, les enfants s'y vautrent à cœur joie. Tréteaux et ustensiles de blanchissage y peuvent rester à poste fixe,... à moins cependant — il faut voir alors le sauve-qui-peut — qu'un coup de trompette sinistre n'annonce la « descente de Paillon ». En un clin d'œil l'immense cuve est évacuée, et chacun d'épier

PORT DE MONACO

l'arrivée du flot dévalant des hauteurs voisines. N'exagérons rien : en plusieurs mois de séjour à Nice, j'ai vu le Paillon « descendre » une fois ; encore était-ce ce que l'on appelle là-bas une « fausse descente ».

C'est près de l'endroit où ce fleuve mythique est censé se jeter dans la mer que se trouve le Jardin public, dont les massifs de verdure tranchent d'une façon singulière sur les blanches maisons d'alentour. Les Niçoises y viennent, en toute saison, écouter la musique ; les colons y contemplent une fois ou deux le palmier colossal qui s'y élève, et n'y remettent que rarement le pied. Leur galerie préférée, c'est cette fameuse Promenade des Anglais qui, au sortir du Jardin, longe la plage, sur une étendue de plus de deux kilomètres, jusqu'au torrent du Magnan, traversé un peu plus haut par le chemin de fer de Nice à Toulon. A droite, une ligne de villas et de palais, tous plus riches les uns que les autres ; à gauche, séparant la route des galets du rivage, une rangée de palmiers, mais combien moins beaux que ceux du jardin Moreno!

Ce n'est point sur cette rive soignée comme un décor d'opéra, ni dans les luxueux jardins de Carabacel, qui y font pendant, au nord de la ville, qu'il faut chercher la physionomie originale de Nice. Repassons, je vous prie, en tournant le dos à l'aristocratique quartier, le Pont des Anges, au-devant duquel Paillon, déjà nommé, verse un pleur tremblant dans le sein de la Méditerranée. La rue Saint-François de Paule nous conduit tout droit à l'ancien Corso, aujourd'hui rue du Cours, grand marché pittoresque, bordé de cafés et d'échoppes, mais malheureusement trop à la merci du soleil ou de la tramontane. C'est sur cette artère de jonction de la vieille ville et de la nouvelle que le fameux carnaval niçois agite ses grelots, ses guirlandes, et lance les traditionnels *confetti*; c'est là que défilent, devant les tribunes de la place de la Préfecture, les chars apocalyptiques et toute la grotesque cavalcade de la folie internationale et cosmopolite.

CHÂTEAU DE MENTON.

Entre le Corso et la mer se trouvent les Terrasses, rangée de maisons basses, chacune avec balcon et jardinet, dont les toitures plates forment une promenade ininterrompue jusqu'au boulevard du Midi. Cette partie du rivage (les Ponchettes) ne brille point par la propreté; ce n'est qu'un talus irrégulier, fait de sable, de cailloux et d'immondices, où grouille, poitrine et jambes nues, tout un peuple de pêcheurs et de *facchini*. Le soir, pour peu que la lune manque, on ne sait où y poser le pied.

A l'extrémité de ce quai un peu trop primitif, où la belle société de Nice ne passe guère qu'en voiture, mais où, pour mon compte, j'ai eu l'heur de contempler de ma fenêtre bien des idylles à demi sauvages, l'horizon est complétement intercepté par un mur rocheux qui s'avance à pic dans la mer. Ce promontoire, auquel les Niçois ont donné le nom expressif de Cap enlève-chapeau (*Raouba Capeou*), est formé par l'éperon final du mont Boron. C'est le seul endroit de la baie où les flots fassent mine de déferler. Vous n'avez qu'à suivre la rampe solitaire et abrupte qui forme lacet autour du cap, et bientôt vous apparaîtra la petite anse qui sert de port à la ville de Nice. Impossible d'en soupçonner même l'existence, à moins de franchir cette route en

LE PORT DE NICE.

corniche, car le rempart de roc dont on contourne ici la base n'a pas moins de 96 mètres de hauteur.

Cette montagne, c'est le Château, la véritable merveille de Nice. A vrai dire, ce mot *château* n'est encore qu'une pure fiction locale ; en fait de castel, au sommet du mont, il n'y a qu'une tour ruineuse, dont l'aspect n'a rien de majestueux ; mais ce qui n'est point fictif, c'est la superbe végétation qui s'étage sur les flancs de cette éminence ; c'est la splendeur de ces allées tortueuses, bordées d'aloès, de cactus, d'agavés, de rosiers et de pins. Promenade sauvage, mal entretenue, s'il en fut ! Les Niçois songeront-ils un jour à émonder, à discipliner ce ruissellement de verdure insensée ! Un coup de peigne dans ces massifs, un coup de pelle et de râteau dans ces sentiers ombreux ne nuiraient en rien au paysage et rendraient la montée un peu plus avenante. N'importe : le spectacle vaudra toujours l'ascension. De la terrasse qui couronne le mont, on voit à ses pieds l'immense nappe

UNE RUE A TENDE.

bleue de la mer Tyrrhénienne ; plus près, à gauche, le petit port de Nice (*Limpia*), dominé par le mont Alban, le long duquel s'enroule la route naissante de la Corniche ; en arrière, l'amphithéâtre des Alpes Maritimes, depuis les pentes vertes où se pressent la vigne et l'olivier jusqu'aux cimes de formes bizarres où se découpent de place en place des gerçures neigeuses. A l'est enfin, du côté de Toulon, Antibes allonge au milieu des flots son mince pédoncule.

Du port, — saluez en passant la maison où est né Garibaldi, — on peut rentrer dans la ville, en laissant à gauche le château, par des rues aux constructions monumentales, qui aboutissent à une place-square, avec arcades, d'un bel aspect.

Ce qui manque à Nice, et ce qui sans doute lui manquera longtemps encore, c'est un chemin de fer qui la relie directement à Turin. L'amorce existe du côté de cette dernière ville ; mais le tronçon, tout italien, s'arrête à Coni, à une trentaine de kilomètres en deçà de l'endroit où commence véritablement la montée du col de Tende.

De Nice, le passage de cette partie de la montagne, à l'est de laquelle se trouve le nœud de jonction des Alpes et des Apennins, se fait au moyen de diligences, qui partent, si je m'en souviens, de la place Saint-Dominique, dans le voisinage du Corso. Le trajet n'est pas toujours sans péril, témoin l'épouvantable catastrophe qui eut lieu il y a quelques années : voyageurs, véhicule et attelage furent précipités par un ouragan dans l'abîme ; quinze jours durant nos journaux illustrés en défrayèrent leurs chroniques.

Au sortir de la ville, la route suit la vallée pittoresque et pierreuse du Paillon, pour gravir d'abord à l'aide de lacets un premier seuil de la chaîne, le col de Braus.

Elle plonge ensuite jusqu'au défilé de la Bevera, puis, se suspendant aux flancs arides du mont Lanieras, elle atteint un second col, au delà duquel le paysage prend une figure moins désolée. Les plantations, les bois d'oliviers s'étagent devant vous en gradins ; l'ingénieur lui-même, dans son rude effort d'escalade, se permet momentanément une reprise d'haleine ; les paliers du chemin présentent des rebroussements aux pentes sensiblement plus douces.

Après avoir franchi plusieurs fois le torrent de la Roja, qui va se jeter dans la mer à Vintimille, vous entrez dans la gorge de Gaudarena, à la limite du territoire italien et du département français des Alpes-Maritimes. Je ne crois pas qu'il y ait dans tout le massif alpestre un défilé d'aspect plus formidable que celui-ci, ni un cours d'eau qui se livre à des cabrioles plus désordonnées. Attendez : voici derechef une oasis, tout un cirque rempli de verdure. Que dis-je ? voici même un établissement hydrothérapique, dont les Anglais particulièrement connaissent bien la route : San Dalmazzo ou Saint-Dalmas ; c'était jadis une abbaye.

Encore des gorges, qui semblent vouloir rivaliser de sauvagerie, et toujours la Roja, qui, se repliant follement sur elle-même, s'obstine à barrer le chemin à la diligence. Celle-ci n'a cure de ses fureurs ; elle se lance par-dessus l'écume du torrent, et gagne superbement la petite ville de Tenda, un nid d'aigle accroché aux flancs du mont San-Salvador.

Non loin de là, sur la Levanza, un affluent de gauche de la Roja, les vrais touristes peuvent aller visiter un petit village très-original, que je n'ai pas souvenir d'avoir vu mentionné dans aucun Guide : c'est Briga. Il est situé à un millier de mètres d'altitude, et c'est bien le site le plus solitaire que l'on puisse rêver. Le bout de rivière qui en lave le pied est un véritable ruisseau perdu ; on le franchit aisément, sans trop se retrousser, pendant une partie de l'année ; à d'autres moments, c'est un torrent furibond, qui paye libéralement son tribut au fleuve dont il est vassal.

La population mâle de Briga se compose surtout de pâtres, qui, l'été, errent en nomades avec leurs troupeaux par la montagne ; les femmes passent le plus clair de leur existence à attendre le retour des absents ; beaucoup d'entre elles, ne sachant que faire de leurs dix doigts au pays, descendent se placer à Nice ; c'est à Nice aussi que les jeunes riveraines de la Levanza, qui n'ont pas le sac de réserve, vont tant bien que mal gagner leur dot.

A partir de Tende, la route, taillée dans le roc, attaque résolûment la partie supérieure du col, dont le rictus culminant est situé à près de 1,900 mètres au-dessus de la mer. Ce n'est toutefois qu'en se repliant une centaine de fois sur elle-même, aux mugissements de plus en plus sonores de la Roja, qu'elle parvient à se hisser jusqu'au sommet. Par un temps clair, l'on embrasse de là du regard toute la chaîne jusqu'au Grand Paradis ; au sud-est, on discerne dans le lointain une mince frange bleue : c'est la Méditerranée.

Ici, comme sur toute la ligne du soulèvement alpestre, le versant le plus abrupt est du côté de l'Italie ; il semble que l'écroulement des antiques moraines s'y soit fait

LOGIS DE PAYSAN A BRIGA.

d'un bloc, sans projeter ces multiples éclaboussures et ces traînées d'avant-mont qui facilitent l'accès du revers opposé. Aussi cette section de la route offre-t-elle des escarpements véritablement vertigineux. Une extrême prudence y est nécessaire, surtout aux tournants ; le vent parfois y arrête littéralement court hommes et attelages, et, s'il survient du brouillard, on reste en détresse. De bons muletiers sont indispensables dans cette région ; c'est aussi la profession exercée par la plupart des habitants de Limone, la première localité importante que l'on rencontre à la sortie orientale du col.

De Limone à Coni, il y a encore 28 kilomètres. Cette dernière ville, relativement considérable par le chiffre de sa population (25,000 habitants) et par son commerce de transit, est située sur un plateau élevé de 500 mètres, d'où l'on a une vue magnifique sur les belles montagnes du Clapier, de la Fenêtre et du Gordolasque, aux pics de 3,000 mètres d'altitude. Les alentours sont un véritable océan de verdure,

ANCIENNE CHARTREUSE DE PESIO.

où pointent d'innombrables villas. A trois lieues environ au sud-est, dans une petite vallée où coule le Pesio, se trouve l'ancienne *Certosa* ou Chartreuse du même nom, transformée aujourd'hui, comme l'ex-abbaye de Saint-Dalmas dont j'ai parlé tout à l'heure, en un établissement hydrothérapique.

De Coni à Turin, on compte une vingtaine de lieues. J'ai dit que cette partie du trajet se fait par la voie ferrée.

III

LA RIVIÈRE DU LEVANT

Immédiatement au-dessus de Gênes, la chaîne des Apennins présente une dépression, — le col de Giovi, — par laquelle passe l'unique voie ferrée qui relie directement le grand port ligure à la plaine du Pô. A partir de là, le massif principal des monts s'écarte sensiblement de la mer; l'écartement, jusqu'à l'endroit où commence l'Apennin toscan, vers Pontremoli, atteint bien une dizaine de lieues; en revanche, des

ENVIRONS DE QUINTO.

chaînons secondaires se détachent du grand relief dans la direction du rivage, et projettent en mourant un certain nombre de promontoires, d'une importance inégale, mais tous admirables d'aspect et de fertilité.

C'est cette irradiation de contre-forts qui donne précisément son caractère original à cette partie du littoral génois qu'on appelle, par opposition à l'autre, la Rivière du Levant.

Le chemin de fer de Gênes à Pise n'est, comme celui qui mène à Nice, qu'une pittoresque enfilade de ponts, de viaducs, de tranchées, de tunnels, avec des échappées de

LA RIVIÈRE DU LEVANT.

vue délicieuses sur la mer et sur les montagnes ; c'est la même succession de ravins et de torrents, la même série d'intumescences rocheuses et de molles déclivités couvertes d'une végétation aux couleurs demi-tropicales ; le même chapelet de bourgs et de petites villes égrené le long de la rive, et figurant, au sortir de Gênes, sur une étendue de 20 ou 25 kilomètres, un véritable faubourg maritime. Tels sont Albaro, Sturla, Quinto, Nervi.

Nervi est de toutes ces bourgades la plus favorisée par le climat ; un excellent séjour

RETOUR DE LA PÊCHE.

pour les phthisiques, grâce au double rempart des monts Moro et Greco ; des citronniers à profusion, et presque aussi beaux que ceux de la rive mentonnaise. Comme lieu de villégiature, les capitaines et armateurs génois semblent pourtant préférer Recco, situé à deux lieues plus bas, sous le promontoire de Porto Fino, dont les flancs troués de cavernes rappellent les Roches-Rouges que nous avons vues près de Vintimille. Les Doria y ont, paraît-il, leurs sépultures dans les ruines d'une abbaye dont j'ai oublié le nom.

Tout de suite après vient un nouveau promontoire, que l'on traverse par un tunnel de trois quarts de lieue, un des plus longs de la côte, et, au bout de quinze minutes, on touche à Rapallo : dix mille habitants, la plupart pêcheurs de thon, d'oursin, d'éponge ou de corail.

Tel est, en effet, le quadruple élément de récolte marine dans le bassin méditerranéen. La pêche du thon, entre autres, offre de curieuses particularités. « Ces poissons, nageurs de première force, dit M. Élisée Reclus, entrent au printemps, par le détroit de Gibraltar, remontent la Méditerranée tout entière, font le tour de la mer Noire et reviennent en automne dans l'Atlantique, après avoir accompli leur migration de 9,000 kilomètres. Les pêcheurs croient que les thons parcourent la mer en trois grandes bandes, et que celle du milieu, qui vient errer sur les côtes de la mer Tyrrhénienne,

LA SIESTE À BORD D'UN BATEAU PÊCHEUR.

est composée des individus les plus gros et les plus vigoureux. En tout cas, chaque détachement semble composé d'individus du même âge, nageant de conserve en immenses troupeaux, que nul pasteur de la mer ne protége contre ses innombrables ennemis. Les dauphins et d'autres poissons de proie les poursuivent avec rage ; mais le grand destructeur est l'homme. Sur les côtes un grand nombre de baies sont occupées en été par des madragues ou *tonnare*, énorme enceinte de filets enfermant un espace de plusieurs kilomètres et se resserrant peu à peu autour des animaux capturés : ceux-ci passent de filet en filet, et finissent par entrer dans la « chambre de la mort », dont le plancher mobile se soulève au-dessous d'eux et les livre au massacre. C'est par millions de kilogrammes que l'on évalue les masses de chair que les pêcheurs retirent de leurs abattoirs flottants, et néanmoins les thons voyageurs reviennent chaque année en multitudes sur les rivages accoutumés. »

PRESQU'ÎLE DE SESTRI DI LEVANTE.

Comme nous passons à Rapallo de nombreuses barques sillonnent justement la baie. En voici une, tout près du rivage, qui nous livre le secret de sa vie intime. Sous la voilure retombante et toute chiffonnée, nous apercevons l'équipage entier accroupi ou couché paresseusement entre les bordages : c'est l'heure de la sieste ; on vient d'achever le repas de midi, et l'on se dispose à dormir en rêvant de captures fabuleuses, de scombres à crever les mailles ravaudées de la veille. Bonne chance, pêcheur! Réalité et songe ne sont un, hélas! Puisses-tu du moins jeter longtemps le filet d'une main gaillarde, et te souvenir d'un proverbe du Ponant, qui n'est pas moins vrai aux rives levantines : « Vieillesse vient tard aux gens de petite maison qui vivent en suffisance! »

La voie ferrée, longeant la baie de Rapallo par une série de tunnels et de viaducs, passe à Chiavari, puis à Lavagna, patrie des Fiesque et de deux papes, Innocent IV et Adrien V; elle atteint ensuite Sestri di Levante, autre ville de pêcheurs, située au point d'attache d'un promontoire qui ferme le golfe au sud. A l'extrémité de cette presqu'île se dresse un rocher à pic, qui s'appelle l'Isola.

L'on aperçoit à gauche, au passage, l'ouverture béante d'un défilé avec le lit pierreux d'un torrent. En face la ville déploie sa rangée de maisons sur la ligne serpentine d'une belle anse bordée de pins, d'oliviers, de cyprès, de châtaigniers et d'agaves.

A partir de Sestri, le chemin de fer décrit une longue courbe pour franchir un chaînon de l'Apennin; la nappe scintillante de la Méditerranée s'éloigne de plus en plus, puis finit par disparaître : vous ne la retrouverez qu'à la Spezia. Ces ruines que vous apercevez à droite, au-dessus de Moneglia, sont les restes d'une forteresse chargée jadis de défendre l'entrée du susdit défilé transversal qui débouche sur Sestri. Cette partie de la route ne se compose guère que de tunnels; il y en a de toutes les dimensions, depuis 20 mètres de long jusqu'à trois kilomètres et plus. Enfin l'on finit par discerner à l'horizon une mince frange bleuâtre : ce sont les monts de Carrare. Une douzaine de souterrains encore, et voici la Spezia.

Tout le monde connaît l'importance géographique de cette admirable baie, assemblage de sept ports, parfaitement à couvert des vents et pouvant contenir des flottes immenses. Ce qui frappe tout d'abord le voyageur, c'est la quantité de forts, d'arsenaux, de chantiers qui bordent le golfe. Le gouvernement italien reprenant, en effet, l'idée de Napoléon Ier, veut faire de la Spezia le grand havre militaire de la Péninsule.

La nature a déjà libéralement contribué du sien à cette œuvre. Elle a placé, comme premier rempart, au-devant de la baie, la haute île Palmaria et deux autres petits îlots ; les hommes y ont ajouté, pour seconde ligne de défense, les batteries à feux croisés du superbe promontoire de Porto Venere qui abrite l'anse des vents d'ouest, puis, du même côté, dans la rade, trois forts faisant face à Lerici.

Le golfe découpe une échancrure de plus de deux lieues de profondeur ; sa largeur à l'entrée est de 7,100 mètres. Une double projection de l'Apennin, courant à peu près parallèlement du nord au sud, en domine l'une et l'autre rive. Aussi la Spezia possède-t-elle un établissement de bains de mer très-fréquenté, non-seulement par les Italiens, mais encore et surtout par les Anglais. Ce beau bassin n'ayant d'ouverture qu'au midi, on s'y trouve, sept mois de l'année, comme dans une sorte de serre naturelle. Rarement la tramontane y pénètre par-dessus la chaîne de l'Apennin. En revanche, le *sirocco*, ce vent du Sahara, si redouté en Suisse sous le nom de *Fœhn*, y secoue fréquemment ses morbides langueurs.

Sur la plage, à côté de l'hôtel de la *Croce di Malta* (Croix de Malte), là où autrefois poussaient le jonc et d'autres plantes paludéennes, verdoie un jardin (*Boschetto*), avec des orangers qui atteignent la hauteur des plus beaux pommiers de Normandie. Le palmier, l'agavé, le figuier d'Inde, prospèrent à merveille sur cette côte, qui offre, à certaines places, la couleur et l'aspect d'un paysage africain.

Mme Dora d'Istria a peint avec un charme d'imagination qui n'exclut pas l'exactitude, — j'en appelle à tous ceux qui ont eu l'heur de clore une chaude journée d'été près des oléandres du Boschetto ou sur la belle terrasse des Capucini, — la magie des clairs de lune à la Spezia. Comme le golfe est fermé de tous côtés par le cercle des monts, la lune ne s'y montre que lorsqu'elle dépasse le front de ce rempart. « Avant qu'elle répande sa lumière, on voit la crête de la montagne se couronner d'une mystérieuse auréole dont l'éclat s'augmente de minute en minute. Quand l'astre finit par apparaître, on dirait qu'une flamme a été allumée au haut de la chaîne orientale par ces *vilas* des chants populaires serbes qui, dans le calme des nuits sereines, ainsi que les vierges du Balkan, dansent le *kolo* sur les pentes de la « vieille montagne » (l'Hémus), célébrée par Virgile comme par les poëtes slaves. A peine Diane, qu'on peut appeler ici la sœur d'Apollon, a-t-elle lancé les « traits » de son arc divin sur les grands peupliers, refuge des passereaux, qui dominent le jardin public, et sur la surface du lac, que l'azur foncé des eaux se transforme subitement en une nappe lumineuse, dont les vagues scintillantes caressent mollement la plage. Ceux qui n'ont vu que les bords de la Manche ou de la mer du Nord n'ont aucune idée de la sérénité de ces nuits d'août sur les rives de la Méditerranée.

On reconnaît la « douce mer », dont les « flots chéris » berçaient dans le golfe enchanté de Parthénope l'amant inspiré de *Graziella* :

« Murmure autour de ma nacelle,
Douce mer!...... »

Les environs de la Spezia sont très-animés ; les villages, aux maisons versicolores, ont cet air de gaieté propre aux campagnes ligures et toscanes. Si le bourgeois de la ville paraît avoir adopté décidément le costume français, le *contadino* (paysan) et le *popolano* (homme du peuple) n'ont pas encore dépouillé toutes les pièces de l'accoutrement

LE PALVESE.

national. Ils sont surtout demeurés fidèles au bonnet, généralement de couleur voyante, qu'ils inclinent volontiers sur l'oreille ou vers le nez. Les paysannes, elles, ont par-dessus tout l'amour des fleurs ; vieilles et jeunes, laides et belles s'en parent communément les cheveux, et les corolles les plus éclatantes sont l'appendice préféré des rubans de leur chapeau de paille à forme plate.

Les bêtes elles-mêmes semblent assujetties au port de ce riant signet, et il n'est pas rare de rencontrer, par un sentier de la montagne, toute une file d'ânes et de mulets ou un attelage de bœufs blancs aux cornes noires traînant le rustique chariot du pays, le chef orné d'un diadème naturel ou artificiel, aux pendeloques les plus singulières.

Quant aux femmes de la bourgeoisie et du peuple, elles s'enveloppent d'ordinaire la tête du petit voile noir vénitien ou du grand voile blanc (*mezzaro*) en usage parmi les Génoises.

LE PROMONTOIRE DE PORTO VENERE.

LA RIVIÈRE DU LEVANT.

Le golfe de la Spezia mérite d'être visité dans ses moindres replis. L'une et l'autre rive sont pleines de souvenirs historiques, et aussi de curiosités naturelles. L'extrémité de la rive occidentale, qui s'étend à plus de 10 kilomètres de la Spezia, est formée par le promontoire de Porto Venere, magnifique assise de rocher en marbre noir. Là s'élevait jadis — je parle de plusieurs siècles avant notre ère, — un temple de Vénus. Sur les ruines du sanctuaire païen fut bâtie, au douzième siècle, une église dédiée à saint Pierre. Le culte du pêcheur galiléen a passé comme celui de l'*alma genitrix*; les ruines des deux édifices gisent aujourd'hui à terre, et leurs débris se confondent si bien qu'il faut l'œil exercé

FEZZANO.

de l'archéologue pour discerner ce qui appartient à l'antiquité ou au moyen âge et faire la part de l'une et de l'autre architecture.

Une petite ville d'un millier d'âmes, avec un reste de castel et une belle cathédrale, occupe le terre-plein qui se trouve au pied du rocher. Un canal d'un demi-kilomètre de largeur la sépare de la grande île des Palmiers (Palmaria), qui a elle-même pour sentinelles avancées deux îlots, ou plutôt deux écueils, Tino et Tinetto.

Ces trois îles ont joué, paraît-il, un certain rôle dans l'histoire monastique des premiers siècles chrétiens; le sang des martyrs y a rougi plus d'une fois le beau marbre noir veiné d'or qu'on appelle *portor*; les empereurs romains y ont fait de gigantesques auto-da-fé de chrétiens; puis ariens et orthodoxes s'y sont exterminés à l'envi, d'une facou plus féroce encore ; si la paix y règne aujourd'hui, est-ce bien faute de gens disposés à y faire la guerre?

Du haut du promontoire de Porto Venere, qui est à 500 mètres au-dessus de la mer, la

perspective est merveilleuse. C'est d'abord l'immense bassin du golfe avec ses sept ports et ses sinuosités ; au delà, sur la gauche, l'Apennin et les Alpes Apuanes, puis les lignes fuyantes des côtes de Toscane. En face, par un beau temps, à plus de quinze lieues au sud, la tour penchée de Pise et les dômes de Livourne ; plus loin encore, au milieu des flots, les îles de la Gorgone, de Caprée, et la pointe vaporeuse du cap Corse. Faites maintenant volte-face, en promenant un regard circulaire sur les plaines dormantes de la mer Tyrrhénienne : vous apercevrez, à droite, le phare de Gênes et, en deçà, les brisures fantastiques du rivage avec sa succession infinie de baies et de minces presqu'îles.

Cette même côte occidentale du golfe de la Spezia présente, au-dessus de la petite anse si pittoresque de Fezzano, un phénomène curieux, qui a fort occupé les savants : la Polla (ou veine d'eau) de Cadimare. C'est une source non salée qui jaillit au sein de la mer d'une profondeur de 15 mètres. Elle est à 1,600 mètres environ de la rive, en face du cap San Gerolamo.

Sur le littoral opposé de la baie se trouve la localité la plus importante de tout le pourtour, après la Spezia : la ville et le port de Lerici, dont on fait remonter l'existence jusqu'à l'époque pélasgique. Les nombreuses cavernes que possède le golfe auraient même, suivant la tradition, servi de séjour, durant l'âge de pierre, aux premiers habitants de l'Italie.

De ce côté-ci du bassin, la projection péninsulaire se termine par une masse de roches noires et volcaniques, le Capo del Corvo. Elle doit son nom bizarre de promontoire de la Lune au souvenir de la ville tyrrhénienne de Luna ou Luni, située jadis sur la rive gauche et à l'embouchure de la Magra, rivière qui sépare la Ligurie de l'Étrurie et qui forma même, jusqu'au temps d'Auguste, la limite politique de l'Italie. Il n'y a pas encore bien des années que le voyageur franchissait sur cette côte, dans une seule étape, trois territoires, trois États distincts, et se voyait obligé d'exhiber coup sur coup son passe-port à trois bureaux de douane différents : Lucques était terre toscane, Massa-Carrara, possession de Parme, la Spezia et Sarzana, pays génois.

C'est par là aussi que passait le grand chemin qui conduisait de Rome dans les Gaules, jusqu'à la ville d'Arles : la voie Aurélia.

Les hordes des barbares suivirent naturellement cette route pour envahir l'opulente et douce région qui avait allumé leurs convoitises. La pauvre Luna en pâtit. Déjà détruite une première fois par l'ennemi du sud, le Romain, quand celui-ci eut achevé la soumission des peuples étrusques, elle le fut derechef, et au plus ras de terre, par l'ennemi du nord, sur le passage duquel elle eut le malheur de se trouver.

La cause qui avait fait autrefois la fortune de cette petite ville n'a pourtant point disparu ; elle était le port d'entrepôt des marbres que les Romains extrayaient des riches carrières du pays. Les montagnes d'alentour ont toujours leurs carrières, que l'homme exploite plus que jamais ; ce qui a tué définitivement Luna, ce qui l'a empêchée de renaître de ses cendres, comme telle autre ville, jadis prospère, de la Péninsule, c'est un fait tout physique : l'embouchure de la Magra s'est ensablée. Cette obstruction est-elle due à un soulèvement de la côte ou aux alluvions du fleuve lui-même ? Peu importe : ce qui est certain, c'est qu'il existe aujourd'hui entre l'ancienne ville et la mer une plage de 1,200 mètres au moins d'étendue et tout un barrage de galets. Seules quelques ruines, entre autres un reste d'amphithéâtre, conservent une trace matérielle de la cité disparue. Celle-ci revit encore, plus idéalement il est vrai, dans ce nom de *Lunigiana*, que porte, en mémoire d'elle, la partie inférieure de la vallée de la Magra. En haut de ce défilé se trouve Pontremoli avec la trouée des Apennins ; en bas, dans un site enchanteur, la petite ville de Sarzane (8,000 habitants), entourée de murailles et de bastions. En continuant vers le sud, le long du rempart côtier des Alpes Apuanes, nous entrons dans la province italienne qu'on appelle l'Émilie.

CHAPITRE VI

L'ÉMILIE

I

LA RÉGION DU MARBRE

La province d'Émilie doit son nom à l'ancienne voie Æmilia qui la traverse diagonalement du nord-ouest au sud-est. Cette route stratégique, construite par le consul Lépide, était autrefois la grande artère de jonction entre l'Italie centrale et la plaine du Pô.

L'Émilie n'a qu'une pure unité administrative. Formée de régions singulièrement diverses, que ni la géographie, ni l'histoire, ni les mœurs, ni les affinités de trafic ne relient entre elles, elle représente un ensemble mille fois plus disparate que ne le serait en France une agrégation composée de morceaux pris à la Bretagne, à la Normandie et à la Touraine.

Au nord, elle est à cheval sur l'Apennin, véritable épine dorsale de la Péninsule, comme l'était lui-même l'ex-duché de Modène, une de ses parties constituantes. Elle comprend en effet, à gauche du col de Pontremoli, le pays de Massa et de Carrara, qui n'est que le prolongement naturel de la Toscane ; à droite, elle remonte jusqu'au cours du Pô, englobe en écharpe, des deux côtés du Modénais, les duchés de Parme, de Plaisance, puis Ferrare, Bologne, et finit à l'Adriatique, à l'ancienne ville d'*Ariminum* (Rimini).

Pour explorer entièrement cette bizarre province, dont les sutures sont toutes politiques, le mieux, du point où nous sommes, c'est d'aller repasser, près de Gênes, le col de Giovi, pour gagner Plaisance par le chemin de fer d'Alexandrie. Le détour fait un bon compte de kilomètres. Pourquoi aussi les Italiens n'ont-ils pas établi une voie ferrée de raccordement par le grand seuil de la chaîne, à Pontremoli?

Mais, avant d'enjamber l'Apennin, pour revenir plus tard, par une autre route plus méridionale, de ce côté-ci de la montagne, dont le rempart va s'écartant de plus en plus de la mer Tyrrhénienne, visitons, je vous prie, rapidement ce que j'appellerai la région du marbre.

C'est à trois lieues environ au-dessous de Sarzane, par le chemin de fer, qu'on rencontre la première ville de carrières, Carrara. Elle est située dans le défilé des Alpes Apuanes, au débouché de plusieurs vallons disposés comme les branches divergentes d'un éventail. On devine aisément, à l'approche de cette cité de marbriers, quelle est l'industrie du pays. De toutes parts, sur les routes, on n'aperçoit que lourds véhicules, aux roues basses et massives, attelés d'une ou de plusieurs paires de bœufs, qui charrient en gémissant de gigantesques blocs tabulaires. Ces cubes précieux proviennent des montagnes environnantes. Celles-ci, qui n'ont pas moins de 8 kilomètres d'étendue, sur 700 ou 800 mètres d'altitude, sont exploitées depuis vingt siècles. L'extraction, le transport, le sciage, la taille, emploient près de quatre mille ouvriers. Le marbre, brut ou travaillé, est embarqué presque sur place, à la *spiaggia* (plage) d'Avenza, ainsi appelée de la bourgade voisine, Avenza, une des stations de la voie ferrée, reconnaissable à son vieux château fort avec tourelles, construit, au quatorzième siècle, par le capitaine lucquois Castruccio Castracani.

A cette *marina*, — comme disent les Italiens, — aboutit la petite rivière du Carrione, formée par la réunion de plusieurs ruisseaux, tous issus des montagnes de marbre. Les carrières ouvertes sont au nombre de soixante-dix ; de la base au sommet, tout est *marmo*. Les principales sont celles de Ravaccione, Fantiscritti et Colonnata. Michel-Ange avait eu, dit-on, la pensée de tailler je ne sais plus laquelle de ces sommités en forme de phare colossal pour guider en mer les navigateurs.

Rien de plus étrange, comme aspect, que ces énormes excavations dont les rictus béants s'étagent à toutes les hauteurs. Les susdits chariots à bœufs s'y croisent en files processionnelles. Les gorges retentissent du matin au soir du bruit des coups de marteau ou du grincement des scieries. Toutes les machines sont mues économiquement par l'eau des torrents.

La ville, qui a près de vingt mille habitants, n'est qu'un vaste entrepôt de marbrerie. Édifices publics, théâtres, églises, tout a pour substance le précieux calcaire. Les professeurs de sculpture fourmillent ici, comme ailleurs les *facchini* et les porteurs d'eau. Il y a les cours faits à l'atelier, puis ceux de l'École des beaux-arts, au-dessus de laquelle est

BARRIÈRES DE CARRARE.

l'Académie, qui abonde naturellement en modèles antiques et modernes. L'homme le plus célèbre de Carrare est pourtant un économiste, Rossi.

Chaque maison est un atelier ou quelque chose d'approchant. Voulez-vous des Vénus

UNE FONTAINE A CARRARE.

de Milo ou de Médicis ? Choisissez : c'est au juste prix. Aimez-vous mieux une statue de Diane, d'Hercule, de Bacchus, de Mercure ? Tout l'Olympe antique est là qui vous sollicite. Voici également à foison des hermaphrodites ou des gladiateurs mourants ; fixez le geste et l'expression : le magasin contient toutes les nuances, toutes les inflexions de la plastique. Je ne parle pas des objets plus vulgaires : chambranles de cheminée, vasques, baignoires, balustrades, etc.

Quelques kilomètres seulement, toujours par la voie ferrée de Pise, séparent Carrare de Massa. Cette dernière ville, arrosée par le Frigido, que le train franchit sur un pont d'une vingtaine de mètres, ne vit également que de l'exploitation des carrières situées dans les contre-forts environnants. Le marbre qu'elle en tire est plus varié de couleur que celui de Carrare; il y a notamment des produits blancs et veinés que l'on prise très-haut dans le commerce; mais l'extraction en est moins active et plus malaisée, à cause de l'extrême altitude des excavations et de l'insuffisance des chemins.

Cette petite ville, avec ses plantations d'orangers en pleine terre et le *fiume* limpide qui l'arrose, offre un aspect ravissant. Au-dessus d'elle se dresse un *castello*, dominé lui-même, de la façon la plus pittoresque, par la chaîne de montagnes qui court parallèlement à la mer.

Quelques tours de roue encore, et nous touchons à Pietra Santa, puis à Viareggio, dernière étape de notre excursion sur cette partie de la côte tyrrhénienne. A gauche se trouvent les fameuses carrières de l'Altissimo, d'où proviennent les colonnes monolithes de la façade du nouvel Opéra de Paris. On peut aller les visiter en voiture de l'une ou de l'autre des stations susnommées. D'ordinaire on se rend, pour cette visite, à Seravezza, au confluent de deux petits ruisseaux qui roulent jusqu'à la mer leurs eaux confondues sous le nom de Versilia.

Je me souviens qu'un soir, après avoir quitté le train qui arrive à Pise vers neuf heures, je fus témoin, sur ce littoral lucquois, d'un spectacle à la fois grandiose et sinistre. Un navire, — c'était, je crois, un schooner, — flambait sur les flots, non loin de l'embouchure du Serchio. La tour qui s'élève à l'entrée du fleuve était toute frangée d'une vapeur rougeâtre; de temps à autre sa tête pointait par-dessus cette buée frissonnante, et, comme le vent soufflait de la mer, la fumée s'en allait, en torsades brisées, vers les monts lointains qui dressent leur rempart bleuâtre entre Lucques et Pise. On discernait vaguement sur la nappe liquide un va-et-vient d'embarcations près du bâtiment incendié; parfois même on apercevait des formes humaines qui s'agitaient comme de véritables diables d'enfer autour de la zone d'embrasement. D'autres chaloupes semblaient quitter, à force de rames, le petit port de Forte de' Marmi, où se fait l'embarquement des marbres de la région. Je ne pus voir, pour ma part, la fin du drame, car le conducteur d'un *calessino* que je devais prendre à heure fixe interrompit ma contemplation au moment le plus pathétique.

La campagne italienne offre ici une variété d'aspects infinie. La plaine qui avoisine la mer est admirable de végétation et de culture : céréales, vignes, prairies, orangers, oliviers, bois de chênes et de châtaigniers y forment un fouillis étrange, où toutes les couleurs se marient dans un ondoiement qu'on ne peut décrire : « Vous croiriez voir l'Élysée de Virgile, » a dit Michelet. A quelques étages plus haut dans le défilé, on trouve le hêtre; plus haut encore, c'est la mélancolique région où croît la bruyère. Çà et là, aux pentes des monts, s'accrochent les humbles villages où habitent les mineurs. Une dure existence, je vous l'assure, que celle de ces ouvriers de la *cava!* Le voyageur, lui, ne voit ici que les splendeurs d'une nature féconde. Les bruits mêmes du travail, y compris l'affreux grincement des meules tournantes, lui font l'effet de se fondre dans l'immense harmonie de l'air ambiant. Mais que reste-t-il de cette poésie pour l'îlote qui supporte, douze mois durant, le poids du jour dans les âpres crevasses du Giardino ou de la Polla?

La cime de l'Altissimo est à près de 1,800 mètres au-dessus du niveau de la mer. Certaines de ses carrières sont à une telle élévation qu'on se demande par quel prodige d'ingénieuse industrie on arrive à les exploiter. En maint endroit, pour atteindre l'escarpement supérieur des antres où l'on travaille, il n'y a même pas d'escalier ; un simulacre d'entaille dans la pierre constitue la sente rudimentaire où le pied doit prendre son appui ; mieux vaut cent fois monter aux agrès d'un trois-mâts. L'escalade se fait néanmoins, et quotidiennement, d'un jarret gaillard. Quant au mode de transport des blocs extraits, c'est une autre affaire. Partout où c'est chose possible, on se sert de traîneaux ; ailleurs, on a recours à des câbles de descente ; ailleurs enfin, on se contente de précipiter les cubes dans le vide : c'est le procédé au moyen duquel on fait dévaler les bois de coupe de certaines montagnes de la Suisse et du Tyrol ; encore ces troncs géants dégringolent-ils généralement par une rainure de couloir, tandis qu'ici la chute a lieu le plus souvent à pic et d'un seul jet. C'est le lieu de rappeler, pour finir, que Michel-Ange, qui travailla dans une des carrières de l'Altissimo, la *Cava del Buonarotti,* comme on l'appelle encore aujourd'hui, employa trois années à construire une route destinée à faciliter l'accès des plus beaux gisements de la montagne.

II

LA VOIE ÉMILIENNE

De Plaisance à Rimini, c'est-à-dire des bords du Pô médian aux rivages de l'Adriatique, le chemin de fer ne fait que suivre l'ancienne voie Émilienne.

Que de souvenirs se dressent de toutes parts sur cette route ! Que de pages dramatiques l'histoire a gravées là, sur ces dalles, depuis deux mille ans !

Le train parti de Milan vient de dépasser Lodi, la vieille cité boïenne renommée aujourd'hui pour son jaune fromage, et non loin de laquelle fut livrée, en 1796, cette fameuse bataille du pont de l'Adda, entre Français et Autrichiens. Voici Codogno, où descendent de voiture les voyageurs qui se rendent à Crémone ; trois lieues encore, et nous sommes à Plaisance.

Ce n'est pas une chose absolument merveilleuse en soi que d'aller à Plaisance. Plaisance est une ville sur le Pô, qui a un *corso* ou *stradone*, — la « grand'rue » de nos villes de province, — un palais communal, une cathédrale, et pas mal de mendiants. Le moyen âge l'a vu piller et saccager ni plus ni moins que n'importe quelle autre cité italienne. Aujourd'hui elle ressemble assez à un homme effroyablement amaigri qui aurait gardé le vêtement qu'il portait aux jours de son embonpoint ; l'enceinte et les rues sont visiblement trop grandes pour le nombre des habitants.

A Plaisance, ou aux environs, est né un petit clerc sonneur de cloches qui, sous le nom de Jules Alberoni, a gouverné tant bien que mal toutes les Espagnes. Un va-nu-pieds qui devient cardinal, un fils de jardinier que la faveur transforme en ministre, cela n'a rien de fort émouvant. Ce qui saisit l'imagination près de Plaisance, c'est la Trébie. Cette petite rivière, descendue de l'Apennin en deçà du col de Giovi, se jette dans le Pô, à trois quarts de lieue environ à l'ouest de la ville. Là, s'est accomplie plus de deux siècles avant notre ère, une des grandes passes du duel le plus opiniâtre que l'histoire ait enregistré.

Après avoir repoussé le premier choc des flottes de Carthage et mis fin à la terrible guerre « inexpiable », Rome venait de franchir le Pô pour la première fois, et de porter, au travers du pays des Insubriens, sa domination jusqu'aux Alpes. Tout à coup Annibal et ses Africains, après avoir contourné tout le midi de l'Europe, se précipitent comme une avalanche du haut des monts. L'émoi fut grand au Forum. A la première rencontre, sur le Tessin, les légions avaient été mises en déroute. De toutes parts des « prodiges » avant-coureurs d'une catastrophe se manifestaient ; le feu du ciel avait frappé le temple de l'Espérance ; la statue de Mars avait sué, près de la porte Capène. Les dieux de l'Olympe latino-sabin savent seuls tout ce qu'on immola de victimes, tout ce qu'on fit de purifications, tout ce que l'on promit, par provision, d'offrandes votives. De tout temps, après comme avant le combat de la Trébie, l'humanité a fait grand fonds sur ces pratiques.

On connaît la suite des événements : battus près de Placentia, battus derechef sur les bords du lac Trasimène, écrasés à Cannes, menacés d'une jonction de l'armée d'Annibal et de celle de son frère Asdrubal, les Romains ne désespérèrent point du salut de la République, et finalement, suivant le mot même du grand général punique, la « fortune de l'*Urbs* » l'emporta sur celle de Carthage.

Bien d'autres batailles se sont livrées depuis lors sur ce même pont de la Trébie : régiments russes, français et autrichiens y ont libéralement arrosé de leur sang les gras pâturages artificiels qui produisent le beurre du Lodésan ; les prés avides ont tout bu, et les pierres de la grande chaussée Æmilia n'ont pas plus fléchi sous le poids des canons et des lourds affûts que sous le sabot des Cosaques numides du fils d'Amilcar. Quant à l'empire de Carthage, il n'en reste plus maintenant d'autre trace que quelques médailles usées et quelques vers dans Plaute le comique : le monde sémitique n'est pas heureux dans ses visées sur l'Europe ; à quelques siècles de là, les Arabes, son arrière-ban, essayeront de recommencer la grande invasion ; ils ne feront qu'entamer l'Occident à sa pointe extrême, sans réussir à y fonder d'établissement solide et durable.

La voie Æmilia va en ligne droite jusqu'à Parme, qu'elle traverse par le milieu, y formant la rue principale, la *strada maestra*, de la porte Santa Croce à la porte San Michele. Située au confluent de deux rivières, la Baganza et la Parma, Parme est une vieille ville dont l'existence remonte au temps des Étrusques. Ses annales, depuis dix-huit ou dix-neuf cents ans, constituent une page d'histoire suffisamment embrouillée et fastidieuse pour que, sans une absolue nécessité, l'esprit d'analyse n'aille point s'y frotter. Elle a passé tour à tour des Guelfes aux Gibelins, des Visconti aux Scaliger, aux Sforza, aux Farnèse ; les papes l'ont eue, les Français l'ont eue, les Espagnols et les Autrichiens l'ont eue plus que tous les autres ; depuis 1860, elle se possède enfin elle-même, et Dieu sait si elle porte d'un cœur léger le deuil de ses ducs et de ses duchesses, si elle savoure en paix le bonheur tardif de n'être plus capitale.

Il lui reste toujours l'honneur, qui n'est pas médiocre, d'être la ville du Corrége.

Antonio Allegri, né à quelques lieues de Parme, à Correggio, — d'où son surnom,

— fut contemporain de Raphaël et de Michel-Ange. C'est un génie à part, qui semble s'être formé de lui-même, et avoir grandi en quelque sorte dans l'isolement. Qui fut son premier maître? On ne le sait. Il n'est jamais allé ni à Rome, ni à Florence ; il n'a connu les grandes œuvres de l'époque que par des copies ou des reproductions gravées, et n'a point fait d'élèves à proprement dire. Il est sans rival pour la grâce et procède surtout par le raccourci. Il mourut âgé de quarante ans à peine, en 1534. Tout Parme est plein de lui. Sa toile la plus célèbre, le *Saint Jérôme*, est au musée de la ville ; il faut voir aussi, à la coupole du Dôme, sa vaste fresque de l'*Assomption*, malheureusement très-altérée; le *Jugement dernier* de Michel-Ange est postérieur de plusieurs années à cette œuvre. Le Corrége n'a eu à Parme qu'un imitateur et un émule, Mazzola, dit le Parmesan, qui ne lui survécut guère, et qui a décoré l'église de la Steccata (*Moïse brisant les tables de la Loi*).

Je refusais tout à l'heure de me replonger sans raison valable dans les sanglantes ténèbres de l'histoire politique des villes italiennes au moyen âge. Voulez-vous le voir tout entier, au passage, ce moyen âge? Allez sur la droite, à quelques kilomètres de la voie ferrée : il surgira devant vous sous la forme d'un château ruineux. Ces restes de tours et de murailles sur ce rocher à pic, c'est Canossa ; vous savez, le Canossa de la « grande comtesse Mathilde », l'amie du pape Grégoire VII. « L'épiscopat, disait ce pontife, est autant au-dessus de la royauté que l'or est au-dessus du plomb. » Il le disait, et il le prouvait au besoin. Il y eut notamment un jour où l'orgueilleuse maxime reçut du fait une terrible sanction : ce fut lorsque, au cours de la lutte du Sacerdoce et de l'Empire, le César d'Allemagne Henri IV, frappé d'anathème par Grégoire VII, dut venir implorer en deçà des monts le pardon apostolique. Dépouillé jusqu'à la ceinture, les pieds nus dans la neige, par les rigueurs de janvier, il demeura trois jours et trois nuits sous les murailles du château de Canossa, attendant qu'il lui fût permis de plier un genou soumis devant la porte de l'Église.

Dans quelques mois, cet épisode historique aura juste huit cents ans d'âge ; et pourtant le souvenir de cette humiliation essuyée en pays welche par un prince tudesque saigne encore au cœur de tout bon Allemand. Je me rappelle avoir voyagé de Parme à Bologne avec un jeune docteur d'une des universités de l'Allemagne du Nord, qui se rendait à Rome avec la mission de collationner, pour un travail d'éditeur, le manuscrit original de je ne sais plus quel auteur latin de la décadence. L'excellent jeune homme, plein d'urbanité et d'une solide instruction du reste, grinçait presque des dents en me relatant, avec des détails que pas un historien français n'a jamais soupçonnés, la scène pontifico-impériale de l'an 1077.

LE CHATEAU DE CANOSSA.

A vrai dire, cette érudite colère tomba vite. Passé Reggio, la ville « aux têtes carrées », comme on dit là-bas, le docteur, s'établissant bien d'aplomb dans l'angle capitonné du wagon, tira de son sac un petit livre qu'il se mit à feuilleter avec dévotion. Tout en regardant à droite les tronçons fuyants de la voie Æmilia, et à l'arrière-plan la ligne bleuâtre des Apennins, je sentais ma curiosité s'aiguiser singulièrement à l'endroit de ce petit livre. Mon compagnon s'en aperçut, je crois. Il me tendit le volume avec un sourire. Je lus le titre, et je souris à mon tour. Cela s'appelait, en allemand : *Ueber den Umgang mit dem weiblichen Geschlecht,* etc. ; en français : « Des relations avec le beau sexe, ou l'Art, pour les jeunes gens, non-seulement de s'acquérir, par une conduite avisée, les bonnes grâces et l'affection dudit beau sexe, mais encore de conserver l'acquêt une fois fait. » Je cite textuellement. Le livre, écrit par M. le professeur E..., en était alors à sa cinquième édition. J'ai vu depuis, à Stuttgard, que la huitième avait paru. Voici les sommaires de trois chapitres que j'ai retenus : 1° Règles de sage conduite ; 2° De la mesure exacte en amour ; 3° Des signes auxquels on reconnaît que l'on a fait impression.

Après avoir parcouru quelques pages de cet aimable vade-mecum, où les principes de la plus pure morale s'allient à une science effrayante des menus détails de la vie, je rendis l'opuscule à l'excellent jeune homme. Il sourit derechef ; nous sourîmes, et, sur l'entrefaite, le sifflet de la locomotive nous annonça la gare de Modène.

Encore une vieille ville étrusque, et une ci-devant capitale. Il n'y a qu'en Allemagne et en Italie qu'on rencontre tant de gloires déchues. Seulement, au lieu des Farnèse, c'est la maison d'Este, *Casa estense,* qui régnait ici : des Hercule, des Alphonse, des César, des François. Au dix-septième siècle, un d'eux épouse une des nièces de Mazarin. Le fameux cardinal en avait sept, fort courues en haut lieu, à commencer par le futur roi-soleil. Un autre abdique et revêt le froc de capucin. Le dernier fut, si je ne me trompe, colonel d'un régiment autrichien. Ce n'était pas un titre suffisant à l'amour du peuple italien : aussi celui-là n'a-t-il point poussé plus avant la lignée ducale ; depuis 1860 Modène n'est plus, ainsi que Parme, qu'une paisible cité provinciale de l'Émilie.

Modène, coupée en deux, comme toutes les autres grandes villes de la région, par l'éternelle voie Émilienne, est unie au Pô et, partant, à l'Adriatique au moyen d'un canal qui rejoint la rivière du Panaro « aux rives fleuries et aux eaux limpides », dit un poëte du cru. Elle a un dôme des onzième et douzième siècles, avec un campanile ou clocher séparé, comme il en existe dans quelques villes de France, notamment à Honfleur. Ce clocher, appelé Ghirlandina, est un des plus élevés de l'Italie du Nord. On y conserve, suspendu à la voûte d'une tour, à l'aide d'une chaîne de fer, une relique d'une espèce toute particulière, et qui n'en fait pas plus mauvaise figure parmi le monde des reliques : c'est le seau de bois ravi à Bologne par les Modénais le 15 novembre 1325. Tassoni a chanté cet exploit, d'une authenticité douteuse, dans son poëme héroï-comique, en douze chants, de la *Secchia rapita*.

Le musée de Modène possède une magnifique collection de tableaux des diverses écoles italiennes; son lot serait bien plus beau encore, si un prince modénais du dix-huitième siècle, qui avait besoin de sequins, François III, n'avait vendu à la cour de Dresde une centaine de toiles, parmi lesquelles il y en avait cinq du Corrége. C'est ainsi que, de tout temps, le Nord s'est enrichi des dépouilles du Midi. On dit, en outre, que le dernier duc a emporté en 1859, dans la précipitation de son départ, douze autres tableaux de premier ordre, notamment une Madone de Raphaël et un portrait de femme du Giorgion. Je ne fais pas le compte des médailles d'or et d'argent qu'ont engouffrés les fourgons ducaux. Au moins les archives secrètes de la maison d'Este n'ont-elles pas suivi la même route.

Au sortir de Modène, le train, longeant toujours la voie Æmilia, franchit le Panaro, qui descend du mont Cimone (Apennin) sur un pont que l'on peut dire historique, en ce sens qu'il formait autrefois frontière entre le duché et les États pontificaux. Au passage, le regard plonge dans l'intérieur d'un monastère dont j'ignore le nom. Ce n'est certes pas une Chartreuse, car nous surprenons les bons moines en train de jouer à la boule dans le carré du cloître, et ce avec une animation à laquelle peu d'écoliers pourraient atteindre.

A quarante minutes de là, on est à Bologne.

Cette ancienne cité étrusque, Bologne *la Grasse,* c'est-à-dire la riche, comme on l'appelait jadis, est peut-être la moins déchue et certainement la plus originale de toutes les villes de l'Émilie. La politique a failli la tuer, la géographie l'a sauvée. Située dans un territoire fertile, au point de croisement des quatre grandes voies ferrées de l'Italie du centre, *emporium* obligé entre Venise, Florence et Rome, entre l'Apennin toscan et l'industrieux versant des Alpes, elle a repris un essor relativement considérable du jour où elle a cessé d'être gouvernée par un légat pontifical. A son antique devise : *Libertas,* elle semble en avoir joint une autre, qui est, aujourd'hui plus que jamais, le fondement et la garantie de la première : *Laboremus.* Oui, en dépit de son caractère vétuste, de son air morne et songeur, Bologne est une ville d'action et de travail. Dans ses sombres rues aux lourds portiques, dans ses noires *botteghe,* vit une population sans cesse affairée, et dont le chiffre actuel (120,000 âmes) pourrait bien doubler avant cinquante ans. La fabrication des étoffes, l'orfévrerie, les fleurs artificielles sont, je crois, pour le moment, en dehors du transit, les trois branches principales de l'industrie et du commerce bolonais.

A une humeur énergique et gaie tout ensemble, le Romagnol, tant citadin que paysan, joint un jugement prompt, une remarquable intelligence ; le premier aspect des campagnes environnantes annonce de plus un pays de culture soignée, où la routine n'a point trop fait école. Par malheur, ces campagnes ont souvent à souffrir, entre Bologne et Ferrare, des dévastations du Reno, le plus vagabond et le plus agressif des fleuves qui descendent de l'Apennin. Les caprices imprévus de ce cours d'eau, dont le débit varie de 1 à 1.400 mètres cubes par seconde, ont déconcerté jusqu'ici tous les ingénieurs

RÉCRÉATION DE MOINES ITALIENS.

hydrographes, dans un pays où les ingénieurs hydrographes ne se laissent pas aisément déconcerter.

Le point central de la ville est l'ancien forum ou Piazza Maggiore, à présent place Victor-Emmanuel. Je ne crois pas qu'il y ait eu en France, à une certaine époque, plus de *places Napoléon* qu'il n'y a aujourd'hui en Italie de *places Victor-Emmanuel*. Autour et aux abords de cette piazza se groupent les principaux monuments de Bologne : la cathédrale, la grande basilique inachevée de San-Petronio, le Palais public, celui du Podestat, le *Foro de' Mercanti* (chambre de commerce). Dans un angle de la place s'élève la statue colossale de Neptune, œuvre d'un sculpteur flamand, Jean de Bologne, qui vint vivre en Italie dans la seconde moitié du seizième siècle. L'effet de cette sculpture est d'une puissance singulière. Le dieu est debout, tenant le trident de la main droite; ses muscles reluisent bien déployés. Au-dessous de lui, à l'arête supérieure du bassin, sont quatre enfants à tête lutine; aux mains de chacun d'eux frétille un dauphin. Plus bas, aux angles du monument, quatre femmes superbes, ou plutôt quatre sirènes, car elles ont des jambes de poisson, pressent à pleines mains leurs mamelles afin d'en faire jaillir l'eau. Il est impossible de voir des corps mieux cambrés dans leur franche et belle nudité; ce n'est pas la *sœva voluptas* des Anciens, c'est l'heureuse et riante sensualité de la nature vraie, que ne dépare aucune réticence, que n'offense aucune contorsion.

Non loin de là, au point de convergence des quatre grandes rues San Stefano, Maggiore, San Vitale et San Donato, sont les deux fameuses tours penchées, monuments de briques carrés, qui datent du douzième siècle. La plus grande, la *Torre degli Asinelli,* ou, plus brièvement, l'*Asinella,* a 89 mètres de haut et penche de 1^m,16; on y monte par un escalier de 449 marches. L'autre, la *Torre Garisenda*, n'a que 49 mètres d'élévation; mais son inclinaison est de plus de 2 mètres et demi. Cette inclinaison est-elle due à une fantaisie architecturale ou à quelque affaissement de la construction? Il résulte, en tout cas, de mesurages périodiques, qu'elle s'accroît assez sensiblement de siècle en siècle.

Bologne *la Grasse* s'appela aussi, ne l'oublions pas, Bologne *la Docte*. Son université, jadis célèbre par toute l'Europe, est encore très-suivie. C'est dans son sein qu'on découvrit le galvanisme et qu'on disséqua, en 1315, le premier cadavre; mais elle brilla surtout par l'enseignement du droit et par le savoir de ses juristes. Plus d'une femme y a professé, non pas seulement la philosophie et les lettres, mais encore les mathématiques, l'anatomie et la chirurgie. Une petite courtine, disposée au devant de la chaire, empêchait au besoin les auditeurs, dont plus d'un sans doute, en vrai Bolonais, aimait, comme on dit là-bas, à chanter « la belle Rosina », de se laisser distraire aux charmes du docteur femelle.

La gloire de Bologne, c'est, avant tout, sa galerie de tableaux ou Pinacothèque. On sait quel rôle joua dans l'art l'école de peinture bolonaise, la dernière en date de toutes les écoles de la Péninsule. C'était à la fin du seizième siècle; la lueur projetée par Milan, Florence et Rome allait chaque jour s'affaiblissant; presque partout, sauf à Venise, le goût tendait à se pervertir. Tout à coup un nouvel astre vint éclairer le ciel italien. Ce n'était pas un de ces météores éclatants qui éclipsent tout de leur embrasement; c'était un foyer de lumière douce, composée de rayons divers et de toute provenance. Bref, pour parler sans métaphore, la nouvelle école était une école éclectique de réformateurs et d'épurateurs, non de révolutionnaires et de créateurs.

PLACE DE LA FONTAINE DE NEPTUNE A BOLOGNE.

Ce fut le fils d'un boucher de Bologne qui aborda l'œuvre de régénération. Il s'appelait Ludovic Carrache. Il alla étudier un peu partout, à Parme, à Florence et à Venise ; puis, de retour dans sa ville natale, il se mit en tête de communiquer sa science à deux de ses cousins, artisans comme lui, Augustin et Annibal, et de fonder avec eux une académie. L'entreprise était épineuse ; elle réussit. Des trois Carrache ce fut Annibal qui devint le plus grand peintre de l'école bolonaise.

De cette académie sortit une glorieuse pléiade : François Albano (l'Albane), Guido Reni (le Guide), Domenico Zampieri (le Dominique), Lanfranc, et enfin Francesco Barbieri, dit le Guerchin. Ce fut, il en faut convenir, un beau soir pour l'art italien. Presque en même temps, la lueur pourprée d'une aurore nouvelle pointait au delà des monts ; le grand siècle de la France commençait avec Nicolas Poussin.

La principale curiosité des environs de Bologne, c'est le Monte della Guardia, dominé par l'église Notre-Dame de Saint-Luc. Pour s'y rendre, le voyageur, venu par le chemin de fer de Modène, doit traverser de biais toute la ville jusqu'à la porte Saragozza. Là il trouve, en dehors des murs, un long portique qui ne compte pas moins de six cent quarante arca-

TOURS PENCHÉES DE BOLOGNE.

des, et qui s'étend avec diverses inflexions sur un espace de cinq kilomètres. A pied, l'excursion demande une heure environ. L'église a conservé quelques peintures du Guide. Du haut de la colline on jouit d'une large perspective sur l'Apennin, « au dos couvert de forêts et de neiges, qui s'élève si haut dans les airs pour voir le soleil se plonger dans la mer, écrit quelque peu emphatiquement un poète du pays, au seizième siècle, qu'on dirait que sur son front, ceint d'une couronne de glace, le ciel s'incline et se vient reposer. »

De Bologne, avant de poursuivre notre route vers l'Adriatique, nous ferons un crochet au nord-est, par le chemin de fer de Venise, jusqu'à Ferrare.

Ferrare est une ville triste et déserte, avec de grandes rues, de grandes places et un pourtour de plus de trois lieues et demie. Elle est située sur une branche ensablée du Pô, le Pò di Volano. Non loin sont les fameuses lagunes de Commachio. Cet étang, découpé par de vastes bancs d'alluvion, que les Italiens nomment *valli*, est une pêcherie très-riche, grâce aux énormes quantités de poisson que l'eau marine charrie par les brèches dans cette impasse limoneuse.

A Ferrare régna cette même famille d'Este qui, plus tard, posséda Modène et Reggio. Quand je dis qu'elle régna, c'est par une pure convention de langage; on connaît la façon de régner de ces tyranneaux italiens du moyen âge : toutes les cruautés, toutes les turpitudes publiques et privées; des fils qui étranglent leurs pères; des oncles qui décapitent leurs neveux, pour éviter sans doute que leurs neveux ne les décapitent; des femmes, des princesses, tenaillées au fer rouge; un marché officiel d'esclaves approvisionné par les pirates; une enfilade ininterrompue de conspirations et d'orgies que nulle épithète ne qualifierait : voilà, durant quatre siècles, le bilan historique des nobles seigneurs et protecteurs de Ferrare, Modène, Reggio et lieux circonvoisins. Un d'eux, Alphonse Ier, fut le mari, en quatrièmes noces, de la fameuse Lucrèce Borgia, la fille du pape Alexandre VI. Le couple était dûment apparié. Presque tous eurent des titres incontestés à rejoindre dans l'enfer du Dante leur aïeul, le marquis Obizzon.

Il y a pourtant un moment où cette cour de Ferrare apparaît dans l'histoire environnée d'une certaine auréole d'art et de poésie. C'est au temps de l'Arioste et du Tasse. Il est vrai que le Tasse fut emprisonné par les princes d'Este, et que l'Arioste n'eut pas trop à se louer d'eux. On montre encore au voyageur, dans l'hôpital Sainte-Anne, non loin de la station du chemin de fer, le caveau où l'auteur de la *Jérusalem délivrée* fut enfermé pendant sept ans, de 1579 à 1586. Goethe, qui l'a visité, est plus que sceptique à l'endroit de « cette charbonnière », comme il l'appelle. Quant à la maison natale de l'Arioste, c'est bien celle qu'on vous fait voir dans la rue Santa Maria delle Bocche. Le monument funèbre et les restes du poëte sont dans la bibliothèque du *Studio publico* (Université).

Ferrare a produit quelques peintres renommés, entre autres le Garofalo, qui a décoré l'intérieur de la cathédrale, et dont il reste aussi des toiles remarquables à la Pinacothèque de la ville.

On sait que Ferrare, qui déjà une fois, grâce à Pépin le Bref, était échue au Saint-Siége, retomba, au commencement du dix-septième siècle, sous l'autorité des papes;

Ceux-ci l'ont gardée, sauf un intervalle de dix-neuf ans (de 1796 à 1815), jusqu'en 1860, époque où elle fut réunie, avec la Romagne, au nouveau royaume d'Italie.

A dix lieues de Bologne, au delà de la petite ville épiscopale d'Imola, se trouve l'embranchement du chemin de fer de Ravenne. La campagne prend ici un autre aspect : l'air s'imprègne de moiteur, les horizons ont quelque chose de plus vague, de plus vaporeux, de plus septentrional; partout des rigoles, des fossés; de longs rideaux de peupliers ondulant au vent; des rangées d'ormes, où la vigne s'enlace, tout comme au temps de Virgile. Ces vastes champs cultivés, ces paysages uniformes, mais pleins de fraîcheur, au milieu desquels on court vers l'Adriatique, reposent un moment la vue éblouie de tant de sites aux teintes chaudes et aux vives arêtes.

Dès qu'on entre à Ravenne, une impression de tristesse singulière vous envahit le cœur. En fait de capitales déchues, il n'y en a pas, je pense, dans tout l'Occident, qui étale plus visiblement les moisissures de la déchéance. C'est bien la ville morte entre toutes, plus morte mille fois que Pisa *la morta,* dont les efflorescences mêmes ont une grandeur et un éclat majestueux encore.

Du temps du géographe Strabon, c'est-à-dire il y a bientôt dix-neuf siècles, Ravenne était port de mer, ou, du moins, le flux montait dans les canaux qui la traversaient, par une sorte de golfe marin qui la mettait en communication directe avec l'Adriatique. Aujourd'hui, par suite d'atterrissements successifs, elle en est éloignée d'une lieue et demie et ne s'y relie plus que par deux *navigli,* dont le principal aboutit, au nord-est de la ville, au port artificiel de Corsini.

La grandeur politique de cette vieille station militaire de l'Italie fut toute d'accident et se rattache, on le sait, à un épisode des invasions barbares : Honorius, fuyant devant Alaric, se réfugie derrière les marécages de Ravenne. Plus tard, Théodoric, roi des Ostrogoths, séduit par ces mêmes abords sauvages, y établit sa résidence. Elle relève ensuite des empereurs d'Orient, qui la gouvernent par des exarques.

En 752, elle passe aux mains des Lombards; vingt ans après, elle se voit comprise dans le cadeau fait par Pépin au Saint-Siége; puis, à cinq cents ans de là, on la trouve affranchie, sous le gouvernement des Polenta : trois siècles à peu près de liberté relative, qui aboutissent, en 1441, au joug de Venise, et, en 1509, à un retour dans le giron des États de l'Église.

Au point de vue architectural, Ravenne est une ville à part, une véritable épave de Byzance, oubliée dans un « palus » d'Occident. De ruines romaines, peu ou point. Le type le plus complet de l'art byzantin ou grec, inauguré au sixième siècle, sous le règne de Justinien, et dont la coupole constitue l'élément caractéristique, c'est l'église San Vitale, à l'imitation de laquelle fut bâtie la cathédrale d'Aix-la-Chapelle. M. Taine a très-bien décrit, de son style ferme et précis, ce singulier édifice, dont l'aspect bouleverse d'abord toutes nos idées. C'est « un dôme rond surmonté d'une coupole de laquelle descend le jour. Sur le bord tourne une galerie circulaire à deux étages, composée de sept demi-dômes plus petits ; et le huitième, ouvert largement, est une abside qui porte l'autel, en sorte que la rondeur centrale s'enveloppe dans un pourtour de rondeurs moindres, et que la forme globulaire domine de toutes parts, comme la forme aiguë dans les cathédrales du moyen âge et la forme carrée dans les temples antiques. Pour soutenir la coupole, huit gros piliers polygonaux, joints par des arcades rondes, forment un cercle, et des couples de colonnettes en relient les intervalles. »

Les mosaïques du chœur sont admirables et très-bien conservées. Les principales représentent Justinien avec son cortége de prêtres, de ministres et de guerriers, et l'impératrice Théodora, « l'ancienne sauteuse, la prostituée du cirque », apportant des offrandes avec ses femmes, « comme elle, toutes jaspées d'or et couturées de perles ». Devant ces dessins parlants, on se croirait à Constantinople, à l'époque la plus fastueuse du Bas-Empire.

Après l'art de Byzance, voici un curieux spécimen de l'art des Goths : c'est le tombeau de Théodoric (Santa Maria della Rotonda). Il est à un kilomètre au nord de la ville, en sortant par la porta Serrata, qui fait suite à la rue du Cours Garibaldi. C'est un monument rond surmonté d'une énorme coupole monolithe. L'eau, dont les infiltrations accomplissent partout, à Ravenne et aux environs, un lent travail de délitescence et accroissent sans cesse le putride empire du marécage, l'eau, dis-je, a forcé l'entrée de la salle' inférieure du mausolée ; souvent même le terrain d'alentour est inondé.

Quant à l'ancien palais de Théodoric, il n'en reste qu'un mur et quelques colonnes de marbre, sur le Corso Garibaldi. Non loin de cette ruine, un peu plus à l'ouest, s'élève le tombeau de Dante, mort à Ravenne, le 14 septembre 1321, à l'âge de cinquante-six ans. Pauvre grand poëte ! La haine féroce de ses ennemis politiques et religieux l'a poursuivi jusque sous le couvercle du cercueil. Pour empêcher que sa dépouille, traquée par les gendarmes de l'orthodoxie, ne fût livrée au feu, il fallut la cacher dans l'épaisseur d'un mur d'église, et il n'y a pas plus de dix ans que le coup de pioche des démolisseurs a fait par hasard rejaillir à la lumière les ossements de l'illustre exilé.

Si vous avez le temps, allez voir encore, au sud de la ville, à une demi-lieue de la porta Nuova, Sant'Apollinare in Classe, ainsi nommée de l'ancienne *Classis*, qui était un des trois districts de Ravenne et le lieu de station de la flotte romaine. Avec une

LA VOIE ÉMILIENNE.

colonne de marbre, la *Crocetta*, qu'on rencontre en chemin, cette basilique, splendide échantillon de l'art chrétien des premiers siècles, est tout ce qui reste de ladite Classis, détruite, je crois, par les Lombards. Goths et Lombards ne furent, au fond, que deux faces successives d'une même barbarie. La vieille église est gardée par deux moines, dont les méditations ne peuvent manquer d'être en harmonie avec la mélancolique nature des environs. Des eaux saumâtres, ayant à peine assez de pente pour couler; des herbages et de monotones rizières conquises sur le marais : voilà l'aspect du pays. Le canal qui emporte à la mer les flots réunis du Ronco et du Montone anime seul d'un bruissement de vie cette morne campagne, où le soir, dans l'atmosphère opaque, résonnent avec une étrange gravité les tintements lointains des cloches de Ravenne.

Cette côte plate, sableuse, vouée aux fièvres estivales, où errent lourdement, dans l'herbe et la ronce, de sauvages troupeaux de bœufs blancs, possède pourtant quelque chose qui lui donne un cachet de poésie originale. C'est la *Pineta*, une ténébreuse et solitaire forêt de pins, qui s'étend, le long de l'Adriatique, sur une longueur de huit lieues et une largeur qui atteint jusqu'à quatre kilomètres. Depuis Cervia, au midi, jusqu'aux lagunes de Commachio, situées au nord de Ravenne, toute la rive est bordée de cet épais cordon de troncs gigantesques, qui s'élancent jusqu'à une hauteur de vingt-cinq mètres. De loin, au crépuscule du soir, il s'en dégage comme une frissonnante horreur de bois sacré. Les vipères y abondent, dit-on. Que de fois, Dante, revenu du sombre enfer, a dû promener ses rêves gibelins sous le dôme non moins sombre de ces pinastres! Là, cinq siècles plus tard, un autre poëte, un autre rêveur de génie, lord Byron, aimait à s'égarer à cheval; là, plus récemment encore, en 1849, le dernier preux de l'Italie, un poëte aussi, par l'action, Giuseppe Garibaldi, fuyant de Rome, poursuivi par la cavalerie autrichienne, chercha un refuge avec sa jeune femme, et l'y enterra, morte en couches, sous l'immense coupole de feuillage. .

Adieu, Ravenne, grand village maraîcher, plus hollandais qu'italien. Ton front chargé d'ennui ne m'a pas déplu. Achève d'oublier ta gloire d'un jour et les hasards guerriers qui firent de toi une seconde Rome morte-née. L'histoire, sans nul doute, ne rallumera pas de sitôt chez toi son flambeau. Ton seul lot dorénavant, c'est de tondre à point l'herbe de tes prés aqueux, tout féconds de putridité, c'est de régir les tortueuses artérioles de tes rizières et de bourrer des frétillantes anguilles de ton voisin Commachio le ventre des petits navires dodus qui sillonnent ton double canal.

Quant à vous, touriste venu du nord, vous reprenez, tout songeur, la route, déjà parcourue, de Castel Bolognese, non sans jeter un dernier regard en arrière sur ce tombeau de Théodoric, où Théodoric, par parenthèse, ne repose même plus, et dont le dôme écrasé se dessine là-bas dans la verdure des peupliers. Il vous reste à traverser, toujours le long de la voie Émilienne, l'angle méridional de la Romagne, jusqu'au point extrême où le chemin de fer de Milan, serré à droite par les contre-forts subapennins, ne fait plus que suivre désormais, comme un long ourlet littoral, les plaines bleues de l'Adriatique.

Trois petites cités vous saluent ici au passage : Faenza (*Faventia*), sur le Lamone, célèbre par sa poterie de terre, dite chez nous de faïence, parce que c'est de cette ville qu'elle nous est venue. Les Italiens, eux, appellent cette fine vaisselle *maiolica*, du nom de l'île de Majorque, où s'en faisait autrefois la principale fabrication ; — Forli (*Forum Livii*), trois lieues plus loin, dominée par le haut clocher d'une église romaine du douzième siècle, San Mercuriale ; — enfin Cesena, centre agricole, comme les deux autres, ayant, ma foi, fort bon air avec sa grande rue à portiques.

Attention maintenant! Nous allons, à la barbe des dieux infernaux, passer le fameux Rubicon. Hélas! pourquoi mon Allemand du *Weibliches Geschlecht* nous a-t-il quittés à Bologne? Sa communicative érudition nous aurait peut-être éclairci un grave problème, qui se pose en chemin à notre esprit. Il s'agit de savoir lequel est le Rubicon, des quatre ruisseaux ou riviérettes que franchit le train presque coup sur coup. Est-ce le Pisciatello? Quelques antiquaires disent oui. Est-ce le Fiumicino? D'autres antiquaires disent oui également. Ne serait-ce pas plutôt le Ragossa? Ou bien l'Uso? Les paysans du district ont tranché d'eux-mêmes la question en faveur de ce dernier cours d'eau, car ils l'appellent encore aujourd'hui Rubicone.

Quoi qu'il en soit, nous voici sortis de l'ancienne Gaule Cisalpine et entrés dans l'Italie proprement dite. Dix kilomètres seulement nous séparent de Rimini, l'ex-cité ombrienne d'Ariminum. Nous y pénétrons par un magnifique pont-viaduc construit sur la Marecchia, l'Ariminus des Romains. Ce *pont d'Auguste*, achevé par Tibère, forme la jonction de la voie Æmilia et d'une autre route antique, la voie Flaminia, à laquelle nous reviendrons plus tard, et qui se dirige vers Rome par Spolète. Non loin de là, toujours en l'honneur d'Auguste, s'élève une porte triomphale, en belle pierre blanche, qui marquait jadis l'entrée officielle de toute l'Italie du Nord.

Rimini, où régnèrent pendant trois cents ans les Malatesta, est surtout peuplée de pêcheurs. Ici encore, l'Adriatique a opéré un sensible mouvement de retrait, et l'ancien port s'est trouvé comblé par une série d'atterrissements. La ville offre un aspect assez avenant, avec ses belles fontaines et son église San Francesco, édifiée ou réédifiée au quinzième siècle sur le dessin de Leon Batista Alberti. La maison de Françoise de Rimini, dont les vers de Dante ont immortalisé l'infortune, était située, dit-on, sur l'emplacement du palais Ruffi actuel. Toute cette côte est décidément pleine du souvenir de l'illustre poëte.

C'est à 18 kilomètres de Rimini, dans la montagne, que se trouve la fameuse

TOMBEAU DE THÉODORIC, A RAVENNE.

et indestructible *republichetta* de San Marino (Saint-Marin). Trois villages et quelques hameaux, renfermant en tout huit mille âmes, composent ce petit État, haut perché sur la crête extrême du mont Titan, un des points culminants de l'Apennin. On y arrive par une route sauvage et abrupte, qui, par un beau temps, ménage au voyagent les échappées de vue les plus larges sur toute la Romagne et, au delà de l'Adriatique, jusqu'à la crête des Alpes illyriennes.

Saint-Marin fut fondé, dit-on, à la fin du troisième siècle, par un maçon dalmate, qui se fit ermite sur cette montagne, et embauma bientôt tout le pays de sa sainteté. De son aire de vautour, la minuscule cité semble défier toute la terre. Fière, mais sans ambi-

SAINT-MARIN.

tion, elle trouve sans doute, selon le mot de Bossuet, « sa sérénité dans sa hauteur ». Les orages de la politique, les fracas de la guerre, qui, de temps à autre, bouleversent le monde autour d'elle, expirent inoffensivement au pied de son rocher. Son armée, dit un statisticien, qui a pour devoir de dénombrer exactement les forces de chaque État se compose de quarante hommes, dont vingt-huit musiciens. Sainte Cécile, on le voit, ne manque pas d'adeptes à Saint-Marin. Il est vrai que voisinage oblige ; n'est-ce pas à Pesaro, tout près de là, qu'est né Rossini ?

En 1797, Bonaparte, qui déjà faisait et défaisait à son gré les républiques, non content d'offrir son amitié au peuple de San Marino, lui proposa en outre un agrandissement de territoire. « Nous acceptons l'amitié du consul, répondit, à la façon des vieux Romains, le grand conseil du mont Titan, mais nous n'avons que faire de ses dons. » Sage politique, dont l'observance eût évité maint déboire à plus d'un État mieux outillé en canons et en régiments !

CHAPITRE VII

LA TOSCANE

I

LE CHEMIN DE FER DE PRACCHIA

C'est à la fin de septembre, par une claire journée, avec un souffle de brise tyrrhénienne, *bene ventilata*, disent les Italiens, qu'il faut partir de Bologne pour traverser l'Apennin toscan. Surtout ne dédaignez point mon conseil. La phrase que je mets en tête de ce chapitre n'est pas une simple éclaboussure de plume, pour l'enjolivement poétique des choses ; c'est une sévère prescription, à la fois d'optique et d'hygiène, dont l'expérience vous démontrera sans peine la vertu. L'air limpide vous livrera dans toute leur netteté des aspects que, malgré vos précédentes pérégrinations au travers de la Péninsule, vous n'avez pas encore appris à connaître. La caresse du doux vent marin, contre lequel vous voyagerez, tempérera juste à point pour vous les brûlants effluves de la fameuse « chaleur de Florence », et vous laissera ce libre jeu du poumon hors duquel l'admiration risque fort d'être gâtée par la maussaderie.

Et d'abord, qu'est-ce que l'Apennin toscan ? Le touriste, du moins le touriste d'occasion, qui ne voit guère les objets d'ensemble, et qui n'a pas toujours le temps ni la précaution de faire une étude préalable des pays vers lesquels, à une heure dite, l'emporte son caprice, se perd aisément, au passage, dans les fouillis géographiques produits par l'intumescence de la croûte terrestre. De loin ces grands reliefs figurent à l'œil des masses simples et compactes, qui trompent sur leur disposition et sur leur structure véritables ; on ne voit ni l'infini plexus du lacis, ni les dépressions secondaires qui sillonnent l'ensemble, ni la divergence variée des chaînes ou chaînons. Ce n'est pas tout : les innombrables lignes d'approche, assez semblables souvent à des parallèles couvertes, que décrivent d'ordinaire les voies ferrées, pour arriver au point d'attaque décisif, conspirent à donner jusqu'au bout le change au voyageur, à désorienter son observation ; un tunnel un peu considérable achève de le dérouter ; il est en plein dans le massif qu'il se croit encore aux avant-postes ; il a tourné ou éventré telle ou telle ramification, qu'il la cherche encore devant lui. Les cimes s'accumulent, se pelotonnent, s'escaladent en désordre autour de lui, comme dans un jeu fantastique de saute-mouton. Le malheureux n'y voit qu'un tournoiement dénué de sens. Bientôt la machine siffle une dernière fois, la roue grince au frein, et c'est fini : la montagne est escamotée.

Tel n'est pas tout à fait, je dois le dire, le cas du chemin ferré qui traverse les Apennins, vers Pistoie. Celui-ci, comme on le verra, est une route pleine de complaisances et d'égards, qui, au souci indispensable des nécessités scientifiques, joint, autant que possible, l'amour des beaux horizons, et s'entend suffisamment avec la nature sur le chapitre de la mise en scène.

L'Apennin toscan porte aussi le nom plus relevé d'Alpes Apennines. Nous en avons déjà, si vous vous souvenez, contemplé les crêtes initiales, en parcourant la corniche du Levant jusqu'à la région du marbre, dans le défilé des Alpes Apuanes. Ce premier massif, qui part des frontières de la Ligurie, et dont le prolongement s'écarte de plus en plus de la côte occidentale, pour couper de biais le centre de la Péninsule vers l'Adriatique, ne présente pas une muraille unique, à l'assaut de laquelle on grimperait par les brèches de petits contre-forts latéraux ; c'est un système orographique double et triple. Il est double, au mont Succiso, qui fait face aux cimes de la Luginiana et aux susdites Alpes Apuanes. Il est double encore, un peu plus bas, au mont Cimone, qui court parallèlement aux monts Cattini et Albano. Il est triple, enfin, au-dessous du col de la Futa, grâce aux lignes du Prato Magno et des Alpes de Catenaja, qui enferment le cours supérieur de l'Arno. Au sud de la dépression suivie par ce fleuve, et en deçà du fameux val de Chiana, se dresse un autre enchevêtrement de hauteurs, dont, pour le moment, nous n'avons pas à nous occuper, non plus que des plaines littorales, et qui forment le massif appelé « subapennin ».

C'est à la partie à peu près médiane de ce rempart sinueux et complexe, entre le Cimone et le Futa, que nous allons passer de nouveau d'un versant à l'autre.

Le chemin de fer traversier, que le gouvernement autrichien a construit ici, avant 1859, dans une vue surtout stratégique, est, à coup sûr, un des plus curieux et des plus hardis qui soient en Europe. C'est un défi, et un défi victorieux, jeté par l'homme à l'âpre et rebelle nature apennine. Il n'y a que les Américains du Nord, ces oseurs sans pareils, qui aient accompli et accomplissent encore tous les jours œuvre plus grandiose de pionniers ; il est vrai que les ingénieurs transatlantiques s'attaquent à un monde si formidable de jeunesse, de sauvagerie et d'immensité, qu'ils sont obligés, pour s'en rendre maîtres, de pousser du premier coup la science humaine aux dernières limites de l'audace et de l'invention.

Au sortir même de Bologne, la voie ferrée entame le combat civilisateur. Son premier exploit consiste à remonter la vallée du Reno, ce fougueux affluent du Pô dont j'ai déjà signalé les étranges caprices et les crues aussi soudaines que meurtrières. A peine ici le talus riverain présente-t-il une marge d'appui et d'accotement suffisante. Sans cesse battu, ameubli par les eaux, le terrain se dérobe et s'égrène, à la façon de ces neiges alpestres que le moindre choc, le plus petit son, le pied léger d'un oiseau, fait choir inopinément en tonitruantes avalanches. Aussi les constructeurs ont-ils envahi d'emblée le domaine de l'ennemi : la plus grande partie de la voie a été établie par eux dans le lit même du torrent, à peu près à sec durant l'été, mais que des pluies d'orage peuvent grossir jusqu'à la hauteur de cinq mètres au-dessus de l'étiage. Des digues puissantes, protégées elles-mêmes par de forts remblais et d'autres ouvrages de défense, assurent au mieux l'inviolabilité de ce railway. Encore la recherche d'un sol consistant, d'un bon *statumen*, comme disaient les Romains en parlant de l'assise de leurs grandes chaussées, oblige-t-elle la route à franchir fréquemment le fleuve, au moyen de ponts obliques, qui forment lacet d'une rive à l'autre. L'ascension commence à Sasso, c'est-à-dire à cinq lieues de Bologne environ. De là jusqu'au point culminant du col, on traverse le Reno une vingtaine de fois. Les galeries sont en nombre égal, sinon supérieur. La plus longue, de trois kilomètres à peu près, est creusée sur la rive droite du torrent, et aboutit à la station thermale de la Porretta, le Baréges de l'Italie, disent les guides.

La montagne voisine, le Sasso Cardo, présente un curieux phénomène. Sur sa cime escarpée, on voit, à la nuit, briller des feux jaunâtres, dont les jets, hauts de trente à quarante centimètres, ondulent fantastiquement au souffle du vent. Ces flammes, plus ou moins vives, selon l'état de l'atmosphère, sont dues à des émanations de gaz hydrogène carburé qui s'échappent spontanément par les fissures du sol rocheux et stérile. Ces « terrains ardents » ne sont pas rares dans l'Apennin toscan. On en rencontre un semblable par la route carrossable de Modène à Florence, non loin du village de Barigazzo ; là, au sommet d'un col qui débouche également vers Pistoie, il existe en outre de véritables fontaines ardentes, de petites mares d'eau stagnante d'où se dégagent des myriades de bulles qui s'embrasent à l'approche d'une lumière.

Le plus intéressant toutefois, et le plus connu de ces *monts de feu*, c'est celui de Pietramala. Demandez plutôt aux vieux touristes qui ont fait le trajet de Bologne à Florence par l'ancienne route de voitures (vallée de la Savena), bien délaissée, cela se conçoit, depuis l'ouverture du chemin de fer de Pracchia. Ah ! les rudes montées pour les voiturins ! Les pauvres nuitées pour les voyageurs ! Mais où les chevaux étaient à merci, les bœufs venaient à la rescousse. Ces grands bœufs, à la robe grisâtre, accoutumés à trotter en compagnie et à l'unisson des attelages chevalins, étaient une des joies du touriste, une des poésies de la traversée. Le vent, qui presque toujours soufflait à les décorner, dans le critique défilé frontière de Filigare, était encore une des voluptés *sui generis* de la route ; mais aussi de quelles narines dilatées on humait de loin les âcres senteurs de la maison de poste ! L'auberge était atroce ; par contre, l'aubergiste était fort avenant. Au matin, s'il se faisait beau, on avait une vue sans pareille sur l'écheveau bien emmêlé des Alpes Apennines. Les bêtes remises au trait, on gravissait une autre montée, qui était celle de Pietramala. — *I fuochi!* les feux ! allez voir les feux. — Et l'on allait voir les feux. Les savants de la caravane expliquaient disertement le phénomène au novice, lui faisaient presque toucher du doigt le travail mystérieux du laboratoire souterrain. Il apprenait, s'il ne le savait déjà, que Volta, le grand physicien, était venu en 1780 étudier sur place ces émanations gazeuses, et qu'il en attribuait l'origine à la décomposition de matières animales et végétales enfouies jadis dans le sol par des éboulements de l'Apennin : texte fécond d'entretien pour des gens qui avaient à franchir sans débrider le terrible col du Futa, situé juste à la crête du mont, à près de 1,000 mètres au-dessus de la mer !

Pour en revenir au chemin de fer de Pracchia, je dirai que ces effluves gazeux ont mis à mal et même tué, lors de la construction des tunnels, plus d'un ouvrier dont le coup de pioche avait rendu soudain à la liberté le pernicieux hydrogène. Nous verrons plus tard, dans une autre partie de la Toscane, des foyers et des bouillonnements volcaniques d'une espèce plus curieuse encore.

Passé la Porretta, on se retrouve sur la rive gauche du Reno. Celui-ci, qui, à mesure qu'on approche de sa source, apparaît naturellement avec des allures de plus en plus volontaires et sauvages, se fraye un chemin au travers d'une gorge bordée de formidables murailles rocheuses. La voie ferrée n'est plus ici qu'une enfilade saccadée de tunnels, de viaducs, de ponts ; il s'agit d'atteindre, coûte que coûte, le sommet du col, c'est-à-dire la station de Pracchia. Altitude, 617 mètres seulement. C'est peu de chose, comparé à l'effort d'escalade accompli, un peu plus au nord, dans la même chaîne, par le chemin déjà nommé de Modène à Pistoie ; car le point culminant du col où passe celui-ci atteint presque 2,000 mètres (mont Cimone). Il est vrai que c'est une simple route de voitures.

Il est vrai, en outre, que ce qui fait l'originalité croissante de la voie ferrée que nous suivons, c'est l'écroulement presque à pic du versant toscan par lequel s'opère la descente. De Pracchia à Pistoie, il n'y a pas plus de six lieues. Aussi l'ingénieur n'a-t-il pu obtenir un développement de pentes normales qu'en multipliant dans des proportions vraiment effrayantes les courbes, les lacets et les rebroussements ; chacun de ces tronçons aux brusques torsades se complique d'ailleurs de tunnels, de viaducs et de divers ouvrages qui ne sont pas moins remarquables par la puissance cyclopéenne de la construction que par la hauteur et l'inclinaison.

Quel coup d'œil pour le voyageur, lorsque, au sortir de ce prodigieux réseau de galeries et de ponts aériens, parvenu enfin dans la splendide vallée de l'Ombrone, il met la tête à la portière du wagon et contemple en arrière les gigantesques brisures de ce railway qui tantôt serpente capricieusement sur le flanc du mont, tantôt se laisse choir, comme au petit bonheur, sur ses âpres déclivités ! A peine s'explique-t-il qu'une locomotive ait pu exécuter, saine et sauve, cette dégringolade insensée. Et pourquoi non ? Ces vaillantes machines en font bien d'autres, et, si aujourd'hui le roi Astolphe, chanté par l'Arioste, revenait au monde, il trouverait, j'en suis sûr, qu'auprès de ce monstre d'un nouveau genre, son hippogriffe n'était pas un être si merveilleux.

Respirons un peu, je vous prie. Nous sommes à Pistoie, à l'entrée de la plaine toscane. A l'horreur des grands défilés nus vont succéder les riants aspects du champ cultivé ; aux profils fantastiques des hautes roches calcaires et fendues, les frais et charmants tableaux de genre, les églogues vertes, animées de *contadini* à l'air placide et heureux. Au lieu de ruisseler avec fracas, parmi les galets blancs, dans un labyrinthe de gorges abruptes, ou sous le fourré des grands bois noirâtres, l'eau susurrera doucement le long des terrasses, au travers des petites rigoles artificielles dont les conduits de bois la distribueront équitablement par vaux et mamelons. De toutes parts déjà, voici que les sources bruissent, les fontaines chantent, les oliviers poudroient au soleil, les villas et les fermes s'étagent gracieusement d'un gradin à l'autre.

De Pistoie part l'embranchement du chemin de fer de Lucques, qui rejoint à Pise la ligne de la corniche du levant, puis remonte la rive gauche de l'Arno, décrivant ainsi un ovale à peu près parfait, et retourne à Florence par Empoli.

Pistoie (*Pistoja*) est une ville fort antique, aux rues larges et bien alignées ; quatre bastions la flanquent aux quatre angles. Assez industrieuse de tous temps, elle a beaucoup gagné récemment, et ne peut manquer de gagner encore, grâce au réseau ferré qui la traverse. Les montagnes des environs fournissent de nombreux travailleurs aux mines des Maremmes toscanes. La période d'émigration dure d'octobre en mai ; puis, l'été venu, ces hommes rentrent chez eux avec leur pécule et s'occupent de faire leurs récoltes et leurs semailles. D'autres de ces montagnards descendent également, à l'automne, vers les plaines du sud et vers la campagne de Rome, pour y faire paître leurs troupeaux, qu'ils ramènent en juin sur les hauts plateaux de l'Apennin, où, à l'ombre des châtaigniers, se conserve une herbe drue et vivace. C'est dans ces mêmes montagnes au nord de Pistoie que Catilina livra le combat désespéré où il périt. Une tour qu'on aperçoit sur une éminence, au sortir de tunnel du Ponzano, désigne au voyageur l'emplacement supposé du champ de bataille.

De Pistoie à Florence, il n'y a qu'une seule station importante : c'est Prato, ville d'une quarantaine de mille âmes, située au point le plus large de la vallée de l'Arno. Ce n'est pas seulement un centre agricole, c'est aussi une cité riche en usines métallurgiques. Une montagne voisine, le Monteferrato, fournit ce superbe silicate de magnésie, veiné de vert (*verde di Prato*), qu'on appelle serpentine, et qui a servi à l'ornementation des plus beaux édifices de la Toscane, et notamment de la cathédrale de Prato elle-même. Ce dôme, auquel Jean de Pise a travaillé, renferme en outre un chef-d'œuvre : la magnifique chaire sculptée de Donatello. Le château qui commande la ville remonte au temps de l'empereur Frédéric II.

Une dernière fois le train a repris son vol : la campagne apparaît de plus en plus soignée ; chaque culture porte la trace d'une main intelligente, d'une main d'artiste, qui excelle à tourner l'utile vers le beau. Le sol, dans ses aménagements, dans ses moindres dispositions, présente je ne sais quoi d'architectural et de modelé qui surprend et charme le voyageur. On sent que tout ici obéit aux lois de l'harmonie et de la proportion. La nature et l'homme s'entendent à demi-mot ; l'une se prête volontiers au goût de l'autre, et le second n'a garde de gâter, par de barbares caprices, la symétrique et sobre ordonnance de la première. Les jardins eux-mêmes, qui mêlent leurs groupements artificiels, leurs annexes de vasques, de statues, de balustres sculptés, à cet ensemble plein de richesse et de tempérance, n'offrent point de détails criards ni de fioritures détonnantes.

Après avoir bien admiré à droite et à gauche, vous regardez à l'horizon, sur la mer d'azur et de soleil, et vous apercevez, au-dessus d'un moutonnement de tours et d'édifices, un immense dos surmonté d'une lanterne : c'est la coupole de Brunelleschi sur le dôme d'Arnolfo ; c'est Florence.

PISTOIE, VUE DE L'APENNIN.

II

FLORENCE

On raconte qu'au mois d'avril 1859, le dernier grand-duc de Toscane ayant ordonné au commandant de la forteresse du Belvédère de bombarder Florence, celui-ci répondit laconiquement : « Ou tire sur le monde entier, ou ne tire pas sur Florence. » Ce commandant-là n'était pas de la famille des Mummius.

Les impériaux du dix-neuvième siècle eussent-ils vraiment osé renouveler sur la ville des Medici le crime des impériaux du seizième siècle sur la ville des Papes? Qui sait? L'esprit de barbarie a d'étranges retours, et les plus féroces « saccageurs » n'ont pas toujours été ceux que nous appelons des « barbares ». Alaric était Visigoth, Genséric était un Vandale ; mais le *condottiere* Charles de Montpensier, qui lança en 1527 au pillage de Rome ses bandes espagnoles et tudesques, n'était pas seulement connétable de France et duc de Bourbon, c'était de plus, — *proh pudor!* — le fils d'une Gonzague, un demi-frère des Italiens.

Quant à l'officier de Léopold II, de son campement de la rive gauche de l'Arno, en vue du palais Pitti et des Offices, il avait senti, comme Sylla sous les murs d'Athènes, qu'il y a des cités glorieuses, rayonnantes citadelles de l'art et de la beauté, qu'on n'offense point d'un glaive brutal, sans offenser l'humanité même dans ce qu'elle a de plus noble et de plus sacré.

A part l'Athénien, nul peuple au monde n'a eu au même degré que le Florentin le sentiment et le culte du beau. Le Florentin est fier de sa ville, il l'admire, la vénère. Il admire et vénère en elle le haut goût et le sens artistique de ses aïeux, ces hommes de fine race, dont il se flatte de n'avoir pas trop dégénéré. Tous les écarts de la politique, toutes les lubies de la sophistique, tous les excès de l'épicuréisme ont pu se donner librement carrière à Florence ; le chaud bouillonnement des cervelles a pu y produire, à certaines époques, une étrange buée d'évaporation : l'intelligence, la gaieté n'y ont jamais perdu leurs droits. L'air et l'esprit ont gardé leur fluidité, et ce ne sera jamais sur ce sol aux vitales saveurs que pourra croître et se proviguer l'épais chardon de la sottise.

Aux premiers pas qu'on fait dans cette ville privilégiée, on respire je ne sais quelle sérénité douce qui est comme une exhalaison naturelle des hommes et des choses. Le caractère de cette foule bariolée, qui aime la vie en plein vent des républiques antiques, c'est une grâce simple, héritage physique et moral transmis de génération en génération, une expansion contenue qui trahit une force d'imagination très-heureusement accommodée au menu train de la réalité. On s'amuse ici sans désordre, avec une aimable sobriété. Rien de brutal ; tout pour les yeux et l'entendement. Les plus infimes aiment mieux le théâtre, les farces bouffonnes du *stenterello*, que la table ; au plaisir bestial ou mélancolique du cabaret, on préfère les promenades au dehors, les longues prises d'air qui vivifient le cœur et les poumons. Le « voyou » du Nord n'existe pas à Florence.

Toute cette pure gaieté apparaît en quelque sorte résumée et comme condensée dans l'ensemble panoramique de la cité, si on la regarde, par exemple, des hauteurs de San Miniato, au sud-est. Le fond, c'est-à-dire le val de l'Arno, fait l'effet d'une belle coupe dorée ou vermeille dont les bords vont en s'évidant ; après avoir empli le creux de la dépression, la ville monte en s'étalant sur les pentes couvertes d'oliviers. Ses campaniles, ses dômes, ses tours figurent de grandioses reliefs parmi cet amoncellement de maisons et de palais qui se serrent les uns contre les autres, comme pour se pousser mutuellement en hauteur. A l'arrière-plan, du côté du nord, se dresse, à 1,000 mètres environ d'altitude, le mont Morello, point central de cette chaîne des Alpes Apennines dont les rameaux détachés viennent former les coteaux riverains de l'Arno.

Cette première impression, loin de s'affaiblir, se fortifie aussitôt qu'on entre dans la ville. A l'aspect de ces rues antiques, pavées de grandes dalles, avec un pan de ciel bleu ou de colline verte à l'horizon, à la vue de ces palais tout hérissés de massifs bossages, de ces *logge* élégantes où se jouent à l'aise, selon l'heure, le souffle de la brise ou les rayons du soleil, on se dit que les enfants des hommes doivent vivre ici la bonne vie, la vie harmonieuse et douce, qui résulte, soit de « l'emboîtement » parfait de l'âme et de la bête, pour parler comme notre humoriste Xavier de Maistre, soit de la facilité avec laquelle, dans un milieu aussi poétique, l'âme et la bête se disjoignent, afin de poursuivre chacune à part leurs excursions buissonnières.

La majeure partie de Florence, y compris la vieille ville et le plus grand nombre des édifices, est située sur la rive droite de l'Arno. Six ponts, dont deux en fer, traversent le fleuve. Le plus beau est celui de la Trinité ; il est formé de trois arches dont l'élancement est plein de grâce et de hardiesse. Tout autre est le Pont-Vieux (*Ponte-Vecchio*), qui date du quatorzième siècle. Celui-là, bordé entièrement de maisons et de boutiques, comme l'étaient jadis certains ponts de Paris, est un des points les plus commerçants de la populeuse cité. Il est le seul qui ait résisté aux crues de l'Arno ; tous les autres ont été détruits à plusieurs reprises par les gonflements impétueux de la rivière.

FLORENCE, VUE PRISE DE SAN MINIATO.

Jetons un premier regard, en passant, à cette double et magnifique rangée de quais (*lungarno*, le long de l'Arno), qu'a récemment prolongés, du côté de l'ouest, l'administration intelligente de M. le syndic Peruzzi ; puis enfonçons-nous, par la rue Por san Maria, dans les quartiers de la rive droite.

Voici, à deux pas du fleuve, la place centrale, la *Piazza della Signoria*. Là s'élève

PONT-VIEUX.

un édifice sévère et massif, une sorte de forteresse quadrangulaire, dominée par un campanile, qui rappelle les temps les plus orageux de la liberté florentine : c'est le *Palazzo Vecchio* ou Palais-Vieux, jadis le siège du gouvernement. Que de fois la cloche de son haut beffroi a convoqué le peuple en assemblée tumultuaire ! Au premier étage se trouve la salle du Grand Conseil, dont le plafond est orné de trente-quatre peintures à l'huile, œuvre de Vasari, représentant les principaux faits de l'histoire de Florence et des Médici.

Nul palais italien, à part le palais romain du Quirinal, à Monte-Cavallo, n'a connu de plus près l'instabilité des choses humaines. Après avoir été tour à tour la résidence de ces *prieurs* de la République, dont je dirai quelques mots plus loin, puis celle de ces « consuls sans faisceaux », de ces « rois sans titre », qu'on appelait les Medici, après avoir hébergé ensuite les princes d'Autriche-Lorraine, — je ne parle pas de l'éphémère grande-duchesse Élisa Bonaparte, — le vénérable monument s'est vu tout à coup, il y a quelques années, le siége, ou plutôt le point de relais forcé de la chambre des députés du nouveau royaume d'Italie. Aujourd'hui que Victor-Emmanuel a fourni sa dernière étape, la vieille demeure est sortie définitivement du grand stade politique pour se renfermer dans un rôle plus modeste, mais utile encore, celui d'Hôtel de ville florentin.

Autant la figure extérieure du Vieux-Palais est austère, autant la décoration de la cour intérieure vise à l'élégance et à l'agrément. Au milieu est une fontaine, très-délicatement dessinée, que surmonte une statue en bronze d'Andrea Verocchio, l'élève le plus fameux du grand sculpteur Donatello (quinzième siècle). Les voûtes et les colonnes du cloître environnant sont couvertes de fines arabesques, exécutées par un autre artiste de la même époque, Michelozzo Michelozzi. N'oublions pas de mentionner un groupe de Vincent de Rossi : Samson, le glaive d'une main, tenant de l'autre la tête d'un Philistin qu'il a tué.

Au nord du Palazzo Vecchio, sur cette même place de la Seigneurie, est une Fontaine de Neptune, avec des Tritons et des Néréides ; elle date du seizième siècle ; à côté, la statue équestre de Cosme Ier, par ce Flamand italianisé, Jean Bologne, dont j'ai parlé plus haut ; en face enfin, la Loggia de' Lanzi, désignée originairement sous le nom de Portique des Prieurs, et qui ne reçut sa nouvelle appellation que le jour où elle devint un corps de garde des lansquenets *(lanzichennechi)* des Medici. C'était la *ringhiera* ou tribune aux harangues de Florence. Deux lions, dont l'un provient de la villa Medici, gardent l'escalier. Sous les arcades et à l'intérieur, plusieurs sculptures remarquables : le Persée de Benvenuto Cellini, la Sabine enlevée, Hercule et Nessus, de Jean Bologne ; un groupe antique : Ajax soutenant Patrocle mourant, etc. Il paraît que lorsque Laurent demanda à Michel-Ange de lui tracer le plan d'un palais de la magistrature pour la piazza della Signoria, l'artiste lui conseilla de continuer tout bonnement autour de la place la loggia de' Lanzi, ajoutant qu'il était impossible de rien faire de plus beau. L'héritier du Magnifique recula devant la dépense.

Nous n'en avons pas encore fini avec l'inventaire architectural et artistique de ce

COUR DU PALAIS VIEUX.

point central de Florence. Ici, les merveilleux groupements de la place Saint-Marc de Venise sont, peu s'en faut, éclipsés. Mais ne comparons pas ; les choses sont trop dissemblables. A deux pas du portique des Lanzi, voici le Palais des Offices (*Uffizi*), qui renferme les célèbres musées florentins. Le nom bizarre, et à coup sûr mal approprié, de cet édifice, lui vient de ce que Cosme Ier, en le faisant construire par Vasari, songeait à y rassembler les diverses magistratures de l'État.

FONTAINE DE NEPTUNE (PLACE DE LA SEIGNEURIE).

Une galerie de près de 500 mètres de long le relie, par delà l'Arno, au palais Pitti. Je reviendrai à l'un et à l'autre, quand je résumerai brièvement l'histoire de l'art à Florence.

Tout le quartier qui s'étend de la place de la Seigneurie à celle du Dôme, puis, au delà, jusqu'à San Lorenzo, et que traverse la rue si vivante des *Calzajuoli* ou bonnetiers, est par excellence la région historique de la cité. Ce coin du vieux Florence n'a guère changé depuis six ou sept cents ans. Voici les mêmes rues longues, étroites et tortueuses, du temps des gonfaloniers. Voici encore le Marché-Vieux (*Mercato*

Vecchio), avec sa même exhibition de viande, de poisson et de légumes. Tout au plus un étal par-ci par-là a-t-il été renouvelé. Aujourd'hui comme jadis, les maraîchers de Fiésole et les éleveurs des Maremmes apportent là leurs denrées ; comme jadis, les paysans de la banlieue s'y donnent rendez-vous pour traiter d'affaires et y vendre cette paille tressée dont on fabrique ces jolis chapeaux renommés par l'Europe entière. C'est encore là que l'étranger doit aller entendre le dialecte florentin dans toute sa pureté gutturale.

Ce marché aux âcres parfums n'est qu'un vaste refuge couvert, une enfilade de bazars mobiles, de *botteghe* ambulantes qui n'ont guère souci de notre moderne élégance. Tel qu'il est cependant, il mérite cent fois mieux le nom de marché que le *Mercato Nuovo* ou Marché-Neuf, qui dresse fastueusement dans le voisinage sa superbe halle de la renaissance et sa fontaine du Sanglier. Celui-ci, à coup sûr, par son galbe architectural et soigné, enjolive comme il faut la rue de la Porte-Rouge ; mais l'autre est plus animé, plus original ; il vous arrête tout de suite au passage, comme un aïeul au chef branlant, pour vous faire de longs récits des siècles passés et vous montrer, sous ses poutres vermoulues, l'endroit où l'on remisait, — quelle avalanche de souvenirs ! — le fameux *caroccio* de Florence.

En ce temps-là, la « ville des fleurs » était devenue, de par le travail et l'intelligence, — deux leviers tout-puissants qui hissent doucement jusqu'à la richesse, — non-seulement la première ville de la péninsule italienne, mais encore la plus brillante cité de l'Europe. Les mines, les forges, les manufactures et la banque avaient créé cette prospérité sans pareille, dont les treizième et quatorzième siècles virent le complet épanouissement. La République était alors, comme ses voisines Pise et Gênes, gouvernée par un podestat, que le peuple nommait tous les ans. C'était le travail, je le répète, qui était la grande loi de cette démocratie. Les corps de métiers étaient divisés en Arts Majeurs et en Arts Mineurs. Les premiers, au nombre de sept, comprenaient les professions les plus relevées : notaires, marchands, banquiers, médecins, et autres gros bourgeois ou *popolani grassi* ; dans les seconds étaient les bouchers, maçons, forgerons, etc. Tout cet ensemble formait ce qu'on appelait, depuis les querelles de la Papauté et de l'Empire, le parti *guelfe*. En face de ce parti, défenseur juré de la cour de Rome et de la liberté, — deux choses qui, en ce temps-là, semblaient encore marcher de pair, — se dressait la faction des nobles, des *Gibelins*, qui voulaient aussi la liberté, mais qui la voulaient sous la haute tutelle des empereurs d'Allemagne. Au bas étage de cette organisation sociale s'agitait un tiers élément avec lequel il fallait également compter, et qui, plus d'une

FLORENCE.

fois, n'étant pas admis au festin, renversa la nappe sur les convives : c'était le menu peuple, le *popolo minuto* ou *mayro*. Celui-là constituait le parti, redoutable par tout pays, des porte-besace, des efflanqués et des meurt-de-faim.

Chacun des arts, qui, réunis, formaient un collège gouverné par des consuls et des magistrats, avait sa bannière ou *gonfalone*, sous laquelle on se rassemblait au premier son de tocsin parti du palais du podestat. Deux prud'hommes ou prieurs élus, — les premiers (*priori*) de la corporation — veillaient à la stricte observation des statuts, tranchaient les litiges et les différends.

LOGGIA DE LANZI.

Pour occuper une fonction publique, il fallait de toute nécessité appartenir à un des corps de métiers, et nous savons que Dante, qui fut prieur de la République et ambassadeur à Rome, s'était fait inscrire dans l'ordre Majeur des pharmaciens. En revanche, tout gibelin qui entrait dans un « art » renonçait, par le fait même, à sa noblesse.

M. Peruzzi a publié sur la période la plus prospère de l'industrie et du commerce florentins un ouvrage fort intéressant (*Storia del commercio e dei banchieri di Firenze, 1200-1345*), et qui éclaire d'un jour lumineux la vie intérieure de cette

FONTAINE DU SANGLIER.

inquiète démocratie. La préparation de la laine, des draps et de la soie, les affaires de change et de banque y avaient pris, dès le douzième siècle, un essor prodigieux. Certaines rues encore existantes, celles *de' Cimatori* ou des tondeurs de draps, *de' Tintori* ou des teinturiers, *de' Velluti* ou des velours, *della Seta* ou de la soie, avec leurs boutiques vieilles de plusieurs siècles, attestent l'ancienne activité de ces diverses branches de travail. Les laines, venues d'Espagne et du Nord, étaient remaniées de mille façons par l'art et le goût toscans, puis renvoyées, méconnaissables, dans toutes les parties de l'Europe. Chaque compagnie de marchands (*mercatanti*) avait son grand magasin, que l'on appelait *fondaco*. Tout un quartier était occupé par l'industrie de la soie.

Quant à la banque et au change, ils se faisaient en plein air. C'était fort simple d'attirail : le banquier ou *cambiatore* avait devant lui sa petite table, son comptoir garni d'un tapis vert, avec le sac aux écus, bien ventru, et aussi l'indispensable livre de comptes, car l'ordre est frère de l'opulence. Que d'harmonieux tintements ont répercutés les bavards échos de la *via* ou du *vicolo*, dans ces primitifs quartiers pris à bail par le dieu Plutus !

Une de ces galeries couvertes, à fleur de terre ou surexhaussées, que les Italiens appellent *loges*, régnait autour de la demeure des principaux négociants : une sorte de bourse à côté des bureaux. C'était là qu'on se réunissait pour discuter les questions de trafic et d'intérêt, pour fixer le prix des denrées et celui du change ; c'était là que se rendaient les courriers, porteurs de nouvelles impatiemment attendues, et les agents divers des compagnies.

Les maisons habitées par ces chefs de la puissante roture florentine, les Peruzzi, les Albizzi, les Greci, les Cerchi, n'étaient rien moins que de splendides palais (*palazzi*) à la structure tout originale. Figurez-vous de véritables forteresses, aux fondations énormes, aux fenêtres rares et cintrées, aux murs extraordinairement massifs, avec des bossages de pierre gigantesques, et, pour accès, un majestueux escalier : le castel féodal du moyen âge, ou le vieil édifice étrusque transformé par l'art italien en un monument à la fois exquis et grandiose. D'une telle demeure, on pouvait braver l'attaque de l'ennemi et la torche de l'incendiaire. On sait de reste que plus d'un de ces *palazzi* a eu à soutenir des siéges en règle.

Outre leur palais et leur loge, les grandes familles avaient, comme emblème d'antique noblesse ou d'illustration reconnue, leur *torre* ou tour. C'était, comme en témoignent les nombreux spécimens qui en restent au centre de la ville, un édifice rectangulaire, étroit, tout crénelé, avec une fenêtre unique à chaque étage, et des murailles dont l'épaisseur allait souvent jusqu'à deux mètres. Bon poste, et meilleur encore que le *palazzo*, pour surveiller les mouvements équivoques de la rue. Le créneau carré indiquait la demeure d'un Guelfe; le créneau dentelé à double pointe, celle d'un Gibelin. L'élévation de ces tours était énorme : 30, 40 et 50 mètres; aussi le premier soin des Medici, lorsqu'ils eurent passé un beau collier d'or au cou assoupli de la République, fut-il de faire étêter correctement, pour les mettre à hauteur de vasselage, ces orgueilleuses et gênantes vigies.

La prépondérance de la bourgeoisie guelfe, qui fut aussi (1252-1373) l'époque la plus

258 L'ITALIE.

florissante de la République et du commerce, à Florence, n'excluait pas les rivalités et les troubles. Les Gibelins, battus, mais non abattus, essayaient sans cesse de res-

LOGGIA, PRÈS DE MARCELLATA.

saisir le pouvoir. Ces tiraillements politiques et sociaux se compliquaient de mille éléments étrangers et des divisions intestines de la classe victorieuse; car les Guelfes

FLORENCE.

eux-mêmes s'étaient partagés en deux factions, l'aristocratique et la populaire, qui travaillaient à se détruire mutuellement. Une querelle particulière, née à Pistoie, vers la fin du treizième siècle, enfanta encore deux nouveaux partis, les *noirs* et les *blancs*, qui aggravèrent d'autant les levains de discorde au sein de la République. Ce fut en cette occasion que la maison de Dante fut pillée, et que le grand poëte, qui n'était pas encore devenu gibelin, fut proscrit.

Parmi ces crises répétées, qui minaient insensiblement les bases de l'État, mais qui trempaient les caractères et stimulaient toutes les facultés individuelles, l'art n'était pas oublié. Loin de là : c'est le moment de la première renaissance italienne. Le génie florentin s'épanouit tout à son aise, au milieu de la foudre et des éclairs : Brunetto Latini, Dante, Dino Compagni, Villani, mettent fin au règne exclusif de la langue latine en fixant l'idiome national dans leurs écrits. Cimabue et Giotto dégagent la peinture du stérile formalisme byzantin. Enfin, les architectes et les sculpteurs Arnolfo di Lapo, Jean, Nicolas et André de Pise, frayent glorieusement la voie aux chefs-d'œuvre qui vont éclore.

En ce temps-là, Florence avec sa banlieue immédiate comptait plus de 200,000 habitants. Elle occupait Arezzo, Colle, Pistoie ; tout le Lucquois était couvert de ses châteaux forts, et elle s'apprêtait à conquérir Pise. Les maisons de banque de la ville étaient au nombre de quatre-vingts. Par son *arte del cambio* (commerce de l'argent) elle tenait sous sa domination une partie du trafic européen. Sa force militaire était respectable : elle pouvait mettre sur pied 25,000 hommes, dont 1,500 nobles inscrits aux registres des arts Majeurs.

Comment s'écroula ce puissant édifice démocratique et mercantile ? Les causes de sa chute furent multiples et s'accumulèrent rapidement.

Le roi d'Angleterre Édouard III, pressé du besoin d'argent dans sa lutte contre la France, s'adresse aux banquiers florentins, qui lui prêtent des sommes considérables. A l'échéance, le monarque ne peut satisfaire à ses engagements : toute la finance de la République est atteinte du coup. Pour comble, un aventurier français, venu de Naples, le duc d'Athènes, s'empare du gouvernement, soutenu par les Gibelins, en haine des Guelfes, par le *popolo minuto*, en haine des *grassi*, c'est-à-dire des riches, et se fait nommer à vie seigneur de Florence. Par ses excès et ses cruautés, il ne tarde pas, il est vrai, à s'aliéner tout le monde, et on le chasse (1343).

Deux ans après a lieu la grande faillite des banquiers florentins. Ce fut comme un abatis de capucins de cartes. Le roi de Sicile avait emprunté, lui aussi, aux opulents *cambiatori ;* il fit comme le roi d'Angleterre : il ne paya pas. Circonstance curieuse à noter :

la Grande-Bretagne n'a jamais renié sa dette, aujourd'hui vieille de plus de cinq cents ans ; mais la liquidation en est encore à venir.

Trois ans plus tard éclata la fameuse peste, dite de Florence, qui extermina dans cette seule ville plus de 50,000 personnes, et qui fit le tour de l'Europe. Boccace, qui avait alors vingt-cinq ans, a décrit le lamentable fléau dans la préface de son *Décaméron*, et constaté en même temps l'incroyable et funeste relâchement de mœurs qui s'ensuivit.

Un coup non moins terrible fut, en 1378, la révolution des *Ciompi*, partie des plus bas fonds de la société. « Il y avait alors à Florence, écrit l'historien Sismondi, des hommes qu'un travail mécanique, la misère et la dépendance privée rendaient incapables de sentiments libéraux, qui ne pouvaient délibérer sans une espèce d'ivresse, ni agir en corps sans fureur ; qui, sous le nom de liberté, n'avaient cherché que l'exercice d'un pouvoir pour lequel ils n'étaient pas faits, ou l'occasion de s'enrichir. On les désignait par le nom de *Ciompi* (compères), mot français défiguré, qui leur était resté du temps de la tyrannie du duc d'Athènes. Ils appartenaient pour la plupart à des métiers qui n'avaient point d'existence politique, et que l'art de la laine tenait sous sa dépendance. »

Les Ciompi, outre leur admission dans les Arts Mineurs, réclamaient la suppression des dettes, l'égalité des partages. Les maisons les plus riches furent incendiées et pillées. Par bonheur, il se rencontra, dans cette multitude déchaînée, un homme honnête, intelligent, et qui aimait sa patrie. Comme les vainqueurs envahissaient le Vieux-Palais, que les prieurs avaient évacué, un cardeur de laine, déguenillé et pieds nus, tenant à la main le gonfalon de justice, conquis la veille par l'insurrection, monta, en tête de la populace, le grand escalier de la Seigneurie. Arrivé dans la salle d'audience des prieurs, cet homme se retourna vers la foule, et dit : « Ce palais est à vous, cette cité est entre vos mains : quelle est à présent votre volonté souveraine ? » — Tout d'une voix, le peuple répondit : « Eh bien, sois gonfalonier de justice, et réforme la seigneurie. » D'un mot, Michel di Lando venait de conquérir le pouvoir, avant même d'avoir eu le temps de le désirer.

Il va sans dire que les Ciompi, trompés par lui dans leurs espérances, essayèrent, quelques jours après, de le renverser ; il ne leur céda pas, et, avec l'appui des *grassi* et des paysans, il rétablit l'ordre dans la ville. Après Lando, un autre gonfalonier, Maso Albizzi, tint d'une main ferme et glorieuse le timon des affaires ; mais la liberté et avec elle la prospérité de la République avaient été frappées au cœur.

Dans cette révolte des Ciompi, et déjà auparavant, lors de la conspiration qui avait livré la seigneurie au duc d'Athènes, on avait vu apparaître une famille plébéienne, destinée à remplir bientôt à elle seule toute la scène politique : la famille des Medici.

C'était un Sylvestre de Medici qui, mêlé aux démagogues, avait excité le grand mouvement des cardeurs de laine. Cette compagnie de banquiers, demeurée d'abord au second plan, allait prendre peu à peu, par sa richesse, la place de ces autres chefs du même ordre, dont le blason commercial n'était plus fait d'un nombre de « balles d'or » suffisant. Ni la mesure ni l'habileté ne lui manquèrent : elle se trouva là, tout à point, comme un attelage frais, pour fournir le relais du char de l'État. Dès 1421, avec Jean,

SAN MINIATO AL MONTE.

elle arrive à la charge de gonfalonier : avec Cosme, fils de Jean, elle semble d'abord subir un recul : la démocratie florentine, très-envieuse de sa nature, n'avait jamais aimé le faste chez les riches ; Cosme eut l'imprudence d'afficher un luxe princier. On l'exile, puis on le rappelle ; bien plus, on lui décerne le titre de « père de la patrie », et, pendant trente ans, il administre presque sans contrôle la République. Que dis-je ? Ce n'est même plus le gouvernement d'une République que cet usurpateur sans violence transmet à son frère Pierre, puis à son fils Laurent ; c'est déjà une sorte de monarchie déguisée. Laurent est fastueux, lui aussi ; mais, — voyez comme les mœurs changent en quelques années, — au lieu de l'exiler pour son faste, on consacre officiellement ce faste par le surnom de *Magnifique*. Et le même Laurent n'est plus un simple gonfalonier, comme son aïeul, c'est un *principe del Stato*.

C'en est fait. Malgré le complot des Pazzi, malgré Charles VIII et François I", malgré l'éloquence de Savonarole, le moine-tribun, et les soubresauts d'une démocratie qui s'obstine à ne point mourir, les Medici, à la longue, ont raison de la liberté florentine. Après chaque chute, leur fortune se relève, plus brillante qu'auparavant. L'heureuse famille ceint de bonne heure la tiare avec Léon X et Clément VII. Charles-Quint lui-même se remue pour elle, et, en 1530, envoie une armée assiéger Florence. Celle-ci, défendue par l'ingénieur Michel-Ange, qui a fortifié les hauteurs de San Miniato, résiste longtemps, puis capitule : ce jour-là fut celui de l'asservissement définitif pour la ville de Dante.

Restons sur ce feuillet d'histoire politique : le reste nous importe peu. Le principat des Medici, inauguré au quinzième siècle, durera jusqu'au milieu du dix-huitième ; entre temps, l'art de la laine passera en d'autres mains ; la découverte du cap de Bonne-Espérance et des deux Amériques tracera au commerce des routes nouvelles. A Florence, on ne songera plus qu'à vivre et à jouir. La tyrannie y est si douce, si exempte de préjugés, elle s'accommode et donne, au besoin, l'exemple d'une si aimable facilité de mœurs ! Ajoutez la protection accordée aux lettres et aux arts, l'immunité relative laissée à l'esprit de raillerie et de satire, puis ce triomphe platonique, tout de dilettantisme, qu'obtiennent après coup les idées de la démocratie à la cour même des princes, et vous aurez une image de cette nouvelle société florentine des seizième et dix-septième siècles, dont nous allons retrouver de toutes parts les traces, en continuant nos explorations à travers la ville des Medici.

En partant de la Seigneurie pour nous diriger vers la place du Dôme, nous rencontrons, chemin faisant, dans la rue déjà mentionnée des Calzajuoli, un grand bâtiment gothique, de forme carrée, à trois étages, qui n'a pas trop l'air d'une église, et qui cependant en est une : c'est l'Or san Michele ou san Michele in Orto. Les statues qui en décorent l'extérieur sont l'œuvre des plus grands sculpteurs florentins : Ghiberti, Michelozzi, Jean Bologne, Verocchio et Donatello. Cet édifice a été complétement rebâti au quatorzième siècle ; car ce n'était d'abord qu'une construction destinée à servir de halle aux grains, et dont l'architecte primitif avait été précisément cet Arnolfo di Lapo, ou mieux di Cambio, qu'un décret public chargea en 1294 d'ériger le dôme de Sainte-Marie des Fleurs.

A cette date, deux années seulement s'étaient écoulées depuis les fameuses ordonnances qui avaient ajouté la dernière sanction au statut constitutionnel de 1282, en

OR SAN MICHELE.

transférant à la classe plébéienne des métiers l'entière prépondérance politique ; Florence était alors dans toute la chaleur et l'orgueil de ses sentiments civiques et républicains : aussi le décret qui appelait le « maître-architecte de la commune », Arnolfo, à fournir le plan d'une cathédrale, était-il conçu en des termes pleins de noblesse, dignes d'un peuple libre et « de grande origine ». Il lui était enjoint « de faire le modèle ou dessin de la rénovation de Santa Reparata (c'était le nom de l'église qui occupait primitivement la place du Dôme), avec la plus haute et la plus somptueuse magnificence, de sorte que l'industrie et la puissance des hommes ne puissent rien inventer de plus vaste et de plus beau ; et ce, conformément à ce qui a été dit et délibéré en assemblée publique et privée par les citoyens les plus sages de cette cité : à savoir, qu'on ne doit entreprendre les ouvrages de la commune que si l'on a la pensée de les faire correspondre à l'âme magnanime que composent les âmes de tous les citoyens unies et confondues dans un même vouloir. »

Quatre ans après, le constructeur se mit à l'œuvre. La dépense était énorme ; tous les « arts » et le menu peuple lui-même y contribuèrent. Arnolfo mourut (1310) sans avoir achevé l'édifice, auquel on travailla du reste d'une manière ininterrompue pendant plus d'un siècle et demi. Deux grands architectes, qui étaient en même temps de grands peintres, et dont je reparlerai tout à l'heure, Giotto, puis Andrea Orcagna, continuèrent successivement l'entreprise ; mais l'immense vaisseau n'avait toujours pas son couronnement. L'homme qui devait le lui donner ne naquit que dans l'année qui suivit la mort d'Orcagna (1377) : c'était Brunelleschi.

Brunelleschi commença par être orfèvre, comme bon nombre de grands artistes de son époque ; il se tourna ensuite vers la sculpture, et se présenta même au concours ouvert pour la construction des fameuses portes du Baptistère, puis il se retira de la lice en faveur de Lorenzo Ghiberti, qui, on le verra, ne lui rendit pas, à l'occasion, générosité pour générosité.

De bonne heure, Rome l'avait attiré. Accompagné de son ami, le sculpteur Donatello, plus jeune que lui d'une dizaine d'années, il se mit en route vers la ville antique et mystérieuse. « Voyage périlleux alors, dit Michelet, un artiste aussi, par la plume. La campagne romaine était déjà horriblement sauvage, courue des bandits, des soldats des Colonna, des Orsini. Chaque jour, en ce désert, l'homme perdait, le buffle sauvage devenait le roi de la solitude. Elle continuait dans Rome. Les rues étaient pleines d'herbe, entre les vieux monuments devenus des forteresses, défigurés et crénelés. Ce n'était pas la Rome des Papes, mais celle de Piranesi, ces ruines grandioses et bizarres, que le temps, ce « maître en beauté », a savamment accumulées dans sa négligence apparente, les noyant d'ombres et de plantes, qui les parent et les détruisent. De statues, on n'en voyait guère ; elles dormaient encore sous le sol ; mais des bains immenses restaient, onze temples, presque tous disparus maintenant, des substructions profondes, des égouts monumentaux, où auraient pu passer les triomphes de César, toutes les merveilles de *Roma sotterranea.*

« Pétrarque avait désigné Rome oubliée à la religion du monde. Brunelleschi la retrouva, la recomposa en esprit. Que n'a-t-il laissé écrit ce courageux pèlerinage ! Presque tout était enfoui. En creusant bien loin dans la terre, on trouvait le faîte d'un temple debout. Pour atteindre cette étrange Rome, il fallait y suivre les chèvres aux plus hasardeuses corniches, ou, le flambeau à la main, se plonger aux détours obscurs des abîmes inconnus. »

Brunelleschi, mathématicien, dessinateur, géomètre, — car ces génies de la première renaissance italienne étaient des hommes universels, — ne se contenta pas d'observer les lignes et les aspects. Il se prit à la substance même et à la matière de l'art antique. Il étudia, dans l'ombre et le silence, la nature des matériaux et celle des ciments, le calibre des pierres et les puissantes agglutinations qui les reliaient l'une à l'autre. Il mesura et il calcula. Ce vieux sol, avare jusque-là de ses trésors, lui ouvrit son sein, ses secrets, et devant le regard de ce chercheur, habile à fouiller tous les recoins, sous la main de cet initié, qui palpait et retournait opiniâtrement les cadavres de terre et de pierre, jaillit une lueur grandiose de renouvellement.

Il partit de Rome, emportant l'idée d'une architecture que le moyen âge n'avait pas connue, d'une architecture innommée encore, où le beau et le vrai, la logique et l'art, la simplicité inouïe et la hardiesse déconcertante, devaient s'unir et s'étayer dans une gigantesque création.

De retour à Florence, — il avait alors quarante-quatre ans, — il se proposa pour achever la cathédrale d'Arnolfo. Le problème semblait presque insoluble ; ce n'était rien moins qu'un second temple aérien à jeter d'aplomb sur les plans droits du premier. Un congrès d'architectes fut convoqué (1420) ; les artistes les plus renommés accoururent de tous les pays de l'Europe, et particulièrement de l'Allemagne. Les Titans jadis n'avaient pas autant discuté sur les moyens d'escalader le ciel. Et qu'était-ce en effet que d'entasser « Pélion sur Ossa » auprès de cette laborieuse conquête à faire sur l'espace ouvert, sur le vide, par un pur élancement de courbes et de voussures vers le ciel ?

Les illustrations routinières du congrès mirent au jour toutes sortes d'idées sublimes. Ils parlaient de placer comme étais à l'intérieur de gigantesques piliers sur lesquels porterait la coupole ; ils parlaient aussi de crampons de fer à dissimuler habilement. Les plus ingénieux proposaient de donner comme soutènement à la voûte « une montagne de terre où l'on jetterait des pièces de monnaie, afin que la multitude se chargeât plus tard de la déblayer » ; bref, ce n'étaient, dans tous leurs discours, qu'échafaudages, échalas, bâtons et béquilles.

DEVANT LA LOGGIA DE' LANZI.

Brunelleschi exposa son plan à son tour. Il dit que, sans arcs-boutants, sans contreforts, sans armatures, sans charpentes, il inscrirait l'une dans l'autre deux coupoles ayant ensemble plus de 43 mètres de diamètre, et que, « sur les voûtes énormes des Tarquins, il enlèverait le Panthéon à 300 pieds dans les airs. » A cette colossale lubie, un rire homérique circonvola par toute l'assemblée. Après qu'on eut ri, on se fâcha ; on mit à la porte ce plaisant, que plusieurs avaient bonne envie de défenestrer. L'histoire s'en répandit par la ville et par la campagne, et quand le pauvre grand homme passait dans la rue, les gens se le montraient du doigt, en disant : « C'est ce fou de Brunelleschi ! »

Lui cependant ne se tenait pas pour battu, espérant bien dissiper les préventions à force d'adresse. Il avait fait de son plan un modèle en relief qu'il cachait soigneusement : ce qui ne manquait pas, quelles que fussent les défiances, d'exciter la curiosité. Enfin, de guerre lasse, les autres architectes demeurant toujours en proie à leurs laborieuses incubations, on autorisa Brunelleschi, ne fût-ce que pour le confondre, à essayer l'érection de son œuvre jusqu'à sept mètres de hauteur ; seulement ses adversaires, ses envieux lui firent adjoindre comme collègue et en quelque sorte comme surveillant Ghiberti, qui fit bon marché de la reconnaissance en cette occasion. Pour le coup, Brunelleschi, découragé, écœuré, faillit renoncer à la lutte ; il parlait de brûler tous ses dessins et de quitter pour jamais la cité ingrate. Ses amis le retinrent, lui rendirent l'énergie. Voyant qu'il fallait ruser encore une fois, il feignit d'être malade et laissa Ghiberti à ses propres forces. Celui-ci était certes un sculpteur hors ligne, nous le verrons de reste tout à l'heure, mais ce n'était pas un architecte de premier ordre. D'ailleurs il n'avait pas conçu le plan. Devant sa notoire incapacité, il fallut bien revenir à Brunelleschi, le nommer directeur unique des travaux. Dès lors le grand modèle fut exposé en public, et tout le monde y put suivre par le menu les phases diverses de la construction.

L'artiste dut, à vrai dire, former entièrement tous ses ouvriers, ne les pas quitter un moment de l'œil, enfanter à la fois l'ensemble et les détails. Enfin, l'œuvre monta superbement dans l'espace, réunissant, à l'effroi de tous, sans la moindre cerclure de fer, les quatre nefs de Sainte-Marie. C'est ainsi que le dôme d'Arnolfo fut achevé, moins toutefois la lanterne terminale, que Brunelleschi n'eut pas le temps de poser. Le « puissant chapeau », comme il l'appelait, fut ajouté ultérieurement, mais non pas d'après le modèle qu'il en avait fait.

Ce sublime ordonnateur de la pierre et du marbre, dont Cosme de Medici disait qu'il serait « capable de retourner le monde », ce dont lui-même ne disconvenait pas, « pourvu, ajoutait-il en riant, qu'on lui donnât un point d'appui, » mourut en 1444, âgé de soixante-neuf ans. Son plus bel éloge a été fait en une phrase par Michel-Ange, dont le génie devait, au siècle suivant, accomplir à Rome un semblable coup d'audace architecturale. — « Où voulez-vous être enterré, demandait-on à Buonarotti, comme il venait de bâtir Saint-Pierre ? — Je veux l'être, répliqua-t-il, à une place d'où je puisse contempler éternellement l'œuvre de Brunelleschi. »

Vis-à-vis du Dôme est le Baptistère (ex-église Saint-Jean-Baptiste), édifice octogone, qui était jadis entouré de tombeaux païens, et où plusieurs ont voulu voir un ancien temple de Mars. Que dirai-je, après tant d'autres, de ses merveilleuses Portes de bronze? La plus belle est, on le sait, celle qui fait face à Sainte-Marie : une vraie « porte du paradis », suivant le mot de Michel-Ange. Ghiberti a littéralement passé sa vie à sculpter ces bronzes, sans pareils au monde, où toute l'histoire juive, depuis la chute originelle jusqu'à la royauté fastueuse de Salomon, est représentée, avec une pureté, une grâce de dessin, qui est encore éclipsée par des splendeurs de paysage, des effets et des creusements de perspective, tels que la peinture seule semblerait pouvoir en produire.

L'aspect de la place est achevé par le Campanile, monument quadrangulaire, d'environ 14 mètres de côté, et de 84 mètres de hauteur, isolé à la droite du Dôme. Un magnifique escalier de 463 marches conduit à la plate-forme supérieure. Ce beau clocher, que Charles-Quint aurait voulu couvrir d'un étui, estimant que c'était un péché de le laisser voir tous les jours et à tout venant, est revêtu entièrement du haut en bas de compartiments en marbres noirs, rouges et blancs.

Ici nous apparaît le grand artiste, à la fois peintre, architecte et sculpteur, duquel date en réalité l'ère de la renaissance italienne. Vasari rapporte que Cimabue, allant un jour de Florence à Vespignano, rencontra près de ce village un jeune pâtre, d'une dizaine d'années, qui, tout en gardant son troupeau, dessinait d'instinct, sur une pierre polie, toutes sortes de figures d'animaux. Cimabue, ravi, l'emmena avec lui. C'était Giotto. Par lui, la peinture fit un pas immense ; elle s'affranchit définitivement de la façon grecque et de la raideur liturgique pour devenir l'expression plus vivante du génie individuel. Ce mouvement révolutionnaire s'étendit rapidement sur toute l'Italie. Les cinquante-quatre bas-reliefs exécutés par Giotto sur le Campanile retracent les principaux faits de la civilisation humaine, telle qu'on la concevait au treizième siècle : traditions juives et grecques, navigation, labourage, domestication du cheval, arts, sciences, philosophie, tout y est, sans excepter la théologie. Les statues sont dues aux ciseaux de Donatello, d'André de Pise, et de ce Lucca della Robbia, leur contemporain, qui a laissé de si beaux ouvrages en terre cuite vernissée.

Je ne prétends point, — Dieu m'en garde, — récrire ici une histoire abrégée de l'art italien ; mais, lorsque vous êtes à Florence, les productions de toutes les époques et de tous les genres se pressent tellement, à chaque pas, sur votre chemin, qu'il vous faut bien mettre un peu d'ordre dans vos idées et trouver le fil chronologique qui relie vos contemplations. Dans le domaine de la peinture, après Cimabue et Giotto, les deux grands précurseurs du treizième siècle, nous avons, au quatorzième siècle, Andrea Orcagna, que le Campo Santo de Pise nous montrera bientôt dans toute sa gloire ; au quinzième siècle, Masaccio, Filippo Lippi et son fils Filippino, avec lesquels l'inspiration, quittant les sphères purement idéales, descend dans la réalité, dans la vie vivante et passionnée de la cité ; nous avons aussi Ghirlandajo, qui eut Michel-Ange pour élève, et Verocchio. Je mets à part ce rêveur céleste, cet enlumineur candide des choses paradisiaques, qui s'appelle Fra Angelico. Le couvent qui fut témoin de son ascétisme et de ses visions nous ramènera tout à l'heure à lui. Au seizième siècle enfin, la période épique et païenne de l'art italien, nous avons Léonard de Vinci, qui émigre ensuite à Milan, Michel-Ange, qui se partage entre Rome et la Toscane, Raphael, qui est surtout romain, et André del Sarto, le Raphaël de l'école florentine, qui, comme Vinci et le Rosso (maître Roux), vécut longtemps auprès de François I", à Fontainebleau et à Paris. Nous retrouverons successivement, au hasard de nos promenades dans la ville, tous les noms de cette triple pléiade.

Avant tout, il faut aller aux Uffizi, qui est le Louvre de Florence, et où ne manque aucun spécimen de l'art italien. Consultez votre guide et choisissez, pour peu que le temps vous fasse défaut. Le Saint des Saints, c'est la petite salle, qu'on désigne sous le nom de Tribune. La principale divinité en est la Vénus de Medici. Il y a des gens qui ont fait pour elle seule le voyage de Florence. Elle n'est pourtant pas supérieure à sa sœur cadette, — je dis cadette par l'époque où elle fut trouvée, — la Vénus de Milo du Louvre. Une inscription attribue cette sculpture, découverte dans les fouilles de la villa Hadrien (Tivoli), à Cléomènes, fils d'Apollodore, d'Athènes. A quelle époque vivait-il ? On l'ignore. Ce n'est pas là l'unique part des Grecs aux Offices : l'Apollino, le groupe des Lutteurs, celui de Niobé, le Faune dansant, le Scythe aiguisant sa serpe, etc., viennent encore d'eux. Le seizième siècle nous présente ses Raphaëls : la Fornarina, la Vierge au puits, celle au chardonneret, le Saint Jean, etc. ; la Sainte Famille et le Bacchus ivre de Michel-Ange ; l'Adoration des Mages, de Vinci ; les deux célèbres Vénus du Titien. Ajoutez les Carrache, les Véronèse, les Parmesan, les del Sarto, et les toiles des écoles française, hollandaise et flamande. On ne résume pas ces galeries, on ne décrit pas, comme dit M. Taine, ce « royaume paisible des formes humaines retirées du conflit humain ». On se contente d'errer, dans une douce détente d'esprit, au milieu de ce monde éternellement serein et muet, malgré le tumulte de passions diverses qu'il figure. « Il semble que tout cela soit à vous, et quelle propriété commode ! Des conservateurs et des majordomes sont là pour tenir tout en ordre, bien épousseté et bien intact ; les choses vont d'elles-mêmes, sans accroc ni heurt, sans qu'on s'en inquiète ; c'est le monde idéal tel que nous devrions l'avoir. Le jour est beau ; les vitres luisantes jettent un reflet sur quelques blanches statues lointaines, sur un torse rosé de femme qui sort vivant des noirceurs de l'ombre. A perte de vue, des empereurs et des dieux de marbre développent leurs files jusqu'aux fenêtres d'où l'on voit l'Arno remuer ses petites crêtes, les nielles argentées de ses flots et de ses remous. »

De là, vous faites votre tournée dans les églises. Vous allez voir, à Saint-Ambroise, l'Adoration des Mages de Ghirlandajo ; à l'Annonciade, sur la place du même nom, que décore une fontaine d'airain, vous admirez les magnifiques fresques d'André del Sarto ; puis, aux Carmes, sur la rive gauche de l'Arno, celles de Masaccio et de Filippino Lippi. Vous avez déjà rendu, je suppose, votre visite à la grande église de Sainte-Croix, encore une œuvre d'Arnolfo di Lapo, une sorte de Campo Santo, qui renferme les monuments funéraires de Galilée, de Michel-Ange, de Machiavel, d'Alfieri, etc.

N'oubliez pas Saint-Laurent : Brunelleschi en fut l'architecte ; Michel-Ange y ajouta, sur la commande de Léon X, la fameuse chapelle où se trouvent les statues et les tombeaux des Medici. Voici, en casque de guerrier, Laurent II, le *Pensieroso*, comme on l'appelle, à cause de l'attitude méditative que lui a donnée le sculpteur ; voici, en face, Julien II, celui qui épousa une Nemours ; il tient sur ses genoux le bâton de commandement ; voici au-dessous les deux fameuses figures du *Jour* et de la *Nuit*. Celles-là surtout, regardez-les bien. Une vierge qui s'éveille, paraissant sortir d'un lourd cauchemar, pour rentrer dans une réalité plus pesante encore ; une autre vierge étendue, les yeux fermés, avec un hibou près de son pied ; ce morne sommeil dont elle dort n'est visiblement que la prostration d'un corps et d'une âme rendus de souffrance. Quelle élo-

FONTAINE D'ORAIN, PLACE DE L'ANNONCIADE.

quence dans ces visages et ces attitudes ! C'est que nous sommes au lendemain de la prise de Florence par les troupes hispano-allemandes de Charles-Quint. Michel-Ange a en vain défendu sa ville, déployé en vain ses talents d'ingénieur, tant admirés de Vauban, sur les hauteurs fortifiées de San Miniato : la liberté, je l'ai dit, a succombé pour jamais ; les mercenaires ont égorgé les premiers et les meilleurs dans la république ; tous les grands chemins de l'Italie sont couverts d'émigrés dont on a mis la tête à prix. Michel-Ange lui-même, à qui jadis Laurent II ne permettait pas de loger ailleurs que dans son palais, n'a échappé à la mort qu'en se cachant ; on n'a bien voulu ensuite l'épargner qu'à la condition qu'il mettrait son art au service du vainqueur et achèverait, pour la gloire du pape Clément VII et du prince Cosme, ce qu'il avait commencé en l'honneur du pape Léon X. Aussi quel tumulte dans ses pensées et quels bouillonnements dans son âme ! Non, le soleil ne luit plus, et ne luira plus jamais qu'à demi sur Florence ; c'est la nuit, mélancolique et inerte, qui plane désormais sur la patrie vaincue et déshonorée. L'artiste accomplira, puisqu'il le faut, son œuvre de génie ; il dévorera ses humiliations ; mais il ne pourra forcer son divin ciseau à taire les révoltes de son âme dressée contre l'esclavage ; bien plus, il inscrira sur le socle de la sombre *Nuit*, en réponse au quatrain connu de Strozzi, ces quatre vers non moins expressifs que l'immortelle statue elle-même :

> Grato m'è il sonno, e più l'esser di sasso,
> Mentre che il danno e la vergogna dura ;
> Non veder, non sentir m'è gran' ventura.
> Però non mi destar. Deh, parla basso !

« Dormir m'est doux, et plus doux encore d'être pierre, — tant que dure la misère et la honte ; — Ne pas voir, ne pas sentir, m'est une grande volupté. — C'est pourquoi, ne m'éveille pas ! Pour Dieu ! parle bas ! »

A deux pas de San Lorenzo, de l'autre côté de la Piazza Vecchia, est Sainte-Marie-Nouvelle (*Santa Maria Novella*), avec son beau chœur peint à fresque par Domenico Ghirlandajo. J'ai dit que Ghirlandajo avait été le maître de Michel-Ange. J'ajouterai qu'il était digne de montrer la voie à un tel élève. Quelle grandeur et quelle sévérité dans son style ! Quelle science du dessin ! Encore un qui débuta par être orfévre ; encore un qui, à l'imitation de Brunelleschi, était allé chercher la source d'inspiration au milieu des arcs de triomphe et des amphithéâtres de la vieille Rome. C'est aussi à Sainte-Marie-Nouvelle que se trouve la fameuse Madone de Cimabue, le père de la peinture florentine, œuvre qui excita un tel enthousiasme qu'elle fut portée en procession de la maison de l'artiste jusqu'à la chapelle où nous la voyons. Ne quittons pas non plus cette église sans

CHŒUR DE SAINTE-MARIE-NOUVELLE.

rappeler que c'est là que Boccace a donné rendez-vous aux « sept jeunes dames en habits de deuil, toutes de bonne maison, belles, sages, honnêtes et remplies d'esprit, » et aux « trois aimables cavaliers », qui sont les personnages de son *Décaméron*.

Un autre sanctuaire de l'art, c'est l'ex-couvent de San Marco, situé non loin de l'Annonciade.

Ce couvent, qui appartenait à l'ordre de Saint-Dominique, était d'abord établi dans la banlieue florentine, au pied de la colline de Fiesole. Les bons moines, tout entiers à la prière et à l'extase, comme c'était d'ailleurs leur devoir, songeaient plus à gagner le ciel qu'à fixer sur eux les regards du monde, quand, un beau jour, leur communauté fit une recrue qui la livra d'emblée à la gloire. C'était le fils d'un laboureur de Vicchio, petit village du Mugello, à 20 milles environ de Florence. Il s'appelait Giovanni Guido ; mais la postérité le connaît mieux sous le nom de Frère Angélique de Fiesole (*Fra Angelico da Fiesole*). Son début avait été fort modeste, comme son âme le demeura toujours. Après avoir exercé d'abord ses talents de miniaturiste sur des livres de chœur, sur des diptyques, des missels, il se mit à peindre des tabernacles et les autels de diverses églises. Sa touche suave et sereine lui eut vite fait une réputation ; il n'avait pas encore vingt ans que déjà, grâce à ces heureux commencements, la vie s'ouvrait devant lui brillante et facile. Tout à coup il renonce au monde et revêt l'habit de dominicain. Par bonheur, en renonçant au monde, il n'avait pas renoncé à la peinture. Dans sa cellule de Fiesole, il continue les innocentes et bienheureuses fantaisies de son pinceau. Le prieur et les moines, ravis de cet art tout immatériel et mystique, lui demandent sans cesse de nouveaux ouvrages, le supplient de leur ouvrir chaque jour à deux battants ce ciel que, dans leurs rêves éternellement coulés au même moule hiératique, ils n'avaient point soupçonné si beau, si plein d'azur et de rayonnements.

En 1436, les Dominicains de Fiesole quittent leur couvent pour aller s'établir à Florence, dans un immeuble plus vaste et plus grandiose, place San Marco. C'était le « père de la patrie », Cosme de Medici, qui, à son retour d'exil, leur offrait cette maison, sans se douter qu'il préparait là un asile, mieux encore, une citadelle, à l'ennemi le plus acharné de sa famille, à ce *terribil frate*, Jérôme Savonarole, dont la voix puissante devait exciter contre les siens une si furieuse tempête populaire. Dans ce nouveau milieu, frère Angélique se refait tout de suite un pieux atelier, et les fresques dont il orne la salle du chapitre, les corridors, les murailles des cellules, achèvent de mettre le sceau à sa renommée. Il se voit appelé à Rome par le pape Eugène IV, qui lui donne à peindre sa chapelle particulière du Vatican ; il va ensuite à Orvieto décorer la voûte de la cathédrale.

Parmi le bruit et l'admiration qu'il excite, il n'oublie ni l'oremus ni la pénitence. Son horizon d'artiste reste toujours un horizon de saints, d'anges et de Vierges; ses œuvres, si variées d'aspects et de détails, se résument toujours dans la même scène céleste, couronnement de Marie, jugement dernier, où les figures sont si spiritualisées, si éthérées, si « ravies », qu'on dirait presque des âmes. Certes, ni le modelé, ni le dessin, ni le relief n'en sont irréprochables, — c'étaient là choses que le *Beato*, comme on appelait le pieux ascète, n'avait point étudiées sur le vif; — mais cet art illuminé et enluminé, tout primitif d'inspiration, aboutit à des expressions si touchantes, si recueillies, à un déploiement si candide de magnificences et de délices ultra-terrestres, que tous les défauts techniques disparaissent pour le spectateur dans l'effet vaporeux et doux de l'ensemble.

Un siècle plus tard, ce même couvent de San Marco recueillait, tout pantelant des orages politiques, un autre artiste célèbre, Baccio della Porta, dit *Fra Bartolommeo*, ou simplement le *Frate*. Ce fut à l'âge de vingt-neuf ans, après la mort de Savonarole, dont il avait fidèlement suivi la fortune, comme fit Michel-Ange lui-même, que Baccio se mit en religion. A l'exemple de Fra Angelico, il n'abandonna pas pour cela la peinture. L'œuvre principale que le cloître a conservée de lui est la fresque qui couvre les murs du réfectoire. Baccio fut surtout coloriste. Après avoir été l'ami de Savonarole, il devint celui de Raphaël, et l'on sait quelles longues causeries intimes le divin Sanzio, lors de son voyage à Florence (1508), eut à Saint-Marc avec le Frate, dont il étudia même très-soigneusement la méthode.

Le nom de Raphaël m'amène tout naturellement à parler d'une des découvertes les plus étranges et les plus précieuses à la fois qui aient été faites, dans ces derniers temps, en Italie. Voici l'aventure, avec les circonstances dont je me souviens.

Dans l'été de 1843, un carrossier prit à louage, dans un bâtiment de la rue Faenza, au nord de San Lorenzo, un vaste rez-de-chaussée voûté, aux murs épais, et n'ayant pas moins de trois ou quatre cents ans d'âge. C'était le réfectoire d'un ancien couvent de nobles religieuses, nommé San Onofrio. Le bâtiment était devenu, au cours du dix-neuvième siècle, une filature de soie, et Dieu sait quel enduit de noir de fumée les vomissements de la chaudière à cocons avaient incrusté sur la pierre. Le nouveau locataire, qui n'avait que faire de ces couches de suie superposées, commença par ordonner qu'on badigeonnât les murailles. Comme on procédait à ce nettoyage, on crut découvrir sous la croûte écaillée du noir vernis quelques traces de couleur. Le carrossier n'était pas un vulgaire fumiste : il flaira une trouvaille et fit immédiatement cesser le badigeon. Puis lui-même se mit à décrasser plus délicatement une portion du mur. Ce qui apparut sous l'éponge lui fit l'effet d'une peinture tout simplement magistrale. Il prévint le pro-

RUE STROZZI.

priétaire de l'immeuble, qui effleura la chose de l'œil, et n'en fut pas autrement ému.

Une fresque de plus ou de moins, peu importait : à ce compte, disait-il, il faudrait opérer le débarbouillage de tous les greniers et de tous les corridors de Florence, car il n'y a pas un pan de muraille qui ne garde au front quelque éclaboussure de pinceau.

Le carrossier, qui n'avait pas une foi très-robuste en ses propres notions esthétiques, négligea de pousser plus avant ses investigations, et n'eut plus d'autre souci que de faire au mieux son métier. Ce *statu quo* durait depuis deux années environ, lorsqu'un jour un client de l'atelier, M. Zotti, s'arrêta rue Faenza pour s'enquérir d'une voiture. Tout en lorgnant tilburys et victorias, il jeta un regard sur le mur. S'approcher dudit mur, donner le coup d'ongle, et deviner ce qu'il en était, fut pour lui l'affaire d'un instant. Sous l'épais tégument de fumée et de vapeur étincelait une composition dont le sujet était une sainte Cène. L'économie de l'ensemble se laissait aisément saisir ; le groupement des personnages était plein de grandeur et de vérité, les figures, les poses, les draperies, tout était d'une noblesse et d'une expression remarquables.

M. Zotti fit venir un de ses amis, qui avait comme lui le sens artistique. Plus de doute : ces pierres mal ramonées cachaient une merveille. On demanda l'autorisation d'effectuer un lavage complet. Ce ne fut pas une mince besogne. La fresque ne mesurait pas moins de vingt-six pieds de largeur. On s'y prit avec tout le soin que comportait un pareil travail de rénovation, et lorsque les profanes pellicules de suie furent tombées, on se trouva en présence d'une peinture murale absolument fraîche et intacte.

Restait à savoir quel était l'auteur du chef-d'œuvre. Dès l'abord on avait cru reconnaître la même main qui avait fait la fresque des Camaldules de San Severo, à Pérouse, c'est-à-dire la main de Raphaël ; mais nombre de gens autorisés contestèrent l'attribution. Une longue polémique s'engagea ; de part et d'autre on accumula des montagnes d'arguments ; la controverse durerait peut-être encore aujourd'hui, si une autre découverte, — je crois me rappeler que ce fut celle d'un carton dont l'ordonnance et les détails se rapportaient précisément à cette fresque, — ne fût venue établir d'une façon irréfragable que les peintures de l'ex-réfectoire de San Onofrio étaient bien l'œuvre de Raphaël.

D'où je tire une double conclusion : premièrement, que les vieux murs noirs en Italie, et à Florence en particulier, doivent toujours être traités doucement, aussi bien par les carrossiers que par les autres industriels ; secondement, que les cartons d'un artiste de génie lui servent, non pas seulement à faire ses peintures, mais encore à en revendiquer, au besoin, la propriété et l'honneur par-devant les arrière-neveux.

J'allais oublier d'ajouter que, depuis cette merveilleuse découverte, on ne construit plus de voitures au numéro 58 de la rue Faenza ; la maison de la fresque a été transformée en un musée où l'on a réuni les antiquités égyptiennes et étrangères qui étaient auparavant dispersées dans différentes galeries de la ville.

Et maintenant, lecteur, nous allons, si vous le voulez bien, traverser l'Arno par le Pont-Vieux, pour aller voir sur la rive gauche un prodige d'architecture tel que l'Europe n'en possède pas un second.

J'ai dit ce que sont en général les palais florentins. Ces sévères demeures, véritables forteresses par le pied, n'aspirent véritablement l'air que par leur front, orné d'une *loggia*, d'un auvent en saillie ou d'une gigantesque corniche. J'ai dit aussi que c'est dans la partie centrale de la ville qu'on trouve les spécimens les plus originaux de ces édifices. Tel est, par exemple, le palais Strozzi, avec ses trois façades si imposantes. Il fut construit, à la fin du quinzième siècle, sur les plans de Benedetto da Majano, l'auteur, insuffisamment connu, ce me semble, de la belle chaire de l'église Santa Croce, et du sarcophage de Filippo Strozzi, le rival des Pitti, sarcophage qui se voit derrière l'autel de la chapelle Strozzi, à Santa Maria Novella. Ce palais Strozzi renferme une magnifique galerie de tableaux.

Tel est aussi le palais Riccardi, situé un peu plus au nord (via Cavour); il est l'œuvre de Michellozzi, qui l'érigea pour Cosme l'Ancien, et il mériterait déjà une mention à part, rien que pour avoir été la première demeure des Medici. Au point de vue des bossages, c'est peut-être le plus réussi de tous. Il contient une bibliothèque précieuse, la *Riccardiana*, de 30,000 volumes et de 4,000 manuscrits. Le palais Corsini, au bord de la rivière, n'est pas moins curieux ni moins riche en peintures que les deux autres. Cet art, avec lequel les Florentins ont su donner le caractère de grandioses résidences aux lourdes et colossales demeures du moyen âge, est une chose véritablement surprenante en soi. Notez que, depuis le sinistre Bargello (ancienne maison de ville, aujourd'hui musée national), qui fut bâti par les podestats des premiers temps de la République, et dont le touriste ne saurait oublier la belle cour intérieure, entourée d'arcades à colonnes, les énormes escaliers de pierre, les vastes salles, les cheminées quasi-cyclopéennes, jusqu'aux palais modernes des quais prolongés de l'Arno, on suit le plus aisément du monde les phases et les transformations de cette architecture *sui generis*, toute particulière à Florence; mais la merveille du genre, dans toute sa pureté, c'est — j'y arrive enfin — le palais Pitti.

Construit en 1440, sur le dessin de Brunelleschi, pour un simple marchand florentin, dont il a conservé le nom, il fut acquis, un siècle plus tard, par les Medici, qui le firent achever et l'habitèrent. Fort heureusement qu'en l'achevant on n'a ni altéré ni affaibli le colossal caractère du plan primitif. Cet édifice, rendu plus imposant encore par sa

280 L'ITALIE.

position surexhaussée, a l'air d'une véritable gageure. Il est en blocs énormes, en quartiers de roche à peine dégrossis, dont les emmanchements laissent passer de gigantesques

COUR DU PALAIS BARGELLO.

bossages. Les Étrusques seuls ont su empiler jadis des masses aussi formidables et aussi anguleuses. La façade a 200 mètres de long. Les deux étages posés sur l'assise géante du monument montent en se rétrécissant vers le ciel bleu ; aux deux échines, une puissante terrasse transversale ajoute encore à la structure trapue de l'ensemble. Point d'ornement extérieur, car on ne saurait attribuer le caractère décoratif à la longue balustrade qui couronne chaque étage, non plus qu'aux lourdes arcades dont le cintre enferme les fenêtres. Le monstre est tout de pierre nue.

L'aspect de la cour carrée intérieure n'est pas moins fruste, malgré ses trois lignes de colonnes superposées. Le dallage même sur lequel on y marche est parfaitement en harmonie avec la rudesse sombre de l'édifice. Mais entrez dans cette enfilade de salons, où les Médicis, ces « connaisseurs » sans pareils, ont rassemblé, en fait de tableaux, de statues, d'argenteries, de meubles somptueux, d'ivoires et de mosaïques, tout ce que

PALAIS PITTI.

la puissance servie par la richesse peut accumuler de chefs-d'œuvre : quelle surprise ! quel éblouissement !

Une cité qui avait déjà les Offices, et qui, pour surcroît, se voit doter des merveilles du palais Pitti ! Quelle compensation à la servitude, si la servitude pouvait jamais être compensée ! Presque toutes les œuvres de cette galerie sont hors ligne ; trois toiles, hors ligne parmi toutes les autres, la Vierge à la Chaise, la Madone du grand-duc, la Vision d'Ézéchiel, y proclament la gloire et le génie de Raphaël.

Au palais Pitti attiennent les jardins Boboli, commencés au seizième siècle, sous Cosme, le premier grand-duc de Toscane. Qu'il est doux, au sortir de la célèbre galerie, la tête encore pleine de tant de visions peintes et sculptées, d'aller s'asseoir un instant au *Coffeehouse* et de contempler du haut des terrasses les dômes scintillants

282 L'ITALIE.

de Florence, de l'autre côté des quais de l'Arno ! Puis, quand vous êtes un peu reposé,

FONTAINE DE JARDIN BOBOLI.

— car rien ne fatigue comme l'admiration à jet continu, — vous descendez la superbe avenue qui conduit à l'Isoletto, vers ce grand bassin au milieu duquel, d'une vasque ruisselante, se dresse la statue de Neptune par Jean Bologne. Le jardin Boboli, que la fastueuse royauté de Louis XIV a depuis imité et surpassé à Versailles, forme, du côté sud, la limite de la ville. Il s'étend depuis la forteresse du Belvédère, dont j'ai parlé au début de cette description de Florence, jusqu'à la Porta Romana. De là une route mène, à droite, vers la colline de Bellevue, une autre, à gauche, vers la villa dite le Coteau impérial (*Poggio imperiale*), puis, plus loin, à la Torre del Gallo, qui servit d'observatoire à l'illustre Galilée, avant qu'un Medici ne l'eût livré à l'Inquisition.

Une autre promenade, bien plus fréquentée, et qui est comme le bois de Boulogne des Florentins, ce sont les Cascine (laiteries). On y va en voiture, à cheval, à pied, et même, au besoin, à dos de chameau, car le chameau, ne vous en déplaise, est à peu près acclimaté en Toscane. La futaie est superbe, les haies verdoient à droite et à gauche ; l'Arno coule doucement le long de ses rives teintées de couleurs charmantes. Dans le lointain, les cimes bleuâtres des monts.

Vous regardez, à l'heure du *fresco*, défiler les cavaliers et les équipages ; pour mieux voir, vous vous asseyez au Piazzone. Chaque Florentine qui passe et repasse, fût-ce une simple fleuriste, coiffée de son chapeau de paille, vaut à elle seule un poëme. Vous ai-je dit que la Florentine, si elle n'a point les formes pleines, les traits réguliers de la Milanaise ou de la Romaine, exhale, en revanche, de toute sa personne, je ne sais quelle grâce originale que ni la Romaine ni la Milanaise ne sauraient jamais acquérir? C'est visiblement affaire de terroir. La femme de Florence a pour elle une exquise distinction de traits et de tournure. Il ne s'y mêle point cet attrait caressant et voluptueux de la Vénitienne ; mais la physionomie est fine

ALLÉE DU JARDIN BOBOLI.

et intelligente ; l'abord respire une familiarité pleine à la fois d'aisance et de réserve. Je ne sais quel rayon de flamme intérieure éclaire la figure enjouée. Rien de cette sentimentalité légèrement morbide que l'on trouve plus au nord. La passion que fait naître la Florentine a besoin de paraître toujours un peu contenue : excellent moyen, vous le savez, pour rendre une passion incurable, pour la maçonner au cœur du patient, et lui donner les solides attaches d'une des ossatures marmoréennes du palais Pitti.

Quant au Florentin, même le descendant le plus authentique d'un *minuto* du quatorzième siècle, ce ne sera jamais l'image d'un balourd. Sismondi nous le peint, au beau temps des gonfaloniers, comme un homme reconnu pour avoir l'esprit le plus délié parmi tous les peuples d'Italie ; railleur en société et saisissant avec vivacité le ridicule ; dans les affaires, découvrant avant les autres, par sa perspicacité, la voie la plus courte pour arriver à son but. Avec cela, un caractère ferme et une conduite plus mesurée qu'une telle vivacité d'esprit n'aurait pu le faire supposer. En littérature, unissant toutes les prestesses de la pensée à la force du raisonnement, la gaieté à la philosophie, et la plaisanterie aux plus hautes méditations. L'original d'aujourd'hui se reconnaît encore volontiers dans ce portrait. D'aucuns prétendent même qu'en vertu de la sélection, le Florentin du dix-neuvième siècle s'est encore affiné, et que les destinées nouvelles de l'Italie le trouveront on ne peut mieux approprié au rôle qu'il lui reste à jouer.

Si vous ne voulez point quitter Florence sans visiter quelque habitation bien authentique d'un prince de la littérature ou de l'art, vous n'avez que l'embarras du choix. Rue San Giuliano, derrière Santa Croce, vous trouverez la Casa Buonarroti, où l'on vous montrera nombre de reliques de Michel-Ange, entre autres, je crois, ses pantoufles. Au delà de l'Arno sont les maisons de Machiavel et de Galilée ; puis, non loin du Dôme, rue de la Pergola, est l'ex-demeure de Benvenuto Cellini. C'est là que le premier des orfévres, qui était en même temps un statuaire, fit le fameux Persée en bronze de la loggia de' Lanzi. Cette fabrication fut tout un drame, que l'artiste lui-même a raconté dans ses mémoires si pleins de mouvement et de verve.

Il avait d'abord, sur la demande de Cosme Ier, exécuté un modèle en cire jaune, d'une brasse de hauteur. Ce modèle en petit plut au duc, qui voulut avoir l'ouvrage en grand, pour la place de la Seigneurie. Ici commença une série d'incroyables tribulations. Benvenuto ayant demandé une maison disposée de manière qu'il y pût établir à l'aise ses fourneaux, le prince donna ses ordres à un de ses majordomes, lequel, à son tour, donna les siens « à un petit homme sec et maigre, qui était payeur, et qui se nommait Lattanio Gorini ». Cet homme, dit Benvenuto, « avec ses petites mains d'araignée, sa petite voix de moustique et sa lenteur de limaçon, me fit fournir tant bien que mal des pierres, du sable et de la chaux, pour bâtir assez mesquinement un colombier... Je me rassurai, en me disant à part moi que les petits commencements ont quelquefois de grands résultats... Je soufflais au derrière de Gorini pour le faire avancer; je criais après des ânes boiteux et un petit borgne qui les conduisait, et en attendant, malgré ces difficultés, je préparais l'emplacement de mon atelier. » — Il avait, en effet, déraciné les arbres et les vignes, et les choses semblaient près de marcher, quand il fut appelé par le majordome. Celui-ci le reçut dans la salle de l'Horloge du Vieux-Palais, et lui demanda, le verbe haut, de quel droit il bâtissait. — Du droit que m'a conféré Son Altesse. — Là-dessus dénégations arrogantes dudit majordome. Benvenuto n'était point de nature patiente; on peut même dire qu'il avait la tête un peu trop près du bonnet, et l'histoire de sa vie nous montre que l'artiste en lui était volontiers doublé d'un ferrailleur. Il se fâcha donc tout rouge en cette occurrence, et envoya promener « le majordome et son duc ». L'affaire s'arrangea cependant après coup, et 200 écus de gages furent alloués à Benvenuto pour le travail qu'il entreprenait. L'atelier une fois bâti, ce fut le diable pour se procurer des ouvriers. Contre vent et marée, l'artiste arriva enfin à ce qu'il voulait, et la grande besogne fut mise en train. Mais voici qu'au dernier moment on lui vient annoncer que tout est perdu. Il était au lit avec la fièvre : il se lève et court à son fourneau. Ici, je le laisse parler : « Je vis, dit-il, que le métal s'était tout à fait coagulé, ce qu'on appelle devenir en gâteau. J'ordonnai à deux manœuvres d'aller en face, à la maison de Capretta le boucher, chercher une pile de bois de jeunes chênes qui étaient secs depuis plus d'un an, et que dame Ginevra, femme de Capretta, m'avait offerts. Aussitôt que les premières brassées furent arrivées, j'en remplis le foyer, parce que cette espèce de chêne fait un feu plus vif que tous les autres bois (on emploie le bois d'aune et de pin pour couler les pièces d'artillerie, parce qu'il faut un feu plus doux). Dès que le gâteau sentit un feu violent, il commença à devenir moins épais et à se liquéfier... Mais tout à coup on entendit une détonation, et l'on vit une grande flamme, semblable à un éclair, qui frappa tout le monde de terreur... La clarté dissipée, on s'aperçut que le couvercle de la fournaise s'était brisé et soulevé, de sorte que le bronze en sortait... J'ordonnai aussitôt d'ouvrir l'orifice de mon moule; je fis en même temps taper sur les tampons du fourneau, et, voyant que le métal ne coulait pas avec la promptitude ordinaire et que la violence du feu avait consumé tout le bois, je fis prendre tous mes plats, mes écuelles, mes assiettes d'étain : il pouvait y en avoir deux cents; je les mis l'une après l'autre devant mes canaux, et j'en fis jeter une partie dans le fourneau... Alors le bronze devint parfaitement liquide. Je me jetai à genoux, et remerciai Dieu. » Benvenuto confesse de plus qu'il mangea de joie une salade et tout un chapon. Quant aux gens qu'il soupçonnait d'avoir fait figer exprès son métal en gâteau, afin de servir les vengeances de l'hostile majordome, il paraît qu'ils allèrent dire à celui-ci que Benvenuto n'était pas un homme, mais bien le diable en personne.

Ce petit poëme en action ne rappelle-t-il pas les luttes plus héroïques encore, soutenues également devant la fournaise, par un artiste français du même siècle, l'illustre émailleur Bernard Palissy ?

Florence possède à elle seule une douzaine d'académies, dont la plus célèbre est celle de la *Crusca*, qui date de 1582. A cette époque, les Florentins avaient déjà créé de toutes pièces ce beau dialecte qui était digne de devenir la langue de la péninsule entière. Nous avons vu que ce fut Dante qui le dégagea en quelque sorte des langes, et lui livra le champ littéraire, occupé jusqu'alors exclusivement par le latin. Sans doute aujourd'hui encore les divers patois italiens sont loin d'être réduits à l'état d'idiomes morts ou même mourants ; ce sont eux qui défrayent presque partout le théâtre et la littérature populaires, et ce n'est pas là, soit dit en passant, un médiocre embarras pour le voyageur qui n'a puisé qu'à une source unique et épurée les connaissances linguistiques dont il se sert au delà des monts ; mais il me semble qu'on a entamé depuis quelques années en Italie une campagne suivie, pour achever le plus vite possible l'unification nationale par la vulgarisation d'un idiome unique ; en tous cas, nous sommes loin du temps où l'on pouvait compter par centaines les sous-dialectes en vigueur dans la Péninsule, et où un « cicéronien » soutenait en présence du pape Clément VII, un Médici, s'il vous plaît, que l'italien n'était pas une langue et méritait tout au plus d'être abandonné, comme « patois », aux gens de la classe infime.

Il est vrai que d'autres cicéroniens, Bembo entre autres, contribuèrent à établir la grammaire et à fixer l'orthographe de la langue nouvelle. Quant à l'Académie de la Crusca, son rôle fut celui de toutes les académies. Elle épura, éplucha, émonda, souvent à tort et à travers. Les *Cruscantes* n'étaient pas infaillibles, et leur juridiction rencontrait d'ailleurs plus d'une résistance. On sait que le mot *Crusca* signifie *son;* la tâche première de la compagnie fut en effet de séparer le bon grain de l'ivraie. Dante, Pétrarque et Boccace furent reconnus de bonne mouture. Tasse, en revanche, n'eut pas cette fortune. Son œuvre fut censurée, tout comme le *Cid* de Corneille le fut par d'autres Cruscantes qui n'étaient pas des Toscans. On trouva que la *Jérusalem délivrée* contenait plus de son que de farine; on la rejeta, en avertissant charitablement les gens de goût que le grain en était si mauvais, que ni

PARC DE PRATOLINO ET STATUE COLOSSALE DE L'APENNIN.

le tamis ni la meule n'y pouvaient rien, et qu'il n'y avait pas lieu d'admettre au grenier des saines récoltes un poëme dont l'ordonnance était indigente et froide

« comme un dortoir de moines ». La satire était, on le voit, à double tranchant, et daubait, sans vergogne, l'ascétisme du cloître sur le dos de la poésie !

A six kilomètres au nord de Florence se trouve l'antique cité de Fiesole, qui fut le centre le plus important de toute la contrée au temps des Romains. Ce n'est plus aujourd'hui qu'un spectre de ville, un entassement quasi funéraire de ruines étrusques et de masures, au milieu desquelles se dresse une cathédrale du onzième siècle, en forme de basilique. De nombreuses villas modernes se sont néanmoins accrochées ici aux pentes des collines, car le site est des plus pittoresques, et l'on y jouit d'une vue magnifique sur la riche plaine de l'Arno et sur tout le relief des montagnes jusqu'aux cimes lointaines du défilé de Massa-Carrara.

En obliquant de là vers la route carrossable de l'Apennin, on arrive à la villa de Pratolino, qui abrita jadis les amours romanesques du duc François et de la fameuse Vénitienne Bianca Capello. Celle-ci, une véritable « Vénus du Titien », finit par devenir grande-duchesse de Toscane. En revanche, la fille du grand-duc François devint reine de France sous le nom de Marie de Médicis. Cette ancienne résidence princière, dont les historiens racontent des merveilles, n'est plus qu'une morne solitude où nichent à l'aise les oiseaux ; le palais a été rasé ; avec lui se sont évanouies les féeries d'hydraulique que l'architecte avait inventées pour charmer les regards de la belle châtelaine aux cheveux d'or. Le parc n'a conservé de toutes ses constructions étranges ou hardies qu'une statue colossale de l'Apennin, haute de 20 mètres, qui fut sculptée sous la direction de Jean Bologne.

Mais la partie la plus ravissante, et, à bon droit, la plus renommée, de ce versant des Apennins, c'est la zone de grands bois ombreux, entremêlés de ruisseaux jaseurs et de frais pâturages, où s'élèvent l'ex-abbaye de Vallombreuse et les couvents de la Verna et des Camaldules. L'Arioste et Milton ont célébré tour à tour la poésie mélancolique de ces hauts vallons, vrai paradis toscan, jeté sur le triangle des monts Falterona, Prato-Magno et Catejana, c'est-à-dire dans la région où l'Arno et le Tibre ont leurs sources.

III

DES BORDS DU SERCHIO AUX RIVAGES DU LATIUM

L'ancienne Étrurie est arrosée par une demi-douzaine de fleuves, d'importance inégale, qui sortent de l'Apennin ou de ses diverses ramifications. Le plus septentrional, le Serchio, qu'alimentent les neiges de la Garfagnana et des Alpes Apuanes, traverse le Lucquois et va se jeter dans la mer à six kilomètres seulement au nord de l'embouchure de l'Arno, avec lequel il a dû avoir autrefois un lit inférieur commun. L'Arno, qui a sa source dans une direction diamétralement opposée, au mont Falterona, décrit, comme on le peut voir sur la carte, une figure des plus singulières. Après avoir coulé d'abord parallèlement au Tibre, il rebrousse chemin tout à coup, un peu au-dessus d'Arezzo, et, laissant son frère jumeau continuer sa route vers Pérouse, contourne mollement la chaîne du Prato-Magno pour gagner Florence et obliquer de là presque en ligne droite jusqu'à Pise.

Les autres fleuves, du nord au sud, sont : la Cecina, née du massif subapennin que domine le mont Catini, renommé pour ses eaux thermales et médicinales ; la Cornia, qui sort du demi-cercle de hauteurs dont les monts Calvi et Montieri figurent les deux grandes échines, et qui se termine à la mer par l'étang de Piombino ; l'Ombrone, qui descend des environs de Sienne et traverse la maremme de Grosseto ; l'Albegna, qui aboutit à la racine du promontoire d'Orbetello ; enfin la Fiora, qui a sa source dans les réservoirs du gigantesque Amiata, et forme la limite méridionale de la Toscane.

Le versant toscan des Apennins offre un aspect beaucoup plus riant que celui qui va, de l'autre côté, vers le Parmesan et le Modénais. La différence n'est pas aussi tranchée qu'entre la pente française et la pente espagnole des Pyrénées ; mais elle est néanmoins sensible à première vue. Dans le bassin de la mer Tyrrhénienne, les pâtis sont d'une couleur plus vive, les plateaux et les vallons plus peuplés. L'ensemble a un caractère de fécondité et de bien-être, qui tient surtout à ce que le sol, de même que dans le Milanais, y est divisé à l'infini.

Le précepte du poëte latin : *exiguum colito*, — cultivez en petit, — y était appliqué déjà, du temps de Sismondi, qui vante les excellents résultats de ce morcellement agricole. Tout le pays comprend au reste trois régions bien distinctes, dont le voyageur saisit aisément la succession, sans même descendre de wagon. Au nord et à l'est, c'est la grande intumescence alpestre, une série de hautes cimes que la neige blanchit pendant plusieurs mois de l'année : là, tout l'écroulement plus ou moins abrupt des déclivités apennines présente, suivant le degré d'altitude, des massifs de pins, de sapins, de mélèzes, des agglomérations de trembles, de hêtres, de châtaigniers. Au-dessous, c'est-à-dire dans la partie centrale du pays, en deçà du relief subapennin, se déroule un écheveau de collines boisées, aux vallées étroites, toutes plus fertiles les unes que les autres. Enfin, à l'extrême ouest et au sud, se trouve la zone des grandes plaines et des marécages.

Avant de m'occuper de cette dernière, qui demande une description tout à fait à part, je ne veux voir en ce moment que la riche région, en quelque sorte circulaire, dont Florence et le cours de l'Arno occupent le milieu, et où s'élèvent les quatre cités, fameuses à divers titres, de Lucques, Pise, Livourne et Sienne.

Ici, je le répète, la charrue et la bêche sont maîtresses. Leur règne bienfaisant commence dès ces hauts plateaux mitoyens d'où l'on descend peu à peu vers les mamelons inférieurs. En même temps, grâce aux nombreux torrents qui parcourent toute l'étendue des versants, en prêtant à l'homme une force motrice à peu près gratuite, grâce en outre à l'abondance de roches, de minerais, et d'autres substances chimiques fournis par le massif subapennin, l'industrie s'est développée, dans toute cette région, avec une facilité vraiment merveilleuse ; les usines à fonctionnement hydraulique s'y sont multipliées, comme une poussée naturelle du sol.

Plus on avance vers le réseau central des fleuves et des rivières, reliés encore par un lacis presque inextricable de ruisselets, plus on voit que la propriété va se divisant. Ce sont des myriades de petites closeries, de compartiments couverts d'oliviers, et séparés les uns des autres par des haies épaisses de mûriers et des rangées de peupliers auxquels se marient, non moins volontiers qu'à l'ormeau, les tendres sarments de la vigne. Huile, vin, froment, légumes croissent côte à côte sur le même enclos. L'agriculteur toscan a su, comme le Lombard, refréner les emportements des cours d'eau qui se précipitent dans ses campagnes, entraînant avec eux, en pâtes molles, toutes sortes de poussières de roches et de détritus organiques. Non content de briser leur offensive, il les a, en quelque façon, pris à son service. Après avoir bâti des murs maçonnés entre lesquels ils coulent docilement, il les a ramifiés à sa guise dans une multitude de rigoles qui transforment chaque champ, chaque parcelle de terre, en îlot. Et cet heureux système d'irrigation date de loin, car il est antérieur aux Medici. Seulement, la plupart de ces domaines sont des métairies ; peu de paysans sont propriétaires ; les capitaux enfouis dans ce sol viennent presque tous de la ville ; car si le Florentin n'aime pas la campagne et ne la visite guère qu'au temps des récoltes, le rêve du moindre boutiquier, ou de l'artisan un peu aisé, n'en est pas moins d'épargner de quoi acquérir un petit domaine rural, quitte à le faire exploiter par un métayer.

Les plus prisées et les plus charmantes de ces métairies sont celles qui couronnent le sommet d'un *poggio* ou petit coteau. L'aspect en est simple, mais avenant, et ne jure pas trop à côté de la somptueuse villa, à devanture de marbre. C'est d'ordi-

SITE DE LA VALLÉE DE L'ARNO.

naire une maisonnette en briques ou en pierres calcaires, blanchie à la chaux, avec un étage ou deux, un toit de tuiles, et un colombier turriforme ou quadrangulaire : le *capoccio*, ou chef de l'exploitation, y demeure avec toute sa famille. Il a ses *pigionali*, ouvriers ruraux à louage, pour l'aider dans sa besogne. Un ou deux attelages de bœufs, une *treggia* (traîneau) pour parcourir la montagne, un *carro* (charrette), souvent de forme si primitive, que ce n'est autre chose qu'un filet de cordes suspendu dans un cadre de bois entre deux roues hautes : tel est l'outillage le plus important du *podere*.

Pour en revenir aux cités toscanes, c'est cet incessant travail de culture qui a donné au bassin fluvial au milieu duquel se trouve Lucques sa splendeur extraordinaire. Jadis, une grande partie des campagnes de la rive gauche étaient inondées, à certaines époques, par les grossissements du lac Bientina. Aujourd'hui, le trop-plein de la cavité s'écoule par un canal souterrain, et le sol a été au mieux assaini par les maraîchers.

Lucques *l'industrieuse*, comme on l'appelle, ne compte pas moins de 65.000 habitants. Elle a eu autrefois, sous son célèbre capitaine Castruccio Castracani, un court moment de prospérité, qu'elle a payé ensuite d'un long et dur esclavage, à peine

CHARIOT TOSCAN.

interrompu par quelques fugitives reprises d'haleine. J'imagine qu'après avoir obéi à tant de maîtres de provenance diverse, elle a dû saluer, elle aussi, d'un soupir sorti du fond de ses entrailles, l'enfantement définitif de la grande patrie italienne.

Les remparts qui entourent Lucques sont les plus beaux qu'on puisse voir. Il est vrai que cette enceinte, percée seulement de quatre portes, n'est autre chose qu'une ligne continue de boulevards avec des rangées d'arbres gigantesques, platanes, trembles et acacias. La ville est littéralement noyée dans cet océan de verdure, d'où émerge seul aux regards le clocher carré de sa cathédrale. Ce dôme, consacré à saint Martin, deux autres églises, San Frediano et San Romano, avec des peintures

VENDANGES EN TOSCANE.

de Ghirlandajo, de Fra Bartolommeo, et des sculptures d'un artiste lucquois du quinzième siècle, Matteo Civitali, un reste d'amphithéâtre antique, quelques palais, voilà, si je m'en souviens, les principales curiosités qu'elle offre au touriste. Dans une fraîche vallée des environs se trouve l'établissement thermal connu sous le nom de Bains de Lucques (*Bagni di Lucca*) : il ne compte pas moins de dix-huit sources, excellentes, paraît-il, contre nombre de maladies dont je n'aurai garde de vous faire ici la nomenclature.

De Lucques à Pise, le trajet n'est que d'une demi-heure par le chemin de fer.

Pise, cette ancienne rivale de Gênes, comptait jadis 150,000 habitants ; il lui en reste à peine le tiers aujourd'hui. Elle n'a pas été tuée seulement par la victorieuse concurrence du grand port ligure, ni par cette terrible bataille de Meloria (1284), qui anéantit presque d'un coup sa marine ; la nature elle-même s'est chargée de tarir ses sources de prospérité et de vie. L'Arno, par ses alluvions, a complètement obstrué l'ancien *porto Pisano*, où atterrissaient les flottes de la fière république. La ville, qui du temps de Strabon était à moins d'une lieue de la mer, en

OSTERIA LUCQUOISE, PRÈS SAN FREDIANO.

est aujourd'hui à une distance trois fois plus considérable. Au douzième siècle, la *Cascina di San Rossore* se trouvait sur la plage même ; elle en est à présent à cinq kilomètres, et des adjonctions successives faites au continent il s'est formé là de vastes plaines sableuses, entrecoupées de pâturages et de bois de pins, où errent des milliers de chevaux et de bœufs à demi sauvages, sans compter les chameaux, que les éleveurs ont acclimatés dans ces parages, et qui se prélassent, dans la bonne ferme de San Rossore, au nombre d'une quarantaine.

Pise *la morte* a pris philosophiquement son parti de sa décadence. « Triste ville, dit M. Taine, négligée, inerte, qui rappelle une de nos villes tombées ou laissées de côté par la civilisation qui se déplace, Aix, Poitiers, Rennes. » Pour qui a vu Pise l'hiver, cette peinture n'est plus vraie. Sans se transformer du tout au tout, ainsi que Nice, par un coup de baguette magique, Pise, dans la saison froide, devient en partie méconnaissable.

SCÈNE DE LA VIE POPULAIRE A PISE.

La douceur de son climat, due surtout au rempart septentrional de ces monts, « qui empêchent les Pisans de voir Lucques », écrit Dante dans sa Divine Comédie, y attire alors une foule d'étrangers. La population indigène elle-même n'est pas ennemie d'une douce gaieté. Une florissante université contribue à maintenir une animation intermittente dans ces vieilles rues bien bâties, quoique de couleur un peu terne ; puis la classe populaire y a, comme à Florence, un air avenant et souriant, qui plaît aux regards du voyageur. Gros marché, du reste, centre agricole, où affluent les céréales de toute la contrée.

Fût-elle trois fois plus déchue encore, Pise se sauverait toujours par un petit coin à part, où se groupent, vestiges glorieux d'un passé que l'art évoque jusque dans sa tombe, quatre monuments incomparables : le Dôme, le Baptistère, la Tour penchée et le Campo Santo.

Le Dôme fut construit, vers le douzième siècle, par un artiste toscan dont on ne sait rien, si ce n'est qu'il s'appelait Buschetto. C'était au temps où les Pisans étaient maîtres de la Sardaigne et de la Corse, où leurs navires s'en allaient au loin, vers Byzance, vers

PLACE DU DOME, A PISE.

l'Orient, battant sur la route les écumeurs sarrasins. La jeune république, fière de sa force et de ses succès, préluda de bonne heure à la grande Renaissance par un premier épanouissement architectural. Comme Venise, elle ramassa de toutes parts, dans ses fructueuses expéditions, de quoi orner ses palais et ses édifices. Ses trois grands sculpteurs, Nicolas, Jean et André de Pise, secouèrent hardiment le joug de la routine et de la tradition.

Résultat : le Dôme, avec son Campanile latéral, ou Tour penchée, dont l'inclinaison, soit dit en passant, ne paraît tenir qu'à un accident ; le sol se serait affaissé sous le poids de la construction, avant même qu'elle fût terminée ; — le Baptistère, avec sa fameuse chaire de Nicolas de Pise ; — enfin le Campo Santo, œuvre de Jean, son fils. On sait d'où vient ce nom de *Campo Santo* (Champ sacré). Vers 1228, une cinquantaine de galères pisanes qui étaient allées au secours de Frédéric Barberousse embarquèrent pour lest, en quittant la Palestine, de la terre enlevée aux lieux occupés par le Saint-Sépulcre. La quantité qui en fut déchargée à Pise couvrit l'espace actuel du Campo Santo sur une profondeur d'environ neuf pieds. Cette terre avait la propriété de consumer les corps en vingt-quatre heures ; il lui faut aujourd'hui un temps plus que double, sans doute par suite de l'évaporation d'une partie des sels dont elle était imprégnée.

Ce cimetière forme un parallélogramme de 130 mètres de long sur 45 de large ; à l'intérieur, entre les quatre pans de marbre, règne une galerie carrée qui s'ouvre, par soixante-deux arcades à fenêtres ogivales, sur une cour déserte, où l'herbe pousse à son gré. Nul édifice au monde n'est plus simple ni plus grandiose d'ordonnance. Sarcophages, tombeaux, bustes, statues, tout un monde de chefs-d'œuvre peuple ce promenoir austère et sonore. Des fresques en ornent le pourtour. Et quelles fresques ! Une série de scènes de l'histoire sacrée, par Gozzoli, l'élève du pieux moine Fra Angelico : l'*Ivresse de Noé* (la Vergognosa), la *Tour de Babel*, la *Chute de Jéricho*, *Salomon et la Reine de Saba* ; puis les deux toiles fameuses d'Andrea Orcagna, *le Triomphe de la mort* et *le Jugement dernier*. La première surtout est pleine d'une sombre éloquence. Jamais danse macabre ne figura satire plus terrible et d'un effet plus saisissant. Une troupe de boiteux, de manchots, d'aveugles et de faméliques appellent la mort, la supplient de mettre un terme à leurs souffrances : « *O morte ! medicina d'ogni pena, deh ! vieni...* ; » mais la camarde à l'œil cave n'a point affilé sa faux pour cette besogne ; elle se détourne des infirmes, et passe... Dans un bosquet voisin, de beaux cavaliers et de jeunes dames retour de la chasse se livrent aux douceurs du repos, en écoutant la tendre chanson d'un ménestrel ; au-dessus d'eux voltigent des amours. La mort fauche sans pitié toute la cavalcade. Elle a déjà fauché, mis en tas par terre, des porte-couronne et des porte-mitre, des moines et des religieuses, des guerriers et des papes : tous gisent pêle-mêle, corps inertes qui vomissent leurs âmes sous la forme d'enfants nus. Comptez celles de ces âmes que recueillent les anges, et celles qui vont d'emblée aux griffes des démons, dont l'escadron hideux et grotesque grouille autour du noble charnier. Eh quoi ! ermite vénéré, nonne immaculée, vases de sainteté qui débordiez au moindre attouchement, vous n'étiez, au fond, qu'un revenant-bon pour Satan, qui vous appréhende, tout fumants encore de péchés mignons. Allez donc où sont allés sans doute ces trois rois que je vois au pied de la

INTERIOR OF CAMPO SANTO.

montagne, si pourris dans leur tombe ouverte, si treillissés de vermine, que ce châtelain à cheval, un délicat seigneur pisan, s'en bouche les narines; allez, vous dis-je, à la fournaise que l'autre Orcagna, Bernardo, vous a préparée ici près : vous y rôtirez, en nombreuse et décente compagnie, parmi les flammes crépitantes, après qu'une escouade de diablotins, préposés d'urgence à cet office, vous aura dûment tenaillés, déchiquetés, éventrés.

Bon moyen âge, bon quatorzième siècle ! Avec quelle verve railleuse et naïve tu sais déployer les imaginations de ton mysticisme ! A quelle sublime parade arrive ta satire! Ce n'était assez de l'*Enfer* de Dante, avec ses horribles puanteurs, ses lèpres multiples, sa poix bouillante, ses lacs glacés, ses soifs inextinguibles, ses damnés à la face tournée vers les reins ou au dos courbé sous une chape de plomb : voici, de plus, la *mort* faucheuse et la grande cuve tortionnaire des Orcagna. Quelle revanche, avec ou sans commentaire à la marge, pour les faibles contre les forts, pour les déguenillés contre les *grassi!* Quels épouvantements d'imagerie consolatrice ! Quel rétablissement de l'équilibre humain... en peinture !

Pise possède quelques palais remarquables, entre autres le palais Lanfranchi, où a demeuré lord Byron, sur le quai de l'Arno; celui de Carovana, sur la Piazza de' Cavalieri. Là était autrefois la fameuse Tour, où l'archevêque Ruggieri laissa périr d'inanition, avec ses enfants, le comte Ugolin de la Gherardesca, gouverneur de Pise. « A cause de moi, on appelle cette tour la *Tour de la faim*, dit le pécheur du neuvième cercle, dans l'*Enfer* de Dante, avant de reprendre, « en roulant les yeux, le misérable crâne, où ses dents, comme celles d'un chien furieux, entrèrent jusqu'à l'os. » Et le poëte de s'écrier : « Ah ! Pise, la honte des nations du beau pays où le *si* résonne, puisque tes voisins sont lents à te punir, que Capraja et Górgona s'ébranlent et fassent une digue à l'embouchure de l'Arno, pour qu'il engloutisse tous tes habitants ! » Les îles de Caprée et de Gorgone n'ont pas eu besoin de s'ébranler pour murer la bouche de l'Arno ; on a vu que l'Arno lui-même s'est chargé de combler son estuaire et de ruiner les Pisans. La vengeance des « voisins » ne s'est point non plus trop fait attendre : Lucques d'abord, pour un temps, puis Florence, définitivement, imposèrent leur joug à la fière république, qui put alors se souvenir avec amertume de son vieux surnom romain d'*obsequens*, — l'obéissante, la soumise, — et qui eut tout le temps de connaître à fond, durant de longs siècles de servitude, cet autre supplice dantesque : « les pleurs répandus empêchent les autres de couler, et la douleur, trouvant un obstacle dans les yeux, se refoule au dedans et accroît l'angoisse. »

Qui a hérité de la fortune commerciale de Pise ? Une pauvre escale des frontières des Maremmes, qui n'était encore au treizième siècle qu'un village de quelques centaines d'habitants. Ce petit havre de Livourne (*Livorna*), où n'entraient originairement que des tartanes, des lougres, des goëlettes, a dû son premier agrandissement aux Medici. Grecs, Juifs, Maltais s'y sont réfugiés et en ont vite accru l'importance. Aujourd'hui, c'est un des trois grands ports italiens, le plus actif entrepôt de grains de la Péninsule, un des points habituels de relâche des paquebots et des navires de grand cabotage entre l'Occident et le Levant.

Livourne, de même que Trieste, est donc une ville de création toute récente, presque dénuée de bagage historique et d'avoir architectural. Cette foule affairée qui roule ses vagues dans la via Fernandina représente avant tout le labeur moderne, l'esprit de spéculation et de mercantilisme ; tournée uniquement vers l'avenir, elle n'a point le temps de rêver aux choses du passé. Et certes, une demi-douzaine de laboratoires tels que Livourne, sans enlever au nouveau royaume un atome de sa gloire artistique, auraient vite fait de lui insuffler ces sucs fortifiants, qui assurent et démontrent seuls, de nos jours, la vitalité d'un pays.

Si Livourne n'a point d'édifices ni de musées qui attirent particulièrement les regards, elle n'en est pas moins par elle-même une curiosité, un monument du travail humain. C'est le travail humain qui l'a, pour ainsi dire, créée de toutes pièces. Il a fallu, comme pour le port français du Havre, consolider le sol marécageux où elle est assise, creuser les bassins qui donnent accès aux navires ; il a fallu encore découper artificiellement la série de canaux au moyen desquels les denrées se peuvent débarquer à l'entré même des magasins. Aussi tout un quartier septentrional de la ville, fendillé en îlots, porte-t-il le nom significatif de Nouvelle-Venise. Outre la voie ferrée, un canal dérivé de l'Arno la met en communication avec Pise. C'est au delà du môle, projeté fort avant en pleine mer, que se trouve l'écueil de Meloria, près duquel fut livrée, au treizième siècle, cette fameuse bataille navale si funeste aux Pisans. La tour blanche qui se dresse au large sur l'îlot semble être là comme un témoin mélancolique des anciennes discordes, chargé de rappeler et de faire sentir aux Livournais, ces parvenus du travail, la supériorité incontestable du temps présent sur le vieux siècle des Guelfes et des Gibelins.

De Florence ou de Pise, un chemin de fer, — l'une des trois grandes voies ferrées qui relient la Toscane à Rome, — conduit à Sienne par Empoli. Ce gros bourg d'Empoli, où l'on est souvent obligé d'attendre le train pendant plusieurs heures, était autrefois le grenier principal de toute la région ; l'histoire nous apprend qu'au treizième siècle, les Gibelins toscans, après leur victoire de Monte-Aperto sur les Guelfes, agitèrent la question de détruire Florence et de la rebâtir à Empoli, comme les Romains, autrefois, avaient délibéré un moment sur le transfert de Rome à Véies. Deux églises, la Collégiale (*Collegiata*) et San Stefano, puis le palais public, méritent d'être vus.

C'est à quelques kilomètres plus loin, à la station de Certaldo, que descendent d'ordinaire les voyageurs qui veulent pousser une excursion jusqu'au vieil *oppidum* féodal de San Giminiano, le « Pompéi du moyen âge », comme l'appelle un écrivain italien. Cette petite ville, jadis république indépendante, a pris son honnête part des querelles politiques de la Toscane. Je ne sais même pas si, toutes proportions gardées, elle n'a pas droit à la page d'honneur dans l'interminable chronique des bouleversements guelfes et gibelins. Triomphes d'un jour, défaites aussitôt réparées que subies : quel étrange va-et-vient de vainqueurs et de vaincus ! Pendant des siècles, des flots de bannis sortent par une porte pour rentrer par l'autre. Notez que la ville et son territoire ne comptaient pas douze mille habitants. Ces tempêtes dans un verre d'eau se grossissaient du reste de mille souffles étrangers, partis de Florence, de Sienne ou d'ailleurs. Même après la grande peste de 1348, qui rafla les deux tiers des Sangéminiens, les luttes continuèrent de plus belle ; il restait juste assez de monde pour que le combat ne finît point faute de combattants. Nul arbitrage n'y put rien : les puissantes familles du petit bourg, flanquées de leur clientèle respective, devaient se colleter littéralement jusqu'à extinction. Or il paraît que, vers le milieu du seizième siècle, à l'époque où Florence elle-même succombait définitivement, cette extinction était aux trois quarts un fait accompli, car nous voyons qu'alors la population de San Giminiano était réduite presque à rien : trois mille habitants environ. Cette fois enfin la solitude fit la paix.

Aujourd'hui les murailles à créneaux, les donjons épais, les poternes, les mâchicoulis de la petite nécropole, jasent encore à l'envi de ce passé plein d'orages. Il n'y a point, à coup sûr, dans toute l'Italie, il n'y a peut-être pas au monde un aspect de ville aussi étrange que celui de cette ex-commune souveraine. Du plus loin qu'on l'aperçoit, on se frotte les yeux comme devant une vision fantastique. Qu'est-ce ? Le train de Pise nous a-t-il conduits en Orient ? Mais non, ces bizarres silhouettes, qui menacent le ciel de toutes parts, ne ressemblent pas, à bien regarder, aux élancements des minarets byzantins. Ces tours carrées ont, dans leur hauteur, quelque chose de trapu, de sévère et de résistant, qui nous ramène en plein Occident, aux *palazzi* du moyen âge. Suivant les jeux de l'optique, ces tours nous apparaissent tantôt collées en faisceau, tantôt espacées et distinctes, comme ces géants des forêts qui dressent leurs fûts solitaires au-dessus de la menue végétation des taillis. Que ce hérissement ne vous fasse pas peur. Franchissez les remparts extérieurs jusqu'à la grande place de la Citerne, l'ex-forum de la république. Vous les voyez de près, ces tours rébarbatives. Celle-ci entre autres, dont l'élévation dépasse 50 mètres, c'est la *Rognosa;* elle forme l'appendice de l'ancienne résidence des podestats; mais les podestats ont disparu, il y a beau temps; les petits-fils des belliqueux Giminianesi ne songent plus qu'à vendre au meilleur prix leurs fromages et leurs laines, et vous, paisible amateur d'antiquités et de sites curieux, vous dégustez votre café dans une maison à *loggia* et à fenêtres ogivales, qui n'a guère envie, je le jurerais, de jouer désormais à la forteresse.

De la bourgade de San Giminiano à l'ex-grande ville de Sienne, nous pouvons passer de plain-pied. Même histoire, mêmes souvenirs et même décadence. Plus profonde encore, vu le niveau relatif des grandeurs, a été la chute de cette ancienne dominatrice des hautes vallées qu'enferment l'Ombrone et l'Arno.

Tout à Sienne, aujourd'hui, vous parle grâce et douceur. Beau langage, belles femmes, beau climat; bon vin, bon air et bon cœur : rien n'y manque. Du haut de la colline où la ville est juchée, l'œil plane de toutes parts sur un paysage magnifiquement accidenté. Au nord, le mont Cimone, au midi l'Amiata, la riche et majestueuse montagne d'où se tire la célèbre *terre* dite *de Sienne.*

La ville, sorte d'étoile à trois pointes, a pour centre la Piazza del Campo, d'où rayonnent les rues principales. Ses murs du treizième siècle flottent comme une ceinture trop lâche autour de son corps, car des cent mille habitants d'autrefois il lui en reste à peine vingt-cinq mille, et les constructions survivantes n'emplissent plus, tant s'en faut, l'étendue de son périmètre. Ses grandes voies, aussi bien que ses ruelles grimpantes, ses pittoresques *costarelles* (petites côtes), sont le plus souvent désertes; mais qu'importe! Sienne déchue est restée, comme Pise, tout un monde; dans cet écrin de figure bizarre se sont conservés des joyaux d'art admirables.

La Piazza del Campo, en forme de coquille renversée, — tout, à Sienne, est original, — présente dans son pourtour une suite d'édifices exclusivement guelfes : le palais Public, qui est actuellement l'Hôtel de ville, la svelte tour du Mangia, à la base de laquelle s'appuie coquettement une petite chapelle, érigée à l'occasion de la terrible peste de 1348; puis la célèbre fontaine *Gaja* (fontaine Gaie), encadrée d'un charmant baldaquin de marbre. Cette fontaine, qui date également du quatorzième siècle, passe pour l'ouvrage le plus achevé du sculpteur siennois Giacomo della Quercia. Elle a été, paraît-il, entièrement restaurée dans ces derniers temps.

En face du palais de la Seigneurie s'en élève un autre, avec créneaux et fenêtres

SAN GIMINIANO.

ogivales, dominé par une tour centrale; c'est la résidence des Sansedoni, les *grands de Sienne*, comme on appelait cette haute famille de l'aristocratie féodale. A côté, l'ancien Casino de' Nobili (tribunal de commerce), dont la face postérieure s'ouvre sur la rue des Banchi par la superbe loge des Ufiziali.

Au sud-ouest de la Piazza del Campo, au point culminant de la ville, se trouve le Dôme, une des plus belles cathédrales, non pas seulement de l'Italie, mais de l'Europe. Qui n'a entendu parler de cette merveilleuse chaire en marbre blanc, de Nicolas de

PIAZZA DEL CAMPO, A SIENNE.

Pise, le rénovateur de la sculpture au treizième siècle? Plusieurs des piédestaux sont soutenus par des lions; sur les entablements des colonnes sont posées des figurines d'une expression inimaginable; quant aux bas-reliefs latéraux, qui représentent la Nativité, le Crucifiement, le Jugement dernier, c'est tout un drame marmoréen dont le regard ne se peut détacher.

L'église entière n'est que figures et mosaïques; le pavé même sur lequel vous marchez en est incrusté, et ce n'est point sans une sorte de crainte respectueuse que vous posez le pied sur cette délicate marqueterie de marbre, où sont tracés en clair-obscur des scènes et des personnages de toutes les époques. N'omettez pas de voir, dans la salle de la Libreria, les splendides fresques du Pinturicchio; elles représentent la vie d'Eneas Silvius Piccolomini, qui fut étroitement mêlé à l'histoire de Sienne, et devint pape sous le nom de Pie II. Au milieu de cette même salle est resté longtemps le célèbre groupe antique des Trois Grâces, découvert dans les fondations de la cathédrale;

CHAIRE DE LA CATHÉDRALE DE SIENNE.

Pie IX, choqué de la présence de cette sculpture païenne dans l'intérieur d'une église, en réclama l'enlèvement en 1857; elle est actuellement au Musée métropolitain, toujours sur la place du Dôme, au sommet de l'escalier où se trouve l'église Saint-Jean (le Baptistère), une merveille encore par ses fameux Fonts Baptismaux, de Ghiberti et de Donatello. Suivez de là vers le nord l'écheveau des ruelles siennoises, vous arriverez au pied d'une colline escarpée, sur laquelle se dresse un édifice en briques rouges, flanqué d'une tour crénelée; on le prendrait pour une forteresse : c'est une église, — San Domenico, — dont la construction date du treizième siècle. L'intérieur est simple et imposant; peu d'œuvres d'art, mais choisies : le portrait de sainte Catherine de Sienne, peint, dit-on, par un artiste ami de la sainte, Andrea Vanini, — cette Catherine

SAINT-DOMINIQUE, A SIENNE.

était fille d'un teinturier siennois ; — puis, trois toiles de Razzi, plus connu sous le sobriquet de Sodoma, le plus grand peintre de l'École siennoise, le même qui a décoré la voûte supérieure de l'église. Le cloître voisin a été habité par le fameux auteur de la Somme théologique, saint Thomas d'Aquin, l'Ange de l'École, ou encore, le « bœuf muet de Sicile », comme l'avaient surnommé ses condisciples. On sait qu'il fut, au treizième siècle, une des illustrations de l'Université de Paris.

Au-dessous de Saint-Dominique, au pied de la colline, se trouve la célèbre fontaine

Branda, qu'Alfieri a célébrée dans un sonnet, et qui a donné son nom à l'étroit vallon

LA CONFIRMATION A LA CATHÉDRALE DE SIENNE.

dominé pittoresquement par l'église. Ce vallon n'est guère occupé que par des tanneurs ; la fontaine, aux voûtes sept fois séculaires, sert aujourd'hui de lavoir public ; après

avoir rempli leur vaste bassin, ses eaux vont se distribuer dans de gigantesques
réservoirs et alimentent les industries et les moulins du quartier.

RUINES DE L'ABBAYE DE SAN GALGANO.

Les environs de Sienne, sans couleur bien tranchée, ne manquent pas de fertilité;

l'olivier, la vigne et le froment y alternent avec d'épais bouquets de chênes et de hêtres, dont la tête chenue se couronne de lierre. Çà et là un antique château délabré. Mais la curiosité la plus remarquable du pays, c'est, à quelques lieues à l'ouest de la ville, un reste d'abbaye, San Galgano, près Chiusdino. Je ne connais pas de ruine plus poétique, ni tout à la fois plus délaissée des hommes. Combien y a-t-il de touristes qui aient pris la peine de la visiter? Et cependant, si vous voulez vous procurer quelques instants d'émotion vraie, allez, à la tombée de la nuit, contempler, aux reflets fantastiques d'une torche, ces débris lentement égrugés par la morsure des siècles, ces nobles piliers gothiques et ces hauts arceaux sur lesquels glissent librement par le toit à jour les frissonnantes caresses de la lune.

La troisième région de la Toscane, connue sous le nom générique de *Maremme* (campagne près de la mer), présente un caractère bien différent des deux autres. Elle commence à quelques lieues au sud-est de Livourne, dont une des portes, dans cette direction, s'appelle la Porte Maremmane, et s'étend jusqu'à l'embouchure de la Fiora. Aujourd'hui toutefois, grâce aux travaux d'assèchement dont je parlerai tout à l'heure, la zone véritable de pestilence se trouve surtout au sud de Grosseto.

Là, tout est solitude. Trente habitants en moyenne par kilomètre carré. Des plaines immenses, que sillonnent de petites intumescences pareilles aux vagues de la mer, des prairies submergées, d'inextricables forêts de pins, de frênes, de chênes et de chênes-liéges, coupées çà et là de vastes clairières, de marais ou d'étangs; d'énormes maquis (*macchie*), fourrés de bruyères, d'arbousiers, où errent, presque à l'état sauvage, sous la surveillance de pâtres nomades, d'innombrables troupeaux de moutons, de chevaux et de bœufs : tel est l'aspect général de cette bande littorale, séparée de la mer par un haut et triste cordon de dunes, qu'a créé l'action ininterrompue du flot et des vents du large.

Ces terres, insuffisamment perméables, sur lesquelles les eaux se putréfient au soleil, sont le domaine redouté de la *malaria* (mauvais air). Si le gibier, lièvres, lapins, perdrix, sangliers, s'y reproduit avec une force étrange de fécondité, l'homme, en revanche, s'y étiole et y dépérit. L'air, chargé de miasmes, insinue la fièvre dans les tissus; la chair se tuméfie par l'appauvrissement du sang, et l'on meurt d'excès de lymphe. Aussi les *contadini* ne se risquent-ils dans ces plaines basses que juste le temps de faire la récolte ou la semaille, puis se replient à la hâte vers des districts où l'atmosphère est plus pure et plus nutritive.

Et pourtant, ce pays, qui fut jadis le plus florissant de l'Italie, est encore à présent

— abstraction faite de ces souffles délétères — doué d'une incroyable fertilité naturelle. La chaleur, tempérée par les brises marines, y est moins accablante que dans le reste de la Toscane; le sol s'y ouvre de lui-même à de vigoureuses poussées végétales, et abonde, sur les hauteurs, en toutes sortes de minerais. Un proverbe italien résume ainsi cette fécondité et les pernicieuses influences qui en sont le revers : *In Maremma si arrichisce in un'anno, si muore in sei mesi.* — « Dans la Maremme on s'enrichit en un an, mais on meurt en six mois. »

L'existence de la malaria dans ces contrées ne paraît dater que des dernières années de l'empire romain. Ce sont les *latifundia*, ou grandes cultures au moyen de troupeaux d'esclaves, qui en ont été la première cause. La menue propriété ayant disparu, le pays s'est insensiblement dépeuplé; les travaux de drainage n'ont plus été continués; les petits lacs de la côte ont cessé de s'écouler convenablement vers la mer, se sont épandus et extravasés sur le sol. Tel est, par exemple, le cas du *Predius*, dont parle Cicéron dans un de ses plaidoyers, et qui est devenu depuis le vaste *palus* empesté de Castiglione.

Les invasions barbares sont venues ensuite accroître le mal; la déforestation des montagnes, puis, au moyen âge, le monachisme, les condottieri, la peste noire, ont coopéré, plus activement encore, à l'œuvre de dépopulation et d'empoisonnement. Les détritus charriés par les rivières ont encombré de plus en plus les estuaires de la côte; les lagunes sont nées des lagunes, et le marécage a fini par embrasser un tiers du pays: excellent territoire de déportation, vraie Cayenne cisatlantique, pour y établir des bagnes, des *presidios!* Les rois d'Espagne ne s'en firent point faute; ils étaient sûrs que leurs bannis ne mourraient point là de vieillesse.

Dès le seizième siècle, on entreprit d'assécher ces terres marécageuses. Encouragés par les bons résultats qu'avaient donnés les expériences de colmatage faites dans le val de la Chiana, entre Sienne et le lac de Trasimène, les Medici commencèrent l'assainissement du littoral de Grosseto; on creusa des canaux de conduite pour déverser les eaux de l'Ombrone dans le lac de Castiglione, dont on arrêta en même temps la communication avec la mer pour empêcher le mélange si pernicieux des eaux douces et des eaux salées. L'activité des particuliers seconda les travaux officiels. Aujourd'hui, une moitié au moins de cette partie du marécage se trouve reconquise par la culture; des fermes fort avenantes et bien exploitées se sont établies dans des lieux jadis tout à fait putrides et inhabitables. Il ne reste plus qu'à poursuivre, au delà de l'Ombrone, jusqu'à la Fiora, cette œuvre de *bonificamento della Maremma*, comme disent là-bas les publicistes et les savants, et peut-être, à force de drainage, de colmatage, de plantations et de culture, arrivera-t-on à rendre un jour à cette portion de l'Étrurie son ancien climat.

A quelque souche ethnique qu'ils appartinssent, aryenne, ougrienne ou sémitique — la controverse est loin d'être close — ces ancêtres des Toscans, les Étrusques ou Tyrrhéniens, n'en ont pas moins laissé sur le sol qu'ils ont occupé des empreintes singulièrement fortes de leur intelligence et de leur industrie. On sait que leur empire s'étendit un moment depuis la Grande-Grèce jusqu'aux Alpes tyroliennes. Non moins puissants sur mer que sur terre, ils étaient, par leurs pirateries, la terreur des Doriens de Sicile. Refoulés peu à peu par leurs ennemis du nord et du sud dans les limites étroites de l'Étrurie, en proie à des discordes intestines, à d'implacables rivalités de castes, ils ne purent, non plus que les Osques et les Sabins, résister au choc de Rome grandissante.

« Les Étrusques, dit Michelet dont le génie a si bien su reconstituer l'antique figure politique de la terre italienne, furent une race d'un caractère grave, d'un esprit méditatif. Cette disposition morale fut puissamment secondée par les fréquentes aberrations du cours ordinaire de la nature dans cette contrée, les météores, les tremblements de terre, les déchirements subits du sol, les bruits souterrains. Ce peuple superstitieux jeta un regard sombre et triste sur le monde qui l'environnait. Il n'y voyait que funestes présages, qu'indices frappants de la colère céleste et des plaies dont elle allait frapper la terre. Ils annoncèrent seuls dans l'Occident que les empires meurent aussi, et que l'Étrurie devait périr au dixième siècle de son existence. »

Avant de mourir, les Étrusques eurent du moins la gloire d'avoir été les premiers initiateurs de Rome dans les arts. Ils avaient de bonne heure franchi le Tibre, jusqu'à la rive droite duquel venait l'Étrurie. Fidènes, en face de Véies, était étrusque ; la Campanie, de l'autre côté du Latium, leur appartenait ; le roi Servius Tullius fut d'origine étrusque, et M. Ampère a très-bien démontré que ce peuple avait occupé les collines de la Ville éternelle avant les Sabins. Toujours est-il que les égouts de Tarquin, l'*agger* ou enceinte de Servius Tullius, la prison Mamertine, c'est-à-dire les plus anciens monuments de Rome, sont leur œuvre ; on sait aussi que, par l'intermédiaire des Sabins, ils importèrent à Rome leurs rites, leurs divinités et leurs arts.

Ce qui reste d'eux en Toscane donne bien une idée de la civilisation de ces grands bâtisseurs. Qui ne connaît, par ouï-dire, les ruines grandioses de Volterra, une des douze cités de l'ancienne confédération ou Dodécapole des Lucumons ? Située sur un haut plateau, au flanc des monts Cattini, cette vieille capitale où naquit Perse, et qui joua encore un certain rôle au moyen âge, alors qu'elle était république indépendante, n'est plus aujourd'hui qu'une bourgade, non moins triste d'aspect que sa voisine San

Giminiano. Par ses places et ses *costarelles*, et aussi par la beauté de ses types féminins, elle rappelle Sienne; mais, tandis que Sienne et San Giminiano ramènent seulement le touriste vers la vie communale du moyen âge, Volterra le transporte, d'un coup de baguette, au milieu d'une civilisation pour ainsi dire antéhistorique, à côté de laquelle la Rome des Césars n'est déjà plus de l'antiquité.

Sans les guerres du moyen âge qui ont détruit une grande partie de ses murailles cyclopéennes, Volterra resterait sans doute comme un exemplaire à peu près parfait d'un vieil *oppidum* tyrrhénien. Ce qui survit de ses gigantesques assises, formées de gros blocs réguliers et sans ciment, présente encore un suffisant échantillon de la robuste architecture des Étrusques. On voit que l'ancienne enceinte de la ville contournait toutes les arêtes de ses collines, sur un circuit de deux lieues et demie environ, et au-dessus de précipices parfois effrayants; on se demande comment les constructeurs ont pu hisser ou jeter en équilibre au haut de ces crêtes et dans ces gorges boueuses des masses aussi colossales. Le fragment de mur le plus remarquable est l'énorme agencement de roches qui soutient actuellement la terrasse de l'ex-couvent de Santa Chiara. Plus curieuses encore sont la *Porta dell' Arco*, jadis Porte d'Hercule, dont la voussure est ornée de trois grosses têtes en haut-relief, et la Nécropole, qui contient une cinquantaine de sarcophages antiques, avec des bas-reliefs dont les motifs sont pris de la guerre de Troie. Presque tous ces sarcophages sont en albâtre; on remarquera que les habitants actuels de Volterra excellent encore à travailler ce beau marbre tendre : c'est sans doute une « spécialité » qui s'est transmise depuis trente siècles de père en fils. Des carrières toutes voisines, celles de la Castellina, fournissent du reste ample matière aux sculpteurs volterrans.

C'est dans les salles de l'ancien palais public, ou *Municipio*, qu'on a réuni en un musée les innombrables monuments de l'art étrusque recueillis depuis cent cinquante ans dans les diverses fouilles opérées autour de la ville : urnes funéraires, vases, statuettes, ustensiles de toute espèce, candélabres et monnaies. Les inscriptions sont nombreuses et offrent un beau champ aux amateurs de déchiffrements. Les bas-reliefs représentent soit des pompes religieuses, des cérémonies funèbres, soit de fastueux banquets, soit des scènes de l'Iliade et de l'Odyssée; les costumes sont superbes. Nous retrouverons bientôt près de Pérouse et de Viterbe des restes d'hypogées bien plus remarquables encore, et qui nous montreront à quel développement étaient parvenus en Étrurie les arts qui relèvent du dessin.

Sans la richesse du massif subapennin où elle est située, Volterra, dénuée de toute grande voie de communication avec les principaux centres de la Toscane, ne serait sans doute qu'un pauvre hameau de quelques feux. Si elle compte encore avec sa banlieue une quinzaine de mille âmes, cela tient aux exploitations de toute sorte, mines de sel, carrières d'albâtre, mines de cuivre, sources sulfureuses, qui existent dans les environs. J'ai parlé plus haut des « terrains ardents » de la Toscane; non loin de Volterra, au pied des hauteurs de Montieri, toujours dans le bassin de la Cecina, se manifestent des phénomènes géologiques plus curieux encore et surtout d'un revenu plus avantageux.

En cheminant dans cette région, le voyageur aperçoit de loin d'épais nuages blancs qui tourbillonnent sur un point du sol, en dégageant une odeur d'hydrogène sulfuré. S'il avance, il entend des bruissements étranges, et se voit tout enveloppé de vapeurs. L'air est tiède et acide, le sol humide, glissant, entrecoupé d'une boue brûlante et de flaques d'eau écumeuses. Qu'il franchisse cette zone marginale, il arrivera au bord des *lagoni*, petits lacs bouillonnants d'où se fait le dégagement des gaz en question. Ces vapeurs, appelées *soffioni*, contiennent, entre autres sels, de l'acide borique, substance chimique fort prisée dans le commerce et d'un usage indispensable pour certaines préparations industrielles. L'Angleterre surtout en fait une énorme consommation, et presque tout ce qui s'en recueille dans la Toscane lui est expédié pour ses fabriques.

Rapprochons-nous de la côte, et reprenons la voie ferrée de Livourne à Civita-Vecchia. Nous voici dans le val de la caillouteuse rivière la Cornia. Toujours les mêmes petits coteaux couverts d'arbousiers, de genévriers, de myrtes; çà et là, quelques fermes et des charbonnières. A droite, la Toscane insulaire : l'île d'Elbe, avec ses montagnes pittoresques, si riches en minerais, et ses deux ports de Porto Ferrajo et de Porto Longone. En deçà et au delà, les îlots diversement célèbres de Capraja et de Monte Cristo : celui-ci fut la résidence fictive d'un brillant héros de roman; celui-là porte la demeure austère et le petit champ d'un héros réel de l'histoire contemporaine. En face, sur la terre ferme, le château de la Gherardesca, ancien fief du comte Ugolin, et actuellement encore, si je ne me trompe, propriété de la même famille; puis, au nord du promontoire qui fait face à l'île d'Elbe, encore une vieille ville étrusque, *Populonia*. L'île d'Elbe lui appartenait autrefois; elle-même n'appartient plus aujourd'hui qu'au domaine toujours serein et toujours poudreux de l'archéologie.

Ni Populonia ni Piombino, petite cité moderne qui lui fait pendant de l'autre côté de l'éperon péninsulaire, ne se trouvent sur le parcours de la voie ferrée; celle-ci va en droite ligne, au travers de l'épaisse forêt de pins qu'on nomme *Tombolo*, lieu sinistre et mal hanté, s'il en fut, de la station de Campiglia à celle de Follonica. En avant! il ne fait pas bon s'attarder ici; nous y aspirons par tous les pores la malaria.

A gauche, se dresse sur un haut plateau, à quatre lieues environ de la mer, la cité métallurgique de Massa maritima, jadis *Massa veternensis*. Aspect curieux, cathédrale du treizième siècle, maisons à l'air grave, aux fenêtres cintrées et à colonnettes. En 1346, Sienne la conquit ; deux années après, la grande peste la dépeupla. Il paraît qu'à une certaine époque ses marchands avaient étendu leur trafic jusqu'aux grandes places de la Hanse et des Pays-Bas.

Le chemin de fer, pour éviter les marais de Castiglione, décrit ensuite une forte courbe vers Grosseto, la capitale de ce fétide empire des Maremmes ; puis, l'Ombrone une fois franchi, il reprend le rivage de la mer pour ne le plus quitter qu'aux approches de Rome. Les souvenirs étrusques, latins et grecs abondent tout le long de la route ; ils se détachent de chaque promontoire, s'accrochent aux pentes de chaque colline, et nichent en quelque sorte dans la moindre anfractuosité de rocher. Que de noms sonores, dont les euphoniques désinences, presque désapprises depuis le collége, reportent ici le touriste vers les temps quasi fabuleux, vers ce cycle de héros dont les aèdes chantaient les exploits ! Voici, par exemple, le promontoire et la rade de Télamone, port fondé, dit-on, par les Argonautes à leur retour de Colchide.

Télamon, fils d'Éacus, était au nombre des compagnons de Jason. Apollonius, qui a célébré en quatre chants cette expédition, la plus fameuse de l'antiquité après l'épique guerre de Troie, raconte que le navire *Argo*, ayant passé de l'Éridan dans le Rhône, puis dans le golfe du Lion, — itinéraire qu'il faut accepter de confiance, — abordèrent à l'île Æthalie (île d'Elbe), pour y faire un bout de toilette. De là, voguant à la vue du pays des Tyrrhéniens (la Toscane), ils traversèrent la mer d'Ausonie et arrivèrent au port fameux d'Æa (Porto-Ferrajo). Sur le rivage, ils aperçurent Circé, la tante de Médée, qui se purifiait dans les eaux de la mer. Circé reçut fort mal les navigateurs conquérants, et si Junon et Iris ne s'en fussent mêlées, j'ignore comment le voyage se serait terminé. Mais Iris, déployant ses ailes, alla donner tour à tour ses ordres au vieux Nérée, puis à Éole, puis à Vulcain. Les Néréides interposèrent le rempart de leurs corps entre le vaisseau et les écueils ; Éole, en fait de vents, ne fit souffler que le zéphyr ; le dieu du feu laissa reposer ses fourneaux et suspendit le bruit de ses marteaux sur l'enclume : si bien que les Argonautes, bravant les roches Cyanées, bravant les Sirènes, bravant Charybde et Scylla, purent arriver sans encombre, avec Médée leur capture, à l'île des Phéaciens, autrement dit Corcyre (Corfou), où le roi Alcinoüs et ses sujets leur souhaitèrent la bienvenue, selon la mode du temps, par des sacrifices et des festins.

Le promontoire de Télamon porte aujourd'hui le nom de Monte Argentario ; au sud, le Port d'Hercule (*Porto Ercole*) ; à la base, sur une langue de terre qui s'avance au milieu d'un étang marin, espèce de vivier de pêche où les anguilles n'abondent pas moins que dans la lagune de Comacchio, est la petite ville d'Orbitello. Au large, quelques îlots qu'on appelle les *Fourmis*.

La Fiora, rivière qui forme la frontière méridionale de la Toscane, n'est plus éloignée que de cinq ou six lieues; Civita-Vecchia, où les trains venant de Livourne s'arrêtent seulement quelques minutes, est à une distance à peu près double; mais nous ne pousserons point jusque-là notre trajet sur ce littoral ; ce sera, si vous le voulez, par un autre côté, après nous être donné le plaisir de maint circuit pittoresque, que nous prendrons pied sur le territoire de l'antique Latium.

CHAPITRE VIII

LES ROUTES DE ROME PAR LES MARCHES ET L'OMBRIE

I

LE VERSANT DE L'ADRIATIQUE

Outre le chemin de fer de Civita-Vecchia, qui suit l'itinéraire de l'ancienne voie Aurelia le long de la mer Tyrrhénienne, trois autres grandes routes, en venant du nord, aboutissent à Rome. L'une est la voie ferrée qui se détache, près d'Ancône, du littoral de l'Adriatique, pour couper de biais la Péninsule par Foligno et Spolète, c'est-à-dire par la région même que traversait autrefois la voie Flaminia. La seconde, la plus centrale, est le railway de Florence par les bords du lac Trasimène; celui-ci rejoint la route précédente à Foligno. La troisième enfin vient directement de Sienne par Chiusi et Orvieto, et se raccorde avec le chemin principal au seuil des monts de la Sabine.

Nous avons, si l'on s'en souvient, quitté la première de ces routes à Rimini, vers le point où la province d'Émilie confine à celle des Marches. De là jusqu'à Ancône on compte encore une vingtaine de lieues. Le chemin ferré continue de serrer la mer de tout près; la vague rejaillit presque jusque sur les roues, car, bien souvent, la voie repose uniquement sur un de ces dépôts marins mêlés de sable et de vase que l'on appelle « laisses ». A chaque pas, le point de vue s'embellit. A gauche, l'immense nappe ensoleillée de l'Adriatique; au-dessus, des vols circulaires de mouettes blanches; sur les flots, le sillage écumeux des barques dalmates. Tournez vos regards à droite : quel charme de contraste ! De ce côté, l'horizon change à tout moment; les capricieuses déchirures des collines laissent apercevoir des vallées toujours dissemblables et toujours riantes. Sur les hauteurs, de vieilles cités : telle Pesaro, célèbre par ses figues et par ses villas de la Renaissance. L'Arioste et le Tasse ont chanté jadis ces belles résidences. Aujourd'hui le rossignol y chante seul, non plus la gloire des ducs d'Urbin, mais les splendeurs moins éphémères de la nature, parmi les touffes de lauriers qui s'entrelacent aux escaliers de marbre. Un autre maître en harmonie, Rossini, est né, je l'ai dit, à Pesaro.

Trois lieues plus loin, on touche à Fano. Le site est charmant, mais plein de souvenirs terribles. Tout près de là coule le Métaure, sur les bords duquel eut lieu, il y a vingt siècles, ce choc sanglant entre les légions romaines et l'armée d'Hasdrubal. Les Carthaginois, dont la retraite était coupée, essuyèrent une épouvantable défaite. Leur camp même fut anéanti. Le frère d'Hannibal périt, comme avait péri son père Hamilcar, en soldat. Et vous vous rappelez que, le soir même de la bataille, le consul Nero se mit en route à marches forcées, et que, moins de quinze jours après, il se retrouvait dans l'Apulie, en face d'Hannibal. Celui-ci n'avait pas bougé de place ; il attendait toujours un message de son frère. Ce message, le consul romain le lui apportait : c'était la tête d'Hasdrubal, qu'il fit jeter aux avant-postes carthaginois. Un temple de la Fortune, *fanum Fortunæ*, élevé près du Métaure, en consécration de la victoire de Nero, a donné son nom au petit port de Fano. La patrie de Raphaël, Urbino, où régnèrent ces princes d'Urbin, dont la cour fut un moment une des plus brillantes de l'Italie, est à quelque distance, à droite, sur une montagne solitaire que cerne un entourage de cimes revêches.

On continue de côtoyer la mer, et l'on arrive à Sinigaglia, ou mieux Senigaglia située à l'embouchure de la Misa, dont le cours entier, depuis l'Adriatique jusqu'à l'Apennin, est bordé de sites ravissants. Petit port, mais grosse citadelle, Sinigaglia était surtout renommée, naguère encore, pour sa foire, qui tombait, je crois, au mois de juillet, et, pendant une vingtaine de jours, transformait la localité en un curieux caravansérail. Il fallait voir le coup d'œil, du café de la rue Maëstra. Ragusains, Monténégrins, trafiquants de Trieste et de Zara, Turcs de Cattaro, prenaient alors d'assaut la petite ville, roulaient comme un flot versicolore le long des rues et des quais, et faisaient du moindre hangar une hôtellerie grouillante et bruyante. Et quelles senteurs innommées emplissaient l'atmosphère ! Que de cuisines en plein vent, que de baraques ! sans compter les bans de *pifferari*, descendus exprès des Abruzzes, qui s'en allaient d'une *loggia* à l'autre, jouant du hautbois ou de la cornemuse, ou dansaient la saltarelle devant les madones des carrefours ! Puis c'étaient, dans toutes les osterias, des parties effrénées de boule et de *mora*. La *mora* surtout a le don de passionner les désœuvrés de la Péninsule. On sait en quoi consiste ce jeu, qui n'est pas, tant s'en

PILLERARI.

faut, inconnu en France. Beaucoup d'entre nous, « dans les jours fabuleux de l'enfance, » comme dit Schiller, s'en sont payé la douceur. Le joueur lève rapidement la main

322 L'ITALIE.

droite, dont il tient repliés un ou plusieurs doigts, en énonçant le chiffre des doigts demeurés tendus. L'adversaire doit saisir au vol l'intention, et formuler non moins vite le même nombre; sinon, il a perdu. Je vous laisse à penser de quels rires et de quels lazzis cette joute est accompagnée.

Passé la station des Maisons brûlées (*Case bruciate*), le train touche à Ancône, ancien

AU JEU DE MORA.

marquisat lombard, et, après Venise, le port le plus animé de la côte italienne de l'Adriatique. Beaucoup de juifs, comme à Sinigaglia. La cathédrale, à coupole, s'élève sur un cap, d'où l'on domine au loin la mer; le porche de sa façade mérite un regard du touriste. A l'entrée du môle est l'arc de triomphe de Trajan. Ancône *la Dorique*, comme l'appelle Juvénal, est reliée à Trieste par un service régulier de bateaux à vapeur.

L'embranchement ferré de Rome quitte la côte un peu en deçà de la ville, à la station de Falconara. Les touristes qui désirent visiter en outre quelques cités de l'intérieur des Marches poussent d'ordinaire jusqu'à Loreto et Recanati.

Loreto, rendez-vous de mendiants et de pèlerins, est haut perchée sur un rocher. On y arrive par une route montueuse, qui traverse le célèbre champ de bataille de Castelfidardo. La ville ne se compose guère que d'une rue, où s'étalent les mille objets du menu trafic apostolique et romain, car la maîtresse de céans n'est autre que la sainte Vierge. Tout le monde sait que la maison où elle demeurait à Nazareth, la *Santa Casa*, a

CATHÉDRALE D'ANCONE.

été transportée par les anges, au travers des airs, de la côte d'Asie sur ce rivage de l'Adriatique, où la piété du quinzième siècle lui a octroyé l'abri d'une splendide église. L'habitation sacrée se trouve sous la coupole de cette église de la Madone, et enveloppée d'un revêtement de marbre sculpté, dont Bramante a fait le dessin. Tout autour, un fouillis d'ex-voto, entre autres une culotte rose de je ne sais plus quel roi de Saxe. Dans une cavité du mur, le propre plat où mangeait la Vierge. On comprend que les richesses de ce sanctuaire aient plus d'une fois tenté l'impie convoitise des corsaires turcs et sarrasins ; aussi la ville a-t-elle été de bonne heure munie d'une forte muraille encore existante.

A Recanati, autre petite ville également située sur une hauteur, nous rentrons dans le domaine des faits historiques. Là est né, en 1798, un des plus grands poëtes de l'Italie, Giacomo Leopardi. Sa vie ne fut, on le sait, qu'une longue souffrance physique et morale. Comme Pascal, il semblait mûr pour la mort dès sa naissance. Toute son œuvre est celle d'un « triste », d'un « désillusionné ». Il était, ce semble, venu au monde quarante ans trop tôt. A cette âme inquiète et vaguement tournée vers l'avenir, il eût fallu le vaste champ de la patrie italienne. Il étouffait dans le « trou noir » des Marches. « Ma patrie est l'Italie, » disait-il. Les paroles qu'il prête à Brutus le jeune, dans un de ses plus beaux canzones, laissent apercevoir la pensée secrète qui l'obsédait : « Ni les glèbes ensanglantées, ni les cavernes pleines de hurlements ne s'émeuvent de notre malheur, et l'humaine souffrance ne fait point pâlir les étoiles. Je n'invoque en mourant ni les dieux sourds de l'Olympe et du Cocyte, ni l'indigne terre, ni la nuit, ni toi, suprême rayon de la mort noire, ô souvenir de l'âge futur... Les temps se précipitent vers le pire, et c'est à tort que l'on confierait à la postérité corrompue l'honneur des nobles âmes et la suprême vengeance des vaincus. Qu'autour de moi le fauve oiseau de proie agite ses ailes, que la bête féroce serre mon corps dans ses griffes, que l'orage entraîne ma dépouille inconnue, et que le vent recueille mon nom et ma mémoire... » Quelle plus éloquente paraphrase à ce dernier mot de Brutus expirant : « Vertu, tu n'es qu'un nom ! » Le jour où sa sœur Pauline s'était mariée, le poëte lui avait adressé ce sombre épithalame : « Ma sœur, en ce temps de deuil, tu augmenteras de ta malheureuse famille la malheureuse Italie... Tu auras des fils ou misérables ou lâches : choisis-les misérables !... » Leopardi mourut, âgé de trente-neuf ans seulement, en 1817. Son corps repose à Naples, sur la route de Pouzzoles, dans la petite église de San Vitale.

D'Ancône à Rome, le trajet n'offre rien de bien attrayant jusqu'à Foligno, localité où se trouve le point de raccord du chemin de Pérouse. Avant de poursuivre notre voyage par delà ce point d'embranchement, il nous faut parcourir le railway, si intéressant et si pittoresque, du lac Trasimène.

II

LES ROUTES DU CENTRE

La haute vallée de l'Arno, que suit d'abord le chemin de fer de Florence à Pérouse, ne renferme qu'une ville de quelque importance : c'est Arezzo, l'antique cité étrusque d'Arretium. Ce coin de terre, où l'on respire, disent ses habitants, un air d'une subtilité toute particulière, a produit une singulière poussée de grands hommes. Sans remonter jusqu'à Mécène, dont les ancêtres avaient régné sur Arretium, — *Mœcenas, atavis edite regibus,* — écrit Horace, cette ville a vu naître Pétrarque, Vasari, le Guide et l'Arétin. Il est vrai que la naissance de Pétrarque fut une sorte de larcin fait à la faveur des guerres civiles. Sans le décret de 1302, qui bannit de Florence, en même temps que Dante, Ser Petracco de l'Ancisa, notaire des informations, c'est-à-dire archiviste des délibérations de la Seigneurie, celui-ci ne fût jamais venu se fixer à Arezzo, et son fils, le chantre de Laure, n'y fût point né. La petite cité peut aussi réclamer comme sien Michel-Ange, dont un château tout voisin, celui de Caprese, a été le berceau. Enfin, au nombre des enfants d'Arezzo, on peut encore, pour mémoire, compter ce noble aventurier Concino Concini, qui, sous le nom de maréchal d'Ancre, s'acquit en France au dix-septième siècle, par sa vie comme par sa mort, un genre bien différent de célébrité.

Arezzo a vu, il y a deux mille ans, le rideau se lever sur un grand drame militaire, dont la suite de notre voyage va bientôt évoquer devant nous l'acte principal. Ce fut en cet endroit qu'Hannibal, tombant du haut de l'Apennin avec ses Numides, se trouva en face de la troisième armée envoyée de Rome pour le combattre ; mais le capitaine punique, qui avait son plan, évita le consul Flaminius, et prit sa route, par le val de la Chiana, dans la direction du lac Trasimène. C'est là que nous le retrouverons dans quelques instants.

Au sortir d'Arezzo, la voie ferrée longe à droite le susdit val de la Chiana, qui a été le théâtre d'un si colossal travail d'assèchement et de colmatage. La dépression de cette vallée, que l'on considère comme ayant été le lit primitif de l'Arno, lorsque ce dernier fleuve continuait de courir vers le sud, parallèlement au Tibre, était jadis une plaine marécageuse, entrecoupée de lagunes, où régnaient de terribles fièvres endémiques. Les eaux, en équilibre, ne s'écoulaient ni d'un côté ni de l'autre. Les oiseaux mêmes redoutaient ce lieu à l'égal du golfe Averne. Il fallut ménager ou renverser les pentes, établir des points de partage artificiels, creuser des émissaires. Cette œuvre, entreprise par le célèbre ingénieur Fossombroni, n'a été achevée que de nos jours ; mais elle a si bien réussi que le district le plus empesté de l'Italie en est devenu un des plus salubres, un de ceux où l'agriculture remue la terre le plus à souhait, et où se pressent les bourgs les plus riches et les plus peuplés.

En avant ! Cortona et ses magnifiques remparts étrusques sont déjà dépassés. Le paysage prend de plus en plus la figure d'un véritable paradis terrestre. Ce ne sont que ruisselets aux harmonieux susurrements, bouquets d'arbres où vocalisent des milliers d'oisillons. Bientôt nous atteignons le lac de Trasimène ; le train en longe les bords supérieurs pour s'arrêter, au bout de quelques minutes, à la station de Passignano.

Le lac a 12 kilomètres environ de largeur dans tous les sens; tout autour règnent des collines basses, couvertes de chênes, d'oliviers et de pins. Peu de promontoires, mais un semis de petites îles, Minore et Maggiore au nord, Polvese au sud. C'est dans l'espace étroit et marécageux compris entre les collines qui marquent la naissance du lac à Sanguinetto et l'éperon rocheux de Passignano qu'eut lieu la fameuse bataille de l'an 217 avant notre ère. Hannibal, pour engager Flaminius à quitter ses quartiers d'Arezzo, avait fait ravager toutes les plaines qui s'étendent en deçà vers Cortone. Sa cavalerie attendait l'ennemi, bien dissimulée dans les hauteurs boisées qui tombent en pente vers le lac. Le soleil allait se coucher quand le consul atteignit l'entrée du fatal défilé. Le lendemain matin, dès avant le jour, et sans même avoir pris le soin de s'éclairer, il s'enfourna dans la petite plaine littorale. Un brouillard épais lui cachait les positions de l'ennemi. Quand les troupes de Flaminius furent passées, Hannibal donna le signal de l'attaque, et la cavalerie carthaginoise, descendant des collines environnantes, ferma aussitôt la brèche derrière les Romains. En un clin d'œil ceux-ci se trouvèrent complétement investis : le lac à droite; en front, sur une éminence, le gros de l'armée punique; à gauche, une ligne de hauteurs occupées par des troupes légères; en queue, les cosaques numides maîtres de la passe, c'est-à-dire la retraite coupée.

Le premier choc des Carthaginois, se ruant de toutes parts sur leurs adversaires, amena une horrible confusion parmi les rangs des légionnaires, qui entendaient les cris de l'ennemi sans même l'apercevoir ; l'effroi s'accrut encore, quand la brume, en se dissipant, laissa étinceler aux rougeurs du soleil levant l'immense ligne semi-circulaire des soldats d'Hannibal. — « Attention, Italie ! Prête l'oreille ! Je vois ou crois voir tout un flot de fantassins et de cavaliers, fumée et poussière, et briller les épées comme les éclairs dans la nue ! » Ce cri d'un poëte italien moderne dut s'échapper de l'âme du malheureux consul auquel Rome avait confié sa fortune ; mais Flaminius n'avait plus même la ressource de faire une trouée avec une poignée d'hommes, comme fit, à une année de là, Terentius Varro sur le champ de bataille de Cannes; il ne pouvait que périr comme périt à Cannes Paul-Émile. Durant trois heures, les Romains luttèrent en désespérés ; l'acharnement fut tel, dit-on, que les combattants ne sentirent même pas un tremblement de terre qui bouleversa le lieu de l'action et les environs. La mort de Flaminius amena enfin la déroute générale. Une partie de l'armée fut anéantie encore en marche, cherchant à former l'ordre de combat. Le nom de Sanguinetto, *ruisseau de sang*, que porte un des petits cours d'eau de cette rive de Passignano, témoigne des souvenirs vivaces laissés par cette affreuse journée de carnage. Après deux mille ans écoulés, les paysans de la contrée connaissent encore le nom d'Hannibal et vous parlent du consul romain, *il console romano*, qui fut tué sur les bords du lac.

Quant à la nature, toujours sereine, elle a oublié le fracas d'armes qui a un instant troublé l'harmonieux silence de ce beau bassin aux contours mollement arrondis. Le soleil colore de ses mêmes rayons les vertes collines trasiméniennes et les ondes à peine murmurantes de la pièce d'eau solitaire; la lune y verse sa même clarté frissonnante, et l'écho jaseur, que n'étonne aucun bruit nouveau, répète aussi bien le rauque sifflement des locomotives que le refrain mélancolique et traditionnel du charretier qui regagne le soir la plaine inclinée de Borghetto ou la côte rocheuse sur laquelle s'élève l'église gothique de Santa Margherita.

Au delà de Passignano, le chemin de fer continue de côtoyer le lac; à droite, sur un promontoire de la rive opposée, on aperçoit Castiglione del Lago, petite ville quasi insulaire avec de petites rues à la vénitienne, et l'ancien palais de Don Juan d'Autriche, le vainqueur de Lépante. Puis, le village de Magione une fois passé, la voie s'écarte du lac pour s'engager dans un écheveau de collines pittoresques, qui se prolongent jusqu'à Pérouse.

Cette vieille capitale de l'Ombrie, posée sur un plateau escarpé de 300 mètres d'altitude, à une faible distance du Tibre, est bâtie tout à la diable, comme Sienne sa voisine, ou encore comme la ville suisse de Lausanne. Les inégalités capricieuses de sa colline y multiplient étrangement les montées et les descentes. L'édilité moderne a eu beau redresser et corriger par-ci par-là certaines fantaisies topographiques, l'ensemble demeure baroque, plein de dislocations et de bosselures insensées. Des rues propres d'ailleurs, bien dallées, et munies d'arêtes transversales dont le pied du touriste apprécie fort l'intention charitable; des murs sombres, âpres d'aspect; des maisons se donnant volontiers l'accolade par-dessus le promeneur qui n'en peut mais, et qui se voit pris tout à coup au piège d'un noir tunnel : tel est le premier aspect de cette ex-cité pontificale.

Pérouse n'en a pas moins été un des glorieux sanctuaires de l'art italien de la Renaissance.

Pietro Vanucci, dit le Pérugin, fut le prince de l'école ombrienne; Michel-Ange, qui ne l'aimait guère, commença cependant par l'imiter. Au-dessous et à côté de Vanucci, se développa toute une pléiade de peintres, dont ni les noms ni les œuvres ne sont oubliés : Bernardino di Betto, que j'ai déjà mentionné sous le diminutif de Pintu-

ARC D'AUGUSTE, A PÉROUSE.

ricchio ; Andrea Luigi, appelé d'ordinaire l'Ingegno ; Giovanni Santi, le père de Raphaël. Raphaël lui-même, le fondateur de l'école romaine, traversa tout jeune les ateliers de l'école ombrienne. En l'an 1500, n'ayant encore que dix-sept ans, il fut chargé par Vannucci, qui s'inclinait déjà devant son génie naissant, d'achever les travaux de Città di Castello, petite ville voisine de Pérouse. Ce ne fut qu'ensuite que Sanzio alla à Florence étudier Vinci et les autres maîtres du temps.

Pérouse compte plus de cent églises, sans parler d'une cinquantaine de monastères ;

INTÉRIEUR D'UN TOMBEAU ÉTRUSQUE, PRÈS DE PÉROUSE.

mais les toiles les plus remarquables qu'elles contenaient ont été rassemblées depuis peu à la Pinacothèque, établie provisoirement dans le bâtiment de l'Université. C'est là et au *Cambio* (sorte de Bourse) qu'on peut étudier le plus à l'aise le caractère et les procédés de l'école ombrienne, école spiritualiste, à tendances encore mystiques et sentimentales, mais où apparaît déjà, écrit M. Taine, « l'affleurement du paganisme nouveau à travers le christianisme vieillissant. »

Pérouse a gardé de son origine étrusque des portions de murs et plusieurs portes. Parmi ces portes antiques, la plus curieuse est l'Arc dit d'Auguste, au nord de la cathédrale gothique de San Lorenzo. Des fouilles pratiquées aux environs de la ville ont mis en outre à nu, près de Ponte San Giovanni, sur le Tibre, toute une nécropole étrusque, dix chambres contenant les tombeaux des Volumnii. L'aspect de ces hypogées mystérieux est des plus saisissants. Devant ces monuments funéraires âgés de trois mille ans, on se demande, comme dit Michelet, « quel était ce peuple étrusque, qui a si fortement marqué de son empreinte la société romaine ébauchée par les populations osques et sabines. Les personnages représentés sur les vases et les bas-reliefs de ces nécropoles sont généralement, ajoute le même historien, des hommes de petite taille, avec de gros bras, une grosse tête, quelquefois avec un nez long et fort, qui fait penser aux statues retrouvées dans les ruines mexicaines de Palanqué. Les sujets sont des pompes religieuses, des banquets somptueux, où les femmes siégent près des hommes. Les costumes sont splendides ; on sait que les Romains empruntèrent aux Étrusques le laticlave, la prétexte, l'apex, ainsi que leurs chaises curules, leurs licteurs, et l'appareil de leurs triomphes. Ce cheval-aigle me reporte à la Perse ; ces personnages qui se couvrent la bouche pour parler à leur supérieur semblent détachés des bas-reliefs de Persépolis. A côté, je vois l'homme-loup de l'Égypte, les nains scandinaves, et peut-être le manteau de Thor. Mais ces nains ne seraient-ils pas les cabires phéniciens ? Puis viennent des symboles hideux, des larves, des figures grimaçantes, comme dans un mauvais rêve, qui semblent là pour défier la critique et lui fermer l'entrée du sanctuaire. »

Un peu au delà de Pont-Saint-Jean, se trouve la route montante qui conduit à la petite ville et au monastère d'Assise (*Assisi*). Tout ce coin de l'Ombrie, malheureusement sujet aux tremblements de terre, offre l'image d'un jardin délicieux et touffu. Quantité de ruisseaux limpides courent par les sillons ; l'olivier pâle poudroie doucement sous le ciel bleu ; l'air translucide laisse apercevoir les moindres reliefs de l'horizon. Le long de la route, des hôtelleries gaies et proprettes, devant lesquelles ruminent au repos les bœufs blancs d'un *carro* rustique. N'étaient le cercle lointain des monts et les ceps qui de toutes parts grimpent à l'ormeau, on pourrait presque se croire en France, dans quelque campagne de la Touraine. Même aspect de bien-être et de vie facile.

Le monastère d'Assise (*il sagro convento*) ressemble de loin, sur son roc escarpé, à une forteresse. C'est un édifice du treizième siècle, à double rang d'arcades superposées. A ses pieds, un torrent roule dans une saignée; au delà, le bourg s'étale sur la croupe du mont. Un temple de Minerve, parfaitement conservé, apparaît à mi-côte, sur la place du Marché, à l'intersection de quatre rues qui forment la croix. Dans le couvent, trois églises, richement décorées, s'élèvent l'une sur l'autre. Le temple inférieur, crypte

ASSISE.

obscure, où l'on ne descend qu'avec des torches, renferme le tombeau de saint François. L'église intermédiaire, sombre encore et d'une imposante sévérité, est une merveille de fine sculpture. La supérieure, au contraire, magnifique dais tout baigné d'air et de lumière, s'élance joyeusement vers le ciel; on dirait un brillant vestibule du paradis. Dans le sanctuaire moyen sont des fresques de la jeunesse de Giotto, représentant les vertus de saint François, la Pauvreté, la Charité, l'Obéissance, et sa Glorification au milieu des légions célestes.

Ce célèbre fondateur de l'ordre des Franciscains, appelés plus communément Cordeliers, à cause de la corde à trois nœuds qu'ils portaient en guise de ceinture sur leur robe, naquit à Assise, vers la fin du douzième siècle. A vingt-six ans, après une première jeunesse assez orageuse, il fit vœu de pauvreté et se mit à soigner les malades et les lépreux. Jamais on n'avait vu semblable ferveur d'amour; son cœur débordait de tendresse sur toutes les créatures; il donnait son manteau pour racheter les agneaux du coutelas du boucher; il ouvrait les plis de sa tunique aux lièvres et aux perdrix pourchassés. Comme Job, il eût dit « mes frères » aux vers du tombeau. On raconte que lui et ses premiers disciples vécurent des vingt et trente jours, solitaires, sur la cime des monts, tout entiers à leurs rêves célestes. C'était, en effet, le temps des brûlantes visions, des divins transports au cerveau, des contemplations extatiques qui, suivant le mot de Dante dans la *Vie nouvelle*, font « tomber sans pouls et sans haleine ». Un tel « illuminé » pouvait-il mourir, se coucher comme un vulgaire pécheur dans la fosse puante et livide? Assurément non. Le peuple ne voulut point croire que son « saint » fût devenu la proie du sépulcre; l'opinion était qu'il n'avait point cessé de vivre et qu'il demeurait plongé dans la prière au fond d'une caverne inaccessible, d'où il ne devait sortir qu'à la fin du monde.

GORGES DE SOMMA.

A partir de Foligno, où nous retrouvons la route d'Ancône à Rome et le tracé de l'ancienne voie Flaminia, le paysage prend un caractère plus accentué. On suit une vallée dont la verdoyante végétation est rendue plus vive encore par le front glabre et aride des collines et des monts voisins. Passé

CASCADE DE FLAN.

Trevi, qui étale à mi-côte son joli groupe de maisons blanchâtres, la vallée devient une sorte de défilé, puis les hauteurs, au lieu de continuer à courir parallèlement à la route, se mettent tout à coup en travers, comme pour barrer le passage au voyageur. Des tours et une cathédrale apparaissent à gauche, au flanc d'une colline; à l'arrière-plan de hautes croupes, des forêts de chênes; une magnifique vue sur la grandiose vallée du Tibre : nous sommes à Spolète, l'ancien chef-lieu du département français de Trasimène.

Ce Castello qui se dresse là-haut, sur des assises en partie cyclopéennes, a été la résidence de Lucrèce Borgia; derrière cet édifice de la Renaissance, le regard plonge à l'aise sur l'effrayant défilé qui porte le pont-aqueduc de Spolète, haut de 81 mètres sur une longueur de 206 mètres. Une pierre lancée en bas ne touche la terre qu'au bout de six secondes. Sous les arcades ogivales de cette construction roulent les eaux descendues des splendides chênaies du Monte Lucco, à la cime duquel s'élève le cloître solitaire de San Giuliano.

Au delà de Spolète, la voie ferrée, laissant la route postale s'enfoncer à gauche dans la montagne, traverse par un tunnel le gigantesque massif (mont Somma) qui sépare le bassin du Clitumne de celui de la Nera, et bientôt apparaît, entre les deux bras de cette dernière rivière, la petite ville épiscopale de Terni (*Interamna*), patrie supposée de Tacite.

Là nous touchons à la Sabine, « qui fait suite à l'Ombrie et qui la borde, écrit le géographe Strabon, comme celle-ci borde la Tyrrhénie. » Les fameuses cascades sont à une heure et demie environ de la ville, sur la route de Rieti. La chute la plus belle est celle du Velino, qui se précipite d'une hauteur effrayante dans la Nera. L'énorme masse liquide n'est plus au fond de l'abîme qu'une poussière fine et pailletée, qui ondoie fantastiquement sur les rochers ; puis, quelques mètres plus loin, la rivière a rallié ses flots épars, ranimé ses esprits émus d'une telle aventure, et on la voit couler en bon ordre dans son délicieux encadrement de verdure. On a bien des fois, en prose et en vers, chanté cette cascade; on l'a comparée volontiers aux plus belles chutes de la Suisse ; il ne faut pas oublier pourtant que, de même que celle de Tivoli, elle est purement artificielle ; ce sont les Romains qui l'ont créée, il y a plus de deux mille ans, en détournant le cours du Vélinus.

Au-dessus de Terni, à l'entrée d'une gorge sauvage, espèce de Via Mala, par où la Nera se fraye un chemin vers le Tibre, se trouve, sur une colline pittoresque, la petite ville de Narni. Non loin de là, un superbe reste de pont romain. Bientôt le

Tibre est franchi, et l'on arrive à Orte, localité où s'embranche la troisième ligne de chemin de fer qu'il nous reste à parcourir, celle de Florence à Rome, par Sienne.

Les curiosités principales de ce dernier itinéraire ne se trouvent pas toutes sur la voie elle-même; mais des chemins de voitures bien établis permettent de gagner sans difficulté les différents points vers lesquels on veut rayonner.

La première partie du trajet peut se faire en dormant : ce n'est qu'une série fastidieuse de tunnels et de tranchées. Au delà d'Asciano, d'où part le railway transversal qui rejoint celui de Livourne à Civita-Vecchia par les Maremmes, le paysage s'ouvre davantage. On côtoie à gauche Montepulciano et son lac poissonneux, formé par les eaux de la Chiana. Ah! le bon vin qui croît ici sur ces pentes calcaires! Dans une vallée silencieuse derrière la petite ville, se trouve la célèbre église de San Biagio, bâtie tout en travertin. Toujours à gauche on aperçoit un second lac qui communique avec le premier par un canal; c'est celui de Chiusi. A quelques kilomètres sur le côté opposé est la ville du même nom, l'ancienne Clusium, où résidait ce puissant roi Porsenna qui causa une si furieuse peur à Rome naissante. Nombre de collines des environs sont toutes creusées de couloirs et de souterrains, hypogées des vieux Étrusques.

A quelque distance de Chiusi, près de la petite ville de Citta delle Pieve, où naquit le Pérugin, on sort de la Toscane pour entrer dans l'Ombrie, et l'on ne tarde pas à découvrir sur son rocher l'ex-citadelle papale d'Orvieto, hérissée de tours et de clochers. Le Dôme est un des monuments les plus remarquables de l'art gothique. L'histoire de sa construction est tout un poëme, que je n'ai pas le temps de raconter, sa façade, un véritable prodige de sculpture.

D'Orvieto, le chemin de fer, suivant la rive gauche du Tibre, rejoint à Orte le grand railway d'Ancône à Rome; tout l'intérêt du voyage se reporte ici sur la droite, par le chemin des voiturins, vers le grand lac de Bolsena et vers Viterbe.

Le lac de Bolsena, véritable mer intérieure, qui n'a pas moins de douze lieues de circonférence, passe pour occuper la place d'un ancien cratère. J'ai peut-être oublié de dire que toute cette contrée, parcourue malheureusement d'un souffle de malaria — car nous voici presque redescendus à la lisière des Maremmes — est un terrain d'origine volcanique, aux tufs composés d'épaisses couches de cendres, de scories et de laves agglutinées. Plusieurs bourgades pittoresques, Bolsena, Bagnorea et Montefiascone, bordent à l'est cette majestueuse cavité lacustre, qui s'épanche dans la mer Tyrrhénienne par la Marta. Bagnorea s'élève en partie sur un escarpement vertigi-

ORVIETO.

neux entre deux gouffres qu'on ne franchit guère sans trembler. Montefiascone est la plus importante des trois, presque une ville. Elle a une cathédrale avec une coupole de San Micheli, et une autre église, San Flaviano, où l'on va volontiers voir par curiosité le tombeau de l'évêque d'Augsbourg, Fugger. Ce prélat mourut pour avoir trop fait fête au vin de muscat du terroir, l'*Est Est*, comme on l'appelle. Aussi, par une sollicitude qui doit être douce à ses mânes, le caveau dans lequel il repose est-il voûté en forme de cellier; de plus, deux coupes sont sculptées de chaque côté de sa mitre, et sur la pierre tombale est gravé ce jeu de mots latin :

TOMBEAU DE L'ÉVÊQUE FUGGER.

> *Propter nimium Est Est*
> *Dominus meus mortuus est.*
>
> « C'est par excès d'Est Est — que Monseigneur ci est. »

A une heure de là est Viterbe, « la ville des belles fontaines et des belles femmes, » dit un proverbe italien. Les fontaines y abondent effectivement ; la plus élégante est la fontaine Grande, sur la place principale ; elle date des premières années du treizième siècle. Les maisons de la ville sont généralement noires, mais d'une structure originale. Quant aux femmes, je ne sache pas qu'elles soient supérieures comme type aux Siennoises et aux Florentines. Il paraît cependant qu'au temps jadis, une Hélène du cru, la belle Galiana, secoua le brandon de discorde entre les Viterbois et les Romains. S'il plut du sang dans cette épopée, je l'ignore. L'histoire dit seulement que les Romains eurent le dessous et qu'en se retirant ils demandèrent l'unique grâce de pouvoir contempler une dernière fois le galbe de la séduisante Galiana. Cette suprême consolation ne pouvait être refusée à des vaincus; Galiana leur fut effectivement montrée, mais avec discrétion, de la fenêtre d'une tour qu'on fait encore voir au voyageur émerveillé : moyennant quoi la paix rentra dans le Latium.

L'excursion la plus intéressante qu'on puisse faire de Viterbe, c'est d'aller visiter les ruines des cités étrusques : Toscanella, Saturnia, Vulci, Corneto, Véies, Castel d'Asso, etc. Tout un monde ressuscite aux yeux du touriste. Ici des tombeaux excavés dans le roc, avec des sculptures en relief représentant des divinités marines; là des femmes couchées, le corps chargé de bijoux comme des odalisques d'Orient; ailleurs des guerriers, casque en tête et tout armés, ou des enfants entourés de jouets; presque partout, et principalement à Castel d'Asso, de splendides hypogées taillés dans l'escarpement des roches et dans un état merveilleux de conservation. En quelque endroit que l'on pose le pied, on marche sur quelque reste d'architecture antique. A Vulci, il y a une cinquantaine d'années, un bœuf, en creusant son sillon,

UNE MAISON A VITERBE.

enfonça la voûte d'une chambre sépulcrale où l'on découvrit des vases admirables. A Corneto, l'ancienne Tarquinies, on a exhumé une nécropole qui ne renferme pas moins de deux mille tombeaux, avec des murs décorés de toutes sortes de peintures profanes et religieuses. A Sutri, a jailli du sol un reste d'amphithéâtre qui mesure mille pas de pourtour. A *Cære* enfin (Cerveteri), où se réfugièrent les Vestales sacrées au moment de l'invasion de Rome par les Gaulois, à Faléries, puis à Véies, la cité redoutable qui ne fut prise par Camille qu'au prix d'un siège de dix ans, on a retrouvé toute une collection d'antiquités, dont quelques-unes ont été, si je ne me trompe, transportées au musée du Louvre.

FONTAINE GRANDE, A VITERBE.

Je reviens à la route de Rome. A partir d'Orte, on sort des montagnes qui bordent l'Ombrie, pour entrer dans le pays des Véiens. En face de soi, on aperçoit le mont

Soracte, dont l'altitude est de 686 mètres ; derrière, la haute pyramide du mont Gennaro (1,300 mètres). L'ancienne route, qui suit d'abord la voie Flaminia, s'infléchit ensuite vers Civita Castellana. Beau pont sur le Rio Maggiore (la Treja). La ville est juchée sur une hauteur sourcilleuse qu'entourent des ravins ; c'est aux environs que se trouvent les ruines de Faléries.

Plus loin, au pied du Soracte, est Nepi. Ici commence la Campagne de Rome. Bientôt apparaît au loin le dôme de Saint-Pierre. Passé la dernière poste, celle de

TOMBEAUX ÉTRUSQUES, A CASTEL D'ASSO.

la Storta, on franchit le Tibre sur le Ponte Molle, jadis pont Milvius, et, après avoir suivi une longue rue de banlieue bordée de murs et de guinguettes, on entre dans Rome par la Porte du Peuple. J'ai dû prendre la peine d'indiquer cette route de voitures, si fréquentée autrefois : mais il va sans dire que, depuis l'établissement du chemin de fer, elle se voit de plus en plus vouée à l'oubli et à l'abandon. La plupart des voyageurs, pressés d'arriver à la Ville éternelle, ne se soucient point de descendre du confortable wagon, pour se faire « emballer », comme Goethe, dans quelque affreux équipage de voiturin ; on se réserve de vider le calice d'un seul coup, lorsqu'on entreprendra tout exprès l'excursion de la Campagne de Rome.

En attendant, de l'une et de l'autre portière on regarde passer le spectre de cette campagne. Une vaste solitude, sans maisons ni cultures, à travers laquelle poudroie le soleil. Çà et là une ruine qui branle, comme un torse mutilé de guerrier antique, sous un cimier d'herbes sèches et d'arbustes rabougris. Tous les kilomètres, un bouquet d'arbres. La vie et le bruit, bannis du sol, semblent se concentrer dans les airs; des bandes d'oiseaux, de longs vols noirs de corneilles, y tourbillonnent, avec un cri rauque; peut-être prennent-ils les menues boursouflures de cette terre à peine ondulée pour les vagues d'une mer pétrifiée.

CIVITA CASTELLANA.

La locomotive, qui dévore d'une égale vitesse les vallons verdoyants et les landes mortes, brûle superbement les anciennes bornes milliaires, enfumant au passage la figure hébétée d'un pâtre à l'œil luisant, qui regarde machinalement le train filer sur les rails. Pauvre Campagnol! Il en est encore aux temps fabuleux du berger Évandre; il n'a rien compris à la marche des siècles, pas plus que ses chèvres qui, accroupies au bord d'une flaque d'eau, relèvent curieusement la tête au bruit tonitruant des wagons, puis détalent tout effarées. Ainsi passent les dernières stations du parcours, Borgheto, Correse, Monte Rotondo; après quoi on franchit la Porta Maggiore pour s'arrêter à la gare centrale, devant les Thermes de Dioclétien, tout près de la basilique de Sainte-Marie.

CHAPITRE IX

ROME

I

LES RUINES

Ici, les premières impressions sont si multiples et si troubles, qu'il n'est guère possible de les ordonner plume en main. Trente siècles fondent sur le touriste et l'accablent; l'antiquité, le moyen âge, les temps modernes affluent en lui confusément, y évoquent des souvenirs et des images qui s'enchevêtrent et se heurtent comme les vagues d'une mer bouleversée par la tempête.

Il s'est tant de fois représenté la Ville éternelle; c'est, en vérité, en dehors de ses horizons familiers, le seul point du monde qui soit demeuré, pour ainsi dire, sans cesse présent à son esprit; l'éducation, l'étude, le travail continu de mille burins invisibles l'y ont gravée comme en un relief lumineux. Et ce fantôme de Rome, tant contemplé, tant étreint, a presque fini par prendre corps dans son imagination; à force de regarder cette estampe intérieure, il en est arrivé à connaître, du moins se le figure-t-il, l'original même dans tous ses détails. Et quelle gigantesque synthèse il se flatte d'avoir saisie avec cette image! Rome n'est-elle pas comme le résumé et l'estuaire final de tout un monde? N'a-t-elle pas été, dix siècles durant, l'arène bouillonnante où cent peuples se sont mêlés et confondus, l'immense creuset au sein duquel s'est opérée victorieusement la fusion des éléments les plus disparates?

Or tout cela, c'est le chaos. L'histoire y perd d'abord son unité; elle tourbillonne devant le nouveau venu, l'aveugle et l'oppresse. L'art lui-même, cet auxiliaire, ce sauveteur de l'histoire, n'apparaît, à première vue, dans ses diverses représentations, que comme une étrange fantasmagorie, pleine d'obscurités et d'énigmes. Il faut d'une main se presser le front, et, de l'autre, étreindre son cœur ; — ou plutôt, croyez-moi, il faut remettre à plus tard cette froide reprise de réflexion ; il faut s'en aller au hasard, sans règle ni plan, comme le poëte Horace cheminait par la voie Sacrée, *nescio quid meditans nugarum*, c'est-à-dire en flânant.

Mais Rome se compose de plusieurs Romes superposées ou juxtaposées. Laquelle va de prime abord s'emparer de vous ? Je ne dois pas vous le dissimuler, votre impression première, au sortir du débarcadère, ne sera pas très-grandiose. La Rome qui surgit ici à vos yeux, qui s'empresse de vous souhaiter la bienvenue, ce n'est pas la Rome imposante et luxueuse des Césars ou de Léon X, c'est une sorte de ville provinciale, à l'aspect sale, négligé, où le pied trébuche sur un pavé inégal ; rues étroites, maisons encrassées, corridors noirs et poudreux ; aux fenêtres, étalage de linge putride et de haillons desséchés, barreaux dévorés de rouille, où l'araignée tisse et retisse amoureusement ses chefs-d'œuvre ; puis, en plein vent, des bouillonnements de fritures insensés. Il y a longtemps que Stendhal a dit : « Il règne dans les rues de Rome une odeur de choux pourris. » Bref, devant ce coup d'œil aussi pittoresque que nauséabond, vous vous croiriez dans les ruelles rustiques de Subiaco ou d'Olevano ; et encore je calomnie ces honnêtes bourgades : les ordures de la Ville éternelle offrent une ampleur et une abondance vraiment métropolitaines qui défient toute concurrence des banlieues.

Ce n'est cependant pas une raison de trop presser le pas. Il n'est pas mauvais que, dès l'arrivée, vous humiez ainsi à pleines narines ce parfum de Rome ; vos promenades ultérieures soumettront à bien d'autres épreuves la délicatesse septentrionale de vos muqueuses ; d'ailleurs vous savez de reste à quel régime, désormais tombé dans le domaine de la légende, remonte la responsabilité de cet état de choses ; et puis l'enlèvement de ces immondices n'est qu'une affaire de balai ; déjà, depuis 1870, toute une légion de terrassiers et de maçons se sont mis à l'œuvre ; on a déblayé le Colisée, on a ouvert des voies nouvelles, ébauché des squares verdoyants dans le labyrinthe de maint vieux quartier, naguère encore marqué de l'effigie la plus dégradante. Laissez passer le tombereau de décombres, laissez résonner le marteau justicier du démolisseur : on commence, — terrible besogne et de longue haleine ! — la grande purification de la ville papale.

Plus majestueuse, à coup sûr, était l'entrée de la grande cité pour le touriste qui arrivait autrefois par l'ancienne voie Flaminienne, c'est-à-dire par le pont Molle et la

LE TIBRE SOUS LE MONT AVENTIN.

place du Peuple. Un obélisque, des fontaines monumentales, des statues, des colonnes ; à gauche, la magnifique promenade du mont Pincio, où conduit une suite de rampes et de terrasses dont l'ensemble décoratif présente un grandiose coup d'œil ; à droite, le Tibre; en face, trois longues rues aux édifices somptueux, savoir : au centre, la fameuse via del Corso, qui mène à la place de Venise et au Capitole; à gauche et à droite, décrivant avec celle-ci deux angles aigus, la rue del Babbuino, qui se dirige de biais vers la place d'Espagne et le Quirinal, et la rue di Ripetta, qui gagne obliquement les bords du Tibre et aboutit au théâtre Valle, entre la splendide place Navone et le Panthéon : telle est la perspective qui s'offre de ce côté au voyageur. Une quatrième grande rue, la via de' Condotti, allant de l'est à l'ouest, de la place d'Espagne au palais Borghèse, puis se prolongeant sous d'autres noms jusqu'au pont Saint-Ange, croise les trois autres chaussées maîtresses, et achève de figurer avec elles le triangle septentrional de l'ex-cité pontificale.

Quelque attrait qu'exercent les monuments de la Ville éternelle, il y a une chose en elle qui vous attire avant tout, une chose qui d'ailleurs a le prestige d'avoir préexisté de longue main à toutes les œuvres humaines : c'est le Tibre.

Ce fleuve célèbre partage Rome en deux moitiés inégales, dont la plus importante de beaucoup occupe la rive gauche ; les eaux en sont jaunâtres; au milieu de son méandre le plus prononcé, en face du quartier juif ou Ghetto, que je décrirai plus loin, se trouve la petite île de San Bartolommeo, jadis île du Tibre (*insula Tiberina*). Deux ports, un à l'entrée du fleuve dans la ville, le port Ripetta, l'autre à sa sortie, la Ripa Grande ; peu de largeur du reste, 66 mètres à la Ripetta, mais un cours rapide, tourbillonnant, et parfois des crues terribles, dont la Rome ancienne aussi bien que la Rome moderne n'ont eu que trop à souffrir.

Jadis, comme aujourd'hui, le Tibre rongeait ses bords ; on l'appelait, pour cette raison, le Dévorant, ou la Scie; les sinuosités de son cours l'avaient aussi fait surnommer la Couleuvre. « Son air, dit M. Ampère, n'est pas gracieux, mais sévère, et cet air convenait à sa destinée. Quelle sombre physionomie devait avoir le Tibre lorsqu'il se précipitait sous de vieilles forêts, à travers des solitudes ! Les forêts ont été abattues, mais les solitudes sont restées, ou plutôt elles sont revenues, et l'on a, de nos jours, le spectacle de ce qu'était le Tibre avant Rome, quand, sortant par la porte du Peuple, tournant à gauche et faisant quelques pas sur la rive, on regarde par-dessus les eaux muettes la campagne silencieuse. Le long de la vallée du Tibre devaient se trouver des espèces de savanes ; aussi les prairies qui bordaient les deux côtés du fleuve, et dont l'une fut plus tard le Champ de Mars, étaient-elles des prairies marécageuses, où croissaient des prêles. Des prairies et des marécages, au pied de quelques collines couvertes d'arbres, voilà ce que Rome a remplacé. »

Les collines de Rome! ces mots nous ramènent aux temps lointains où la future maîtresse du monde nous apparaît perdue encore dans les brouillards de la légende. Que l'on croie ou non à Romulus et à sa louve, la puissante Rome, *Roma potens*, n'en est pas moins sortie d'un bourbier, du grand marécage bordé de saulaies, le Vélabre, qui s'étendait au pied du Palatin, et qui fut tout d'abord desséché par les Tarquins.

Le Palatin, situé sur la rive droite, un peu au-dessous de l'*insula Tiberina*, représente le berceau primitif et le centre religieux de la cité naissante. C'est là qu'était la Rome carrée, la *Roma quadrata*, dont on a récemment exhumé des parties d'enceinte et de portes. Sur la cime de cette éminence baignée de soleil était l'*Auguratorium*, d'où Romulus observait le vol des vautours. L'endroit est silencieux ; nulle part ailleurs les souffles de l'histoire ne vous pénètrent plus profondément. Vous descendez de la colline par un revers tout luxuriant de végétation, sous les ombrages duquel se couchent encore les troupeaux de bœufs mugissants ; vous voyez le lieu où fut l'escalier de Cacus, et au-dessous, parmi les touffes de lierre, de clématite, les buissons d'épine et de rosage, l'antique caverne du dieu Pan, le Lupercal ; là verdoyait le « figuier sacré ». Puis, plus loin, près du fleuve, vers la Cloaca Maxima, voici la place humide et moisie (San Giorgio in Velabro) où s'étendait, « dormant sous les joncs et baignant le pied des saules », ce Vélabre que célèbre si lyriquement le vieux chant sabin.

Sur cette colline sainte s'élevèrent à la fin de la République les habitations des citoyens les plus opulents et les plus illustres : Crassus, Scaurus, Cicéron, Catilina, Marc-Antoine ; on y bâtit ensuite les résidences impériales, qui en prirent leurs noms de « palais ». Des fouilles ont mis à nu les ruines ou les substructions de plusieurs de ces édifices.

Autour du Palatin se groupent, sur la rive droite du Tibre, six autres collines : au sud l'Aventin, à droite le Cœlius, primitivement Mont des Chênes, à cause des hautes futaies de cette essence qui le couronnaient ; puis, en allant toujours vers l'est, l'Esquilin, jusqu'à la base duquel s'étendait le Vélabre ; là se trouvait le cimetière des pauvres, là fut construit plus tard le palais de Mécène ; à côté est le Viminal, ainsi appelé des osiers (*vimina*) qui le couvraient ; c'est aujourd'hui une éminence à peine sensible à l'œil, et qui se confond presque avec l'Esquilin ; à la suite, en demi-cercle, se dressent le Quirinal et le Capitolin, qui furent longtemps unis par une langue de terre, une sorte de coteau de suture, que Trajan fit niveler pour établir son Forum.

RUINES DES PALAIS IMPÉRIAUX SUR LE PALATIN.

La première enceinte comprenait, outre le Capitole et le Palatin, le susdit mont Quirinal, colline dont l'accès était si facile, que Titus Tatius s'en empara d'emblée, quand il marcha sur Rome pour venger le rapt des Sabines. Du haut en bas de cette colline s'étagent de nos jours les jardins en hautes charmilles, mais d'une régularité un peu froide, bâtis par le pape Urbain VIII. Le Cœlius, l'Aventin, avec la plaine intermédiaire, furent englobés dans l'enceinte par Ancus Martius.

L'Aventin, qui fut jadis la bruyante forteresse de l'opposition plébéienne, est aujourd'hui un plateau désert que les vents n'ont point cessé de balayer; l'endroit, assez malsain, est consacré à des cultures maraîchères, et n'offre d'autre curiosité au touriste que le cloître de Sainte-Sabine, sous lequel on a découvert, il y a quelques années, des restes de galeries antiques, des chambres d'esclaves et des fragments de l'enceinte tracée par Servius Tullius, lorsque celui-ci eut achevé de clore la ville en y ajoutant l'Esquilin et le Viminal. Le Cœlius n'est guère plus vivant; le jardin des Passionnistes, d'où l'on jouit d'une si large perspective, y est planté sur l'emplacement d'un ancien temple élevé à l'empereur Claude par sa femme Agrippine, après qu'elle l'eut fait « Dieu ».

Quant au mont Capitolin, que dominait le temple de Jupiter, là où est aujourd'hui l'église d'Ara Cœli, il présentait une double sommité : d'un côté était le Capitole, de l'autre la Roche Tarpéienne ; de celle-ci il n'existe plus qu'une portion, à laquelle s'appuient de vulgaires maisons à cinq étages. L'endroit compris entre les deux cimes s'appelait l'*Intermontium*. Le temple de Jupiter regardait le fameux *Forum romanum*. Je laisse de côté pour le moment le mont Pincius (Pincio) ou coteau des jardins, *collis hortulorum*, ainsi que le mont Janicule (Montorio) et le Vatican, situés l'un et l'autre sur la rive opposée du Tibre.

Les ruines romaines les plus vénérables, par ordre d'ancienneté, c'est d'abord ce qui reste de l'enceinte ou *agger* de Servius Tullius ; j'ai dit qu'on en avait découvert quelques traces à la pente méridionale de l'Aventin : bien peu de chose à la vérité, des fragments de tuf entassés quadrangulairement et tapissés de mûres sauvages, de plantes grimpantes. Près de la station du chemin de fer par laquelle vous êtes arrivé, il en subsiste d'autres vestiges qui sont en bloc de péperin d'Albano.

Un autre monument de la même époque, c'est la prison Mamertine, creusée dans le roc du Capitole. C'est là que périrent les complices de Catilina. Cicéron les avait fait jeter dans le cachot inférieur, que l'on appelait *Tullianum*, et avait ordonné qu'on les étranglât l'un après l'autre ; après quoi il était redescendu dans le Forum par les degrés des Gémonies, que remplace aujourd'hui un escalier moderne, et, entouré des sénateurs et des consulaires, il avait prononcé solennellement ces fameuses paroles : « Ils ont vécu, *vixerunt*. » Puis le soir, — tant la frayeur causée dans la ville par Catilina avait été grande, — il y avait eu devant toutes les portes illumination aux flambeaux, et les toits s'étaient emplis d'une foule délirante, avide de contempler au passage les traits du consul sauveur.

Redescendons jusqu'au bord du Tibre. Ce noir rictus qui bâille sur la jaune rivière, c'est la bouche de la *Cloaca Maxima*, autrement dit le grand égout collecteur. Il date de Tarquin l'Ancien, et depuis lors il n'a point bougé. Ce gigantesque canal, par lequel le Vélabre fut desséché, s'étendait du Forum au Tibre, en recevant les embranchements des vallées voisines ; un vrai « fleuve cloacal », comme l'appelait le vieux Caton. La voûte, supportée par les deux murailles, était composée de trois cintres de tuf enchevêtrés l'un dans l'autre ; deux hommes, les bras étendus, n'atteignaient point les parois, et l'on y voguait en bateau jusqu'à l'embouchure. Tel il était il y a deux mille ans, tel il est encore aujourd'hui. La main dévastatrice de l'homme a eu beau bouleverser le sol à sa surface, les tremblements de terre ont eu beau l'agiter dans ses profondeurs, la Grande Cloaque a résisté à toutes les secousses ; et pendant des siècles encore les pluies pourront grossir et faire bouillonner le fétide charroi de ses conduits, les flots du Tibre débordé en pourront refouler le courant et lutter, masse contre masse, au dedans de l'obscur souterrain, sans que le prodigieux ouvrage s'écroule ni faiblisse.

La contre-partie de ce grand travail fut la construction des aqueducs ; il ne suffisait pas d'avoir rejeté les eaux impures par la gueule de l'énorme exutoire, il fallait encore appeler à soi des ondes limpides et choisies, et les ramifier sous la ville en un réseau d'artères innombrables. La République était à peine établie qu'on se mit à l'œuvre. On commença par faire une saignée à l'Anio, au-dessus des montagnes de Tusculum ; un peu plus tard, Appius Claudius alla chercher l'eau de Préneste ; plus tard encore, on amena par un aqueduc de près de 100 kilomètres de longueur la fameuse Eau Marcienne ; puis s'ouvrirent l'Acqua Tepula, l'Acqua Julia, etc. : si bien que Rome, dès les premiers temps de l'Empire, se trouva pourvue de quatre ou cinq cents fontaines ou abreuvoirs. Aux seizième et dix-septième siècles, les papes Sixte-Quint et Paul V, pour doter la ville des Acque Felice et Paola, qui y versent à elles seules des trésors de liquide que nulle autre capitale moderne ne possède, n'ont eu en grande partie qu'à rétablir d'anciens conduits de dérivation.

Pour le transport de ces fleuves limpides, qui s'épuraient encore dans des piscines *extra muros* avant de confluer au vaste réservoir de l'Esquilin, les ingénieurs hydrographes romains avaient créé des lits suspendus dont les ruines seules nous saisissent

ROME. VUE DU CLOITRE SAINTE-SABINE SUR L'AVENTIN.

d'étonnement et presque d'effroi. Çà et là, dans la campagne de Rome, vous apercevez de longues files d'arcades majestueuses, bâties en tuf volcanique ou péperin, et qui souvent se présentent à double et à triple étage. Ces portiques aériens, jetés d'une colline à l'autre, servaient de pont à une, deux et quelquefois trois rivières superposées : tel était le cas, par exemple, pour l'aqueduc qui, sous le nom d'*Acqua Vergine,* — jadis « Aqua Virgo », — alimente encore, après avoir passé sous le mont Pincio, la belle fontaine de Trevi, érigée par un Medici, Clément VII, entre le Corso et le Quirinal : les eaux Julia, Tepula et Marcia y coulaient fraternellement l'une au-dessus de l'autre.

A chaque phase de la fortune de Rome correspond une série d'édifices. Le dernier des Tarquins, avec l'argent pris sur les Volsques, achève le temple de Jupiter Capitolin; la bataille du lac Régille, qui a pour conséquence la soumission des Latins, amène la fondation du temple de Castor-et-Pollux. Quintus Métellus, vainqueur de la Macédoine, élève près du Tibre son vaste Portique, qui plus tard fut remplacé par le fameux portique d'Octavie. Puis viennent les luttes des Gracques contre l'aristocratie : Tibérius Gracchus est tué sur le Capitole : *initium in Roma civilis sanguinis,* écrit un historien latin; — le premier sang répandu dans Rome par la guerre civile ; — quelque temps après, Caïus, sur le point de subir le même sort, prévient ses ennemis en se faisant tuer, au delà du Tibre, par un esclave ; trois mille personnes sont égorgées en bloc ; pour consacrer sans doute le souvenir de ces atroces exécutions, par lesquelles les patriciens venaient de souiller leur victoire, on érige sur le Forum un temple à la Concorde. C'est dans cet édifice, si bien nommé, que Cicéron devait faire condamner plus tard par le sénat les complices de Catilina.

Bientôt éclatent les luttes de Marius et de Sylla ; cette fois c'est aux pieds de l'Esquilin, près de la basilique actuelle de Sainte-Marie Majeure, que se passe le grand acte du drame ; puis, de nouveaux égorgements, des proscriptions ; le Forum tout plein de têtes coupées : sur quoi, on réédifie le Capitole.

Avec Pompée et César commence une nouvelle époque architecturale. Pompée est le premier particulier qui offre au peuple un édifice pour ses plaisirs : c'est le Théâtre dont on voit encore des vestiges au sud de la place Navone, près du Campo di Fiore ; en même temps et à côté il fait élever ce splendide portique, ombragé d'arbres, qui contenait la Curie où César allait être ultérieurement frappé de cinquante-trois coups de poignard, aux pieds de la statue même de son rival. A cette fastueuse création, le vainqueur des Gaules répond par l'établissement de son Forum. Les riches particuliers ne demeurent pas en reste de magnificence : le Palatin se couvre de résidences toutes plus belles les unes que les autres. C'est aussi le temps où le consul

Æmilius Scaurus, frère du triumvir Lépide, construit, derrière les boutiques du Forum, la basilique Æmilia, dont Pline vantait les superbes colonnes en marbre phrygien. A quelques années de là, la scène se machinait pour d'autres décors et une autre pièce : César franchissait le Rubicon, Pompée était vaincu à Pharsale, et Caton se tuait : la République était finie.

La liberté mourante et le despotisme naissant se personnifient en quelque sorte dans le Théâtre de Marcellus, commencé par César et terminé par Auguste. Il était situé à la hauteur de l'île du Tibre, près de la place Montanara. Des portiques qui l'entouraient, il ne subsiste plus que quelques arcades inférieures. Cet édifice pouvait contenir vingt mille spectateurs. Au moyen âge, il eut le sort de l'arène de Vérone : il fut transformé en citadelle, les décombres s'y amoncelèrent, et ce qui restait d'arcades fut envahi par d'affreuses échoppes. Sur ses ruines, on a bâti depuis lors le palais Orsini.

Au mois de Sextilis (août) de l'année 29 avant l'ère vulgaire, Octave, vainqueur d'Antoine, rentre dans Rome; c'est alors que de la concentration insensible de toutes les charges, de tous les pouvoirs en la main de l'homme qui, sous le titre d'*Imperator*, gardait le commandement suprême de toutes les armées, se constitue, sans bruit, sans révolution apparente, ce principat hybride et mal défini, d'où allait sortir, comme d'une boîte à surprise, le gouvernement des Césars romains. Auguste, — c'est le nom qu'on donnait aux Dieux, — ferme lui-même, pour inaugurer l'ère nouvelle, le temple de Janus, ouvert depuis deux siècles, et décrète la « paix universelle ». De son côté, son gendre Agrippa élève et dédie « à tous les Dieux » le monument le plus insigne et le mieux conservé que nous ait transmis l'ancienne Rome, le Panthéon.

Le cadre assez misérable au milieu duquel il se trouve aujourd'hui, entre le Corso et la place Navone, n'ôte rien à cet édifice de sa majesté pompeuse. Seize gros piliers monolithes en soutiennent le portique ; la puissance des pilastres, sa porte de bronze, l'audace imposante de sa coupole, d'où ruisselle, par une ouverture unique, une immense gerbe de lumière, tout annonce bien la magnificence d'un peuple conquérant qui se sent enfin la main assurée sur ses conquêtes. Ajoutons que dans cette énorme rotonde repose, au fond d'une chapelle latérale, le corps du plus grand artiste des temps modernes, le divin Raphaël.

Sous Tibère et sous son successeur, le Palatin reçoit de nouveaux palais; on voit encore, sur le coin nord-ouest de cette colline, l'amorce du pont insensé que Caligula avait fait jeter par-dessus le Forum, afin de pouvoir aller plus commodément de sa maison au Capitole, où du reste, en sa qualité de Dieu, il était encore dans sa maison. L'empereur Claude se montre, lui, plus utilitaire, comme on dit de nos jours ; il n'érige

FONTAINE D'UNE COUR ROMAINE.

point de luxueuses résidences dans la capitale ; mais il fait construire deux aqueducs et le port d'Ostie. Je viendrai plus tard à ces travaux.

Voici Néron : tandis que la Gaule se révolte sous Vindex, l'Espagne sous Galba, la Bretagne sous la reine Boadicée, le César histrion, idole de la multitude, fait brûler Rome,

PANTHÉON.

et, sur les ruines fumantes, bâtit sa Maison Dorée, sorte de palais féerique, aux magnificences orientales, qui couvrait plus d'un quart de la ville, et contenait des villas, des forêts, des étangs. Les Flaviens, il est vrai, s'empressent de tailler et de rogner à leur fantaisie dans les splendeurs néroniennes. Ces fils d'affranchis, qui doivent avoir pour héritiers, non plus même des Romains, mais des Espagnols, marquent leur passage au pouvoir par trois ou quatre monuments remarquables : l'Arc de Titus, dressé sous le Palatin, au point culminant de la voie Sacrée, et tout en marbre pentélique ; — les Thermes du même Titus, bâtis au revers de l'Esquilin : il en reste des corridors ornés de fresques très-belles, dont Raphaël profita, dit-on, pour ses *Loges* du Vatican ; — enfin le Colisée. Toutes ces constructions firent disparaître en partie la Maison Dorée et ses dépendances.

Le Colisée (*Colosseum*), appelé d'abord Amphithéâtre Flavien, fut commencé par Vespasien, continué par Titus, achevé par Domitien. Il faut voir, le soir, cet entassement monstrueux de blocs, qui mesure plus d'un demi-kilomètre de circonférence sur 52 mètres de hauteur. Les Juifs, dont la dispersion venait de commencer par le sac de Jérusalem, y travaillèrent par milliers, comme leurs pères les Hébreux avaient travaillé aux fameuses pyramides d'Égypte. Il est vrai que, par une sorte de coïncidence ironique, l'érection de ces masses de pierre sans pareilles se trouva plus que compensée, sur le sol romain, par les ruines qu'y accumulèrent, d'abord l'affreux incendie qui consuma en trois jours le Capitole, le Théâtre de Pompée et la Bibliothèque Palatine, puis une catastrophe plus terrible encore, l'éruption du Vésuve, qui engloutit en l'an 79 Pompéi, Herculanum et Stabies. Les Antonins, grands bâtisseurs, eux aussi, ne devaient pas tarder à ramasser et à redresser vers ce ciel, où s'apprêtait à régner sans partage le Dieu nouveau des Chrétiens, les débris amoncelés au pied des collines romaines ; quant aux cités ensevelies sous la lave et la boue du volcan napolitain, il devait s'écouler dix-sept siècles avant que leur squelette revît la lumière du jour.

Le Théâtre de Pompée avait été inauguré par des jeux où l'on avait tué cinq cents lions et vingt éléphants ; le Colisée reçut un baptême de sang plus gigantesque encore : cinq mille bêtes, dix mille captifs y firent une rouge mêlée pour la joie de cent mille assistants. Aujourd'hui, le silence profond de l'immense arène n'est plus troublé que par le pas de l'étranger, le cri d'un oiseau, à de certains jours par la psalmodie nasillarde d'une procession qui, pour gagner les indulgences, vient baiser dévotement la croix dressée au milieu du cirque, ou encore par les monotones vociférations d'un prédicateur en plein vent. La nature s'est emparée de cette ruine ; elle y déroule ses festons et ses arabesques. Sur les pierres effritées, sur les lucernaires qui plongent jusqu'aux Catacombes, l'herbe et la ronce ont étalé de bizarres panaches : le Colisée, ne vous en déplaise, a sa flore spéciale, dans laquelle les observateurs ont reconnu jusqu'à quatre cent vingt espèces différentes. Tout le quartier environnant est morne et muet : au devant, le Forum, agreste désert ; en arrière, la vallée, plus déserte encore, qui sépare l'Esquilin du Cœlius.

FONTAINE DE TREVI.

Les obscures clartés de la nuit filtrent mystérieusement à travers les béantes fissures du noir géant; au-dessus, la coupole bleue du firmament. Peut-être, s'il était intact, l'édifice produirait-il une moindre impression; l'œil s'y reposerait trop à l'aise sur des formes délimitées, sur des arêtes et sur des voussures se reliant sans interruption à d'autres voussures et à d'autres arêtes; l'énormité ainsi continue et fermée se

ARC DE TITUS.

tapisserait. Mais la barbarie du moyen âge a paré à l'inconvénient; elle a fait au monstre de terribles blessures; Robert Guiscard le Normand a pris plaisir à mutiler ses flancs gigantesques; par là, ce monument de meurtre a subi la peine du talion. Tel qu'il est pourtant, sa destination est encore visible; elle l'est surtout dans ces deux portes, ces deux émissaires sinistres qui s'ouvraient devant le peuple-roi, l'une pour la chair vivante, destinée à le faire pâmer d'aise par ses convulsions, et l'autre pour la chair morte, désormais hors d'usage, si ce n'est pour les oiseaux de proie.

La ruine romaine la plus imposante après le Colisée, ce sont les Thermes de Caracalla. Tout là-bas, derrière le Cœlius et l'Aventin, vous heurtez le gigantesque débris, solitude sombre au fond d'une première solitude non moins sombre formée d'un enchevêtrement de ruelles, de murs et de jardins muets. L'enceinte de ces Thermes mesurait un pourtour de près d'un kilomètre et demi ; car, sous un climat chaud, qui amène une transpiration abondante, le bain était la partie la plus importante de l'hygiène publique et privée. Riches et pauvres, tout le monde se livrait quotidiennement à une complète hydrothérapie ; seulement les citoyens les plus opulents possédaient des bains chez eux ; pour le menu peuple, il y avait les établissements balnéaires communs, où l'on avait accès moyennant la minime rétribution d'un *quadrant* (un centime environ). Agrippa, étant édile, en avait fait construire cent soixante-dix de ce genre, et, pendant toute l'année de son édilité, le peuple y fut admis sans payer. Mécène avait fait mieux encore : il avait légué ses bains au peuple, pour qu'il pût s'y laver gratis à perpétuité.

Deux fragments d'hémicycle, une quantité de petites chambres, qui étaient vraisemblablement affectées aux gens de service, une vaste rotonde et trois grandes arcades, voilà ce qui subsiste des Thermes de Caracalla, cet empereur syrien dont le règne s'ouvrit et se ferma par deux coups de poignard, le premier adressé par lui à son frère Géta, le second reçu par lui de la main sûre d'un centurion. Les hémicycles étaient consacrés à la gymnastique et aux spectacles, car ce n'était pas seulement pour se purifier le corps à notre mode septentrionale qu'on se rendait dans cette enceinte. Tous les genres d'exercices, toutes les variétés de divertissements s'y trouvaient réunis pour le plaisir du public. Les citoyens influents s'y montraient accompagnés de leur escorte de clients ; les gens d'affaires et les philosophes y fréquentaient comme en un lieu où l'on pouvait toujours faire affaire et philosopher ; les femmes y venaient volontiers nouer des intrigues dans les vestibules ; le pauvre hère enfin y rôdait à l'affût d'un souper. On causait, on regardait les œuvres d'art et les lutteurs, on écoutait les récitateurs, ou l'on se reposait dans un doux farniente, au bruit harmonieux des jets d'eau ; — bref, un immense cercle, un club anglais, mais avec des splendeurs et des raffinements de vie païenne dont le monde moderne ne pourra jamais se faire une idée, parce que tout cela reposait, en définitive, sur une assise sociale qui s'est écroulée sans retour : l'esclavage. Athlètes, rhéteurs, artistes, cuisiniers d'élite formés par les maîtres-découpeurs de la rue Suburra dans l'art de tailler les viandes les plus délicates, depuis la chair du sanglier jusqu'à la carcasse des gazelles et des oiseaux de

PLACE MONTANARA ET THÉATRE DE MARCELLUS.

Gétulie, tout ce qui se démenait et suait dans ce palais, au service des maîtres du monde, était esclave ou fils d'esclave : Grecs retors, arrivés d'Athènes ou de Corinthe, Numides nerveux et bien découplés, venus par mer des côtes africaines, puis ces grands corps de Gaulois au poil roux et à l'œil clair, qui n'étaient pas les moins diserts ni les moins adroits. Et qui payait tout ce luxe ? Les Césars, intendants et « procurateurs » des plaisirs publics, ou plutôt, je me trompe, le tribut des provinces conquises.

La grande salle en rotonde dont je me souviens d'avoir parlé était destinée aux bains de vapeur (*laconicum*); les trois grandes arcades, conservées comme elle, formaient l'entrée du bain froid (*frigidarium*), qui se prenait à ciel ouvert. Les sexes étaient séparés ; mais tout le monde était entièrement nu : gras personnage consulaire ou grammairien éthique, tous passaient sous ce même niveau d'égalité. Qui se lamentait parfois du spectacle ? C'étaient les fines sculptures, les innombrables statues qui ornaient les murs de marbre. Presque toutes, dieux et hommes, hommes et bêtes, étaient des chefs-d'œuvre de plastique. Vous étiez là, Hercule Farnèse, Torse du Belvédère, Vénus Callipyge, Taureau Farnèse, étalant vos formes parfaites aux regards charmés de ces voluptueux, de ces désœuvrés. Et tout, dans ces Thermes, était à l'avenant : le pavé des salles, les voûtes, construites en pierre ponce, avaient pour décoration de belles mosaïques, dont bon nombre ont été transportées au palais de Latran.

Le touriste, étonné, songe gravement à cette étrange civilisation, si différente de la sienne, et il regarde, comme au Colisée, le travail incessant de la nature et des ans sur ces agglomérations de pierres demi-croulantes. Il voudrait retenir du doigt le fragment d'arcade, le reste d'escalier, le pan de muraille, qui lui semblent prêts à tomber ; il voudrait rentrer du poing les saillies qui se sont poussées dans l'air vide. Il compte du moins sur le foisonnement tutélaire des fenouils, des anémones, des mauves et du trèfle pour maintenir les amas qui n'ont point fléchi ; mais il a peur des petits chênes verts et des arbustes aux racines vagabondes qui se sont juchés sur les corniches ou accrochés dans les creux : ces choses-là font des trous un peu bien profonds ; tant de pattes aux griffes tordues amèneront, pour sûr, du dégât, et ce ne sont pas là les conservateurs qu'il voudrait à ces ruines toutes baignées d'azur et de silence.

Ces Thermes de Caracalla renfermaient seize cents sièges de bain en marbre poli, et cependant ce n'était pas le dernier mot du genre : sous Dioclétien, au siècle suivant, alors que Rome n'était déjà plus l'unique résidence de l'empereur, les Thermes du Viminal offrirent place à trois mille deux cents baigneurs ; d'une seule des salles qu'ils contenaient (bibliothèque ou Cella Calidaria), Michel-Ange a tiré une des plus grandes églises de Rome : c'est Sainte-Marie des Anges, derrière laquelle il a dessiné ce beau

Cloître des Chartreux, avec son portique de cent colonnes, sa fontaine et ses hauts cyprès plantés par lui-même. Une autre chambre des bains, le *Laconicum*, a été transformée par Vanvitelli en un magnifique vestibule d'entrée : c'est ainsi que presque partout à Rome le christianisme s'est plaqué tant bien que mal sur le paganisme.

Qui ne connaît le fameux tableau de Claude Lorrain représentant l'ancien *Forum romanum*, sous le nom de *Campo Vaccino* ? A gauche, on aperçoit un arc de triomphe, des restes de temples ; dans le fond, un autre arc et le Colisée ; à droite, trois colonnes, et les ruines des palais impériaux. Au premier plan, un paysan, un long bâton à la main, s'entretient avec un homme du peuple couché sur l'herbe ; à côté, un autre homme, assis sur une pierre.

FONTAINE ET CYPRÈS DE MICHEL-ANGE.

Telle était devenue, et pis encore, au cours des siècles, la célèbre enceinte qui avait contenu les destinées du monde ; le Forum des Gracques et de Cicéron n'était plus qu'un marché à bestiaux. Ce qu'il avait été réellement, son emplacement authentique, l'étendue de terrain qu'il avait occupée, personne n'en savait que dire. Les années en s'accumulant l'avaient enfoui sous plusieurs mètres de poussière et de décombres ; un sol nouveau s'était formé sur le sol antique, enfermant l'histoire sous son épaisse agglutination. Beau champ pour les conjectures des archéologues, féconde matière à divination pour les érudits ! Un point seul demeurait hors de contestation, c'était que le Forum avait été au pied du Capitole. Partant de là, on avait compulsé les textes, manié et torturé les auteurs latins, et l'on était arrivé aux restitutions les plus fantas-

LE COLISÉE, VU DU PALATIN. (Page 302.)

tiques. Le spectre de terre et de pierre ne tenait pas même en place ; chacun le tirait de son côté, le tournait et le retournait sur le papier autour du pivot capitolin. Il n'y a

UNE IDYLLE DANS LES RUINES DU TEMPLE DE VESPASIEN.

pas longtemps qu'on le faisait encore voyager du septentrion au midi, entre la colline sacrée et la colline impériale (Palatin), dans la direction du Tibre.

Après qu'on se fut bien lapidé à coups de citations, sans que la controverse avançât d'un pas, on finit par où l'on eût dû commencer : on se mit à interroger le sol lui-même, à lui demander le mot de l'énigme que les livres ne pouvaient résoudre. Les premières fouilles furent faites en 1834 et reprises en 1850. La mise au jour des assises de la Basilique Julia établit l'orientation véritable de la place : elle formait, du nord-ouest au sud-est, un rectangle perpendiculaire au *Tabularium* ou Archives, édifice du temps de la République, que l'on traversait par un superbe portique pour se rendre d'un côté de la ville à l'autre. Les fouilles démontrèrent également que les ruines étagées au devant du Tabularium appartenaient bien, les unes au temple de Saturne, où l'on conservait le trésor de la République (*Ærarium*), et le long duquel passait la rampe Capitoline (*Clivus Capitolinus*), partant des degrés de la Roche Tarpéienne; les autres, au temple de Vespasien et à celui de la Concorde, flanqués à droite de la Prison Mamertine et de l'Escalier des Gémonies.

En 1866 et 1872, de nouveaux résultats scientifiques furent acquis. On découvrit, derrière la Basilique Julia, les trois colonnes corinthiennes du temple de Jupiter Stator, puis, de l'autre côté du Campo Vaccino, le soubassement de ce temple de Jules César qui, à l'extrémité sud-est du rectangle, faisait face au temple de la Concorde. Enfin l'antique dallage du Forum fut mis à découvert, vers l'Arc de Septime Sévère et le Capitole : ce dallage consiste en carreaux de marbre et de travertin, au milieu desquels passent des voies pavées en blocs de lave. On ne put toutefois pousser jusqu'au bout l'œuvre de dégagement dans cette direction septentrionale, à cause des maisons qui bordent la place et des églises San Adriano et San Martina qui s'élèvent de chaque côté de la rue Bonella. Qu'y a-t-il sous ces constructions modernes ? La Curie, la Basilique Æmilia ? C'est ce qu'on ne sait pas encore d'une manière certaine. Les fouilles ultérieures justifieront-elles exactement les restitutions conjecturales de l'ensemble qu'on se plaît à faire dès maintenant, plume en main ? On ne le sait pas davantage. Sans m'attarder à suivre par le menu les plans dessinés par les archéologues et les architectes, j'ai dû me borner à voir dans le Forum Romanum le centre politique et judiciaire que l'histoire nous présente en lui. De l'espace central et vide, au milieu duquel fut érigée en 608 la colonne de Phocas, il n'y a que peu de chose à dire ; ce qui constituait en réalité le Forum, c'étaient les innombrables édifices qu'on avait élevés successivement autour du champ primitif, du marché où les gens du dehors, les « forains », venaient exposer et vendre leurs denrées.

Cet entourage de vastes portiques à deux étages, de basiliques où l'on rendait la justice et sous les arcades desquelles étaient installés des boutiques et des bazars richement décorés, voilà quel était le promenoir favori de la foule. Sous ces galeries on était

PRÉDICATION DANS LE COLISÉE. (Page 302.)

à l'ombre pour flâner, causer et traiter d'affaires; on y circulait, parmi toutes sortes d'œuvres d'art, au travers d'une splendide et dense futaie de statues et de colonnades. Sur chaque bloc de marbre était inscrit un souvenir des vieux âges; d'un seul regard circulaire on repassait toute l'histoire de la République. N'était-ce pas sur le Forum que les Sabines étaient descendues pour séparer leurs frères et leurs pères aux prises avec leurs maris? N'était-ce pas là qu'aux premiers temps des consuls avait eu lieu la décapitation des fils de Brutus et de leurs complices? Plus tard, les Gaulois, maîtres

ASPECT DU FORUM ROMANUM AU CLAIR DE LUNE.

de Rome, avaient campé sur cette place, et l'on se rappelait même avec un certain plaisir qu'ils y avaient été assez mis à mal par les fétides émanations des marais voisins. Plus tard, les Gracques... plus tard encore, Cicéron, les grandes joutes oratoires des rostres... puis, la tête du grand orateur accrochée pantelante à ces mêmes rostres... ensuite, plus rien... le morne silence de la tribune et les ténèbres de la servitude!

Pauvre Cicéron! il trouvait que c'était « une très-belle chose » que le projet de dépenser soixante millions de sesterces, c'est-à-dire douze millions à peu près de notre monnaie, pour agrandir le Forum romain et l'étendre jusqu'à l'Atrium de la Liberté, entre le Capitole et le Quirinal. Hélas! à ce moment même, l'Atrium de la Liberté n'était déjà plus que le vestibule de la tyrannie. L'homme au profit duquel l'on entamait dès lors les gigantesques expropriations préliminaires de ce grand ouvrage ne se préoccupait guère du point de vue enthousiaste et patriotique de Cicéron; il ne songeait qu'à opposer superbement à l'antique Forum Romanum son forum particulier, emblème de sa toute-puissance et témoignage de ses rapines : cet homme, c'était Jules César, le proconsul de la République, le Jules César d'avant Pharsale.

Ce Forum fut ouvert en effet, dès que Pompée eut été vaincu, à l'angle nord de l'ancienne place, derrière l'église actuelle de San Martina; au milieu, fut élevé un temple à Vénus Genitrix.

Désormais le branle était donné. Chaque empereur voulut avoir son forum. Tout le quartier environnant fut mis, des siècles durant, en coupe réglée; on expropria impérialement les possesseurs d'immeubles; parfois même, le procédé de l'expropriation paraissant trop long et trop compliqué, on mit le feu aux maisons qui gênaient. Ne fallait-il pas embellir la ville, lui donner cette symétrie et cette ordonnance dont les vieux Romains n'avaient pas eu assez de souci? Sans compter que cette extension des forums, cette multiplicité de promenoirs offerts au peuple avaient l'avantage de l'écarter de plus en plus des habitations impériales, d'isoler ce mont Palatin, qui avait supplanté définitivement la colline sacrée du Capitole, par delà une zone déserte et silencieuse qui lui assurait plus de sécurité.

C'est ainsi qu'Auguste établit son forum à la suite de celui de César, et y érigea un temple à Mars Vengeur (*Mars Ultor*), afin d'accomplir le vœu qu'il avait fait de venger la mort du même César. De cette construction expiatoire il subsiste aujourd'hui trois colonnes et une arcade. Domitien et Nerva fondèrent à leur tour, dans une direction parallèle, le forum dit *Transitorium*, parce qu'il servait de passage pour se rendre aux précédents; quelques restes aussi en témoignent. La série des forums s'accrut enfin de ceux de Trajan et d'Antonin : le premier, construit par l'architecte Apollodore, était au nord-est du Capitole, sur la place où se dresse encore la Colonne Trajane, et où l'on a retrouvé des vestiges de la célèbre Bibliothèque Ulpienne; le second était beaucoup plus éloigné de l'ancien centre politique de Rome, s'il est vrai, comme on le suppose, qu'il ait occupé l'emplacement actuel de la piazza Colonna, sur la via del Corso, là où se trouve la belle Colonne Antonine, érigée en l'honneur de Marc-Aurèle, le cinquième des Antonins, et dont la place a pris son nom.

Qu'on se figure maintenant ce qu'était la Rome impériale, avec cette splendide frondaison architecturale de temples, de basiliques, d'arcs de triomphe et de portiques, que la conquête avait enrichis de toutes les merveilles de l'art grec! Les Césars, qui du

RESTES DES THERMES DE CARACALLA. (Page 691.)

ROME. — LES RUINES.

haut des terrasses du Palatin voyaient circuler à leurs pieds, parmi cette agglomération lumineuse de chefs-d'œuvre, une foule asservie, où se mêlaient toutes les races

TEMPLE DE MINERVE SUR LE FORUM DE NERVA.

humaines, n'avaient-ils pas vraiment le droit de se croire des Dieux? N'étaient-ils pas là comme dans un Olympe d'où ils respiraient la fumée enivrante des sacrifices et les mille parfums exhalés des temples somptueux où, de leur vivant même, on les adorait?

Quant au vieux Forum sabino-latin, il s'était vu littéralement noyer dans cet immense océan d'édifices nouveaux, où l'or, le marbre et le bronze étincelaient de toutes parts ; le peuple vivant des citoyens y avait cédé la place à un peuple immobile de statues qui encombraient l'étroit espace resté libre entre les boutiques et les temples. Au Champ de Mars même, les anciens *Septa* où se tenaient les assemblées, avaient disparu ; dès les derniers jours de la République, on y avait substitué, toujours au grand enthousiasme de Cicéron, un palais de marbre avec un toit et un portique de cinq mille pieds, qui semblait désormais plus digne de contenir les comices d'un peuple dont le monde entier était tributaire. La dédicace du nouvel édifice avait été faite par Auguste ; après quoi..... les comices avaient cessé d'être rassemblés.

Et maintenant, asseyons-nous, comme les deux personnages de Claude Lorrain, sur quelque tertre du Campo Vaccino, et tâchons de nous remémorer le train de vie quotidien des beaux jours de la République. Près de nous, la majestueuse Voie Sacrée, à la suite, s'étendant sur la pente de l'Esquilin, la vieille Voie Suburane, le quartier primitif, au pied de la ville, *sub Urbe*, avec ses tavernes obscures et mal famées, ses maisons irrégulières à six et à sept étages, ses chiens errants et ses courtisanes au rabais. Dès la pointe du jour, les rues s'animent, comme dans nos capitales modernes : des files de chariots et de mulets s'en vont chercher la pierre et le marbre, ou, si c'est jour de marché (*nundinæ*), se dirigent vers les différents forums d'approvisionnement ; car chaque sorte de denrée a sa place à part : sur l'*Olitorium*, à la base du mont Capitolin, se vendent les fruits et les légumes ; au pied du Palatin, sur le Vélabre, se tient le marché aux bœufs (*Forum Boarium*) ; sur les bords du Tibre se trouve la poissonnerie (*Piscatorium*), etc.

Un peu plus tard, nous voyons affluer aux vestibules des grandes portes la foule salutatrice des *clients*, qui attendent que le *janitor* leur annonce le lever du maître. Puis, de neuf heures à midi, le Forum s'emplit : orateurs, clients et patrons s'y pressent en tumulte. Les tribunaux entrent en séance ; les plaideurs envahissent les basiliques, les nouvellistes se rassemblent près des Rostres, les récitateurs se drapent et réclament l'attention. Pendant ce temps, des groupes assiégent les luxueuses tavernes de la Voie Sacrée, d'autres se rendent au bout du Forum, dans les boutiques des libraires, pour y réclamer des scribes la copie de tel ou de tel ouvrage.

A midi, halte générale : c'est le temps de la sieste ; il dure, par une coutume qui s'est conservée, jusqu'à deux heures environ. Ensuite on va au Champ de Mars, au Champ, disait-on tout court, comme chez nous l'on dit : au Bois. C'est une immense plaine basse, le long du Tibre, dans la région dite du Cirque Flaminius. Là les jeunes gens s'exercent au maniement du glaive, au jet du javelot et du palet, à l'équitation, au saut, à la lutte.

CAMPO VACCINO. (Page 370.)

à la natation. La multitude se presse aux alentours : les uns se couchent sur les talus gazonneux ; les autres, pleins d'ardeur et de curiosité, regardent les exercices, s'y mêlent par des cris ou des lazzis. Les femmes, pendant ce temps-là, s'en vont se promener, les unes, demi-voilées et à pied, sous les portiques publics, les autres, en voiture ou en litière, sur la Voie Appienne.

Cela dure jusqu'à quatre heures, moment de l'ouverture des bains publics. Puis, au bain succède le souper, qui est la dernière occupation de la journée, et qui se prolonge plus ou moins avant dans la nuit. Enfin, quand il fait tout à fait noir, c'est-à-dire « à l'heure de la première torche », les rues se vident, les tavernes s'illuminent ; la voie publique appartient alors exclusivement aux filous, aux débauchés, parmi lesquels invariablement quelques jeunes patriciens ivres qui, au sortir du festin, se sont mis à courir la ville, la tête couronnée de fleurs ; c'est aussi l'heure des sérénades, — encore une mode qui n'a point péri, — l'instant qu'attendent les amoureux pour aller chanter de petits poëmes sous la fenêtre d'une belle, qui n'est pas toujours, quoi que dise Ovide, « plus inébranlable qu'un chêne ».

Que nous reste-t-il maintenant à voir de la Rome antique ? Ses tombeaux. La première forme de sépulture, ici comme partout ailleurs, a été le simple tertre, le *tumulus* ; plus tard, quand nous parcourrons la Voie Appienne, nous en retrouverons quelques spécimens qui remontent à l'âge héroïque de la cité ; pour le moment, ne sortons pas de Rome.

Les seuls monuments funèbres du temps de la République, dont il existe des vestiges *intra muros*, ce sont les tombeaux des Scipions et le monument de C. Publius Bibulus.

Des tombeaux des Scipions, situés au delà des Thermes de Caracalla, dans une vigne (enclos) voisine de la porte San Sebastiano, il ne reste qu'un labyrinthe de chambres souterraines, où l'on a retrouvé, à la fin du siècle dernier, le sarcophage de Lucius Scipion Barbatus, le vainqueur des Samnites. Le monument de Bibulus se trouve à l'entrée septentrionale du Corso.

Viennent ensuite, dans l'ordre chronologique, les *columbaria* ou pigeonniers de la Via San Sebastiano, sorte de sépultures communes, qui renfermaient des urnes d'affranchis ou d'esclaves ; puis la pyramide de Cestius, bâtie à l'imitation des tombeaux des Pharaons égyptiens, probablement vers l'époque d'Auguste ; celle-ci est près de la porte San Paolo, jadis porte d'Ostie, en face de la petite colline artificielle qui s'appelle le Monte Testaccio (mont des Tessons). Le temps a effacé presque entièrement les peintures qui ornaient jadis les parois internes de la chambre sépulcrale. A l'extrémité opposée de la ville, près de la Ripetta, se trouve l'ex-Mausolée d'Auguste, qui a passé, depuis dix-neuf cents ans, par toutes sortes de vicissitudes. On aura une idée de l'immensité primitive de cet édifice ruiné, si je dis qu'il a servi tour à tour de forteresse aux Colonna et d'arène pour des combats de taureaux. A présent c'est un théâtre où l'on joue en plein air la comédie et le mélodrame.

Plus tragique encore et plus singulière est l'histoire du mausolée d'Hadrien, devenu aujourd'hui la forteresse qui porte le nom de Château Saint-Ange, et qu'une longue galerie réunit au palais papal du Vatican. Avec lui, nous franchissons le Tibre pour la première fois, car il est situé sur la rive gauche de la rivière, au débouché de l'ancien pont Ælius, bâti également par Hadrien, et qui s'appelle maintenant, du castello auquel il

PYRAMIDE DE CESTIUS

conduit, le Pont Saint-Ange. A l'ouest est le mont Vatican avec Saint-Pierre. Le célèbre mausolée se composait originairement d'une rotonde exhaussée sur un soubassement massif; l'entablement et le sommet étaient surmontés de statues. Par une large montée en spirale, qui existe encore, on pouvait arriver à cheval jusqu'à la première plate-forme.

Piétons et cavaliers ne se firent point faute d'y grimper, avec tout un attirail de guerre. Dès le sixième siècle, la fastueuse nécropole des Césars se voit transformée en un château fort. En attendant l'invention des canons, les Grecs, assiégés par Vitigès, se servent des statues comme de projectiles; ils cueillent tout autour d'eux les groupes de sculptures et les lancent sur les assaillants. Le Faune dansant, que nous avons vu à Florence, l'échappa belle en cette occurrence. Plus tard, le mausolée païen joue le rôle d'une sorte de Tour de Nesle; rien n'y manque, pas même les oubliettes. On y

VESTIGES DU FORUM ROMANUM.

strangule fort proprement, loin de tout regard importun, des cardinaux et des papes. L'épopée sinistre est aujourd'hui close, fort heureusement, comme une foule d'autres épopées du « bon temps ! »

II

LA VILLE PONTIFICALE

En passant le pont Saint-Ange, vous oubliez la Rome des Césars pour ne plus voir que la Rome des Papes. Là-bas, au bout de la longue rue du Borgo Nuovo, voici Saint-Pierre. Arrêtez-vous un instant pour contempler de loin la grandiose coupole ; de près, elle vous fera une impression moindre; l'énorme masse de la façade écrasera ce dôme imposant, qui monte pourtant, avec sa lanterne terminale, à une hauteur de 138 mètres, c'est-à-dire à 33 mètres de plus que la flèche des Invalides de Paris. Avancez-vous maintenant, sortez de cette vilaine rue du Borgo : vous avez devant vous le corps entier de l'édifice, avec la vaste place à colonnades qui le précède. Au milieu de cette place, se dresse, pauvre pygmée, un obélisque monolithe, transporté autrefois d'Héliopolis à Rome par Caligula; sur ses flancs, deux fontaines lancent d'énormes gerbes liquides.

Vous montez le vaste escalier de la basilique, et vous atteignez le vestibule, percé de cinq portes, dont une, la seconde à droite, est murée et ne s'ouvre qu'aux jours de jubilé. Une fois à l'intérieur, vous ne savez trop comment démêler vos impressions. Tout y est si grand, que cette grandeur même vous échappe d'abord. Il vous faut trouver préalablement une sorte d'échelle de mesure. Cette échelle, vous l'avez, en regardant par exemple une des chapelles : chacune a les dimensions d'une cathédrale; alors seulement, en ramenant vos yeux sur l'ensemble de l'édifice, vous en saisissez l'immensité.

Cependant, dès la première promenade circulaire, vous êtes moins étonné qu'ébloui. La lumière est trop vive pour être religieuse, dit fort bien M. du Pays. Cette émotion profonde sur laquelle vous aviez compté, s'obstine à ne point venir. La plus longue nef du monde ne vous semble qu'une bonbonnière aux proportions exagérées; alors une pensée profane de supputation et de calcul vous vient à l'esprit. Devant ces accumulations disparates de richesses et d'ornements, devant cette surcharge mondaine de dorures, de sculptures, de médaillons, de jolis anges, de marbres fins et de mosaïques, vous comptez machinalement sur vos doigts le total des apports d'argent, plus prosaïquement, des appels de fonds qui ont permis de parfaire cette œuvre : — cinq cents millions, chiffre rond, à ce qu'il paraît. C'est beaucoup trop pour le résultat, qui, en somme, — je parle ici des décorations, — n'est ni du grand art ni de l'art vrai.

O Panthéon païen d'Agrippa, ô ruines pensives et sinistres du Colisée des Flaviens, combien plus vous m'avez remué !

C'est qu'à Saint-Pierre, pour avoir voulu faire absolument surhumain, on a fait hors de proportion; tant d'énormités superposées ou juxtaposées se nuisent l'une à l'autre.

LA CONFESSION.

s'éclipsent ou s'écrasent comme à l'envi. Au lieu de laisser dominer la gigantesque soufflure du dôme, on l'a masquée et rapetissée sans le vouloir par le développement d'une façade trop vaste. Oui, cette façade, au fronton assez pauvre d'ailleurs, et d'où l'on voudrait, ce semble, pouvoir ôter les treize colossales statues du Christ et de ses apôtres, empêchent de sentir, — c'est bien le vrai mot, — l'immense coupole. Pour mieux vous en convaincre, allez regarder cette même masse du fond du jardin du Vatican : avec quelle majesté plus ample elle se détachera dans les airs !

Il n'est pas jusqu'à la place, — on l'a remarqué cent fois, et c'est bien l'impression

VUE DU PONT ET DU CHÂTEAU SAINT-ANGE.

première qu'éprouve le touriste, — il n'est pas, dis-je, jusqu'à la place sur laquelle l'œil ne se perde comme dans un vide. Elle semble trop grande ; la splendide colonnade du Bernin, avec ses quatre rangs de piliers robustes, a l'air d'un portique d'attente. On désirerait quelque chose de plus sur ces fûts colossaux, qui ont 20 mètres de hauteur ; ils sont faits, ne leur en déplaise, pour porter mieux que leurs gigantesques statues. Je ne parle pas du fâcheux effet, destructeur de toute symétrie, que produisent les bâtiments du Vatican, juchés en fausse équerre et sans agencement à la droite du monstre.

Qui donc un jour, se donnant le plaisir d'un enjambement aussi facile que sacrilége par-dessus les siècles futurs, me susurrait à l'oreille, en parlant de cette basilique, monument orgueilleux de la gloire temporelle des Papes, qu'elle n'aura vraiment toute sa beauté que lorsqu'elle sera à l'état de ruine ? Je sais bien, en tout cas, que c'est Beyle qui a dit ceci : « Si d'aventure Saint-Pierre était détruit, les hommes d'aujourd'hui ne songeraient pas à le relever, *parce qu'ils sont trop raisonnables*. »

Soyons juste : au bout de huit jours, l'œil est fait à toutes ces monstruosités architecturales, et il oublie les disproportions pour ne plus admirer que les splendeurs.

J'ai raconté plus haut les diverses phases de la construction de Sainte-Marie des Fleurs de Florence ; l'historique de celle de Saint-Pierre n'est pas moins curieux, et les vicissitudes mêmes de ce grand travail en expliquent assez le caractère et les évidentes défectuosités.

A la place où se dresse aujourd'hui la basilique, s'étendaient jadis les jardins et le cirque de Néron. Là eut lieu la première persécution contre les chrétiens ; le César les fit enduire de poix, attacher aux arbres, et brûler vifs en guise de torches ; là aussi les adhérents à la foi nouvelle ensevelirent tout d'abord leurs frères en religion. Cette colline du Vatican, déserte et mal famée, avait été, sous le paganisme, un lieu de « vaticination ». Je ne sais quelle horreur sainte planait sur cette éminence, où pullulaient toutes sortes de bêtes, y compris même des serpents boas (*boæ*), nous dit Pline. S'il faut en croire la tradition, c'est encore là, sur ce sol sillonné de « terriers à martyrs », selon le mot de M. F. Wey, que l'apôtre saint Pierre fut inhumé. Au quatrième siècle, Constantin y érigea, sur l'emplacement du cirque impérial, une première basilique, qui devait durer plus de onze cents ans ; mais, dans le même temps, l'empire chrétien se transportait à Byzance, et la vieille Rome païenne descendait insensiblement dans les abîmes de l'oubli. Un silence funèbre envahissait le périmètre des Sept Collines, le val du Tibre et toute la campagne d'alentour. Le flambeau de l'histoire allait-il donc s'éteindre définitivement sur ce coin de terre, où s'était concentrée, des siècles durant, toute la vie du monde ? Non : du fond de cette solitude et de ce silence allait jaillir une puissance nouvelle, la Papauté; l'unité de l'Église allait remplacer celle de l'Empire.

Une dizaine de siècles ont évolué. Rome païenne se trouve détruite aux trois quarts ; Alaric, Genséric, Totila, Robert Guiscard, y ont accumulé ruines sur ruines ; à quatre reprises, le Tibre a charrié des trésors à enrichir le monde entier. C'en est fait. L'axe de la civilisation semble déplacé pour jamais ; les pontifes de la Ville éternelle ont beau retenir le gouvernement des âmes : en dépit des efforts d'un Grégoire VII, le Saint-Empire n'est qu'une illusion ; de même qu'au Dôme de Florence, avant que le génie de Brunelleschi l'eût coiffé de sa coupole, il manque à la souveraineté spirituelle des Papes, au Catholicisme romain, ce couronnement de lumière humaine, et je dirai presque païenne, qui devait achever par l'éblouissement facile des sens la conquête laborieuse des esprits.

Alors commence, au milieu du quinzième siècle, la série des grands papes au génie artistique et mondain. Le vieux christianisme du moyen âge cède la place à une sorte de néo-christianisme pompeux, combiné de manière à substituer insensiblement la superstition à la foi, une tradition de fétichisme à l'élan instinctif des âmes.

Nicolas V, le premier, a l'idée de matérialiser la domination catholique dans un vaste temple qu'il eût voulu « supérieur à celui de Salomon » ; il n'a pas le temps de réaliser son dessein. Sous ses successeurs, y compris Alexandre VI, d'autres pensées occupent la cour pontificale. Enfin, en 1503, le trône de Saint-Pierre échoit à celui que ses contemporains ont surnommé le « pontife terrible », à Jules II. Esprit haut et cœur ferme, cet ex-petit valet de ferme d'un petit village de la Rivière du Ponant, tout en montant à l'assaut des villes, casque en tête et sabre au poing, reprenait l'idée de Nicolas V, et faisait jeter par le célèbre Bramante les fondations d'un nouveau Saint-Pierre. Bramante mort, divers architectes, Fra Giocondo, Raphaël, Peruzzi, San Gallo, s'attellent à l'œuvre successivement. Celle-ci, dès le début, péchait par la base ; pour satisfaire l'impatiente ardeur de Jules II, qui, en toutes choses, agissait, suivant l'expression d'un ambassadeur vénitien, « en maître et seigneur du jeu du monde », on avait trop précipité la besogne ; des tassements et des lézardes s'étaient manifestés dans les piliers et les arcades cintrées qui devaient soutenir la coupole. Raphaël mourut, comme Bramante, avant d'avoir pu dresser sur le sol sa conception. San Gallo eut le mérite de consolider les assises, en enfonçant à des profondeurs extraordinaires des masses de pierre formidables sur lesquelles on pouvait désormais bâtir

INTÉRIEUR DE SAINT-PIERRE.

les voûtes les plus gigantesques. Après lui, Michel-Ange, âgé déjà de soixante-douze ans, reçut la direction exclusive des travaux ; ce devait être l'occupation des dix-sept dernières années de sa vie.

Le nouvel architecte était autorisé à réformer à sa guise l'ouvrage de ses devanciers. C'était la cinquième ou sixième modification que subissait le modèle primitif. Qui donc, parmi ces divers artistes, tous en renom, tous orgueilleux à juste titre, eût consenti à exécuter passivement le plan d'un rival ? Les uns voulaient dessiner la nef en croix

SAINT-PIERRE ET LA COLONNADE DE BERNIN.

grecque ; les autres, rognant la branche inférieure, voulaient lui donner la forme d'une croix latine. Chacun, en revêtant les fonctions d'ordonnateur en chef, annonçait des innovations inouïes, des prodiges. Et le peuple, non moins enthousiaste que ses pontifes, de trépigner de joie ; et les pontifes, touchés droit à la prunelle, d'escompter d'avance leur triomphe et de vider chaque fois l'escarcelle, quitte à la remplir derechef au moyen de la vente des indulgences. Avec Michel-Ange, l'escarcelle du moins se vit ménagée ; non content de se consacrer gratuitement à cette colossale besogne, l'illustre architecte sut réformer les abus, les dilapidations de toute sorte, que les cupidités personnelles et la direction incohérente des travaux avaient introduits dans l'entreprise. C'était en 1547.

vingt-cinq ans après la mort de Léon X, au moment du plein épanouissement de la Réforme : raison de plus pour achever enfin le triomphal monument du catholicisme romain.

Michel-Ange revint à la croix grecque. La difficulté était qu'on voulait avoir à la fois et la plus longue nef et la plus gigantesque coupole que l'on eût vues ; pouvait-on obtenir l'une et l'autre en sauvant l'effet architectural de l'ensemble ? Toujours est-il que Michel-Ange termina les grandes voûtes des nefs, ainsi que le tambour du dôme ; sur quoi il mourut : il avait quatre-vingt-neuf ans. Après lui, on acheva la coupole, mais non d'après son plan, qui était tel, dit-on, qu'elle eût nettement dominé, de près comme de loin, la façade du temple. Cette façade, qu'il n'avait pu faire, ne fut construite qu'au dix-septième siècle par l'architecte Carlo Maderno, qui, de nouveau, ramena la forme de l'édifice à la croix latine. On l'a dit bien des fois : cette façade est plutôt une devanture de palais qu'un portique d'église. Mais, après ce que je viens de raconter, après tant de sutures et de reprises dans l'élucubration et l'érection de l'immense machine, comment pourrait-on s'étonner des imperfections qu'elle présente ?

Quel touriste résiste à l'envie d'escalader cette montagne de pierre ? L'ascension se fait en plusieurs étapes. On monte d'abord par un escalier en colimaçon, comptant cent quarante-deux marches, jusqu'à la plate-forme comprise entre le sommet de la façade et le tambour du dôme. Ici, une pause. Vous les voyez de près, les douze apôtres : cinq mètres et demi de haut ; quels Titans ! Vous vous retournez, et l'épouvante vous saisit ; là-bas, au bout d'une sorte de vallée à fond plat, un cône immense menace le ciel : c'est la coupole. A droite, à gauche, une nichée de petits dômes octogones. « Et « le pays est habité, » comme dit M. Wey. Il y a là toute une cité, une agglomération remuante et bruyante de cabanes, d'ateliers, de buanderies, de forges et de fours. Il y a même un lac. Une fontaine à jet continu projette un ruisseau murmurant qui va former un réservoir au pied de la coupole. Que dis-je ? j'aperçois jusqu'à des grand'routes qui aboutissent à ce centre de population, des rampes par lesquelles montent les bêtes de somme. Les naturels de l'endroit, non classés par les géographes, s'appellent les *San Pietrini*. Ils forment une peuplade à part, ayant ses lois, sa police, ses usages. De père en fils, ils s'occupent des réparations qu'exige l'entretien du précieux édifice. Au moindre signe des architectes, qui, sempiternellement, tâtent le pouls au monstre de pierre, vite, les voilà à l'œuvre : et le monstre n'est pas toujours bien portant. Dès le milieu du dix-huitième siècle, des lézardes se montrèrent dans sa plus redoutable membrure, je veux dire la coupole ; il fallut par prudence la revêtir de cerclures de fer.

Et mille autres soins, mille cures, grosses ou menues, de conservation. Bon an mal an, il y passe cent soixante mille francs.

Approchez-vous de l'entablement qui décrit un rebord circulaire de 123 mètres au pied de la coupole, et regardez dans l'intérieur de la basilique. Il vous semble plonger dans un abîme. Le fond de l'église n'offre plus que des reliefs minuscules; les fidèles ont l'air de fourmis. Puis, en remontant les murs du dôme, vos yeux s'arrêtent à la frise, et là, en lettres capitales de deux mètres de haut, vous voyez flamboyer les mots fameux : *Tu es Petrus...*

Seconde étape : vous grimpez de biais entre les deux calottes de la coupole jusqu'à la balustrade qui contourne la lanterne. Des monts Sabins à la mer, des collines d'Albe à la Tyrrhénie, toute la campagne se découvre à vous. Mais vous voici sorti des arcades intérieures; gare au vent, qui presque toujours déferle en tourbillons contre cette galerie circulaire !

La troisième étape consiste dans l'escalade de la boule de bronze ; elle se fait par une échelle absolument verticale. Ah! le vent! quelles singulières résonnances il tire du globe d'airain! Avec quelle sauvagerie il s'engouffre dans les lucarnes ! Ce globe qui, de la place Saint-Pierre, vous semblait gros comme votre tête, n'a rien moins que $2^m,45$ de diamètre. En revanche, les sept collines de Rome — qui sont, par parenthèse, au nombre de dix — rentrent là-bas fort humblement au sein de la terre.

Quatrième étape : celle-là n'existe que pour les audacieux, les risque-tout. Une échelle de fer conduit jusqu'à la croix. Dites-moi, si, pendant que vous êtes ainsi juché, il se produisait un tremblement de terre ! Quels frissonnements à cette idée ! Cela s'est vu pourtant. N'est-ce pas le président de Brosses qui raconte que, lors de la secousse de 1730, un moine espagnol se trouvait, non pas tout à fait à la croix, mais dans la boule? Il mourut de peur sur la place.

Plus heureux que le moine espagnol, vous redescendez sain et sauf, quoique un peu ivre de lumière et d'espace, le long de l'immense croupe, et, pour vous rasséréner, vous pénétrez dans le Vatican.

Ce palais, ou plutôt cette juxtaposition d'édifices incohérents, irréguliers, sans façade extérieure, est toute une cité. Il contient, dit-on, onze mille chambres ; j'ignore qui en a fait le compte. Bramante, Raphaël, Fontana, Maderne, le Bernin, et d'autres encore, l'ont édifié ou réédifié tel qu'il est ; mais ce ne fut qu'à la fin du quatorzième siècle, après le grand schisme d'Occident, que les papes en firent leur résidence. Dès ce temps-là une galerie couverte le mit en communication avec la forteresse pontificale du Château Saint-Ange, ainsi nommée, rapporte la légende, d'une apparition de l'archange saint Michel, au-dessus du pont Ælius. Un siècle plus tard, Nicolas V l'entoura de murailles. Ses successeurs, d'Innocent VIII à Léon X, y ajoutèrent la chapelle Sixtine, la villa du Belvédère, et commencèrent à le transformer en l'immense musée que nous connaissons. Depuis lors les souverains pontifes n'ont pas cessé de travailler tant à l'accroissement de l'édifice qu'à l'embellissement de ses merveilleuses galeries d'art.

Deux grands papes, Jules II et Léon X, deux grands artistes, Raphaël et Michel-Ange, résument l'œuvre de la Renaissance dans cet inestimable sanctuaire, qui est en même temps le plus riche trésor de sculpture antique qu'il y ait au monde. Nous ne pouvons, hélas ! que traverser rapidement tous ces musées profanes ou sacrés : la Chapelle Sixtine, les Loges, les Chambres, les galeries Chiaramonti, Pio Clementino, etc.

D'abord la Chapelle Sixtine : Sixte IV l'avait fait bâtir, Jules II la fit décorer. Ici reparaît devant nous l'épique figure de Michel-Ange Buonarroti.

A l'appel de Jules II, Michel-Ange se rend de nouveau à Rome, où il avait déjà fait un séjour de cinq années (1496-1501), occupé, entre autres travaux, de sculpter sa *Pietà*, qui est à Saint-Pierre, son groupe de *Bacchus et Adonis* et son *David*, qui sont à Florence. Jules II, qui l'aimait, parce qu'il retrouvait en lui son propre tempérament, le charge de faire son mausolée, moyennant 200,000 écus. C'est pour cette œuvre gigantesque, que devaient décorer quarante statues, que Michel-Ange s'en alla passer une année à Carrare, afin d'y surveiller l'extraction des marbres. Mais une brouille survint au cours des travaux entre l'artiste et son auguste protecteur. Michel-Ange, de retour à Rome, attendait un convoi de marbres. Ceux-ci arrivent à Ripa Grande, où on les décharge, et comme les mariniers réclamaient leur salaire, Buonarroti court au Vatican. On lui répond qu'on ne peut l'introduire. Sans mot dire, il acquitte les frais de sa propre bourse ; puis derechef il se présente au palais : on lui refuse encore l'entrée. Cette fois, offensé, il fait prévenir le Pape que, s'il a besoin de lui, il ne l'envoie point chercher, qu'il est parti. Et à l'instant même il vend à des juifs tout ce qu'il possède et prend à cheval la route de Florence. Cinq courriers expédiés par Jules II, une lettre même de Sa Sainteté qui ne contenait que ces mots si affectueux dans leur rudesse : « Reviens, ou je te chasse, » n'ébranlent pas sa résolution. En vain Pierre Soderini, gonfalonier de Florence, qui craint que cette incartade de l'artiste ne lui attire quelque querelle avec le bouillant pontife, multiplie ses représentations et ses instances ; Buonarroti se borne à répondre qu'il quittera, s'il le faut, la Toscane, mais non pour retourner à Rome. Il parlait alors de s'en aller à Constantinople bâtir un pont entre l'Europe et l'Asie. Enfin, au bout de deux ans, la réconciliation se fit dans la ville de Bologne, que le Saint-Père venait de soumettre les armes à la main. Qui pâtit du dissentiment? Ce fut le mausolée papal. Jules II mourut sans qu'il fût exécuté, et diverses entreprises empêchèrent ensuite Buonarroti de s'y remettre. Il n'en acheva que trois pièces: le *Moïse*, qui était destiné à l'entablement du tombeau, et qu'on voit à Rome dans l'église San Pietro in Vincoli, et les deux *Captifs*, qui sont à Paris au musée du Louvre.

Revenu à Rome en 1508, l'année même où Raphaël y était appelé par le même

NAISSANCE D'ÈVE (CHAPELLE SIXTINE).

Jules II, Michel-Ange reçoit mission de décorer à fresque la voûte de la Chapelle Sixtine. C'était une invitation formelle à devenir, du jour au lendemain, un peintre de premier ordre. Jusqu'alors en effet Michel-Ange s'était adonné presque exclusivement à la sculpture, et, bien qu'il fût élève du fresquiste Ghirlandajo, à peine connaissait-il le procédé dont on lui imposait l'emploi. Il commença par appeler à son aide des praticiens de Florence; puis, mécontent du résultat, il renvoya ses auxiliaires, détruisit leurs essais, et s'enferma seul dans la chapelle, sans y vouloir admettre personne. Alors, face à face avec le terrible plafond, il ébaucha, effaça, travailla, la tête renversée, le cœur épandu hors de la poitrine. Ce labeur dura quatre années. On raconte que Jules II, à qui les préoccupations de la Ligue de Cambrai n'ôtaient point le souci de l'art, arrivait souvent à l'improviste dans la chapelle, montait quelques degrés de l'échelle, et debout, immobile, contemplait silencieusement ces créations étranges, pleines d'une fougue toute-puissante et désordonnée, et telles qu'aucune école n'en avait encore offert le modèle. Quelle âme, plus que celle de l'héroïque pontife, était capable de sentir la touche vigoureuse et enflammée de ce pinceau original? L'impatience dévorait Jules II; il avait peur de mourir avant le jour où cette œuvre colossale serait découverte aux regards de tous. « Quand finiras-tu? dit-il un jour à l'artiste, du pied de l'échelle. — Quand je pourrai, répondit froidement Buonarroti. — Tu veux donc que je te jette en bas de ton échafaud? »

Enfin, le 1ᵉʳ novembre 1512, la Sixtine fut ouverte à la cour du Vatican. Seule pourtant la première partie de la décoration était terminée. La *Création de l'homme*, les *Sibylles*, *Jonas*, les *Prophètes*, emplissaient de leurs magnificences trois séries de compartiments. Trente ans plus tard seulement, à l'âge de soixante-six ans, Michel-Ange reprend et achève son ouvrage par les sublimes créations du *Jugement dernier*. Entre temps il travaille aux tombeaux des Médicis; entre temps aussi, ont lieu et le sac de Rome, et la chute de Florence, et la mort de Raphaël, et celle de Léon X. La grande âme éternellement effarouchée de Buonarroti se retire de plus en plus du monde, et c'est alors que, replié sur lui-même, dans une sombre ardeur de travail, l'artiste applique au mur de la Sixtine cette fresque terrible, qui marque le point culminant de son génie, et que les scrupules religieux de je ne sais plus quel pape ont failli faire effacer. A la réflexion pourtant, l'on s'est contenté de rhabiller tant bien que mal quelques-unes des nudités michelangesques.

En face de Michel-Ange, l'inexorable enlumineur de l'Ancien Testament, se place Raphaël, l'interprète plus doux de la Nouvelle Alliance, le vrai peintre des Évangiles.

Raphaël Santi, ou, par euphonie, Sanzio, naquit le 6 avril 1483, c'est-à-dire huit ans après Michel-Ange, dans cette petite ville d'Urbino, que nous avons entrevue en passant, haut perchée entre l'Apennin et l'Adriatique. Son père, Giovanni Santi, à la fois peintre et poëte, le laissa de bonne heure orphelin, à la garde d'un oncle maternel, qui l'envoya, dès l'âge de treize ans, à l'atelier du Pérugin, le chef renommé de l'école ombrienne. En ce délicat printemps de sa vie, le jeune disciple, *il graziosissimo*, comme l'appelaient ses camarades, ne fait d'abord qu'imiter candidement les œuvres du maître. Choisi bientôt pour second par le Pérugin, il exécute sa première œuvre considérable, mais non encore toute personnelle d'inspiration, dans l'église de Citta di Castello. Elle représentait, d'un côté la Sainte Trinité, de l'autre la Création de l'homme. C'est aussi à Citta qu'il peint le Mariage de la Vierge, ce fameux *Sposalizio*, qui est au musée Brera de Milan. Revenu à Urbino, il fait un pas en avant avec son *Saint Georges* et son *Saint Michel*, que possède le Louvre. Puis il va à Florence, à Bologne, à Sienne, étudier tous les grands maîtres de l'école toscane ; de cette nouvelle période de sa carrière datent la *Madone du Grand-Duc*, la *Vierge au voile*, la *Vierge au baldaquin*. Enfin, en 1508, il se rend à Rome, où Bramante, son parent et son ami, le présente au pape Jules II. Ici nous pénétrons à sa suite dans ces merveilleuses salles de la « divine cité du Vatican », les Loges et les Chambres.

Les *Loges* (*Loggie*), dont Sanzio a été tout à la fois l'architecte, le décorateur et le peintre, se composent de trois rangs superposés de galeries à vitrage, qui offrent un peu de loin l'aspect d'une immense serre. C'est au plafond du second étage que se

LA CHUTE ORIGINELLE. CHAPELLE SIXTINE.

trouvent les cinquante-deux peintures, où lui et Jules Romain, son disciple le plus habile, ont retracé, comme Michel-Ange venait de le faire à la Sixtine, mais dans un style tout autre, les principales scènes de l'Ancien et du Nouveau Testament. Ces peintures ont été malheureusement fort endommagées et par la soldatesque de Charles-Quint en 1527 et plus tard par des restaurations maladroites ou intempérantes.

Plus importantes sont les Chambres ou *Stanze*, anciens appartements de Jules II, contigus aux Loges, et dont le côté ouest donne sur la cour du Belvédère. Elles sont au nombre de quatre. La première, celle de Constantin, représente par la Bataille contre Maxence la lutte dernière des deux cultes, personnifiés, l'un dans cet empereur, fils de Maximien, l'autre dans Constantin. Ce n'est pas sur celle-là qu'il faut insister : Raphaël n'a fait qu'en diriger la décoration, laquelle n'a été achevée qu'après sa mort. Dans la chambre suivante, dite d'Héliodore, la fresque qui figure ce général syrien chassé par deux anges et par un cavalier céleste du temple de Jérusalem, qu'il voulait saccager, est un hymne à la gloire militaire de Jules II. Ce grand prêtre Onias, qu'on aperçoit dans l'intérieur du temple, où le peuple est en prière devant le tabernacle, c'est le pontife lui-même, l'exterminateur des « barbares », c'est-à-dire des Français ; ainsi, dans une fresque postérieure de la même salle, Attila arrêté aux portes de Rome, saint Léon n'est autre que le pape Léon X, qui venait, avec l'aide des Suisses, de renvoyer Louis XII au delà des monts.

Cette œuvre de Raphaël se complète par la Chambre des écoles d'Athènes, appelée aussi Chambre de la Segnatura, parce que jadis on y minutait des actes judiciaires. Sur ses murs sont réunis : la *Dispute du Saint Sacrement*, ce grand drame théologique qu'un critique appelle « un magnifique dialogue entre le ciel et la terre », et qui est, non pas une dispute, mais un accord suprême par l'institution de l'Eucharistie ; — en face, le long d'un portique, une composition d'un genre tout différent : l'antiquité revivant par ses grands maîtres, Platon, Aristote, Archimède, Anaxagore, Socrate, Épicure, etc., c'est la fameuse fresque que l'on nomme *les Écoles d'Athènes*; — aux compartiments du plafond, les quatre figures allégoriques, tant de fois reproduites, la *Théologie*, la *Philosophie*, la *Littérature*, la *Jurisprudence*. Je me borne à mentionner la quatrième chambre, celle qui contient l'*Incendie du Borgo*, c'est-à-dire du quartier, connue aussi sous le nom de Cité Léonine, qui comprend le Vatican et ses faubourgs jusqu'au mausolée d'Hadrien, et qui fut brûlé en 847. Raphaël n'a fait ici que le dessin ; la peinture est de ses disciples, Jules Romain en tête comme toujours.

C'est au troisième étage, dans une des salles de la Pinacothèque, instituée en 1816 par Pie VII, que se trouvent le chef-d'œuvre de Sanzio, la *Transfiguration*, qui était, on le sait, destinée à la cathédrale de Narbonne, puis la *Vierge au Donataire*, appelée aussi *Madone de Foligno*, et, face à face avec la *Transfiguration*, un autre chef-d'œuvre, mais celui-là du Dominiquin, la *Communion de saint Jérôme*.

« Raphaël, dit M. Taine, fut très-heureux, noblement heureux, et ce genre de bonheur si rare perce dans toutes ses œuvres. Il n'a point connu les tourments ordinaires des artistes, leurs longues attentes, les souffrances de l'orgueil blessé. Il n'a point subi la pauvreté, ni l'humiliation, ni l'indifférence.... Il était extrêmement aimable et fut extrêmement aimé.... Il n'a eu à lutter ni contre les hommes ni contre son propre cœur.... Les images qui l'occupaient semblaient exprès choisies pour entretenir la sérénité dans son âme. Il avait passé sa première jeunesse parmi les madones du Pérugin, pieuses et paisibles jeunes filles, d'une quiétude virginale, d'une douceur enfantine, mais saines, et que la fièvre mystique du moyen âge n'avait point touchées. Il avait ensuite contemplé les nobles corps antiques et compris la fière nudité, le bonheur simple de ce monde détruit dont on venait de déterrer les fragments. Entre les deux modèles, il avait trouvé sa forme idéale, et il errait dans un monde tout florissant de force, de joie et de jeunesse..., sorte de jardin dont les plantes avaient la vigueur et la séve païenne, mais où les fleurs demi-chrétiennes s'ouvraient avec un sourire plus timide et plus doux. »

Quel contraste entre cette nature pleine de paisibles épanouissements et le génie tempétueux de Michel-Ange, ce Savonarole de la peinture, cet artiste de combat, dont les enfantements furent marqués de plus en plus par les déchirements et l'angoisse, et qui avait pour devise ce mot d'un de ses sonnets : « Il faut sans cesse étreindre. »

Malgré le coup de poing qui lui avait écrasé le nez, Buonarroti, à le prendre sur un de ses bustes de l'âge mûr, avait dans le visage une grandeur sévère et un peu inquiète; plus jeune, sa physionomie avait eu, dit-on, une vivacité séduisante. Quant à Raphaël, un de ses portraits peints par lui-même nous le montre à l'âge de vingt-deux ans : figure imberbe, un peu féminine, ovale long et délicat, regard pur qui reflète bien l'inaltérable harmonie de ce cœur et de cet esprit ; cheveux bruns séparés au milieu du front et ruisselant en ondes abondantes sur les épaules ; pour coiffure un béret noir incliné en arrière, pour vêtement une ample robe blanche et une pelisse fourrée de brocart d'or.

Nous savons que Michel-Ange vécut solitaire, concentré dans ses conceptions d'artiste et dans ses rêves de patriote, au point de passer auprès de beaucoup de gens pour un orgueilleux ou pour un fou. Nul plaisir, nulle sollicitation d'une cour voluptueuse entre toutes ne purent détourner de lui-même, ni de l'étude, ni de sa fière pauvreté, cet homme frappé à l'antique marque, qui dormait à peine, faisait des repas de Spartiate, et n'avait d'épanchement que pour son vieux serviteur Urbino, le veillant lui-même jour et nuit, s'il était malade. De l'amour, il ne connut, — et encore sur le tard — qu'une passion austère et platonique pour une femme d'une nature aussi noble que la sienne, la marquise de Pescara, sorte de Béatrice de cet autre Dante, et dont la mort laissa dans l'âme de l'artiste une plaie incurable.

Pour Raphaël, on connaît la légende de la *Fornarina*, le célèbre portrait qui est au palais Barberini. Quelle était cette Fornarina, dont le vrai nom était Marguerite ? Une excellente jeune fille, dit Vasari, qui vécut avec Sanzio et à laquelle Sanzio fut dévoué jusqu'au dernier jour. Cette liaison vulgaire n'a pas manqué d'être enjolivée, et c'est dans une auréole de poésie que nous apparaît aujourd'hui l'amie du peintre d'Urbin.

On montre dans le Trastevere, rue Santa Dorotea, l'endroit où il la connut. Il l'aurait aperçue par-dessus le mur « pendant qu'elle plongeait ses jolis pieds dans une petite fontaine du jardin de son père, » et se serait épris d'elle à première vue. Le type plébéien du palais Barberini ne ressemble en rien au portrait qui est à Florence, et encore moins à la Madone qui est à Dresde ; l'expression de la figure est vulgaire, le nez gros, les lèvres proéminentes ; toute la personne annonce une gaillarde qui n'a pas été créée et mise au monde uniquement pour rêver.

L'œuvre de Raphaël, à Rome, comprend encore les fameuses fresques de la Farnésine (villa Chigi), également dans le Trastevere, sur les bords du Tibre. Là se déroule, au plafond cintré d'une grande salle lambrissée de marbres, ce beau mythe antique de Psyché, qu'Apulée et après lui notre la Fontaine ont raconté avec tant de charme et de verve. Dans une salle voisine est le Triomphe de la Beauté en la personne de cette nymphe *Galatée* dont Polyphème jaloux écrasa l'amant sous une roche.

LA FORNARINA DU PALAIS BARBERINI.

Avant de quitter définitivement cet immense labyrinthe du Vatican, qu'on fera bien de visiter en détail, mais dans tous les replis duquel je n'ai pas le temps de guider le lecteur, je dois dire quelques mots des chambres où sont les Antiques. Ici l'ornementation du cadre est surtout remarquable de noblesse et de sobriété. Trois superbes galeries, la galerie Lapidaire, le Musée Chiaramonti et le Musée Pio-Clementino, se partagent la merveilleuse collection. Passons vite à travers le Braccio Nuovo et le Corridor Chiaramonti: les chefs-d'œuvre sont dans le troisième musée. Voici d'abord, dans le vestibule carré du Belvédère, le fameux *Torse* en marbre blanc duquel Michel-Ange se disait l'élève, et qui fut découvert dans les Thermes de Caracalla : c'est l'œuvre du sculpteur grec Apollonius ; voici en outre le *Tombeau de Scipion Barbatus*, dont j'ai parlé au chapitre précédent ; dans la chambre qui suit, est la *Statue de Méléagre*, le plus beau corps qu'on puisse voir ; enfin dans une cour à portiques et à cabinets, le groupe classique du *Laocoon* retrouvé sous Jules II. C'était en 1506 ; des ouvriers qui travaillaient à une vigne au-dessus des Thermes de Titus, heurtèrent de la pioche un bloc de marbre enfoncé dans une niche et enveloppé d'un épais cocon de terre. On se mit à le dégager, et quand les formes furent débarrassées de leur carapace, on reconnut une tête d'homme dont le regard levé vers le ciel avait une expression de souffrance indicible ; à côté étaient deux enfants sans mouvement et sans voix, et autour de ces trois corps nus s'enroulaient deux serpents, qui mordaient avec furie dans les membres baignés de bave. Immédiatement on alla chercher Sadolet, qui reconnut le *Laocoon* tel que Pline l'a décrit, et avec les détails poignants du drame qu'expriment les vers de l'Énéide. Michel-Ange survint à son tour : plus de doute ; c'était le « miracle de l'art » ; la sculpture avait même vaincu la poésie. Non loin du *Laocoon* est l'*Apollon du Belvédère*, trouvé vers la même époque dans les fouilles d'Antium ; puis la *salle des Animaux*, sorte de ménagerie, où se mêlent de la façon la plus singulière la faune réelle et la faune fantastique de l'antiquité. Allons toujours : la série des salles n'est pas épuisée. Combien rapide est la fuite des heures, parmi ces contemplations ! Dans cette érection infatigable de la pensée, on oublie presque qu'il existe un monde en dehors de ce monde de sculptures immobile et muet. L'œil va du minotaure à l'athlète, de l'admirable Ménandre assis à l'Ariane au bracelet ou à la Venus de Praxitèle, du Bacchus indien qui porte en grec sur son manteau le nom de Sardanapale aux mosaïques qui figurent des asperges et des volatiles de basse-cour. De la galerie à croix grecque, on passe à celle des Candélabres, du Musée Égyptien au Musée Étrusque, et de

là on revient à la galerie Lapidaire, puis dans la splendide Bibliothèque (*Libreria*) où est entassé, à l'abri d'armoires enluminées des coloriages les plus divers, un trésor de manuscrits auquel tous les peuples d'Europe et d'Asie ont fourni leur apport. On a tout vu alors, ou du moins tout effleuré. Il ne reste plus qu'à redescendre humer une prise d'air dans le jardin du Vatican. Ce jardin s'étend à l'ouest du palais, au pied de la colline ; ce n'est pas, quoi qu'on en ait dit, une merveille ; mais la fameuse Villa Pia (Casino del Papa) est bien drôle, et, malgré son nom, elle n'a rien de pie. C'est le seul jugement que je trouve à porter sur ce *nec plus ultra* de débauche architecturale. Faites-y deux tours, je vous prie, et dites-moi par quel effort d'imagination vous vous représentez le saint pontife lisant son bréviaire dans ce *buen retiro* anacréontique, où de chaque feston de verdure, de chaque rocaille, de chaque chant d'oiseau, s'exhalent un mystérieux frissonnement de volupté et les plus pénétrants parfums aphrodisiaques.

Arrivé à Saint-Pierre par le pont Saint-Ange, il vous faut en repartir par le Trastevere, en suivant les rues San Spirito et della Longara, qui longent le Tibre et conduisent en ligne directe à l'église Santa Maria in Trastevere. La chaussée est assez large; mais quel coup d'œil minable présentent d'ici les deux rives de la rivière! Du côté où nous cheminons, la berge sableuse croule littéralement, minée par les eaux; sur l'autre bord, d'affreuses maisons toutes rongées de putridité et de vieillesse; çà et là une assise vermoulue, un restant de donjon plongeant à pic dans le fleuve; ailleurs les marches sales d'un escalier servant de débarcadère aux bateaux : dans l'aspect rien de vénitien. De petites mendiantes, qui ont achevé leur tour en ville, ruminent accroupies comme de jeunes veaux, sur un coin de marche entre leur agnelet et leur quenouille. De chaque vicolo ou de chaque carrefour adjacent se dégage l'âcre senteur de ce bouillon de choux (*broccoli*), qui est à Rome l'aliment ordinaire du menu peuple. Les préparateurs de ce mets tout local, installés en plein vent ou dans quelque anfractuosité de la rue, comme chez nous les marchands de pommes de terre frites, débitent sur place leur denrée ou la portent de maison en maison sur une grande cuiller. La buée odorante en monte paisiblement vers le ciel bleu, tandis que le ruisseau chantant, imprégné de bien d'autres essences toutes romaines, en charrie au Tibre les résidus hydrosulfurés.

Vous atteignez ainsi, dans une douce excitation des muqueuses nasales, la basilique de *Santa Maria in Trastevere*, érigée, dit-on, dès les premières années du troisième siècle, sur l'emplacement d'un asile de soldats invalides (*Taberna meritoria*); elle aurait donc été la première église ouverte dans la ville au culte public. De là vous apercevez à votre droite, sur le mont Janicule, la plus élevée des collines de Rome, les ombrages de la villa Lante, en deçà la villa Corsini et les terrasses de San Pietro in Montorio, ainsi appelé du nom moderne du Janicule (*Monte d'Oro*, le mont au sable couleur d'or). Au-dessus, la belle fontaine Pauline, dont les conduites d'eau alimentent tous les quartiers de la rive droite. De l'esplanade on a une vue des plus larges sur Rome et sur la campagne. C'est cette position, voisine de la porte Saint-Pancrace, qui fut le centre des opérations militaires lors du siège de 1849.

Derrière Sainte-Marie du Transtévère, au bout d'une longue rue, est une autre église,

SAINT-PIERRE, VU DE LA VILLA DORIA PAMFILI.

San Francesco à Ripa ; on vous montrera dans la cour du couvent qui y attient l'oranger au pied duquel s'asseyait saint François d'Assise. Une forte odeur de poisson règne aux alentours ; vous êtes au grand port du Tibre, en aval de Rome.

PETITE MENDIANTE ROMAINE.

Vous revenez de là vers le *Ponte Rotto* (Pont rompu), et vers l'île San Bartolommeo, d'où le *Ponte de' Quattro Capi*, ainsi appelé des hermès à quatre faces qui en ornent les extrémités, vous ramène sur la rive opposée, au Théâtre de Marcellus et à la place Montanara.

412 L'ITALIE.

A votre gauche s'étend la *région* de la Vieille-Poissonnerie : la perle en est le *Ghetto*, ou quartier juif, ouvert depuis 1848. Enfoncez-vous bravement, comme vous l'avez fait à Venise, dans ce labyrinthe de ruelles tortueuses, dans ce cloaque de parias où grouille une plèbe indescriptible mâtinée de toutes sortes de mélanges, parmi lesquels le Dieu d'Abraham et de Jacob serait fort embarrassé, suivant un mot qui n'est pas d'un juif, de « reconnaître les siens ». Tout près de là, — ô amère ironie du sort! — s'élève cet arc de Titus, qui rappelle la destruction du temple de Jérusalem ; plus bas, l'église Saint-Ange, qui vit les sauvages fournées des moines convertisseurs, et d'où, en 1347, le tribun Cola di Rienzo sortit pour monter au Capitole et y recevoir du peuple, en attendant de bons coups de couteau, le gouvernement de la république. Voici également la place des Pleurs (*piazza di Pianto*), qui vous fait penser à ce mot du prophète Jérémie : « J'étends les bras et je pleure ; mes yeux versent des ruisseaux de larmes, et il n'est personne qui me puisse consoler. »

MARCHAND DE BROCCOLI DANS LE TRASTEVERE.

Bien que débarrassée du régime d'exception qui pesa sur elle pendant tant de siècles, la juiverie romaine n'a changé ni ses vieilles mœurs, ni sa physionomie, ni son train de vie traditionnel. Ce sont toujours les mêmes types hâves et déguenillés, les mêmes peaux jaunes ou cuivrées, le même entassement de cavernes à friperie, de bouges infects, collés à des maisons rébarbatives et défiantes qui semblent toujours s'attendre à un assaut. Tout le monde ici vit devant les portes, l'air grave et sans un sourire. Que vous en voyez d'horribles Calibans accroupis, d'antiques sorcières aux mèches de filasse volantes, au cuir parcheminé, au col tuméfié de nodosités comme un vieux bois malandreux! Que vous voyez aussi, en revanche, de superbes filles d'Israël,

aux prunelles fixes et ardentes, d'où s'échappe au passage l'éclair meurtrier !
Je ne sais quel argot guttural parlent les habitants de ce sinistre caravansérail ; leur musique même a des résonnances qui ne répondent à rien de connu. Parfois, d'une sombre encoignure, vous entendez comme les coassements d'une guitare, auxquels se mêle un chant étrange et monotone. Est-ce ainsi que grinçaient au vent les harpes des captifs sur les rives du fleuve babylonien ? Vous n'osez pas vous arrêter pour essayer de saisir de près ces accents. Vous vous bornez à jeter un dernier regard effaré sur le singulier pêle-mêle de chiffons hideux et de fines guipures, de vieux tessons et de bijoux

VILLA LANTE, SUR LE MONT JANICULE.

précieux, qui encombrent les échoppes puantes, et, vous tenant pour satisfait de cet aperçu rapide et sommaire, vous regagnez, par la venelle la plus proche, la cité plus hospitalière et de meilleure mine, sinon plus honnête au fond, des chrétiens.

Et maintenant, à deux pas de vous, voici le Capitole, non pas la vieille citadelle romaine dont je vous ai parlé plus haut, mais le Capitole moderne, tel qu'il a été réédifié au seizième siècle sur les dessins de Michel-Ange. C'est aujourd'hui le siège de la magistrature municipale. Au milieu de la place s'élève la statue équestre de Marc-Aurèle. Il vous faudra faire une longue visite, et aux galeries Capitolines, où se trouve la célèbre *Louve antique* allaitant Romulus et Rémus, et au magnifique musée de la place, où sont, entre autres sculptures, trois chefs-d'œuvre incomparables : le *Gladiateur mourant*, l'*Antinoüs* de la villa d'Hadrien et le plus beau des trois *Faunes* de

Praxitèle. Il y a des gens qui profitent du voisinage pour aller voir dans l'église franciscaine d'Ara Cœli, bâtie sur l'emplacement de l'ancien temple de Jupiter Capitolin, et où l'on accède par un majestueux escalier de cent vingt-quatre degrés, le *Santissimo Bambino*. C'est une petite, toute petite statuette représentant un bambin au maillot. Son mérite est tout dans son histoire, qui, effectivement, n'est pas celle d'un enfant

ENTRÉE DU GHETTO.

ordinaire. Elle fut sculptée par un moine dans la racine d'un arbre du jardin des Oliviers, coloriée par saint Luc, pendant le sommeil dudit moine, puis jetée à la mer et transportée par les flots jusqu'à l'embouchure du Tibre. C'est tout simplement la contre-partie du voyage non moins étonnant de la *Santa Casa* de la Vierge que je vous ai montrée à Lorette. Cette figurine n'est pas visible en tout temps; on ne l'expose en public, toute couverte de ses bijoux et de ses pierres précieuses, qu'à de certains jours

ROME, VUE DE LA VILLA CORSINI (JANICULE).

de l'année ; mais, en faveur des étrangers, on lève volontiers la consigne et, du même coup, le voile du sanctuaire ; il est tel cas aussi, où même pour la satisfaction d'un simple Romain on tire de son coffret le poupon sacré. Un malade désire-t-il voir le Bambino, il le fait demander ; on le lui apporte. Si le Bambino a l'air gai en entrant dans la chambre, le malade se sent sûr d'en réchapper ; si au contraire sa physionomie est sérieuse, il n'y a plus d'espoir.

M. Ludovic Celler raconte qu'une dame romaine, qui n'avait eu qu'à se louer de la bienfaisante influence du Bambin sanctissime, sollicita et obtint l'autorisation de le garder chez elle pendant quelques jours, afin de hâter sa guérison. Cette pieuse démarche cachait un piège. La malade, qui voulait avoir toujours son sauveur à sa portée, fit fabriquer en cachette un faux Bambino, exactement le portrait de l'autre, mêmes traits et même coloris de pomme d'api. Quand les bons religieux revinrent chercher leur enfantelet, on leur rendit à la place ce faux Bambino, qui fut installé par eux dans la boîte du premier. « Mais, le soir, qui fut étonné? dit M. Celler. Le couvent tout entier ; car, vers minuit, un violent tapage éclatait à la porte d'Ara Cœli ; c'était le Bambino qui revenait seul et frappait pour se faire ouvrir et renvoyer l'usurpateur. »

GROUPE DE MAISONS DU GHETTO.

En sa qualité de capitale de la chrétienté, Rome compte près de quatre cents églises : les visiter toutes est impossible au touriste ; mais il en est qu'il ne peut, fût-ce en courant, omettre de voir. Telle est Santa Maria della Pace, près de la place Navone : dans une des chapelles sont les *Sibylles* peintes par Raphaël ; il est curieux de comparer cette fresque à celle que Michel-Ange a exécutée sur le même sujet au

Vatican. Tel est aussi Santo Agostino, situé tout à côté, et qui possède une autre fresque non moins célèbre du Sanzio, l'*Isaïe*.

Une curiosité d'un genre plus profane nous est offerte sur une petite place située au sud-ouest de la grande place Navone : c'est la statue de *Pasquin*, dressée au coin du palais Braschi. L'histoire en est bien connue. Jadis vivait dans ce quartier un tailleur nommé Pasquino, à l'esprit acéré, à la langue bien pendue, dont on recueillait et colportait partout les mots satiriques, si bien qu'il avait fini par devenir la gazette animée de la ville et l'endosseur de toutes les méchancetés anonymes. Les traits les plus virulents pouvaient circuler en franchise, pourvu qu'on prît la précaution de les mettre sur le compte du malin bonhomme. Lui mort, on se trouva d'abord assez empêché ; mais, comme à l'endroit où il avait demeuré se trouvait adossée une statue antique à moitié mutilée, on jugea commode et plaisant de donner à cette statue le nom du tailleur défunt, et chaque soir on affichait sur le socle les satires nouvellement écloses, qui le lendemain défrayaient sans péril la malignité publique. Ce moniteur de pierre, très-précieux dans un temps où il n'existait pas encore de journaux, devint ainsi, en toute circonstance, et surtout au moment des conclaves, lors des élections de pontifes, le porte-parole de l'opinion.

VIEILLE JUIVE DU GHETTO (page 412).

Rien n'échappait au terrible Pasquino. Le pape Urbain, de la maison des Barberini, s'étant avisé de faire fondre des bronzes antiques pour en fabriquer des canons, Pasquin dénonça en six mots *urbi et orbi* cet acte de vandalisme : *Quod non fecerunt Barbari, fecerunt Barberini* ; — « Ce que les Barbares n'ont pas osé faire, les Barberini l'ont osé. » — Sous Sixte-Quint, la licence de ce bavard devint si grande, qu'on lui fit l'honneur de lui apposer un factionnaire, pour l'empêcher d'accueillir les placards nocturnes ; il fut même question de jeter à l'eau le pauvre marbre qui n'en pouvait mais ; il paraît que ce fut le Tasse, alors à Rome, qui le sauva, en disant spirituellement aux neveux du pape, les Aldobrandini, auprès desquels il était fort en faveur : « De grâce,

SORTIE DE MESSE A SANTA TRINITA DE MONTI.

seigneurs, laissez Pasquin où il est, car si vous le jetiez au Tibre, de sa poussière il naîtrait sur les bords du fleuve des milliers de grenouilles qui nous étourdiraient nuit et jour de leurs coassements. »

Je laisse à penser si la « bouche de Rome », comme on appelait Pasquino, donna de la langue sous les Borgias, à propos du honteux trafic des dignités ecclésiastiques. — « Alexandre, dit-il un jour, vend les clefs de Saint-Pierre, les autels, le Christ lui-même ; il en a bien le droit puisque tout cela il l'a acheté. » — Et sous Jules II : « Jules est à Rome : que manque-t-il? Un Brutus. »

Bientôt ce soliloque parut monotone: on éprouva le besoin d'avoir un second Pasquin qui donnât la réplique au premier. Ce fut la mission d'une autre statue découverte un

LA LOUVE ÉTRUSQUE DU CAPITOLE page 113.

jour près du Champ de Mars, et qui reçut de là le nom de *Marforio* (*Martis forum*). Elle fut d'abord dressée en face du torse de Pasquin, et dès lors commença une polémique à faire damner toutes les puissances divines et humaines. Ce jeu satirique a duré jusqu'à la fin du siècle dernier. Un tiers débris antique, le *Facchino*, ou, comme on l'appelait, le « portier du palais Piombino », se mêlait aussi au dialogue. Ce dernier était de préférence l'organe plébéien. Il y avait encore l'*abbé Luigi*, du palais *Valle* ; puis *madame Lucrèce*, une cinquième statue, au derrière du palais de Venise, sans compter le singe qui a laissé son nom à la *via del Babbuino*, la rue du Babouin. Le buste de Scanderbeg lui-même, l'ennemi juré des Turcs, jetait parfois sa note dans le concert. Les meilleurs mots et les plus sanglants de ces jaseurs populaires sont les plus modernes. On se souvient des démêlés de Napoléon Ier avec Pie VI et Pie VII; le premier résista au despote; mais le second consentit à signer le Concordat; de là ce coup de boutoir de Pasquin : *Pio, per conservar la fede, — perde la sede ; — Pio, per conservar la sede, — perde la fede.* — « Pie, pour conserver la foi, perdit le trône; — Pie, pour conserver le trône, perdit la foi. » Un peu plus tard, en 1814, on lut sur le socle ce bout de dialogue entre Louis XVIII et Pie VII : « Comment, Saint-Père, vous avez été assez faible pour sacrer l'usurpateur? — Eh ! que voulez-vous, mon cher fils? vous n'étiez pas là. — Mais, Saint-Père, avec ma légitimité, je règne, même quand je n'y suis pas. — Mais, mon cher fils, avec mon infaillibilité, j'ai toujours raison, même quand j'ai tort. » — Cette boutade en rappelle une autre, à double entente, du même Pasquin, à l'époque du sac de Rome, alors que Clément VII était retenu prisonnier au château Saint-Ange et ne pouvait mettre un pied dans la rue : *Papa non potest errare.*

La presse aujourd'hui a remplacé avantageusement ce mode primitif de polémique. Marforio a été transporté au Capitole ; Pasquin, son contradicteur et son aîné, est toujours sur la petite place qui porte son nom; de plus, son type a été recueilli par la comédie italienne.

Ah ! la comédie italienne ! Que ne puis-je esquisser ici son histoire, depuis cette fameuse **Mandragore** de Machiavel, que le pape Léon X ne se lassait point de voir représenter? Que ne puis-je retracer aussi l'épopée interminable du vieux Cassandre aux cheveux poudrés, ou les aventures d'*il signor Pulcinella ?* Mais le théâtre romain par excellence, aujourd'hui encore, ce sont les marionnettes. Les *pupazzi*, à Rome, se retrouvent partout, en salle close non moins qu'en plein vent. Il n'est pas jusqu'au moindre joueur de chalumeau ou *zampognaro*, qui n'ait avec lui ses fantoches entrant en branle au mouvement du pied. Maintes fois aussi le pifferaro en guenilles, à la jambe ceinte de bandelettes, se montre par les carrefours, escorté de quelque compagnon déluré qui fait manœuvrer sa « Marie de bois », pour le plus grand plaisir des truands et des beaux messieurs.

On sait que le héros le plus ancien des marionnettes italiennes fut un Romain appelé Burattino. Ce merveilleux masque de la *Comedia dell' arte* s'était acquis une telle vogue, qu'on avait fini par transporter son personnage sur le théâtre des *pupazzi*, qui prirent dès lors de lui le nom de *Burattini*. Notez que les marionnettes italiennes n'interprètent pas seulement de petits scenarios inoffensifs pour la joie des enfants et la tranquillité des familles ; elles jouent de gros mélodrames, de gigantesques féeries, mieux encore, des pièces satiriques aux allusions les plus meurtrières. Marforio et Pasquin ont trouvé là, je vous assure, de fiers successeurs. Dans les trente dernières années surtout, les *impresarios*, m'a-t-on dit, ne savaient littéralement à qui entendre ; leurs naïves sculptures mobiles étaient obligées de courir sans trêve d'un palais à l'autre, et Dieu sait quel baume aigre-doux leurs exploits de corps et de langue répandaient chaque soir dans maint esprit ulcéré par la politique !

ZAMPOGNARO.

Que dis-je ? au pur point de vue du dilettantisme, les marionnettes d'outre-mont sont de véritables prodiges. Nul tour de force chorégraphique ne les décon-certe. Ces fantoches aux aptitudes universelles vous exécutent des ballets comme à l'Opéra. Pas horizontal, pas de côté, danse verticale ou en tourbillon, tout, jusqu'aux fioritures les plus insensées, est du ressort de ces Vestris aux pieds de bois. Aussi, quand la poupée a bien sauté, n'ayez point scrupule de la rappeler. Elle sortira de la coulisse, vous saluera avec de jolies petites poses penchées, appliquera sa main minuscule sur son cœur mignon, et, bref, elle ne rentrera à la cantonade qu'après avoir consciencieusement épuisé toutes les mines et tous les gestes des artistes les plus gâtés du public. Ces petits mannequins en sont même arrivés à pousser si loin la perfection des entrechats, que naguère les autorités ecclésiastiques, redoutant sans doute les périls d'une illusion trop complète pour les *abatini* et autres Éliacins du parterre, avaient astreint ces pauvres sylphides, les seules au monde qui se puissent dire conçues sans péché, à porter des caleçons couleur d'azur.

ABATINO.

Il est certain, tout scrupule de ce genre mis à part, que le jeu des marionnettes, à Paris aussi bien qu'à Rome, prête singulièrement à l'illusion. L'homme qui, des frises de la scène, meut au fil ces délicates machines, est, pour sûr, le seul qui y échappe. Le rideau n'est pas levé depuis un quart d'heure, que les *puppi* s'agrandissent à l'œil et revêtent les proportions de personnes naturelles. Toutes les parties du cadre au milieu duquel ils s'agitent étant exactement en rapport avec leur taille, le spectateur prend aisément le change, et l'effet persiste, tant que quelque objet dissonant ne détruit pas subitement l'unité d'optique; mais si, par exemple, — et il n'est personne qui ne se rappelle cette impression, — la main du machiniste vient à déborder accidentellement les bandes de toile ou de carton qui la dissimulent, on croit voir alors la grosse patte de Gulliver s'abattant au pays de Lilliput; ce ne sont pas les poupées qui semblent trop petites, ce sont les doigts de l'impresario qui paraissent ceux d'un géant. Beyle rapporte qu'un jour, à Rome, durant une représentation de ce genre, un enfant, un petit aide-lampiste s'étant avancé sur le théâtre pour arranger les luminaires de la rampe, plusieurs assistants poussèrent un cri involontaire ; ils avaient cru voir surgir un monstre.

Du Capitole, où il me semble bien vous avoir laissé, vous remontez vers le Colisée pour gagner de là Saint-Jean de Latran. Cette basilique majeure est située près des murs, sur un plateau moitié urbain et moitié champêtre, où les maisons sont rares et basses, où l'herbe verdit à l'aise, et où la fièvre s'en donne à cœur joie. Serait-ce pour cette raison qu'on y a établi deux hôpitaux ?

Si vous tournez la grande place, où se dresse un gigantesque obélisque en granit

VILLA VOLKONSKY.

rouge, orné d'hiéroglyphes, vous découvrez une perspective pleine de majesté et de mélancolie. A droite est l'ancienne porte Asinaria, par où Totila, au sixième siècle, envahit Rome. La ligne crénelée des murailles d'Hadrien s'allonge de là vers l'est jusqu'à l'amphithéâtre *Castrense*, derrière lequel on aperçoit l'église Sainte-Croix de Jérusalem. A gauche les vieux aqueducs de Néron et de Claude et les romanesques jardins Volkonsky ; au loin, les collines du Latium, toute la campagne semée de villas, et les monts bleuâtres de la Sabine. Tout près de vous, une superbe allée de gazon et l'escalier Saint, *Scala Santa*, que les pénitents ne peuvent monter que sur les genoux. Cet escalier se compose de vingt-huit marches en marbre blanc, les mêmes qui formaient jadis à Jérusalem les degrés du palais de Pilate, que Jésus, durant sa passion, monta et descendit à plusieurs reprises. Pour empêcher la pierre de pâtir, — tant le nombre des pèlerins est considérable, — on a de bonne heure recouvert les marches d'une armature de noyer ; ce qui n'empêche pas que depuis cent ans seulement trois revêtements successifs de madriers ont été usés. Pour gagner les indulgences attachées à cette pénible ascension, il n'est pas absolument nécessaire de l'accomplir en personne ; à la porte de l'édifice, qui se compose en réalité de cinq arcades correspondant à cinq escaliers de vingt-huit marches chacun, mais dont un seul est l'escalier Saint, on trouve de bonnes âmes qui, moyennant un faible salaire, assument pour elles la corvée, sans vous en ôter les mérites.

La basilique de Saint-Jean de Latran tire son nom du sénateur Plautius Lateranus,

REMPARTS ANTIQUES ET SAINTE-CROIX DE JÉRUSALEM.

qui fut exilé sous Claude pour avoir été un des amants de Messaline, puis mis à mort sous Néron, en même temps que Sénèque, pour avoir pris part à la conspiration de Pison. Ce Plautius, qui mourut, au rapport de Tacite, avec une constance si héroïque, avait son palais sur l'emplacement de l'église actuelle, dont Constantin fut le fondateur. « A Saint-Pierre du Vatican, dit M. Francis Wey, le pape est le souverain spirituel du monde ; c'est à Saint-Jean de *Latran* qu'il est évêque. La basilique Saint-Jean est la cathédrale de Rome ; aussi cette église a-t-elle été qualifiée : *Mater et caput ecclesiarum urbis et orbis.* »

De la place Saint-Jean de Latran, une longue rue droite nous conduit par les hauteurs de l'Esquilin à Sainte-Marie-Majeure. Cette dernière basilique, située sur une éminence, entre l'Esquilin et le Viminal, produit une impression des plus imposantes avec ses dômes et son gigantesque clocher conique ; elle a succédé, paraît-il, à un ancien marché du temps d'Auguste. C'est à Rome l'église de la Vierge par excellence. A droite nous apercevons les cèdres et les hauts cyprès de la ci-devant villa Massimo Negroni, que la station du chemin de fer par lequel nous sommes arrivés a mutilée en partie ; puis,

SCALA SANTA.

en continuant de suivre tout droit par la rue des Quatre-Fontaines, nous atteignons le Quirinal, appelé aujourd'hui *Monte Cavallo*, à cause des chevaux de marbre qui ornent la place depuis Sixte-Quint.

C'est l'endroit de la Ville éternelle qui a subi, — et pour cause, — le plus de changements depuis six années. Ce palais, où le pape Pie VI fut arrêté en 1809 par les ordres de Napoléon, d'où Pie IX se sauva sous un déguisement le 24 novembre 1849,

428 L'ITALIE.

et où, plus récemment, le dernier roi de Naples, détrôné à la suite d'événements que tout le monde connaît, avait établi sa résidence, n'a pas cessé d'être une habitation souveraine ; seulement ce ne sont plus les *gardes nobles* qui veillent au pied de ses

DANS LA VILLA MASSIMO.

escaliers ; les soldats des princes de Savoie les ont relayés de leur longue faction ; le gouvernement pontifical, les *monsignori*, toute la cour à bas violets et à manteau de soie a passé le Tibre et a mis, comme une sorte d'écran, entre elle et les nouveaux venus le gros donjon inoffensif du château Saint-Ange.

SOUS LES OMBRAGES DU PINCIO.

De cette aristocratie d'Église il reste ici, tout aux alentours du Corso, d'autres palais qui ne sont pas seulement remarquables au point de vue architectural, mais qui contiennent presque tous de magnifiques collections artistiques. Nous en voyons un échantillon, au pied même du Quirinal : c'est le palais Rospigliosi, construit sur l'emplacement des Thermes de Constantin. Nous savons que de son propriétaire primitif, le cardinal Scipion Borghèse, il passa aux mains d'un autre cardinal, qui aimait fort, lui aussi, les riches résidences et les beaux millions : je veux parler de Jules Mazarin. Ce palais Rospigliosi possède un chef-d'œuvre de peinture pour lequel seul il mériterait qu'on lui fît visite; c'est l'*Aurore* du Guerchin. Il contient aussi, du Dominiquin, un *Adam et Ève après la faute*, et le *Triomphe de David*.

De l'autre côté de la montagne royale, voici le palais Barberini, dont j'ai déjà parlé à propos de la *Fornarina;* plus loin, au Pincio, la villa Ludovisi, encore des créations de princes de l'Église ; — dans ce dernier, une seconde *Aurore* du Guerchin ; — non loin de là, sur le Corso, le palais Doria Panfili; puis, vers le Tibre, le palais Borghèse. Quelles sommes prodigieuses en bénéfices ecclésiastiques représentent ces somptueuses demeures ! Les papes étaient « bons parents », comme dit M. Taine, et ne donnaient guère lieu de les maudire à leurs neveux ou petits-neveux. Au dix-septième siècle, les Borghèse, rien qu'avec les munificences papales, avaient acheté près de cent domaines dans la seule campagne de Rome ; à la même époque, sous Urbain VIII, les Barberini étaient gratifiés de cinq cents millions d'écus. Dans un quartier misérable de la rive droite du Tibre, sur le chemin de l'immonde Ghetto, les Farnèse, un siècle auparavant, s'étaient fait construire, au moyen d'écus de même source, par les San Gallo, les Michel-Ange, les Vignole, une colossale forteresse où la force et l'art unissaient toutes leurs perfections ; le Colisée et le Théâtre de Marcellus s'étaient vu ravir pour orner ce massif palais leurs plus beaux blocs de travertin ; le pinceau d'Annibal Carrache et de ses élèves y avait couvert toute une galerie de fresques splendides où les nudités mythologiques déployaient, sans crainte de blesser la pourpre, leurs contorsions les plus audacieuses.

Au mont Pincio, nous nous trouvons dans un vrai quartier de plaisance et, qui plus est, sur une terre à moitié française. L'église de la Sainte-Trinité des Monts, qui projette sa majestueuse cascade de marches sur la place d'Espagne, rendez-vous préféré des étrangers, y a été bâtie en 1494 par le roi Charles VIII ; la villa Medici, qui dresse au-dessus des arbres de la « colline des Jardins » ses sveltes pavillons, est le siége de la célèbre Académie de France (École de Rome). Les jardins de Lucullus s'étendaient jadis sur une partie de cet emplacement. Les abords de la villa sont sans cesse encombrés de filles des champs ou de la ville, toutes prêtes à poser, comme *modèles*, devant nos artistes.

Des jardins du Pincio, une des promenades de Rome les plus fréquentées, le soir

principalement, on peut redescendre par une suite de rampes et de terrasses à la place du Peuple, et de là se rendre, par l'ancienne porte Flaminia, au vaste parc de six kilomètres de tour qu'on appelle la villa Borghèse. Péristyles à colonnes, temples, portiques, édicules ruinés s'y marient harmonieusement aux plus délicieux ombrages que l'on puisse rêver. Il y a là de superbes prairies toutes émaillantes d'anémones, des

LE SOIR SUR LE PINCIO.

fontaines, qui jasent discrètement au fond des allées, un lac alimenté par une cascatelle, de hauts pins-parasols, de vieux hêtres pensifs et des chênes-verts à la coupole immobile ; de quoi satisfaire à la fois les yeux de l'homme du Nord et ceux de l'homme du

MODÈLE.

Midi. La collection artistique est rassemblée dans l'ancienne résidence d'été ou *Casino*; on voit notamment, dans le salon dit d'Hercule, une statue de ce demi-dieu habillé en femme ; au premier étage, trois ouvrages du Bernin : Énée emportant son père ; David faisant jouer sa fronde ; Daphné atteinte à la course par Apollon ; puis une statue de Pauline Bonaparte, la femme du prince Camille Borghèse, en Vénus Anadyomène, par Canova.

Chemin faisant, on étudie tout doucement les types locaux. Moralement, intellectuellement, le peuple romain saura-t-il être à la hauteur de la tâche nouvelle que les événements lui ont imposée? Je l'ignore, et je n'ai point à le rechercher. Au physique, abstraction faite de son ignorance, de son inertie, voire même de sa malpropreté, il annonce la race. Chez l'homme, le front est sérieux, le corps trapu, vigoureux, bien proportionné, la tête généralement ronde, la chevelure et l'œil noirs ; de la finesse

DANS LA VILLA BORGHÈSE.

dans les mains et les pieds. Le regard est vif, pénétrant, et la démarche a une certaine solennité, comme au temps où le destin du monde tenait dans le périmètre des Sept-Collines. Mais ce qui frappe encore plus, c'est la noble prestance des femmes, c'est l'incomparable *grandezza* de leur extérieur. Les Milanaises sont plus aimables, les Vénitiennes plus attirantes ; plus charmantes et plus vives sont les Florentines ; plus pleines de feu les Napolitaines ; la Romaine, avec sa beauté calme et reposée, sa chevelure qui tombe royalement, a toujours je ne sais quoi d'antique, de sculptural, de marmoréen, qui appelle d'abord la contemplation et le respect. Rien de créé dans la personne, non plus que dans l'âme ; point de façons sentimentales et de *mater dolorosa* ; plutôt, chez les femmes cultivées, un certain penchant à la satire.

MARCHANDE DE FLEURS.

Pour le modelé des épaules, les Russes seules, parmi les filles du Nord, peuvent rivaliser avec la Romaine. Bref, en celle-ci se trouvent réunies, comme les sept couleurs en l'arc-en-ciel, les sept espèces de beauté que célèbre un chant populaire de la Péninsule :

> Sette bellezze vuole aver la donna,
> Prima che bella si possa chiamare ;
> Alta dev'esser senza la pianella,
> E bianca e rossa senza su lisciare.
> Larga di spalla e stretа in centurella,
> La bella bocca, e il bel nobil parlare ;
> Se poi si tira su le oscure trecce,
> Decco la donna di sette bellezze. »
> — Tigri.

« Que sept beautés soient données à la femme, avant qu'on puisse l'appeler belle : qu'elle soit grande, sans se hausser par la chaussure ; blanche et rouge, sans se farder ; large des épaules, étroite de ceinture ; qu'elle ait belle bouche et noble parler ; boucles foncées flottant autour d'elle : alors les sept beautés lui sont dévolues. »

JEUNE ROMAINE

Le noble parler, elle le possède au plus haut degré, parler fluide, mélodieux et grave tout ensemble, qui résonne aux oreilles de l'étranger comme une sorte de chant paradisiaque ; « la langue toscane dans une bouche romaine, » dit le proverbe.

Qu'il s'agisse des brillantes matrones qui vont achever la vêprée dans les jardins du Pincio, ou d'une simple marchande de fleurs, de la Transtéverine la plus misérable, le portrait demeure toujours vrai.

Je clorai ce rapide aperçu de Rome, en revenant à l'idée que j'exprimais presque en commençant : il importe de faire, je ne dirai pas au plus vite, car le travail sera de longue haleine et se compliquera de mille difficultés qu'on ne soupçonne pas même aujourd'hui, la toilette de la Ville Éternelle. Une troisième ère historique s'ouvre pour elle. Aux créations de luxe il convient d'ajouter les travaux d'utilité et d'assainissement, les innovations pratiques et bienfaisantes de la moderne civilisation. Il faut assurer la santé publique, et veiller au salut des corps. La province de Rome est de beaucoup la plus opulente du monde en fait d'œuvres pies : elle possède, dit-on, de ce chef 80 millions. En dépit de ce prodigieux patrimoine des nécessiteux, la mendicité entache Rome d'une lèpre affreuse. Je ne vous ai pas tout montré, chemin faisant : à quoi bon? J'aurais pu, au sortir même de la brillante cité Vaticane, prendre plaisir à vous enfourner dans des habitacles de misère auxquels rien ne se peut comparer. J'aurais pu, comme le Diable boiteux, ôter les couvercles de plusieurs milliers de cabanes immondes, où vous auriez vu un spectacle à vous faire frémir de dégoût et de compassion. Encore les bêtes humaines qui vivent là ont-elles un abri quelconque ; mais que de pauvres hères, mâles et femelles,

TRANSTÉVÉRINE.

en sont réduits à dormir à la belle étoile, sur les places publiques, ou blottis en hiver sous les auvents des portes et les péristyles des églises! C'est assez. A l'heure où j'écris ces lignes d'une exactitude trop navrante, le ministère italien, ému de cet état de choses, vient de nommer une commission parlementaire chargée de faire une enquête sur les moyens de diminuer cette indigence sanglotante. Les commissions, les enquêtes, aussi bien au midi qu'au nord, ne procèdent point précisément par coups de foudre ; il n'y a d'ailleurs que les toiles d'araignées qui s'enlèvent d'un coup de balai ; là où la misère, doublée de la paresse, a étendu son réseau de fils dix fois séculaires, il faut d'autres procédés. « L'homme est comme l'eau, a dit un observateur, il lui faut une pente et une digue ; sinon, le fleuve limpide et agissant devient un marécage stagnant et fétide. » Ce n'est pas la digue, ce me semble, qui a jamais manqué aux Romains; nulle ville, physiquement et moralement, n'a été plus endiguée; elle l'a si bien été qu'elle a fini par devenir une sorte de champ clos de putréfaction; à ses habitants de même qu'à son fleuve il s'agit maintenant de rendre une pente. Pour le fleuve, c'est affaire d'ingénieurs et d'hydrographes; on recreusera le lit du Tibre; on redressera son cours qui se heurte à trois angles, l'un à Ripetta, l'autre à la Regola, et le troisième à la Farnesina; on le bordera de quais suffisamment hauts; on lui embranchera au tronc des canaux de dérivation qui emporteront les eaux dormantes de la campagne. Une première somme de 10 millions est dès maintenant affectée à cette œuvre, qui presse autant et plus qu'une restauration du Forum, et dont le grand patriote Garibaldi a pris l'initiative et fourni en partie l'idée. Pour les habitants, l'œuvre de draguage et de redressement ira peut-être moins vite; le seul redresseur ici, ce sera le travail, dont l'habitude ne se prend point du jour au lendemain.

CHAPITRE X

LE TOUR DU LATIUM

I

LES VOIES ROMAINES

Le territoire de l'antique Latium, originairement occupé par diverses tribus autochthones, Èques, Volsques, Albains, Herniques, Rutules, etc., avait fini par comprendre, nous dit Strabon, tout le littoral entre Ostie et Sinuessa, et par s'étendre à l'intérieur jusqu'à la Campanie et aux frontières du Samnium. C'est ce territoire que nous allons parcourir, en disposant nos étapes de manière à ne laisser de côté aucun lieu digne d'être visité. Les voies ferrées, dans cette banlieue grande et petite de la Ville Éternelle, n'existent guère que sur le papier, et à la figure défectueuse du réseau d'amorce on devine tout de suite, suivant une juste remarque de M. Élisée Reclus, que le mouvement d'unification politique, au lieu de se produire, comme dans les autres pays d'Europe, du centre vers la circonférence, s'est accompli en sens inverse.

Pour accélérer nos excursions, nous n'avons en réalité à notre service qu'un seul chemin de fer ; encore n'en userons-nous qu'avec discrétion : c'est le grand railway de Gênes et de Marseille, dont le tracé, à partir de Rome, s'écarte considérablement de la mer Tyrrhénienne, pour contourner les Marais Pontins et traverser par le milieu cette portion de la Campanie qui porte le nom de Terre de Labour. Jadis, on le sait, de nombreuses voies de communication, comptant leurs milles à partir de la borne d'or du Forum, rayonnaient de Rome conquérante vers tous les points du monde conquis ou à conquérir. De ces chemins puissamment construits, le type le plus célèbre est la Voie Appienne.

Cette route fut ouverte en l'an 310 avant notre ère par le censeur Appius Claudius, qui la conduisit jusqu'à Capoue, afin de relier à Rome la Campanie nouvellement soumise ; César la poussa ensuite jusqu'au pays des Volsques, Agrippa jusqu'à Cumes, et elle finit par atteindre Brentesium (Brindisi), ce grand port de la vieille Italie, dont la prospérité semble, de nos jours, appelée à renaître.

BOSQUET ET GROTTE D'ÉGÉRIE.

La Via Appia sortait de Rome par la porte Capène, actuellement porte San Sebastiano, au delà des Thermes de Caracalla ; sur cette première partie de son parcours, elle était bordée de milliers de tombeaux, qui, au moyen âge, étaient devenus autant de lieux d'embuscade d'où les bandits s'élançaient sur les voyageurs. A la longue, les restes de ces monuments funéraires s'étaient confondus avec le sol de la Campagne romaine ; ils ont été exhumés il y a vingt-cinq ans par Pie IX, qui a fait relever les sépultures sur un espace de cinq ou six milles. Le mieux conservé de ces tombeaux est le môle de Cecilia Metella, femme du triumvir Crassus, mausolée turriforme à créneaux, qui n'a pas moins de 20 mètres de diamètre sur une hauteur plus grande encore et avec des murs d'une épaisseur cyclopéenne. Il est situé à gauche de la voie, passé la nymphée qu'on nomme *Grotte d'Égérie* et le Cirque de Maxence, à l'extrémité d'une coulée de lave qui, des cratères de Nemi et d'Albano, est descendue dans la plaine en trois immenses gradins d'éruption.

Au-dessous des Marais Pontins, la Voie Appienne longeait la mer, puis touchait successivement à Terracine, Formies et Minturnes. Nous savons de plus par Strabon

VOIE APPIENNE.

et par Horace qu'en deçà de Terracine elle était bordée d'un canal qu'alimentaient les eaux du marais et des fleuves voisins, et qui desservait comme voie de communication bon nombre de localités. C'était surtout la nuit qu'on naviguait sur ce canal; on s'y embarquait le soir sur des bateaux tirés par des mules, et le lendemain, de bon matin, on reprenait la route de terre.

Comme la Voie Appienne a servi de modèle pour toutes les autres voies romaines, il sera peut-être intéressant de dire quelques mots de sa construction. Pour la chaussée même, voici en quoi elle consistait. Sur une couche sous-jacente de mortier était établi un lit de pierres larges et plates reliées entre elles par un ciment; par-dessus cette fondation, qu'on appelait *statumen*, était le *rudus*, assise de béton, composée d'un jet de cailloux ronds, ovales ou cubiques, dont on faisait, en les battant avec du ciment, une seconde couche non moins compacte que la première ; par-dessus encore venait une troisième agglutination imperméable, de 25 à 30 centimètres d'épaisseur, dont les deux parties constituantes étaient de la chaux et des tuiles battues. Sur ces trois lits superposés était placée la couverte ou croûte supérieure, *summa crusta*, formée tantôt d'un pavage de pierres volcaniques polygonales, tantôt d'un endossement de cailloutis ou de gravier (*glarea*) vigoureusement cimenté. Souvent aussi, le milieu de la

RUINES DE LA VOIE APPIENNE.

chaussée était revêtu de dalles ; dans ce cas, les bas-côtés formaient une voie de cailloux destinée à ménager les pieds des chevaux. L'ensemble des quatre couches de la chaussée avait un mètre environ de hauteur. Les routes principales et les plus fréquentées, telles que la Voie Appienne, offraient en outre à leurs lisières latérales deux trottoirs ou marges en pierres de taille où les piétons pouvaient cheminer, et qui servaient de montoirs aux cavaliers pour enfourcher leurs chevaux ou leurs mules. De mille en mille pas, une *stèle* ou borne en pierre, de forme cylindrique ou quadrangulaire, indiquait les distances, comme faisaient en Grèce les *hermès*. L'auteur de cette dernière innovation avait été le célèbre Caïus Gracchus. De Rome à Capoue, la Via Appia était dallée, sauf dans la traversée des Marais Pontins, où elle se composait d'un lit de terre et de gravier sur un fond de tourbe; de Capoue à Brindes, elle était tout simplement cailloutée.

En plus d'un endroit de son parcours, on avait eu à vaincre de grandes difficultés. Il avait fallu, ici combler des marais, là couper des rochers, ou avoir recours à de

VOIE FLAMINIENNE.

gigantesques remblais. A 16 milles de Rome, par exemple, en avant d'Arricie, on avait bâti, pour éviter une montée pénible, un viaduc de 800 pieds de long sur 44 de hauteur du fond de la vallée. Par les substructions qui en restent on voit combien étaient énormes les masses équarries de péperin qui en formaient les murs d'encaissement. Trois arcades y étaient percées pour l'écoulement des eaux. De même, aux Marais Pontins, les constructeurs de la voie, voulant s'épargner le long détour que décrit aujourd'hui le chemin de fer, avaient jeté au travers du palus une immense levée de 19 milles de long, coupée en plusieurs endroits d'arcs de pierre pour permettre à la prairie pontine d'épancher librement son trop-plein d'humidité.

Outre la Voie Appienne, et les Voies Aurélienne, Flaminienne, Émilienne, que nos précédentes pérégrinations nous ont suffisamment appris à connaître, le Latium était sillonné par plusieurs autres chaussées de moindre importance. Il y avait, par exemple, la Voie Latine, qui n'était à proprement dire qu'un embranchement de la Voie Appienne, dont elle se détachait à peu de distance de Rome pour franchir le mont Tusculan, entre la ville de Tusculum et les premières déclivités du mont Albain, et redescendre ensuite vers la petite ville d'Algide et *Pictæ*. Là elle était rejointe par la Voie Labicane, qui, partie de la porte Esquiline en même temps que la Voie Prénestine, laissait celle-ci sur la gauche pour se prolonger l'espace de 120 ou 130 stades jusque vers la colline où sont les ruines de l'antique Labicum ; elle passait à l'est de Tusculum. Il y avait aussi la Voie Valérienne, qui desservait Tibur et suivait les frontières de la Sabine jusqu'au pays des Marses ; la Voie Ardéatine, qui conduisait à Ardée, la Voie Triomphale ou *Via Numinis*, qui menait au temple de Jupiter Latialis, construit au sommet du mont Albain ; puis, au nord de Rome, la Voie Nomentane, qui passait par le mont Sacré, et, de chaque côté de la Via Flaminia, les Voies Salarienne, Tibérine et Cassienne ; à l'ouest enfin, longeant l'une et l'autre rive du Tibre, la *Via Portuense* et la *Via Ostiense*.

11

LA CAMPAGNE DE ROME

Une immense solitude où moutonnent de petites ondulations qui méritent à peine le nom de collines et qu'entrecoupent des creux sinistres et de bizarres escarpements, pour extrême horizon, d'un côté une ligne dure de cimes bleuâtres, où reposent lourdement les nuées d'orage, de l'autre la nappe vaporeuse de la Méditerranée ; deux cent mille hectares de terrain d'alluvion au bord de la mer et de plateaux volcaniques le long des montagnes : telle se présente en bloc la campagne de Rome, des monts de la Sabine à Ostie et aux monts Albains. C'est le désert, mais quel désert ! Le désert fait poëme, le silence tragique, la ruine grandiose, le vide majestueux, plein d'éloquence, qui captive l'âme et fascine les sens. Aux portes mêmes de Rome ce désert commence.

De quelque côté que vous sortiez, au bout d'une demi-heure vous vous heurtez contre le néant, tout au plus contre des tombeaux, qui sont encore l'image du néant.

Il fut un temps où cette plaine du Latium si étrangement accidentée était une contrée fertile, admirablement cultivée; un temps où les seules charrues latines subvenaient à l'alimentation d'un peuple innombrable. A mesure que Rome multiplia ses conquêtes et s'annexa des terres plus lointaines, le gras humus, sans perdre sa fécondité, rendit moins, parce qu'on lui demanda moins. Une loi, sous la république, avait interdit à tout Romain de posséder plus de 500 *jugera*, environ 125 hectares; chaque propriétaire,

CAMPAGNE DE ROME.

dans le principe, cultivait lui-même son champ, et nous voyons les censeurs punir quiconque laissait sa terre en friche. Mais peu à peu les choses changèrent; les riches tournèrent d'abord la prescription en prenant des terres sous des noms d'emprunt, puis ils la violèrent ouvertement. Alors commença, malgré les Gracques, l'absorption insensible de la petite propriété par les grands domaines; alors se formèrent ces *latifundia* qui ont perdu l'Italie : *latifundia perdidere Italiam*. Sous l'Empire, quand les richesses du monde entier affluèrent à Rome, quand la ville dominatrice put faire venir ses substances de la Sicile et de l'Égypte, le sol du Latium connut de moins en moins les morsures du soc; les champs cultivés cédèrent la place aux villas, aux jardins, aux parcs, aux lieux de délices. Au labeur des hommes libres succéda celui des esclaves,

Quand arrivèrent les grandes invasions des quatrième et cinquième siècles de notre ère, quand les barbares eurent promené le fer et le feu à travers cette magnifique région de plaisance, quand la population des travailleurs serfs fut dispersée, le Latium se trouva du jour au lendemain changé en une solitude. Le moyen âge avec ses misères, ses horribles pestes, ses *condottieri*, le régime ecclésiastique et monacal avec sa mainmorte, achevèrent l'œuvre de dépopulation et de ruine. La campagne déserte fut envahie par le marécage; de l'étreinte du soleil et du marécage naquit la *malaria*;

SITE DE LA CAMPAGNE DE ROME.

l'homme épouvanté n'essaya même plus de reprendre possession d'un territoire où chacun de ses pas faisait jaillir un miasme de fièvre.

Toute cette région aujourd'hui ne se compose, comme au temps de Pline, que d'immenses domaines appartenant à des corps religieux ou à de grandes familles princières; l'exploitation en est abandonnée à des entrepreneurs agricoles qu'on appelle *mercanti di campagna*. Ceux-ci, tant que dure leur bail, ne songent naturellement qu'à gagner le plus qu'ils peuvent. Quant aux propriétaires, qui ne sont guère au fond que des usufruitiers, ils ne s'occupent de leurs domaines que pour en toucher les revenus, et se garderaient bien de consacrer le moindre capital à l'amélioration du fonds de terre. Et pourtant ce sol délaissé est doué d'une étonnante fertilité naturelle. Très-bas vers le littoral, il se relève à l'intérieur du pays en un plateau volcanique que découpent d'innombrables ravins d'érosion. La vallée du Tibre, celle du Teverone (Anio), et les autres dépressions moindres qui y aboutissent, contiennent une terre excellente ; sur les hauteurs surtout une couche végétale énorme recouvre le tuf, et de nos jours encore, après tant de siècles

UN CIMETIÈRE DANS LA CAMPAGNE DE ROME.

d'abandon, chaque printemps y fait éclore une si puissante verdure qu'en certains endroits un homme disparaît littéralement dans les hautes herbes.

Les *latifundia* de la Campagne de Rome, qui embrassent plus des deux tiers du sol, présentent au point de vue agricole trois aspects principaux : les bois (*macchie*), les pâturages permanents (*pastorizie*), et les fermes proprement dites (*tenute*).

Par les bois, il faut entendre, non point de hautes futaies, mais des taillis chétifs, des massifs d'arbousiers, des tas de broussailles parsemées de clairières, où croissent cependant de place en place des chênes verts et de beaux pins-parasols. Grâce à la dent dévastatrice des troupeaux, il est bien rare que l'arbuste devienne arbre. Le grand bœuf à longues cornes l'étête sans pitié ; le mouton et la chèvre en dévorent avidement les basses branches et jusqu'à l'écorce.

Les pâtis sont plus considérables. Là errent ces bœufs osseux, au cornage de près d'un mètre de long, dont je parlais tout à l'heure. On prétend que ce sont les Huns

UNE RUINE DANS LA CAMPAGNE DE ROME.

qui en ont introduit la race en Italie. Là vivent aussi, enfants du maquis comme les bœufs, d'innombrables chevaux velus, non moins indomptés que ceux de l'Ukraine ; puis des bandes de buffles noirs qui se vautrent dans le marécage, et des troupeaux de moutons qui vaguent au hasard des plaines aux coteaux.

Le pâtre lui-même est plus sauvage que ses bêtes. Regardez ce nuage de poussière qui s'élève à l'horizon ; le soleil en est assombri. L'épaisse fumée s'approche en tourbillonnant ; un piétinement confus fait au loin retentir le sol. Ce sont eux, les fiers animaux, les terribles bœufs gris de la *Campagna* ; ils arrivent écumant, reniflant, dans leur course vertigineuse, la corne en arrêt comme un fer de lance. Derrière eux, le *vaccaro* à cheval, le manteau gonflé au vent, le long épieu à la main, pousse cette chasse effrénée, labourant de sa pointe le flanc des fuyards : cris et mugissements, bêtes et homme, tout cela passe devant vous comme une vision fantastique pour aller déferler plus loin avec le même fracas de tempête.

D'autres fois, c'est une troupe de chevaux que le *cavallaro*, monté sur son docile coursier, pousse devant lui tout bondissants. Ne perdez pas un détail de la scène. Il s'agit de dompter quelqu'un de ces superbes étalons âgés de trois ou quatre ans

CAMPAGNOL.

qui font partie du bataillon hennissant. C'est exclusivement une affaire d'adresse et de ruse. Le dompteur, qui a choisi de l'œil l'individu dont il veut s'emparer, le détache tout à coup de la troupe, et le chasse, malgré ses efforts pour échapper, jusqu'à un parc réservé dont la barrière traîtresse se referme sur lui en l'emprisonnant. Là, en tête-à-tête avec l'étalon, il lui jette un lacet au cou, suivant la mode pratiquée dans les *campos* de l'Amérique du Sud. L'autre bout de la lanière, qui est enroulé à un pieu bicorne fiché au milieu de l'enceinte, ressaisit par la croupe l'animal qui en vain se démène et cabriole : le voilà pris des deux côtés et paralysé. Lui passer le licol de servitude devient alors chose possible, quoique périlleuse encore, à cause de ses ruades. Au moyen d'un long fouet, on en vient à bout, tout en observant la distance voulue. C'est pour le fier étalon le second degré de la servitude. De là à lui imposer l'attouchement manuel, il y a loin encore. Il faut procéder par une gradation savante d'effleurements et de tâtonnements. D'abord, avec le manche du même fouet, on le flatte doucement de la nuque à la croupe; puis peu à peu on appuie davantage, jusqu'à ce que la caresse se transforme en une rude friction. La bête regimbe, bondit et écume sous ce massage insidieux; tout son corps tremble et

BŒUFS DE LA CAMPAGNE DE ROME.

se convulsionne; à la longue pourtant, elle s'y fait; les signes d'effroi diminuent; ce n'est bientôt plus qu'un frémissement imperceptible. Alors on lui lâche un peu la longe, pour qu'elle puisse galoper en divers sens; puis, à coups de fouet, on l'habitue à se mouvoir au commandement. Cette éducation dure bien des jours : que de tact et que de patience il y faut! Enfin il vient un moment où le cheval se laisse toucher, seller, brider : son asservissement se trouve consommé.

Les *tenute*, qui sont les grandes exploitations rurales dont dépendent les bois et les pâturages, ont un aspect mélancolique qui s'harmonise singulièrement avec le caractère de la Campagne. Ce sont généralement de vieux bâtiments à l'aspect féodal, parfois d'ex-citadelles, avec des murs en glacis, des cours mal tenues, qui ne rappellent guère les riantes habitations des anciens *villici* romains. Telle est par exemple la ferme de Palo, entre Civita-Vecchia et Ostie, véritable château fort tout crénelé, qui appartient, je crois, à l'administration des hôpitaux du *Santo Spirito*. Quelques landes

SCÈNE DE LA CAMPAGNE DE ROME.

aux alentours, voilà tout ce que les *mercanti* y ont labouré. Telle est aussi, dans le même district, la *Magliana*, un ancien couvent environné de quelques prairies au bord du Tibre et sur des collines. Plus importante est la ferme de Lunghezza, encore un donjon massif, entre la Voie Tiburtine et la Prénestine : 8000 moutons, 500 bœufs et d'innombrables chevaux errent dans ses pâtis.

Ce sont des ouvriers nomades qui vaquent à toutes les cultures de ces domaines. A part quelques domestiques à l'année qui passent dans la *tenuta* les mois les plus salubres, la grande foule des travailleurs se compose de montagnards de la Sabine ou des Abruzzes que les agents du *mercante* vont engager dans leur pays même pour les labours de la saison. Deux fois l'an, aux époques du semage et de la moisson, ces hordes à demi barbares descendent dans la plaine, y accomplissent leur besogne en courant, et se hâtent de regagner leurs villages. Combien, avant l'heure de la retraite, sont happés par la fièvre paludéenne! Chaque localité des montagnes fournit, à ce qu'il paraît, sa spécialité de manœuvriers : les gens d'Aquila, par exemple, sont particulièrement terrassiers, les Amatriciani s'adonnent aux plantations, au tressage des haies; la région de Frosinone envoie surtout des faneurs et des moissonneurs.

CHATEAU DE FAVO.

Mais le genre de vie le plus compliqué et aussi le plus poétique est celui du berger de moutons et du chevrier, obligés d'émigrer deux fois l'an de la plaine à la montagne, du Latium à la Sabine. Ici le tableau change. Au cortège fougueux des bouviers et des *cavallari* succède un train paisible, une douce image de rêverie et de recueillement. Tantôt vous voyez le jeune gars, au teint de corbeau, couché parmi les branches de myrtes sur un débris de mausolée, sur un fût de colonne abattu, son pied ceint de bandelettes reposant avec nonchalance sur la croupe d'un grand chien velu. De sa flûte en écorce le *pecoraio* tire des airs monotones et mélancoliques. Pendant ce temps le troupeau paissant vague tranquillement parmi les roches et les broussailles. Tantôt debout, une main appuyée sur sa houlette, et l'autre effleurant sa poitrine nue, le pâtre campagnol semble suivre du regard une vision qui fuit sur les nuées. Dès que l'herbe de la plaine, dévorée par la sécheresse, a fait place au sol rougi et pelé, et que les bêtes haletantes, amaigries, se groupent d'un air triste en tirant la langue, alors commence

RETOUR DU TROUPEAU A LA TENUTA.

l'acheminement vers les hauteurs, où un gazon dru et odorant s'est conservé à l'ombre des grands arbres.

À mesure que l'été s'avance, le troupeau monte de plus en plus haut, jusqu'à ce qu'il atteigne les derniers pacages qui ont remplacé les neiges fondues. Là, le berger porte la hache à la ceinture et le fusil en bandoulière, car il s'agit de tenir en respect le loup ravisseur. Là, comme en bas, il s'assoit au revers d'un rocher ; il contemple au loin la grande mer où frissonnent les voiles blanches, à ses pieds les plaines vaporeuses où les rivières ne sont plus que de minces filets d'argent, et les sons criards de sa cornemuse descendent de pente en pente jusqu'à la vallée.

Puis la montagne se trouve dévorée à son tour ; les feuilles tombent, l'hiver arrive, l'Apennin va reprendre ses frimas. Alors s'achève le cycle de transhumance. Quand le

PECORAJO.

bau des moissonneurs et des vendangeurs recommence l'ascension des monts, le berger et son troupeau redescendent vers l'*agro romano*, pour hiverner dans les régions plus clémentes, sinon plus salubres, du littoral. Des files de cinq et de dix mille têtes s'ébranlent lentement, escortées des pâtres et des chiens ; pendant des heures les routes

TROUPEAU DE CHÈVRES.

en sont encombrées, et, de loin, la poussière roussâtre soulevée par ces longues caravanes bêlantes ressemble assez aux dernières bouffées d'un incendie qui s'éteint.

III

DU MONT SORACTE AUX MONTS ALBAINS

Par le voiturin qui part de la place du Panthéon, on peut aller en quelques heures au beau lac de Bracciano. On longe à droite, en sortant par la porte du Peuple, la villa assez mal soignée du pape Jules III; à gauche, sur les bords du Tibre, aux pieds du Monte Mario, on aperçoit la *promenade du Poussin*, un des coins les plus épiques de la petite banlieue de Rome. Tout le jour, des troupes de chèvres y reposent paisiblement au bord de l'onde parmi les touffes de buissons et de myrtes ; à midi, la solitude s'anime davantage ; les pâtres des environs y viennent faire boire leurs montures dans un joli gué où ânes et mules se délectent et pataugent à l'envi.

462 L'ITALIE.

Un peu plus loin est le pont Molle que nous connaissons déjà, et près duquel se

A MIDI, DANS LA VALLÉE DU POUSSIN.

livra la fameuse bataille de Maxence, reproduite dans une des peintures du Vatican.

LA PROMENADE DE POUSSIN.

Le lac de Bracciano, situé à sept lieues environ de la ville, est surtout remarquable par les forêts séculaires qui l'entourent ; un petit bourg, avec un château gothique, bâti tout en lave noire, en occupe la rive occidentale ; au nord sont des sources sulfureuses très-fréquentées pendant l'été. Nous pouvons revenir de là par Nepi, le mont Soracte, et traverser le Tibre pour gagner l'ancienne voie Nomentane et l'Anio, que nous fran-

BRACCIANO.

chirons sur un pont agreste. C'est le pont Nomentane ; Bélisaire l'a construit ; Nicolas V y a fait ajouter le castel crénelé qui le surmonte. La colline que nous apercevrons sur la droite, séparée de la rivière par une prairie, est ce fameux Mont Sacré, qui fut la première citadelle de la plèbe romaine affamée par les patriciens.

Mais notre itinéraire préféré, pour le moment, consiste à redescendre de Bracciano à l'embouchure du Tibre, par le château de Palo. Nous voici à l'île Sacrée, autrefois l'île de Vénus, puis à Ostie. Quelle singulière destinée que celle de cet ancien havre de Rome !

Fondé une première fois par Ancus Martius, il avait si bien prospéré, qu'aux beaux jours de la république on y comptait, dit-on, près de cent mille habitants ; mais il n'avait pas tardé à se combler ; déjà au temps de Strabon il n'existait plus. Pour rouvrir un débouché vers la mer, on fut obligé de creuser sur la rive droite un canal, le *Fiumicino*; puis Claude entreprit de refaire le port ; ce fut, avec le défrichement du lac Fucin, dont je parlerai plus loin, le plus grand travail de son règne. Les historiens latins racontent

PONT NOMENTANO.

que l'idée lui en vint à la suite d'une famine durant laquelle la multitude avait poursuivi le César de ses huées, en lui jetant des morceaux de pain à la tête. Claude crut alors assurer l'approvisionnement de la ville en faisant excaver à grands frais, près d'Ostie, de vastes bassins qu'un double canal mit en communication avec le fleuve et la mer; de plus, on construisit deux digues; on remplit de terre et l'on coula le navire colossal qui avait apporté d'Égypte l'obélisque de Caligula; puis sur ce noyau on bâtit une île pour arrêter les sables et un phare pour guider les navigateurs.

Plus tard l'empereur Trajan ouvrit, un peu plus bas, un nouveau havre, qui devint dès lors la véritable embouchure commerciale du Tibre. Tous ces travaux n'ont pu

LE SORACTE, VUE PRISE DE L'ACQUA ACETOSA.

conjurer le progrès continu des alluvions sur ce littoral ; à trois reprises, la nature a défait l'œuvre de l'homme. L'emplacement de l'ancienne Ostie se trouve aujourd'hui à plusieurs kilomètres de la mer; des pâtis marécageux recouvrent les ruines du port de Claude ; des bancs de sable infranchissables aux navires de fort tonnage obstruent de plus en plus l'estuaire du fleuve, dont la navigation a dû se reporter entièrement par le canal de Fiumicino.

Un village fondé au neuvième siècle par le pape Grégoire IV porte encore le nom de la grande ville disparue ; mais, bien qu'il ait une citadelle et une cathédrale, ce n'est qu'un pauvre gîte inhospitalier, où une cinquantaine d'habitants grelottent la fièvre en plein midi sous leurs manteaux ; souvent le voyageur n'y trouve pas l'été une porte ouverte pour le recevoir. C'est tout près de là, sur un monticule envahi par les chardons et les broussailles, qu'on a exhumé, dans ces derniers temps, des vestiges considérables de la vieille Ostie : un corps de garde, des thermes, un théâtre, un temple de Jupiter, de magnifiques restes de colonnades, des intérieurs de maisons avec des parquets de marbre et des mosaïques. Les fouilles vont actuellement jusque près de Torre Bracciano, sur les bords du fleuve, à l'endroit où l'on passe en bac dans l'île Sacrée. Bref, cet ancien port si florissant, où Scipion l'Africain s'embarqua pour son expédition d'Espagne, n'est plus que le Pompéi du Tibre. Encore Pompéi a-t-il eu la consolation de descendre en terre tout d'un coup, en pleine vie, en plein frémissement de volupté, tandis que la pauvre Ostie s'est égrugée pièce à pièce, misérablement, tristement, en voyant aussi tomber en ruines à côté d'elle la puissante cité à qui elle avait pour mission d'assurer l'annone.

Qui ne connaît la sévérité mélancolique de ce paysage tant et tant de fois reproduit par le pinceau des peintres ? Qui ne revoit en imagination, sinon en souvenir, le morne delta où le fleuve de la Ville Éternelle vient se perdre comme en un crible au travers d'un sable meuble et spongieux ? Qui ne se représente cette plage solitaire et minable où s'entrelace par-dessus le cadavre d'une cité un festonnement désordonné de bruyères, de lentisques, de myrtes sauvages, d'herbes aux âcres senteurs, essayant de monter à l'assaut de quelques chênes nains ? Malheur au ruisseau limpide qui, séduit par le mirage lumineux de la grande mer, s'aventure sur ce sol fatal ! Avant qu'il ait atteint le rivage, il se voit emprisonné dans les mille cellules du marais croupissant ; ses petits flots jaseurs se changent en autant de globules bouillonnants, parmi lesquels naît l'algue douce aux spores pleines de pestilence. Avec les nuages, des essaims de mouches noires s'échappent de ces mares infectes ; avec le soleil, de chaque plante et de chaque rigole jaillit le miasme de fièvre. C'est en vain que le Campagnol essaie de braver « le mauvais air ».

Chaque hutte paie son tribut au terrible faucheur. Tel toit d'où naguère encore s'échappait une mince colonne de fumée, n'est plus aujourd'hui qu'un assemblage de pans ruineux ; le vent et la pluie déferlent par les fenêtres disjointes ; le renard se glisse par les trous de l'huis lézardé ; toute une menue forêt de roseaux commence d'envahir le sol d'alentour. Laissez faire tous ces ouvriers de dévastation, et repassez dans six mois d'ici. C'est alors que le site, *ensauvagé* juste à point, vous apparaîtra, à vous artiste de belle humeur, avec tout son charme pittoresque ; je vous vois d'ici le croquer en fredonnant, non sans

OSTIE.

regretter qu'au lieu d'être une simple cabane de Campagnol, ce squelette de demeure humaine, à demi penché vers les broussailles où frissonne doucement le « vent de mort », ne soit pas quelque débris de palais massif. Allons, paysagiste, soyez vif au coup de crayon. L'an prochain, si vous revenez, la tempête pourra fort bien avoir fait place nette et avoir dispersé au loin les éléments de la chère esquisse.

Ah! combien plus encore les hommes d'il y a deux mille ans trouveraient ici de changement, s'ils reparaissaient tout à coup sur le littoral tibérinin ! Là où s'étend cette immense forêt, que vous apercevez entre Torre Paterno et Castel Fusano, habitaient jadis les Laurentins ; là étaient Ardée, la cité de Turnus et des Rutules, et Lavinium, une des citadelles de la gigantesque ligne latine. A chaque pas que vous faites dans cette partie du Latium, vous vous heurtez à quelque vieille légende ausonienne, à quelque tradition poétique immortalisée par Virgile. Là aussi, pour redescendre vers une

PAYSANS CAMPAGNOLS.

époque qui éclaire mieux pour nous la pleine lumière de l'histoire, là, dis-je, Pline le Jeune avait sa villa, sa fameuse villa *Laurentina*, qu'il s'est complu à nous décrire avec un si grand luxe de détails. La mer bruit toujours le long des vastes pineraies; le ciel bleu sourit toujours à la mer murmurante : mais où sont les immenses parterres parfumés de violettes? Où sont les *xystes* taillés de la main savante d'un jardinier émérite? Où, les fontaines jaillissantes, les beaux portiques, les statues de prix? Le temps a tout nivelé, le sable et la vague ont tout dévoré. Un seul point lumineux rompt aujourd'hui la tristesse de cette plage déserte : c'est un beau château du dix-septième siècle, qui est, je crois, la propriété du prince Chigi. Grand bonheur pour les hautes futaies de ce coin de terre d'appartenir à un pareil maître. Un autre peut-être les eût décimées d'une cognée brutale, les eût traitées de seigneur à serf. Les Chigi, eux, se

VILLA FALCONIERI A FRASCATI.

sont fait une loi de ne jamais abattre un arbre de leurs domaines ; la coutume tient de père en fils, aussi bien là-bas, à Castel Gandolfo, qu'ici aux rives de Laurente. Aussi avec quelle ampleur ces troncs luxuriants se poussent dans l'espace! Et quels merveilleux objets d'études pour les artistes que ces chênes de sept à huit mètres de pourtour, qui, par un simple privilége de naissance, échappent aux misères de leurs pareils, et n'ont à compter qu'avec la foudre !

Coupons, je vous prie, la Via Ardeatina et gagnons ce fameux mont Albain, que les Italiens d'aujourd'hui appellent le Monte Cavo. C'est sur son sommet, à près de 1,000 mètres au-dessus du niveau de la mer, que *Jupiter Latialis*, le grand dieu des peuples de l'antique Latium, avait son Olympe. A ses pieds dorment, dans leurs coupes cratériformes, les beaux lacs Albano et Nemi. Tout autour, de splendides oasis : Frascati,

CAMP D'ANNIBAL, PRÈS ROCCA DI PAPA.

Marino, Castel Gandolfo, Albano, Arricie, Genzano, Rocca di Papa. Par où commencer? par où finir?

Ici, plus de mauvais air : nous sommes dans la pure région des *templa serena;* plus de solitudes : les coteaux fertiles, les fraîches avenues, les luxueux palais de campagne y forment une chaîne ininterrompue du nord au sud et de l'ouest à l'est. C'est d'abord Frascati, avec sa belle terrasse, ses riches villas (Falconieri, Mandragone, Aldobrandini), ses allées de lauriers, de platanes, de chênes verts, son fourmillement de jardins, de casinos et de locandas. Derrière Frascati, c'est l'abrupte colline de Tusculum, avec ses ruines antiques, parmi lesquelles semblent errer encore les grandes ombres du dernier siècle de la République. Les maîtres de céans sont à présent les Borghese, les Torlonia ; le célèbre lac Régille, sur les rives duquel la ligue latine essuya son irrémédiable défaite, n'existe même plus, et les antiquaires discutent, sans pouvoir s'entendre, sur l'emplacement où se trouvait la maison cicéronienne illustrée par les *Tusculanes.*

En se rapprochant du morne Monte Cavo, on aperçoit, au bord d'un ravin couvert d'oliviers, Grotta Ferrata et son abbaye d'aspect féodal, aux murailles ceintes de larges fossés ; puis on arrive à Marino, d'où l'on atteint, par une belle route tracée en haut du lac Albano, la localité la plus pittoresque de tout le pays, le bourg pontifical de Castel Gandolfo. C'est de là qu'on jouit le mieux de la perspective du lac, dont le pourtour, d'une étrange régularité, est façonné par places en forme de gradins, et dont les rebords inférieurs sont littéralement noyés de verdure.

De Castel Gandolfo deux routes également ravissantes conduisent à la petite ville d'Albano : l'une est une sombre avenue de chênes verts à la jeunesse quasi éternelle ; l'autre, plus poétique, n'est pas moins ombreuse : on l'appelle la *Galleria;* elle descend en corniche au travers d'une immense futaie alpestre de troncs géants qui se sont déformés et tordus dans les attitudes les plus fantastiques, et dont plusieurs ont été pieusement soutenus et encaissés par la main des hommes.

Vis-à-vis d'Albano, sur la rive opposée du lac, est le village de Palazzuolo, qui passe pour occuper la place d'Albe-la-Longue, la cité du jeune Ascagne, la grande capitale de cette confédération latine que les Romains durent détruire tout d'abord avant de pouvoir s'élancer à la conquête du monde. Plus haut, à Rocca di Papa, on est en plein dans cet ardent laboratoire des monts Albains, dont les ruisselantes coulées de lave ont formé tout le sol d'alentour. Encore des forêts, des dômes opaques de châtaigniers, de tilleuls, où s'entremêlent le lierre, la viorne-tin et autres caprifoliacées ; on va ainsi jusqu'au sommet du Monte Cavo, en passant par une croupe volcanique où l'on a cru, à tort ou à raison, retrouver l'emplacement d'un ancien camp d'Annibal.

D'Albano au lac Nemi, on traverse la vallée sur le magnifique viaduc d'Arricia, à trois rangs d'arcades, d'une hauteur maximum de 60 mètres. Le village du même nom, qui appartient au prince Chigi, présente des restes de murailles antiques. La villa du prince, s'aperçoit à l'extrémité du pont; elle offre de loin l'aspect d'une citadelle. Les arbres du parc embrassent non-seulement toute la vallée, mais encore une portion du revers de la montagne; ce sont les dignes frères de ceux de Castel

CASTEL GANDOLFO, VUE PRISE DE LA VILLA DORIA.

Fusano. Il y a des siècles que cette gigantesque végétation, qui étonna si fort Gœthe lors de son voyage en Italie, croît uniquement à sa fantaisie, verdissant, séchant et pourrissant, sans que nul s'en mêle.

D'Arricia à Genzano, de nouveaux viaducs; ici on touche au lac Nemi, dont le cratère, moins large, mais plus escarpé encore que celui du lac Albano, figure, comme on l'a fait remarquer, une véritable coupe au fond d'une vasque de montagnes. Les anciens l'appelaient le *lucus Nemorensis*, à cause des grandes forêts qui couvraient ses pentes; il avait reçu également le surnom de *miroir de Diane* (*speculum Dianæ*),

ARRICIE.

d'un temple de la Diane Taurique, dont on doit avoir retrouvé des vestiges sur ses bords.

FONTAINE PRÈS D'ARICCIE.

Les grandes forêts n'existent plus, mais la terre ne s'est point pour cela dénudée ; une menue végétation d'une densité inimaginable revêt les gradins étagés du mélancolique bassin où l'on descend, du côté de l'ouest, par les allées rapides et sinueuses du beau parc Cesarini. En face, sur l'autre rive, est le petit bourg aérien de Nemi; au-dessus se dresse la cime revêche du Monte Cavo. De superbes pâturages, où errent des troupeaux de chèvres et de moutons, plongent de toutes parts dans la profonde cavité lacustre, sous les eaux mystérieuses de laquelle dorment, dit-on, les débris d'une ancienne villa de César. Sur une autre éminence au sud, on aperçoit Civita Lavinia, l'ancienne Lanuvium, avec sa tour crénelée qui commande le lac.

GENZANO.

Quelles diversités d'aspects offre ce vaste paysage volcanique, où s'entremêlent tous les hérissements et toutes les rondeurs, où l'on embrasse d'un seul regard toute la plaine et toute la montagne, les déchiquetures fauves des hautes cimes et les molles déclivités des petits coteaux, les villages blancs accrochés comme de mignons tableaux de genre à des croupes roussâtres, et les castels massifs qui nagent comme des points noirs dans la vapeur lumineuse du plat pays! Je me rappelle qu'un soir, à la fin de septembre, étant redescendu de Monte Giove vers la vieille voie Ardéatine, je fus témoin

d'un coucher de soleil dont j'essayerais en vain de dépeindre exactement les splendeurs.
La journée avait été assez fraîche ; l'atmosphère avait même une âpreté relative.
Un souffle de tramontane effleurait la vaste lande, en soupirant dans les joncs brûlés

LAC NEMI.

et en inclinant vers le sol les buissons amaigris de la route. A l'horizon de droite,
l'écheveau des monts flottait dans une buée jaunâtre ; à gauche, le soleil touchait
déjà la surface des flots. Tout à coup, au moment même de se plonger dans
la mer, son disque mourant lança une gerbe de lumière si étrange et si abondante,

que mes compagnons et moi nous faillîmes pousser un cri de surprise : autour de nous, plus un arbre, plus un roseau, plus une hampe d'arbuste n'avait sa teinte de végétation ; plus un pan de mur ou de rocher n'avait son gris reflet de pierre : tout était de métal, tout offrait l'aspect rigide de l'acier ; la nature entière s'était fondue en une seule couleur mate et unie que jamais je ne lui avais vue. Cette fantasmagorie dura bien cinq ou six minutes, après quoi elle disparut, ou plutôt elle se transforma ; ce fut l'affaire d'une seconde : une onde rosée courut sur toute la campagne ; puis, lorsqu'elle eut atteint les premières assises des monts Albains et de

CAVITA LAVINIA

la Sabine, elle se changea en une vaste tenture violette qu'une main invisible sembla d'en haut tirer jusqu'à elle. Pas un jet de flamme solaire ne resta perdu dans la plaine : tout se concentra en un clin d'œil sur les hauteurs, qui, durant quelques instants, en demeurèrent fantastiquement incendiées.

IV

DE TIVOLI AU LAC FUCIN

Le dernier affluent de gauche du Tibre, en amont de Rome, c'est le rapide et profond Anio (Teverone), enfant des monts de la Sabine. Deux chemins, la Voie Nomentane et la Tiburtine, conduisaient jadis dans cette belliqueuse région, habitée par

TÊTE DE MONTAGNARD DE LA SABINE.

une race si énergique, que Rome, nous dit Strabon, ne commença de jouir de ses richesses

PETIT GARÇON DE LA SABINE.   PETITE FILLE DE LA SABINE.

que du jour où elle eut réduit à l'impuissance ces redoutables voisins. Là se trouvait,
à l'endroit où les montagnes s'ouvrent en fer à cheval, la délicieuse bourgade de Tibur,

aujourd'hui Tivoli, dont Horace a chanté si complaisamment les ondes limpides et les frais ombrages. Mécène y eut sa maison de campagne ; Properce y célébra sa Cynthia, la « vierge dorée de Tibur » ; Hadrien surtout y édifia la plus gigantesque villa qu'on eût encore vue : c'était, dans un périmètre de près de dix milles, comme un abrégé des merveilles du monde connu ; on y voyait le Pœcile d'Athènes, le Sérapéon de Canope,

TIVOLI.

la vallée de Tempé ; il y avait le quartier des thermes, celui des théâtres ; puis des temples, une naumachie, et des casernes pour les prétoriens. De ces fastueuses constructions il subsiste des restes considérables sur un revers de montagne toujours admirable de végétation. Que d'objets d'art — entre autres, la Vénus de Medici, l'Antinoüs — on a exhumés de ce coin de terre ! Que d'autres peut-être on y retrouverait, si l'on fouillait soigneusement et avec méthode ces coteaux couverts de sombres halliers ! En

RESTES DE LA VILLA D'HADRIEN, A TIVOLI.

attendant, des légions de paysagistes y déploient chaque année leur parasol ; ici, plus encore qu'à Frascati et aux lacs Albains, le moindre pli de terrain ménage de singulières

CASCATELLES DE TIVOLI.

surprises au dessinateur. Le spectre austère du passé ne s'y montre que paré de fleurs, baigné des parfums les plus enivrants.

De la hauteur verdoyante où serpentent, dans leur entourage de vieux murs, les ruelles montueuses du Tivoli moderne, se déversent de toutes parts des nappes d'eau scintillantes. L'Anio, pris au dépourvu, dévale comme il peut dans la vallée, par une série de cascatelles différentes de force et de figure : ici l'onde s'éparpille dans l'air en un vaporeux ondoiement, là elle se laisse choir à pic sur la roche, ailleurs elle se distille en quelque sorte par de minces filets. La principale chute, celle qui tombe d'une seule masse, n'a pas moins de cent mètres de hauteur. La clameur étourdissante de ses ressauts emplit au loin la vallée. Au-dessus du ravin, couronné de jardins, de colonnes, d'arcades et de tourelles, se dressent, menaçant de choir dans l'abîme, le fameux temple de la Sibylle et un autre édifice antique, reste d'un temple de Vesta ou d'Hercule. Du sommet de la montagne qui, de ses pans forés comme un crible, dégorge tous ces ruissellements, on peut descendre aux cascades par un sentier en lacet qui mène à deux grottes creusées dans le travertin : c'est de là que l'on contemple le plus à l'aise l'immense dégringolade du Teverone.

TEMPLE DE LA SIBYLLE, A TIVOLI.

À l'entrée ouest de Tivoli on passe le long d'une villa moderne entièrement abandonnée. Elle fut, au seizième siècle, la propriété du cardinal Hippolyte d'Este, oncle de cette Éléonore dont la beauté mit si fort à mal l'auteur de la *Jérusalem délivrée*. Un Allemand la possède aujourd'hui. Écoutez le silence mélancolique qui emplit ces cours à arcades ; regardez ces murs envahis par les plantes grimpantes ; puis pénétrez dans les appartements. Une poussière épaisse s'y est accumulée couche par couche ; tout dort comme dans un palais enchanté, et le visiteur se surprend à étouffer le bruit de ses pas sur le pavé.

Au dehors, le charme de féerie n'est pas moins sensible ; mais du moins le soleil luit sur les grandes pièces d'eau sommeillantes où frissonnent çà et là quelques mélilots ; au gazouillement des fontaines se mêle celui des oiseaux sous la ramée ; de blanches statues de marbre vous sourient au détour des noirs fourrés d'ifs.

Puis, des ombrages séculaires de la terrasse, vous dominez magnifiquement Rome et toute la campagne, la mer, Civita-Vecchia, Ostie, toute la côte solitaire jusqu'aux oasis de Frascati et des monts Albains.

Que de charmantes excursions à faire de Tivoli! Que de délicieux Edens à dénicher sur chaque revers et dans chaque pli des montagnes! C'est d'abord, vers le sud, Palestrina, l'antique Præneste, « les délices de l'été », comme dit un historien latin. Pauvre ville! A trois ou quatre reprises elle s'est vu raser au niveau du sol. Au moyen âge

FONTAINE SOUS LES OLIVIERS, A TIVOLI.

surtout, papes et condottières y ont fait comme à plaisir ruisseler le sang et les ruines. Elle s'est relevée, fort modeste il est vrai, de toutes ces calamités ; ses petites rues ont recommencé d'escalader sans souci, à travers les débris de temples antiques, les pentes escarpées de la colline. Des temps meilleurs sont-ils enfin venus? Ces groupes d'étrangers qui franchissent aujourd'hui la porte du Soleil, en faisant résonner sous leurs talons le gros pavé polygonal de la vieille *via Prænestina*, ne veulent point, en tout cas, de mal à la mignonne cité sabine ; c'est l'invasion toute pacifique des amateurs de beaux paysages, c'est la caravane toujours renouvelée des artistes en belle humeur, dont les poches, à Palestrinens, s'allégeront chez vous de maints *paoli*.

Si l'on dépasse Palestrina, on retombe soudain dans le torride empire du soleil. Adieu les plantations de vignes, les arbres fruitiers, les jardins fleuris. Voici, de chaque

VIEUX ARBRES DE LA VILLA D'ESTE.

côté du chemin, les fougères roussâtres, les chardons fort raides, parmi lesquels croissent la menthe et la mélisse aux fortes senteurs. Çà et là un bouquet de chênes verdoie au pied d'une colline; en haut surgit un vieux castel, Passerano, par exemple, qui ressemble à une aire de bandits ; en bas, au bord d'un ruisseau, résonne le tic-tac d'un moulin ; puis, de nouveau, s'étire devant vous la vaste pleine ensoleillée ; la voix des cigales et des grillons emplit l'air ; à chaque instant, un lézard vous file comme un trait entre les jambes, et sur votre tête, dans le ciel d'airain, l'oiseau de proie

SUBIACO.

décrit ses girations incompréhensibles. N'allons pas plus loin de ce côté ; arrêtons-nous en vue du Sacco et de cette immense forêt quasi vierge, derrière laquelle on sent vaguement fumer les humides vapeurs des Marais Pontins : cette partie du littoral sera, si vous le voulez bien, le but d'une excursion ultérieure.

En continuant de remonter, par delà Tivoli, le cours torrentueux du Teverone, le touriste arrive à Subiaco, au milieu des monts de la Sabine. L'antiquité païenne et l'ascétisme chrétien y ont laissé chacun leurs vestiges : le premier dans une villa de Néron, l'autre dans un couvent qui fut le berceau de l'ordre des Bénédictins, et qui est bâti au-dessus d'une grotte (*sacro speco*), où, au cinquième siècle de notre ère, le jeune Benoît s'enfermait pour mieux voir le ciel. Un second monastère de la même époque, le cloître de sainte Scholastique, occupe aux environs une position des plus pittoresques. De Subiaco, on rayonne par de délicieux chemins de montagne vers un certain nombre d'oasis chères aux manieurs de pinceau : Civitella, avec ses *mamelles*, où se déchirent en passant les nuées voyageuses accourues des Abruzzes ; Genazzano, nid féodal d'une majesté presque épique ; à deux milles de là, Cavi, où conduit une superbe route bordée de cultures et de grands arbres ; enfin Olevano, rendez-vous traditionnel de la gent artiste depuis cent années.

CIVITELLA.

Faites-moi le plaisir de demeurer au moins une journée à l'hospitalière Casa Balbi : bon souper, bon gîte ; le reste à l'avenant. Sur sa colline d'oliviers, l'auberge ressemble à un joyeux pigeonnier. Que de gens débarqués là pour deux heures s'y sont oubliés deux mois et plus ! Chaque creux de ravin, chaque bauge de verdure retentit de lazzis et d'éclats de rire, car les aimables pensionnaires de la Casa vaguent du matin au soir dans tous les recoins du paysage, pour croquer à tête reposée, soit les grands blocs de roc blanc aux gerçures moussues, soit les sombres et centenaires chênaies de la Serpentara. Ah ! les belles filles d'Olevano trouvent, croyez-m'en, à qui parler. Vous les connaissez, je suppose, ces délicieuses ondines de montagne ; la peinture ne s'est pas fait faute de reproduire leurs sveltes formes et leur majestueuse démarche. Tous ces messieurs les artistes, sans distinction de nationalité, ont grand plaisir à les agacer, lorsque, la cruche à deux anses posée d'aplomb sur la tête, elles reviennent de puiser de l'eau à la fontaine. De l'autre obscur de la source perdue sous le lierre, le reste de la troupe féminine contemple d'un air mutin, sans autre souci du péril, la minuscule escarmouche du sentier. Belles et laborieuses sont tout à la fois les Olévanèses. Le village est pauvre ; l'homme est presque toujours parti dans la plaine. Qui laboure, qui plante, qui sarcle, qui

LES MAMELLES.

arrose céans ? L'Olévanèse. De chant et de danse il n'est guère question. Toute la civilisation du pays tient dans le carton des paysagistes. Eux partis, adieu les jeux et les ris ! Olévano, la Sabine entière, retombent dans le silence et la solitude.

Et maintenant, en route pour le lac Fucin et l'âpre région des Abruzzes. Ici la nature s'est transformée au caprice de l'homme. Ce fameux bassin auquel la petite ville voisine avait donné son nom moderne de Celano, n'est déjà plus qu'un souvenir ; raison de plus pour se hâter d'en esquisser l'histoire.

D'après les géographes, il fut un temps où le lac Fucin, situé à près de 700 mètres

au-dessus du niveau de la mer, épanchait son trop-plein, par-dessus le seuil des Campi
Palentini, dans la petite rivière Salto qui afflue au Tibre par la Nera. Plus tard, l'apport des pluies ayant sans doute diminué, la « grande mer », de quatre lieues de long
sur trois de large, perdit toute issue en s'isolant, de sorte que, suivant l'humidité ou la
sécheresse des saisons, elle devint sujette à des crues ou à des retraits qui étaient
également fatals au pays environnant. En grossissant, ses eaux refluaient sur les cul-

tures, y portaient la dévastation et la ruine. On cite même deux villes, Marruvium et
Pinna, qui furent détruites complètement par elle. Par contre, en s'abaissant, la nappe
lacustre laissait à découvert des marécages qui étaient autant de foyers de pestilence.

Les riverains de la cavité, les Marses, avaient de bonne heure réclamé des Romains
l'autorisation d'assécher ce réservoir dépourvu d'écoulement. César y avait songé, ce
fut Claude, le fameux créateur du nouveau port d'Ostie et du grand aqueduc de Sublaqueum (Subiaco), qui mit en train l'opération. La besogne employa trente mille esclaves
pendant onze années. On creusa au travers de la montagne qui sépare le Fucin de la
vallée inférieure du Liris (Garigliano) un canal souterrain de près d'une lieue et demie

OLEVANO.

DE TIVOLI AU LAC FUCIN.   497

de longueur. Le favori Narcisse était, au grand détriment des finances publiques, l'entrepreneur en chef des travaux. Pour aller plus vite, disent les historiens, on avait foré

ROUTE DE CAVE A CERMAZANO.

de toutes parts dans le rocher des puits, des escaliers, des approches perpendiculaires. Le tunnel, qui avait 2ᵐ,92 de haut sur 6ᵐ,17 de large, déboucha effectivement à 19 mètres environ au-dessus du Liris. Pour célébrer l'inauguration de ce gigantesque émissaire, le César imagina une fête à la mode du temps. Un combat naval dut être livré sur le lac Fucin, avant que les eaux s'en retirassent. De Rome et de toute l'Italie des masses de curieux, *multitudo innumera*, étaient accourues. Une flotte rhodienne et une flotte sicilienne, chacune de cinquante galères trirèmes et quadrirèmes, avaient été construites tout exprès; dix-neuf mille condamnés la montaient. Claude en

LA SERPENTARIA PRÈS D'OLEVANO.

habit de guerre, la noble Agrippine en chlamyde d'or présidaient à l'égorgement. Comme les gladiateurs défilaient devant la tribune impériale en prononçant les paroles consacrées : *Ave, Cæsar, morituri te salutant*, l'empereur, qui sans doute ne se tenait plus de ravissement, leur répondit avec un signe de tête amical : *Avete, vos !* Aussitôt la troupe entière jeta ses armes, en déclarant que Claude leur faisait grâce de la vie. Cris ni menaces n'y purent rien ; ces gens refusaient de mourir. En vain le César en personne se précipite de son estrade, court de groupe en groupe en traînant la jambe,

PRÈS DE LA FONTAINE D'OLEVANO

suppliant les gladiateurs de ne pas faire manquer honteusement la cérémonie; en vain, du vaste amphithéâtre des collines, le peuple hurle et trépigne: les condamnés s'obstinent à méconnaître leur devoir. Heureusement, l'avisé Narcisse avait pris ses précautions : sur un promontoire du lac étaient établis des balistes et des catapultes ; de

FILLETTE D'OLEVANO.

plus, la garde prétorienne, sauvegarde obligée de l'honneur impérial, cernait de toutes parts le rivage. Ne pouvant se sauver, les gladiateurs se battirent, très-bravement même, *fortium virorum animo*, vous dit encore Tacite.

Le spectacle terminé, on démolit les batardeaux, et l'évacuation des eaux commença; mais, soit que les niveaux eussent été mal calculés, soit qu'il se fût produit un éboulement dans l'intérieur de la galerie, l'écoulement ne se fit qu'à moitié; une nappe considérable resta au fond de la coupe lacustre. Il fallut reprendre les travaux, creuser au milieu du souterrain de décharge une rigole supplémentaire d'un demi-pied de profondeur. Après quoi, l'on donna au peuple souverain une nouvelle fête : ce fut, cette fois, un combat pédestre sur des pontons. Mais les entrepreneurs n'avaient pas encore

CELANO, PRÈS DE L'ANCIEN LAC FUCIN.

tout prévu : la masse d'eau, en se précipitant violemment par l'immense rigole, entraîna tout sur son passage et causa une panique effroyable. Le pont de bateaux sur lequel était Claude fut détruit du choc. L'histoire ajoute qu'Agrippine profita de l'émotion grande du grotesque César pour accuser Narcisse d'avoir tout gâté en faisant de trop gros bénéfices sur la main-d'œuvre. Le vol était de notoriété ; aussi l'insolent favori, loin de nier, rendit-il violences pour violences à l'épouse de l'empereur.

Le déversoir du lac ne tarda pas néanmoins à s'obstruer complètement ; plus d'une fois, dans le cours des derniers siècles, on tenta de le déblayer; ce fut toujours sans succès. Enfin, il y a une vingtaine d'années, on reprit l'œuvre d'une manière plus sérieuse. Par les soins d'une compagnie napolitaine, à la tête de laquelle était le prince banquier Torlonia, un nouvel émissaire a été creusé, et cette fois, grâce aux ressources de la science actuelle, l'évacuation de la nappe liquide s'est parfaitement opérée. Là où se balançaient

RUINES D'ALBE FUCENSE.

naguère encore les barques des Célanans, prospèrent à présent des cultures et des jardinets; de la même main qui jetait le filet de pêche, le fils bronzé des Marses sème le grain qui lèvera en moisson pour le prince richissime dont il reçoit son maigre salaire. Quant au peuple infortuné des poissons, expropriés si brutalement de leur domaine héréditaire, il a engraissé de son lit et de ses écailles les nouveaux champs conquis sur les eaux. Des routes innombrables sillonnent de leur lacis civilisateur les revers du vaste entonnoir; par places on voit déjà paraître un morceau de forêt, et les habitations des hommes plongent, sans peur de la lie, jusqu'au fond de la coupe vidée.

Il ne suffirait pas d'être allé à Celano pour avoir une idée exacte de la région fucinèse qui confine aux sources des rivières Salto et Liris. Il faut pousser quelques excursions au sud et à l'ouest. Et d'abord, une belle avenue d'un quart de lieue tout au plus de long nous conduit à la petite ville d'Avezzano, qui fut jadis le foyer de la résistance des peuplades sabelliennes contre Rome naissante : Èques, Péligens, Vestins, Frentans, s'y

MURS CYCLOPÉENS PRÈS D'ALBE FUCENSE.

réunissaient dans les occurrences extraordinaires, comme en une sorte de quartier général. Leurs grandes divinités étaient Mamers (Mavors, Mars), le dieu de la guerre et de la mort qu'ils adoraient sous la forme d'une lance, et le dieu-déesse de la terre, Saturnus-Ops. Pasteurs pour la plupart, quelques-uns brigands, — c'est Virgile qui l'affirme dans son *Énéide*, — ils erraient une partie de l'année des forêts aux plaines et des vallées aux montagnes ; pour mieux mettre leurs femmes et leurs enfants à l'abri d'un coup de main, ils avaient établi exclusivement leurs bourgades sur les crêtes les plus abruptes des Apennins. Ce genre d'existence les divisait nécessairement en un grand nombre de petites sociétés,

CHUTE DE LIBIN.

de génie divers, et très-souvent en hostilité les unes avec les autres. La crainte de Rome put seule les réunir momentanément en une confédération, sous le commandement d'un Embratur ou Imperator.

CAPISTRELLO.

Avezzano est à présent une localité assez industrieuse, dont les habitants ont su transformer leur désert de sable en de beaux jardins verdoyants. À l'entrée de la ville se dresse, comme le spectre du moyen âge, le château baronnial des Orsini. Ici, comme à

Olevano, la race présente au physique un type remarquable. Au moral, il y aurait peut-être matière à réserve, s'il est vrai, comme on le prétend, sans que j'aie eu l'occasion de m'en assurer, que ces montagnards aiment encore passablement à jouer du couteau.

Au haut d'un rocher qui commande également le lac Fucin se dressait encore du temps de Strabon la ville d'Albe (*Alba Fucese*). C'était, nous dit-il, une prison d'État. Sa forte assiette lui méritait bien cet honneur. De cette vieille cité des montagnes calcaires, qu'il ne faut pas confondre avec son homonyme Albe la Longue, de la ré-

PAYSANS DE SORA PRÉPARANT LA POLENTA.

gion volcanique ci-devant parcourue par nous, il reste encore sur deux collines des vestiges assez importants en voies pavées, en débris de murs cyclopéens.

Nous sommes ici, de quelque côté que nous nous tournions, en plein paysage virgilien : voici Luco, jadis *Lucus Angitiæ*, la terre des serpents et des hommes qui savent les charmer ; voici Magliano des Marses, Gioja des Marses ; à côté, Capistrello et sa gorge au débouché de laquelle aboutissait l'émissaire impérial du lac Fucin ; plus bas l'antique Sora, qui n'a pas même changé de nom depuis l'époque de Juvénal ; encore des murs pélasgiques, et, ce qui vaut mieux, de beaux châtaigniers qui fournissent une excellente *polenta*.

CHAMP DE BATAILLE DE TAGLIACOZZO

Remontons-nous quelque peu au nord, vers le site agreste où le Liris prend sa source, les souvenirs changent de nature. La petite ville de Tagliacozzo nous rappelle un des plus pathétiques épisodes de l'histoire du moyen âge : la lutte du jeune Conradin et du terrible Charles d'Anjou. Tous deux prétendaient au trône des Deux-Siciles ; mais le frère de saint Louis avait déjà pour lui l'investiture pontificale et sa victoire sur Mainfroi, le fameux « sultan de Lucera ». Toute l'Europe eut un moment les yeux tournés vers l'Italie. Lequel, du Souabe de seize ans à tête blonde, à l'âme pleine d'inexpérience et d'illusion, ou du fier chevalier de la maison de France, avait la meilleure cause ? « Entre l'aigle et la fleur, disaient les troubadours, le droit est si égal que Pandectes et Décrétales n'y peuvent rien ; rien ne sera décidé que par épées et lances qui briseront têtes et bras. » Comme Charles d'Anjou, Conradin s'était vu acclamé partout sur son passage en Italie ; comme lui il avait eu une solennelle entrée dans Rome, il y avait passé sous des arcs de triomphe, il avait monté au Capitole escorté d'un peuple enthousiaste. Mais la fortune des combats se prononça pour les Guelfes contre les Gibelins, pour la cause du sacerdoce contre celle des empereurs. Ce fut ici, dans ce doux paysage, où courent entre des rideaux de peupliers les rivières Imele et Salto, que succomba, le 26 août 1268, sous le choc des troupes provençales, et aussi sous le stratagème du connétable de Champagne Érard de Valéry, la fine fleur de la chevalerie allemande et italienne. Le bâtard des Hohenstauffen s'enfuit, accompagné de quelques fidèles, à travers les monts de la Sabine, jusqu'à Rome, puis jusqu'à l'endroit de la côte latine où s'élève encore la tour solitaire d'Astura. A quelque temps de là, la hache du bourreau mettait fin à son rêve de guerre et de royauté.

CHAPITRE XI

EN ZIGZAG DE ROME A NAPLES

I

LES MARAIS PONTINS.

M. l'ingénieur L... est un Napolitain qui s'occupe surtout, depuis trois ou quatre ans, de certains travaux considérables entrepris par le nouveau gouvernement italien entre le Sacco et la mer. J'ai eu le plaisir de faire avec lui le trajet de Rome à Reggio, mais par le chemin le plus allongé et le plus sinueux où jamais pasteur sabellien se soit fourvoyé. Du nord au sud, de l'est à l'ouest, de la mer Tyrrhénienne à l'Adriatique, je ne saurais plus compter les zigzags. Cette pérégrination buissonnière avec sa série d'étapes fantastiques et ses nuitées invraisemblables me revient aujourd'hui en mémoire comme les fragments mal soudés de quelque conte bleu entendu par surprise sous un laurier-rose.

C'était à la mi-septembre. Pleins d'un superbe mépris pour la voie ferrée qui, après avoir contourné les monts Albains, ne songe plus qu'à fournir sa course expéditive vers Frosinone et San Germano, nous prîmes d'abord la route d'Ardée, pour gagner de là Nettuno et longer à tout petits pas les Marais Pontins.

J'aurais pu, sans nul remords, dire un adieu définitif à cette partie du vieux Latium qu'on appelle proprement la Campagne de Rome. Quelques jours auparavant, j'y avais achevé ma tournée obligatoire de touriste en visitant longuement les diverses petites localités du pied méridional de la Sabine et des Abruzzes : Valmontone, Anagni, Ferentino, Segni, Ceccano. J'avais d'un autre côté poussé une seconde pointe jusqu'à Velletri, l'ancienne *Velitrae*, le lieu de naissance d'Octave-Auguste. Bref, à force d'avoir contemplé, tout le long des chemins, des débris de temples païens ou de murs pélasgiques, j'avais fini par ne plus savoir au juste de quel siècle et de quelle civilisation je faisais partie intégrante. Un jour je me croyais Volsque, le lendemain j'étais Rutule ou Hernique. Sur le tout, j'en arrivais parfois, aux heures troubles qui précèdent le bienheureux engourdissement du sommeil, à me figurer le monde ambiant comme un immense cimetière commun où les peuples fatigués de vivre s'étaient couchés pêle-mêle, les uns à côté des autres, sous la forme de grands blocs tabulaires

VALMONTONE.

ou polygonaux auxquels les survivants n'avaient pas même pris la peine d'apposer la moindre étiquette. Tout au plus, dans mes fugitifs retours de lucidité, replaçais-je un pied à demi vacillant dans le monde moderne, et, secouant tant bien que mal cette poussière de ruines dont j'étais tout gris, je parvenais à me démontrer que tout ce que j'avais vu n'était, en somme, que de l'histoire ancienne, et que si le vainqueur d'Actium était incontestablement né à Velletri, Ceccano en revanche, qui n'est pas loin de Velletri, avait donné le jour au cardinal ministre Antonelli, qui est parfaitement du nombre des vivants, et qui ne dessert pas, que je sache, le temple de Jupiter Capitolin.

Ce fut sur ces entrefaites qu'après plus de quinze jours d'isolement quasi absolu, j'eus la chance de faire société avec M. l'ingénieur L... Celui-ci, qui rêvait de tout autre chose que de tombeaux étrusques et de naumachies impériales, me remit d'aplomb sur mes jambes ; son entretien substantiel chassa mes visions poudreuses. Ce fut comme le coup de fouet inattendu du charretier qui disperse un essaim de volatiles picorant au bord de la route. J'avais perdu, ou peu s'en faut, mon orientation ; je la retrouvai d'un clin d'œil. Je tombai d'accord avec mon compagnon que la mer voisine, toute sillonnée de gros steamers à hélice, avait roulé bien des myriades de vagues depuis le temps des trirèmes latines, et je ne fis nulle difficulté de reconnaître que,

COCCINO.

si les chemins environnants n'étaient pas toujours absolument sûrs, ce n'était plus la faute de Spartacus et de ses bandes.

Tout fier de cette rentrée triomphale au sein du monde contemporain, je me promis bien désormais, M. L... aidant, de confiner dans un lobe spécial de mon cerveau mes impressions sur l'antiquité, et de me réserver une grande porte toujours ouverte sur les choses et les hommes du dix-neuvième siècle.

Notre heureuse étoile voulut que notre excursion s'accomplît du reste sans aucune de ces aventures qui, à distance, quand on les retrouve sous plusieurs couches superposées de souvenirs, produisent l'effet de quelque drame charpenté tout exprès pour la scène, mais qui, de près, sur le moment même, n'ont du'un charme très-contestable. Je ne range pas au nombre des péripéties dignes d'être racontées en détail les minuscules incidents du trajet, les inévitables déconvenues que le gîte ménage à tout arrivant : il y a cent grosses relations de voyages qui ne sont gonflées que de ces vétilles. Mon cadre à moi éclaterait net, à les accueillir. J'aime mieux emprunter tout simplement à quelques notes, jetées pêle-mêle et au jour le jour sur un carnet de poche, certaines mentions particulières qui me semblent propres à donner une idée exacte, bien que sommaire, des diverses régions que j'ai parcourues.

Cisterna. — Une terrible journée pour commencer. Hier il pleuvait presque ; les Campagnols commençaient déjà d'arborer l'immense parapluie de famille : aujour-

VELLETRI.

d'hui nous sommes dans une fournaise. On nous avait recommandé de brûler Cisterna, à cause de la fièvre ; mais il me semble que le soleil s'en charge suffisamment : lecteur au sens rassis, pardonnez cette pitoyable équipée de langage à un voyageur qui vient de battre, trois heures durant, sans parasol, le cailloutis de la Voie Appienne.

Dieu merci ! Cisterna possède une auberge. Malheureusement, l'auberge elle-même est possédée par une légion de bêtes parasites, qui y tiennent garnison douze mois de l'année seulement, nous dit l'*ostessa*, une superbe Volsque, qui tout à l'heure, comme nous arrivions, nous avait fait de loin, avec sa grande cruche posée sur la tête, l'effet d'une canéphore antique.

« Attention ! me dit M. L..., nous touchons ici à la région propre des Marais Pontins. Cette forêt, ajouta-t-il en me désignant la vaste chênaie qui commence à

LES MARAIS PONTINS.

Cisterna, a été de temps immémorial le repaire favori des brigands qui n'ont cessé de désoler la contrée. C'était leur quartier général : de là ils rayonnaient à leur choix sur les environs. La maréchaussée des Césars avait beau faire des battues périodiques

ARPINO.

dans le fourré : impossible d'en déloger ces malandrins, qui ne se gênaient pas pour venir la nuit, dans les rues de Rome, comme à la curée.

— Et maintenant? répliquai-je vivement, tout heureux de constater d'un mot que j'échappais décidément à l'étreinte tyrannique de l'antiquité.

— Maintenant... Il fit une pause en souriant, puis : — Regardez un peu, continua-t-il, à droite et à gauche. On a par des abatis d'arbres ménagé une marge de sûreté entre la route et la forêt ; c'est ce qu'on appelle, devant les places fortes, une zone militaire. Y êtes-vous ? — Parfaitement. En deçà civilisation, au delà brigandage, le brigandage interné..., sans préjudice des ruptures de ban. Allons-nous dîner ? »

LE PARAPLUIE DE FAMILLE.

Porto d'Anzio. — L'ancienne Antium ; un môle de terre projeté au milieu des flots. Comme plus haut à Astura, l'insecte souverain maître et dominateur. A droite, en regardant la mer, encore une forêt. De celle-là, j'en connais l'entrée, de l'autre côté.

vers Ardée. Mon ingénieur l'a traversée de part en part, et sans guide. Il paraît que c'est un exploit.

Il fait vraiment bon ici ; l'air est vif et salubre ; aussi est-ce une station de bains de mer. Les riches Romains y avaient des villas, Cicéron entre autres, qui en possédait un

COUPLE D'AMOUREUX CAMPAGNOLS.

peu partout. C'était tout un monde que ces villas. Le touriste, rendu d'épuisement et de chaleur, se sent presque rafraîchi et réconforté, rien qu'à les reconstruire par la pensée. Et d'abord, la maison du maître était un palais dans toute l'acception du mot. Pour le parc, il n'y a point de nos jours, même en Angleterre, d'enceinte fleurie et ombreuse qui en reproduise les splendeurs. Le *xyste* odoriférant des anciens est inconnu de nos jardiniers. Des buissons qui figuraient toutes sortes de sculptures bizarres, des massifs étrangement contournés de lauriers, de cyprès, de picéas ; des allées sinueuses qui formaient d'inextricables labyrinthes ; tout autour, comme clôtures, de longs portiques surpeuplés de statues, et quelles statues ! L'*Apollon du Belvédère*, le *Gladiateur*, pour ne parler que de celles qu'on a retrouvées ici, sous je ne sais combien de pieds de terre ; puis des salles de festin champêtres, où l'on ne mangeait pas seulement, comme aux temps primitifs de la *Roma quadrata*, « un dos de porc séché sur une claie ; » enfin, à travers tout, irriguant pêle-mêle appartements et jardins, des eaux vives, de grands et de petits ruisseaux harmonieux qui s'en allaient vocalisant et cabriolant par des méandres infinis. Et le généreux falerne, et son frère le cécube, tous les bons crus campaniens. Ah ! qu'au milieu de tout cela Horace avait bien raison de trouver que les années s'abattent un peu vite les unes sur les autres !

Nettuno, Astura. — Vilain temps, vilaine mer. La mer n'est, selon moi, ni assez grosse ni assez calme ; elle ne dit ni oui ni non. Pour la Méditerranée, qui est tout en couleur, il ne faut pas de ces moyens termes. J'ai fait remarquer à mon compagnon que, depuis ce matin, il me semblait que je respirais la malaria à pleines narines. Ce n'était pas une idée. Toute cette plaine au pied des monts Lepini, à partir de Nettuno jusque là-bas à Terracine, est horriblement empestée.

Nettuno est un fief des Borghèse. Pauvre fief en tout cas ; mais ils ont d'autres comptes sur leurs registres. Astura n'existe pas, à proprement dire ; ce n'est qu'un rocher relié au littoral par un pont. Le richissime Cicéron y avait encore une villa, près de la tour où vint se jeter, tête baissée, dans un piège, l'infortuné Conradin.

Monte Circeo, Terracine. — Nous sommes allés par mer jusqu'au promontoire de Circé. Là, mon compagnon m'a fait voir une caverne agrémentée de stalactites qu'on appelle la Grotte de la Magicienne. La grande, l'éternelle magicienne ici, c'est la nature ; mais que l'homme se change en pourceau, elle n'en peut mais assurément. Du haut du rocher, l'œil embrasse un splendide panorama qui s'étend de Rome au Vésuve. Le sol recommence d'enfanter des agavés, des palmiers. En face de nous est Terracine, ex-ville frontière de l'ex-royaume des Deux-Siciles ; un peu plus loin Fondi, puis Gaëte, c'est-à-dire cette partie de l'heureuse Campanie, *Campania felix,* qu'on nomme la Terre de Labour.

Nous nous arrêtons à Terracine, dans une auberge délicieusement située au bord de la mer. Comme nous arrivions, toute une caravane de ladies et de misses, sous le

ENVIRONS DE NETTUNO.

commandement en chef d'un long Anglais brandissant une gigantesque lunette d'approche, sortait de l'osteria pour aller à Itri et de là, par la montagne, à Mola, voir la tour près de laquelle Cicéron tendit la tête au glaive du sicaire.

Quel air pur et diaphane! Avec quelle netteté, même à l'horizon le plus lointain, s'accuse le relief des objets! Il semble qu'on passe ici du nord au midi. Pour le moment, nous nous contentons de saisir du regard la transition. Avec les projets de circuits compliqués qui sont inscrits sur notre carnet, la susdite colonne britannique aura largement le temps d'opérer la conquête de tout le Napolitain, avant qu'elle nous retrouve sur ses talons.

Sezze. — Je m'étais figuré les Marais Pontins comme une terre de désolation, un désert sinistre où l'on pouvait voir errer très-distinctement le spectre de la mort faucheuse. Point du tout. Une belle plaine fertile, avec de luxuriants tapis de verdure et de fleurs, voilà sous quel aspect ils me sont apparus. Le marécage existe, mais dans cette saison on ne l'aperçoit guère, caché qu'il est sous un feutre épais de végétation : *latet anguis in herba.*

Nous avons parcouru tour à tour la voie Pia, bordée d'ormes magnifiques, puis la voie Appienne, qui traversent l'une et l'autre l'immense palus. Partout la nature est riante et singulièrement vigoureuse. Dans les clairières des forêts à gauche de la route se

PÊCHEUR DE GAÈTE.

montrent de nombreuses huttes de pâtres, quelques métairies, et des étangs où pataugent en troupes ces buffles noirs à demi sauvages dont la race a été importée d'Afrique, il y a un millier d'années.

Vingt-trois cités florissaient, dit-on, au temps jadis dans cette contrée. Je n'en suis point étonné. Les Volsques avaient là un admirable domaine d'exploitation; il a fallu la conquête romaine pour le transformer en une solitude habitable seulement aux bêtes fauves. Après les explications que m'a données M. L...., je comprends parfaitement les obstacles qui s'opposent et s'opposeront longtemps sans doute à l'entière récupération de ce territoire par les hommes.

La formation du marécage tient à deux causes qui agissent d'une manière continue et en sens inverse. Du côté de la mer, les sables, rejetés sur la rive, y élèvent des

L'ITALIE.

barrages de dunes, qui s'étendent des rochers d'Astura à ceux de Monte-Circeo. Du côté de l'intérieur, les eaux qui descendent des montagnes, n'ayant pas d'écoulement, faute de pente, demeurent sur le sol à l'état stagnant; en quelques endroits la masse liquide ainsi croupissant atteint, l'hiver, jusqu'à une hauteur de deux mètres. On conçoit quels effluves empestés montent avec les chaleurs de ces cuvettes jamais évacuées.

NINFA ET NORBA.

Ajoutez que les plantes vivaces nées de cette terre chaude et humide, très-riche en principes alcalins, forment par leurs détritus d'épaisses couches de tourbes, qui exhaussent d'autant le sol, et qui s'enflamment et brûlent elles-mêmes comme du bois sec au contact du moindre feu de broussailles. Les nombreux canaux de navigation qu'on a ménagés dès le temps d'Auguste au travers du marécage et des dunes littorales n'ont pas donné le résultat qu'on en attendait : les plantes palustres y poussent d'inextricables fourrés qui les obstruent. Souvent, pour rétablir le courant, on y fait courir

TERRACINE.

des troupeaux de buffles dont le piétinement, joint à des fauchaisons périodiques, amène des baisses qui varient de 30 à 50 centimètres; mais ces moyens d'assainissement sont par trop primitifs, et il faudra recourir à d'autres procédés le jour où l'on voudra faire un sérieux effort pour arracher cette plaine féconde aux deux fléaux sans cesse concomitants de l'inondation et de la fièvre. Tant qu'on n'aura point trouvé moyen d'assurer l'expulsion régulière des eaux, tous les essais de colonisation permanente auront le sort de celui qui a été tenté au douzième siècle à Ninfa. Encore la ville de Ninfa avait-elle été bâtie, non point au cœur du marécage, mais à sa lisière septentrionale, près de l'ancienne cité volsque de Norba : ce qui n'empêche point qu'il n'en subsiste absolument plus qu'un cadavre de pierre, à l'assaut duquel montent chaque jour plus victorieusement des légions indisciplinées de plantes grimpantes.

Rome. — Nouveau séjour de vingt-quatre heures sans plus dans la Ville éternelle. J'en ai profité pour visiter un de ces cimetières historiques qu'on appelle Catacombes. On sait maintenant que ces sépultures souterraines ne sont pas une invention des premiers chrétiens; avant eux, à Rome même, les juifs en avaient creusé à leur usage. Naples a ses Catacombes, plus belles et aussi vastes que celles de Rome, et l'on a retrouvé des traces de semblables hypogées à Carthage, en Phénicie, en Asie Mineure, dans la Chersonnèse. Les chrétiens, en enterrant leurs morts dans ces cryptes, ne faisaient que suivre une tradition en vigueur chez la plupart des peuples de l'Orient.

On sait aussi que ces catacombes, que la légende s'était plu à présenter comme une œuvre d'excavation clandestine, comme une sorte de cité mystérieuse, où l'on ne pénétrait qu'avec toutes sortes de précautions, n'ont pu être établies qu'avec l'autorisation et au su de l'administration romaine : comme tous les lieux de sépulture, elles étaient placées sous la protection expresse de la loi. Ce ne fut que passagèrement, aux époques toujours très-courtes de persécution, que certaines de ces galeries d'inhumation furent, non pas habitées d'une manière permanente par les adeptes de la foi nouvelle ; — l'air et l'espace y auraient fait défaut, — mais fréquentées à de certaines heures en vue des exercices religieux, qu'on ne pouvait pas célébrer ailleurs en sécurité. Dès le dixième siècle, les entrées de ces cryptes se trouvaient comblées, et au cours du moyen âge l'existence même des catacombes avait fini par être entièrement oubliée. Ce ne fut qu'à la fin du seizième siècle qu'un éboulement fortuit fit retrouver une des galeries de cette Rome souterraine. Depuis lors, et de nos jours surtout, des fouilles importantes ont mis à découvert bon nombre de ces lignes d'excavation qui, jointes bout à bout, auraient une longueur de près de 150 lieues. Elles forment un labyrinthe qui présente jusqu'à cinq et six étages superposés, avec des corridors d'une largeur moyenne de moins d'un mètre, aux parois creusées en forme de casiers, de trous à tiroirs (*loculi*), pour recevoir les morts, et de place en place des espèces d'échancrures carrées qui servaient sans doute de chapelles, d'oratoires. Les galeries les plus profondes sont à 25 mètres au-dessous du sol. Plusieurs de ces cryptes n'étaient originairement que des sépultures de famille : tel est le cas d'une des plus anciennes, le cimetière de Domitilla, sur la voie Ardéatine, dont l'entrée architecturale, formée d'un vestibule élevé au-dessus du sol, prouve bien, soit dit en passant, que les premiers chrétiens, propriétaires de ces nécropoles, n'avaient point eu la pensée d'en dissimuler l'existence.

II

LES ABRUZZES

Ascoli. — Nous sommes allés par une bonne route de voiture à travers l'Apennin de Spolète à Ascoli (l'ancienne *Asculum*). Nous voici sur les bords du Tronto, rivière qui servait jadis de limite entre les États de l'Église et le royaume des Deux-Siciles. Cette région des Abruzzes, dominée au sud par les blancs escarpements du Gran Sasso ou Roche-Grande, la plus haute montagne de l'Italie (3,000 mètres), qu'on aperçoit même de l'Istrie et de la Dalmatie, offre un aspect tout alpestre.

Après déjeuner, nous nous remettons en route pour Teramo (*Interamna*). Je fais remarquer à M. L... que les habitants ont presque tous des têtes de brigands admirablement caractérisées. — C'est, me répond-il, le plus clair de l'héritage qu'ils se transmettent de père en fils. Ces féroces pasteurs, de tout temps ennemis des laboureurs de la plaine, ont causé, vous le savez, une belle peur aux Romains ; ce sont même eux, si j'ai bonne mémoire, qui, unis aux Samnites leurs voisins, ont fait passer sous les Fourches-Caudines les légions de Spurius Posthumius. Oh! il y a de cela bien longtemps... Mais, à une époque plus récente, ces gaillards m'ont causé à moi personnellement une non moins belle peur. — Que voulez-vous dire ? — Ah! c'est toute une histoire. Tenez, nous approchons justement de Civitella. Voici là-bas, à l'embranchement de deux chemins, une auberge que je reconnais. Depuis vingt-cinq ans elle n'a point changé. Rien ne change dans ce pays. Arrêtons-nous-y un instant ; je vous ferai le récit de mon aventure.

L'osteria où nous descendîmes n'avait, ma foi, rien de sinistre. Une campagne fertile l'entourait ; un petit torrent descendu d'un des chaînons du Gran Sasso achevait de lui prêter par ses menues cabrioles et par ses murmures un véritable charme

PETITE FILLE DES ABRUZZES.

idyllique. La salle était déserte ; il nous fallut crier à tue-tête après le maître de céans. Nos appels réitérés eurent enfin un premier résultat : ce fut de faire choir d'une soupente, au fond de la pièce, un immense panier, qui, parti d'en haut plein de châtaignes, arriva en bas complètement vide et le cul en l'air. Comme second résultat, dégringola presque aussitôt de la même soupente, à la suite ou à la poursuite des susdites châtaignes, une jolie petite Abruzzaise de sept ou huit ans qui n'avait nullement l'apparence d'une fille de bandit. Il y avait du lait dans les jattes ; c'était tout ce qu'il nous fallait. L'enfant nous servit, ramassa les éléments épars de sa polenta, puis disparut aussi vite qu'elle était venue.

— Il y a de cela un bon quart de siècle, me dit mon compagnon, — j'avais alors une douzaine d'années, — ma famille habitait Caserte ; mais j'avais des grands-parents dans les Abruzzes, et de temps à autre je les allais voir. Leur habitation était située à un certain nombre de milles de la grand'route postale de Naples à Teramo. Une petite voiture, presque une diligence, desservait, en les reliant à cette route, deux ou trois des localités situées plus à l'intérieur. C'était ici, à la porte de Civitella, que j'avais coutume de la prendre au passage.

Un jour donc, à la nuit tombante, j'étais entré dans cette auberge, pour y attendre le véhicule. C'était à la mi-octobre ; il faisait presque froid. Il y avait dans la salle une nombreuse et bruyante société ; mais je n'y fis d'abord aucune attention. Je m'assis sur une chaise boiteuse le plus près possible de la cheminée, et tout en regardant se tordre dans l'âtre les dernières brindilles d'un feu de bourrée, devant lequel frissonnait un grand pot rempli de café, je me laissai aller à une sorte de demi-sommeil.

Il y avait à peine quelques minutes que j'étais ainsi absorbé, quand soudain je tressautai sur mon siége.

Les hommes qui jouaient attablés à l'extrémité de la salle venaient de se prendre de querelle. L'un d'eux, qui sans doute avait perdu, s'était levé en poussant un épouvantable juron dont toute la maison avait retenti.

Pour la première fois alors, je me retournai afin de considérer la troupe des buveurs. La tête pleine de toutes sortes d'histoires de brigands que j'avais lues récemment, je ne pus maîtriser une impression d'effroi à la vue de ces hommes dégueulillés, au verbe rauque, à la physionomie féroce, qui tous tenaient sous le bras une longue pique à pointe ferrée, et avaient l'air de temps à autre de me dévisager en ricanant. Je me rappelai l'aventure arrivée à Gil Blas de Santillane au sortir de sa ville natale, et je m'imaginai que, comme lui, quoique d'une autre manière, j'étais tombé au milieu d'une bande de malfaiteurs.

Mes regards, en faisant le tour de l'immense salle, aperçurent un objet qui redoubla mes terreurs. Dans un angle du mur, non loin des buveurs, était accroupie une horrible vieille, à l'œil louche, à la bouche édentée, que je pris incontinent pour dame Léonarde.

Il n'y avait plus à en douter, j'étais en fort mauvais lieu. Il s'agissait d'attirer le moins possible l'attention de ces hommes et du démon femelle préposé à leurs divertissements. Je fis tout doucement demi-tour sur ma chaise, et, dans ce mouvement, j'achevai, sans le vouloir, la reconnaissance de la pièce. En effet, dans un autre recoin, que je n'avais pas aperçu d'abord, se tenait assise, les bras croisés, une charmante jeune fille de dix-sept ou dix-huit ans, qui semblait me regarder en souriant. Cette vue me ranima quelque peu; mais tout aussitôt une nouvelle idée me traversa l'esprit. Que faisait là cette jeune fille? N'était-ce point quelque capture des brigands? Comment la délivrer, et moi avec elle? Pour sûr, à nos premiers pas vers la porte, toute la troupe ne manquerait pas de fondre sur nous.

Je résolus de me tenir coi, et je fermai de nouveau les yeux en écoutant chanter la grande cafetière au rebord de l'âtre. A l'autre bout de la salle, le jeu avait repris plus fort que jamais ; au dehors nul grelot d'attelage lointain ne se faisait encore entendre.

Un moment, dame Léonarde se leva de son escabeau ; elle se dirigea de mon côté ; je la sentis passer derrière moi, mais sans oser la regarder. Quelques secondes après, je conjecturai qu'elle s'était rassise. Puis un ronflement interminable se mêla au bourdonnement monotone des voix. C'était le coucou qui entrait en branle pour annoncer je ne sais plus quelle heure.

La voiture n'arrivait toujours pas.

Malgré mon angoisse, j'avais fini par retomber dans un morne assoupissement, auquel aidait à vrai dire le sentiment avéré de mon impuissance. Par malheur, un incident imprévu vint tout gâter au moment peut-être où je réussissais à me faire oublier.

Un des joueurs ayant frappé subitement un formidable coup de poing sur la table, je me réveillai en sursaut, en allongeant brusquement la jambe. Ce geste involontaire fut cause de la catastrophe. Le bout de mon soulier heurta l'anse du grand pot à café, qui se renversa dans la cheminée et y vomit son noir liquide avec d'épouvantables grésillements.

Une immense clameur emplit la salle. Dame Léonarde se leva, tous les brigands se levèrent. Ce fut un bondissement universel.

Je sentis que j'étais perdu. La jambe accusatrice était encore là, toute tremblante au bord du foyer. L'horreur de ma situation me rendit des forces. En un clin d'œil, je fus debout, et j'eus franchi le seuil de la porte.

Je courus tête nue, à perte d'haleine, dans la direction d'un bouquet de bois dont j'apercevais l'ombre indistincte au bord du torrent. A mesure que je m'éloignais, les furibondes vociférations de mes ennemis semblaient décroître de l'autre côté de la route. Enfin, n'en pouvant plus, je m'arrêtai, pour reprendre mes sens, près d'une saulaie. D'un regard jeté en arrière, je m'étais assuré que les brigands ne m'avaient pas poursuivi; la porte de l'osteria s'était refermée; mais, au travers des vitres, je voyais encore se démener toutes sortes de silhouettes diaboliques.

Je m'assis sur un tas de cailloux, et je me mis à contempler machinalement le paysage d'alentour. Il faisait une superbe nuit d'automne. Le disque de la lune qui se dégagea tout à coup d'une frange de nuages à l'horizon commença de me rasséréner en me montrant la plaine et les monts inondés de sa blanche clarté.

DÉPART DANS LA MONTAGNE.

Je posai mon oreille à terre pour voir si je ne saisirais pas le roulement d'une voiture; il me sembla en effet percevoir une sourde trépidation dans le lointain. J'étais depuis une minute ou deux sur mon tas de pierres, quand j'entendis une petite voix, un souffle à peine, qui murmurait un appel dans le silence de la nuit. Je me levai, prêt à fuir de nouveau; mais je n'en fis rien, quand j'eus reconnu qui m'appelait. C'était la belle jeune fille de l'osteria qui était sortie pour se mettre à ma recherche.

Elle vint à moi, me prit la main en souriant et me conduisit vers un banc de bois, où elle me força de m'asseoir à côté d'elle. Je ne sais comment, à ce contact caressant, toutes mes frayeurs se dissipèrent. « Pourquoi aussi, me dit-elle, avoir renversé le café des bouviers? — Des bouviers? fis-je tout interdit. — Eh oui, les toucheurs de bestiaux, dont le troupeau est ici près dans la clairière. Tenez, les bêtes s'impatientent; entendez-vous leurs mugissements ?

Je les entendais en effet ; mais un autre bruit, le fracas joyeux d'un attelage, retentit dans le même instant au détour prochain de la route : c'était la voiture de Teramo, qui arrivait, un peu en retard il est vrai, comme c'est le fait de tout véhicule qui a le sentiment de son importance.

Je ne fis nulle difficulté de rejoindre la diligence devant l'hôtellerie ; la fille de dame Léonarde, je veux dire de l'hôtesse, continuait de me conduire doucement par la main.

« Ohé ! bonjour, Pinchino ! » cria une grosse voix du seuil de l'auberge. C'était un des brigands, pardon, un des bouviers, le plus horrible de tous, par ma foi, qui hélait le conducteur de mon voiturin.

Je regardai le nommé Pinchino. C'était bien la plus drôle de tête qui eût jamais trouvé place sur des épaules d'homme. Au sentiment de la peur succéda tout à coup en moi je ne sais quelle âcre curiosité, qui ne me tenait pas moins en haleine. Tout le temps que le postillon s'entretint avec le bouvier, mes yeux demeurèrent fichés sur lui. Figurez-vous un chef conique, avec un immense nez recourbé, de chaque côté de ce nez deux prunelles jaunâtres comme celles d'un gypaète, au-dessous un menton de casse-noisette. Quant au corps, tout en échine ; une longue, longue et osseuse échine, qu'on eût dite volée au Gran Sasso. Et le sourire de la face ! Ah ! ce sourire seul était tout un poëme fantastique. Oncques n'ai revu sur bouche vivante un pareil sourire.

J'en avais tout oublié, l'osteria, la diligence, les brigands qui hurlent et trépignent, les cafetières qui chantent et se renversent, les jeunes filles aux lèvres souriantes, et les vieilles hôtesses à la gueule d'enfer ; je ne pensais plus qu'à Pinchino.

Enfin je montai en voiture. Ma jolie protectrice, de sa douce main maternelle, m'installa elle-même au bon coin. Dans le fond, je me sentais presque peiné de quitter mon repaire de brigands. J'envoyai un dernier regard d'adieu par la porte entr'ouverte de l'auberge ! Pauvres bouviers, dont l'âtre cendreux avait, par ma faute, bu goutte à goutte le café !

Puis, je me sentis tout fier et tout excité à la pensée que c'était vraiment Pinchino qui allait me conduire par la route sinueuse à travers le beau clair de lune. De mon coin, je ne pouvais plus l'apercevoir ; mais je sentais sa longue échine qui frôlait la roue ; son sourire aigu m'arrivait au travers des vitres encrassées de la diligence. Bientôt je perçus l'attouchement de son bras osseux à l'avant du véhicule ; puis un coup de fouet gaillard cingla l'air, et l'attelage partit au petit trot.

Une minute après, la luisante façade de l'auberge avait disparu au tournant de la route ; mais j'avais eu le temps d'apercevoir une dernière fois l'ombre svelte de ma jeune maman qui nous regardait filer du pas de la porte.

GRAN SASSO D'ITALIA.

De Teramo à Venafro. — Nous venons de franchir une petite rivière torrentueuse, dont je ne me rappelle plus le nom, si toutefois je l'ai jamais su. C'est un des pleurs versés par ce géant des monts Apennins, le Gran Sasso d'Italia, en vue duquel nous voyageons depuis deux jours. Des hauteurs où nous sommes, nous commençons d'apercevoir distinctement sa croupe majestueuse. De splendides paysages helvétiques s'étalent à sa base : pâturages immenses, forêts de chênes et de sapins, où habitent l'ours et le chamois. En revanche, aux étages supérieurs, la végétation disparaît; ce ne sont plus que de glabres rochers calcaires. Trois cimes pyramidales en forment le couronnement : le Monte Corno, le Brancastello et le Monte di Fano Trojano. C'est aux environs de ces fières sommités, blanches de neige la moitié de l'année, que les Romains plaçaient l'ombilic de l'Italie.

L'ascension des derniers escarpements de la montagne ne laisse pas que d'être pénible; avec des mulets et du jarret, tour à tour, on s'en tire pourtant. Puis, que sont les misères de l'escalade, si l'on songe au panorama qui attend en haut le touriste? La moitié de l'Italie et les deux mers, voilà ce qu'on y embrasse d'un regard circulaire. Au nord apparaît tout l'enchevêtrement des montagnes romaines, étrusques et ligures; au sud, c'est la ligne des Abruzzes, avec la lointaine éclaboussure des douces collines campaniennes, puis, au delà de celles-ci, le vague relief des monts de l'Apulie et de la Calabre; à l'ouest, la mer Tyrrhénienne sillonnée par les voiles de Naples et de Messine; à l'est, l'Adriatique avec les voiles grecques et levantines. Enfin, immédiatement à vos pieds s'étend le pays des Marses, des Frentans, des Vestins, des Péli-

SOUVENIR DES ABRUZZES.

gnes, et tout ce vieux Samnium, dont la soumission coûta aux Romains des luttes si terribles.

Du Gran Sasso l'on peut redescendre à l'ouest vers la petite ville d'Aquila, dont les beaux palais tout lézardés, les habitations chancelantes et mal rapiécées, témoignent de la fréquence des tremblements de terre dans cette partie de la Péninsule. A peu de distance s'élevait jadis la cité sabine d'Amiternum, la patrie de Salluste; à sa place est maintenant un village qui porte le nom de San Vittorino.

JEUNE PATRE DES ABRUZZES.

Allons toujours. De Popoli à Solmona le site devient de plus en plus pittoresque. A Pettorano, on quitte la plaine vivante et cultivée, pour pénétrer dans les mornes défilés de la Majella, dont le point culminant atteint près de 2,800 mètres. La route blanche monte à travers des rochers nus dont les parois polies étincellent au soleil comme des

BOSQUET D'OLIVIERS PRÈS DE VENAFRO.

lingots d'or ou d'argent. Plus de végétaux, plus d'habitants. De temps à autre, une alouette huppée file rapidement d'une montagne à l'autre. Tout ce pays, pendant l'hiver, appartient aux ours et aux loups; aussi les pâtres y sont-ils obligés de doubler leur houlette d'un bon fusil.

VALLÉE DU SANGRO.

Quels types que ces pâtres! Leurs mœurs ne se sont guère modifiées depuis mille ans et davantage. Aujourd'hui encore leur soi-disant culte du Christ n'est qu'un simple paganisme recrépi. Belle race du reste, forte et dure, de dignes fils des anciens Samnites. Pour toute demeure, l'été, ils ont un toit de roseaux; pour toute société en toute saison, le grand chien-loup des Abruzzes, velu et féroce ; pour toute distraction, le rustique pipeau traditionnel.

Jusqu'à Castel di Sangro, le plus grand centre de population ne compte pas quinze cents âmes. Telle est la bourgade qui, sous le nom harmonieux de Rocca Valloscura, plonge ses maisonnettes au fond d'un étroit vallon. Aux alentours, nulle trace de cultures ou de jardins. Le peintre s'y arrête quelques heures ; le simple touriste se hâte de passer outre.

La route monte, monte toujours. Tout à coup, au sortir d'une dernière gorge, on débouche dans une immense steppe où l'on respire à pleins poumons les souffles vivifiants des monts d'alentour. Une autre bourgade, Roccarasa, quelques hameaux à droite et à gauche sur les pentes : voilà tout l'apport de l'homme dans cette majestueuse solitude. Puis, de nouveau, la scène change brusquement. Passé Roccarasa, on s'engouffre dans une magnifique forêt de chênes, au travers de laquelle se fait la descente jusqu'à Castel di Sangro.

Ici bouillonne le Sangro. Pauvre fleuve ! Né à Gioja, au sein d'une nature joyeuse et fleurie, il descend au prix de méandres pénibles par des défilés de plus en plus mornes, par des vallons de plus en plus tristes et solitaires, pour aller se perdre misérablement dans les marais de la côte adriatique.

On arrive ensuite à Isernia : encore un torrent, la Lorda, et toujours les mêmes nids d'aigles sur les hauteurs ; puis une nouvelle descente ; les cultures reparaissent enfin ; nous approchons de la riante cité des oliviers, chantée par Horace, Ovide, Cicéron, Pline, Martial, je veux dire l'antique Venafrum (Venafro). L'âpre amas des monts déchiquetés se pelotonne derrière nous à l'horizon ; nous voici rentrés au sein du monde civilisé ; quelques pas encore, et nous entendrons derechef le sifflet des locomotives.

Le Mont-Cassin. — Un dernier crochet vers le nord, avant de gagner à toute vapeur le rivage des Sirènes. M. L... tient à me faire voir en passant le Mont-Cassin. Le fameux monastère est situé au sommet d'une montagne qui domine la petite ville de San Germano, une des stations principales du chemin de fer de Rome à Naples. On y monte, au sortir de ruelles caillouteuses étagées au bord du Rapido, par une route en zigzag qui ménage au regard des perspectives de plus en plus grandioses sur l'écheveau des monts et des vallées. De l'esplanade où il est juché, l'immense cloître carré semble commander à toute une armée de cimes revêches, qui s'en vont se profilant à perte de vue sous les formes les plus fantastiques.

Barons et moines ont su de tout temps bâtir leurs nids aux bons endroits. Pourtant, quelque précaution qu'eût prise saint Benoît pour mettre son pieux asile à l'abri de tout accident, le couvent du Mont-Cassin a eu sa large part de tribulations. A peine construit, il se voit piller par les Lombards; puis surviennent tour à tour les Sarrasins qui le brûlent, et les Normands qui le saccagent. Enfin arrivent des siècles meilleurs : le dernier flot des Barbares a passé; les envahisseurs qui descendent maintenant d'outre-monts ne sont plus gens à porter une main sacrilège sur les saintes reliques ; ce sont,

SAN GERMANO ET LE MONT-CASSIN.

au contraire, des croyants qui se prosternent, le front dans la poussière, sur ce nouveau Sinaï ; plus d'un même, touché de la grâce d'en haut, ou épouvanté de la somme de péchés qu'il doit expier avant de mourir, y vient déposer la cuirasse pour revêtir la robe de moine. C'est le beau temps de la puissante communauté. Elle vise avec un égal bonheur le ciel et la terre. Ses cellules fournissent par centaines des prélats à l'Église. Tous ses domaines réunis auraient eu l'ampleur d'un royaume : 2 principautés, 20 comtés, 440 villes, bourgs ou villages, 250 châteaux, 336 manoirs, 23 ports de mer, 662 églises : le compte en a été fait bien exactement.

On pénètre dans le couvent par une espèce de grotte sombre, au bout de laquelle on trouve une cour entourée de colonnes de granit. Au fond d'une autre cour plus élevée s'ouvre l'église, une des plus richement décorées qui soient au monde. Mais c'est principalement la bibliothèque qui attire la curiosité et le respect. On sait que, durant le chaos du moyen âge, les moines copistes du Mont-Cassin sauvèrent de l'anéantissement un grand nombre d'ouvrages précieux de l'antiquité. Ces services rendus à la civilisation et à la science ont valu au couvent le privilége de rester en dehors de la mesure universelle de suppression qui a frappé tout récemment les communautés religieuses de la Péninsule.

Capoue. — Que reste-t-il de cette cité de « délices », l'ancienne métropole de la Campanie, qui compta, dit-on, jusqu'à cinq cent mille habitants, et parut un moment capable de disputer à Rome la domination de l'Italie? Peu de chose : quelques fragments d'amphithéâtre et un arc de triomphe. La Capoue moderne, *Capua nuova,* se trouve à une lieue environ de ces ruines; ce n'est qu'une grosse et populeuse bourgade sur le Vulturne. Mais quelles splendeurs déploie la campagne environnante! Comme on comprend bien le ravissement dont furent saisis les Romains lorsque, au sortir du triste Latium, ils virent pour la première fois cette riante et voluptueuse contrée! Qu'étaient les marais du Tibre et les sombres forêts de l'Algide comparés à ce jardin de la Campanie?

Aujourd'hui, le grand lieu de plaisance de la région, ce n'est plus Capoue, c'est Caserte, l'ex-Versailles des rois de Naples, avec son immense palais, son parc ombreux, ses cascades alimentées par le bel aqueduc de Maddaloni. A Caserte on est déjà en pleine banlieue de Naples; la vigne foisonne, les grands pins-parasols dressent leurs coupoles sombres au-dessus des ormes blanchâtres, et par les fenêtres toutes grandes ouvertes du wagon pénètrent, chargées de parfums, les molles brises parthénopéennes.

CHAPITRE XII

LES RIVAGES DE NAPLES ET DE SALERNE

I

NAPLES ET LA VIE NAPOLITAINE

Avez-vous assisté, du Grand Môle, à la splendide féerie d'un lever de soleil sur les rivages napolitains ? Derrière le Vésuve apparaît d'abord une mince vapeur rosée qui va peu à peu grandissant. Quelques stries purpurines irradient lentement vers la mer, dont les brumes diaphanes entrent tout à coup en mouvement. Puis les côtes de Sorrente se colorent, la plage de Portici et de Resina dessine ses premiers linéaments ; peu à peu la merveilleuse buée embrasse le revers entier du volcan, tandis que de l'autre côté des flots de lumière inondent déjà le Château de l'Œuf et tout le quai de Sainte-Lucie.

C'est alors que mille souffles tièdes et parfumés s'élèvent des vagues murmurantes de l'immense baie. *Voir Naples et mourir !* a-t-on dit. Ah ! que l'on comprend bien l'âcre expression de volupté contenue dans ces quatre mots !

Tout à l'heure, avant l'aube, c'était l'harmonie dans le silence ; maintenant c'est une autre harmonie faite de toutes sortes de bruits joyeux et de susurrements innommés. Le réveil de Naples n'est pas un de ces réveils lents et pénibles, où les membres s'étirent en hésitant, où la paupière frémissante semble repousser les caresses du jour ; non, c'est un retour de plein saut dans le mouvement et la vie. Le premier rayon de soleil qui frôle les vitres des maisons dissipe soudain l'engourdissement des corps et des âmes. La nature est si belle ici, le travail si doux et si facile ! Aussi, voyez comme de toutes parts ce peuple avide de grand air et de lumière se reprend à la tâche quotidienne. Les pêcheurs détachent de la rive leurs embarcations et les lancent d'un coup d'aviron sur le dos frissonnant de la mer. Les cris, les chants, les appels se croisent et se

NAPLES, VUE DU CORSO VICTOR-EMMANUEL.

succèdent d'un quai à l'autre. En un instant toute une flottille désordonnée glisse entre les trois-mâts et les gros steamers aux vergues suintantes de rosée. Une fourmilière humaine emplit de ses trémoussements les longues rues pavées de pierres volcaniques; tout ce monde se pousse et se bouscule avec un entrain et une gaieté inconnus sous le ciel du Nord. La Strada di Porto ouvre ses *botteghe*, qui apparaissent une minute

NAPLES ET LA VIE NAPOLITAINE.

après combles de légumes, de fruits et de victuailles de tout genre. Les *fritturajoli*, qui ont saint Joseph pour patron, allument leurs brasiers crépitants, et des montagnes de macaroni grésillent soudain dans les chaudières d'eau bouillante.

— C'est le moment de faire l'ascension du Château Saint-Elme, me dit M. L...; seulement, pour rester fidèles à nos habitudes, nous choisirons le chemin le plus long; nous prendrons, s'il vous plaît, par le vieux Naples et la piazza del Mercato.

Laissant à gauche la strada di Toledo, nous nous engageons dans un labyrinthe indescriptible de ruelles étroites, bordées de hautes maisons sans caractère architectural, mais presque toutes avec des balcons. Dieu sait quelle presse il nous faut fendre chemin faisant.

— Ici, me dit mon compagnon, il s'agit d'avoir le pied marin. Maisons poudreuses et sol humide : c'est compensation ; prenez bien garde aux trognons de choux, aux écorces d'oranges et de pastèques.

Le fait est que le pavé est littéralement tapissé de ces menus reliefs, sur lesquels je glisse à chaque pas. D'autres immondices, d'une nature moins champêtre, accidentent de leurs moutonnements les bas côtés de la rue. Il paraît que c'était bien pis il y a vingt ans. De place en place, entre les taudis qui s'alignent à droite et à gauche, j'aperçois une habitation plus monumentale, avec un porche massif, au travers duquel se dessinent de grands escaliers et des terrasses à colonnades. C'est quelque ancien hôtel d'hidalgo, du temps de la domination espagnole.

PAYSANNE CONTADINA ALLANT AU MARCHÉ.

Voici la place du Marché. Quel bruit et quel va-et-vient! Pour un touriste arrivé de Rome et des Abruzzes, c'est une chose vraiment singulière que cette intensité de mouvement qu'offrent les rues de Naples. Quand on se rappelle les quartiers si déserts de la Ville éternelle, on a peine à croire qu'on vient de quitter la capitale officielle d'un grand royaume. La vraie capitale de l'Italie, la cité vivante et populeuse par excellence, c'est Naples, bien plutôt que Rome. Il faut remonter au nord jusqu'à Gênes pour trouver une agglomération travailleuse qui approche de celle-ci.

Tout ce que la campagne environnante, pâturages, vignobles, jardins et champs cultivés, produit de denrées alimentaires, afflue ici sur les véhicules les plus fantastiques, et, à la vue de cette foule bouillonnante, gesticulante et vociférante, qui roule ses vagues vers la piazza et la rue du Port, l'étranger se demande d'abord s'il n'est pas tombé au milieu d'une émeute. Ah! quel magnifique crescendo de clameurs, de lazzis et d'injures! Quels éclats de langue! quelle puissance merveilleuse de provocation et de riposte! Violence, haine, ironie, fureur, dédain, tous les emportements, tous les sarcasmes, toutes les explosions dont l'être humain est capable, éclatent et se mêlent dans la mimique la plus passionnée. Les yeux lancent des éclairs, les bouches se tordent, les poings se crispent, les veines se gonflent, les bustes se rejettent superbement en arrière; les fronts se touchent d'un air de défi.

— Vous vous attendez peut-être, me dit en souriant M. L..., à voir ces gens se prendre aux cheveux d'un instant à l'autre. Détrompez-vous. Tout cela s'évapore au fur et à mesure dans l'air ambiant. La flamme pétille, mais ne brûle pas; la lèvre menace, mais le cœur rit. La phrase commencée par une insulte finit par une bouffonnerie. Ce sont purs masques de la comédie napolitaine. Tenez, écoutez un peu par curiosité l'épique boniment de ces facétieux marchands de pastèques.

MARCHAND DE FRUITS
ET DE VINAIGRE.

— Pour un *grain*, criait l'un d'une voix retentissante, en montrant son savoureux melon d'eau, tu peux manger, boire et te laver la figure... Allons! la pastèque de Castellamare! — De la grotte de glace, la pastèque, dit un autre; et pourtant elle est pleine de feu. — Oh! la divine denrée! riposte un troisième gosier. Qui veut déjeuner du soleil levant? — Fi donc! glapit à côté un quatrième marchand; cette pastèque-là! c'est la lune. Voici le vrai, l'unique soleil! huit sous l'astre entier, quatre sous la moitié! A consommer sur place, trois sous seulement! — Ce disant, notre industriel, appliquant le fruit sur la tête d'un gamin le tranche en deux dextrement; puis, d'un air de comique stupéfaction : — Oh! que vois-je? dit-il, en levant les bras; mais c'est la huitième merveille. Regardez donc, si vous avez des yeux. Ah! du feu! du feu pur! — Demandez le Vésuve, le Vésuve! crie-t-on vis-à-vis. — L'Etna, le Mongibello! ajoute quelqu'un d'une autre boutique. — Pour le coup, la gamme des éloges paraît épuisée. Point du tout. Un dernier luron a encore un atout de reste : — Tudieu! hurle-t-il, d'une voix à faire refluer la mer d'épouvante, approchez ici : voici l'enfer avec tous ses diables! — Sur quoi, se croisant les bras d'un air triomphant, il promène sur les étalages un regard qui dit bien clairement : Je voudrais bien voir, vous autres là-bas, ce que vous pourriez ajouter!

Nous fîmes le tour du marché. La joute n'était pas moins ardente entre charcutiers, vendeurs de poisson, d'oignons ou de gaufres. Et partout les choses se passaient paci-

LE CHATEAU SAINT-ELME, VU DE LA PLACE DU PALAIS.

fiquement et de bonne humeur. Un moment, toutefois, je crus à une prise de corps. C'était dans un coin de la place : trois hommes, un marchand de fromage, un marchand de miel et un marchand d'allumettes, jouaient à la *mora*. Une contestation s'étant élevée entre deux des joueurs, le marchand d'allumettes, — c'était l'un, — empoigna un fromage et en cingla l'air, au grand détriment des plus proches voisins ; par contre, le marchand de fromages, — c'était l'autre, — saisit un paquet d'allumettes qui retomba incontinent en pluie sur le sol. Ce que voyant, l'homme au miel, tout en beuglant comme un beau diable, se hâta de sauver son nectar. Sans nul doute, ce n'était là que le préliminaire d'un engagement plus sérieux. Allons donc ! Après ce double exploit comminatoire, les deux adversaires se rassirent d'un commun accord, et, le front serein, la bouche souriante, se remirent à jouer très-paisiblement.

Un instant après, nous traversions la grande rue de Tolède, et nous commencions d'escalader la colline sur le haut de laquelle se trouve le Château Saint-Elme. J'avoue que je n'avais pas encore vu, même à Gênes, pareille enfilade de ruelles grimpantes et d'escaliers superposés. Enfin, après une bonne demi-heure de montée, nous arrivâmes devant le splendide couvent de San Martino ; le Castel, converti aujourd'hui en prison, est tout à côté.

Quel magnifique observatoire pour contempler Naples et son golfe ! A vos pieds, toute la ville, immense fourmilière, dont les blancs faubourgs se prolongent jusqu'aux pentes du Vésuve ; à gauche, la colline de Capodimonte et l'ex-villa des rois de Naples ; en face, la majestueuse courbe de la baie, les ombrages de Portici, les laves refroidies d'Herculanum, les deux mamelons du Vésuve ; plus loin, en suivant le demi-cercle décrit par le littoral, Castellamare et ses délicieux coteaux, Sorrente et son promontoire, puis le détroit de la Campanella, et la rêveuse Capri. Retournez-vous : voici le Pausilippe, le cap Misène, les îles d'Ischia et de Procida. Sur le tout le ciel azuré, entre tout la mer scintillante. Quel spectacle ! quel éblouissement !

Naples se divise en trois villes dont chacune a sa physionomie propre : il y a la ville de luxe, comprise entre la place du Plébiscite (autrefois *largo del Palazzo*) et l'extrémité de Chiaja, le splendide quartier des étrangers ; la ville bourgeoise, qui se compose de la rue de Tolède et des artères situées à sa gauche ; puis le vieux Naples, la cité du peuple, qui s'étend de la rue de Tolède au quai du port.

Chiaja, promenade favorite des Napolitains, est un superbe quai planté d'arbres sur l'échancrure la plus occidentale de la baie. Là se trouve l'ancienne Villa Reale, aujourd'hui *Nazionale*, qui longe la mer dans la direction de la mince presqu'île où s'élève le Château de l'Œuf. Sur cette ligne de quais, depuis Sainte-Lucie jusqu'au Pausilippe, avait lieu jadis, au mois de septembre, le jour de la fête de Piedigrotta, une mirifique procession doublée d'un inénarrable cortège carnavalesque. Ce jour-là, les jardins de la Villa Reale étaient ouverts à tout venant. Une foule tumultueuse, bigarrée, résumant en elle tous les types et tous les costumes de l'Italie méridionale, occupait ces Tuileries de Naples, avec un fracas assourdissant de tambourins et de castagnettes. M. Marc Monnier a décrit la scène d'après Bidera. Voici d'abord des Procidanes, qui ont gardé leur simarre attique, le mouchoir qui pend négligemment

FONTAINE DE LA VILLA REALE.

de leur tête et le profil classique au nez droit. Voici les filles de la Grande-Grèce, avec un diadème d'or et une ceinture d'argent, tout comme les épouses d'Homère. Plus loin, la Capouane enroule sa *magnosa* sur sa tête à la façon des Sibylles et des Vestales que nous représentent les vases antiques. Les Samnites n'ont pas une pièce cousue sur le corps, la chemise exceptée; elles se drapent dans une étoffe qu'elles-mêmes ont tissée et teinte, et qui leur sert de jupe et de tablier. Leur corsage n'est qu'attaché sur leur poitrine; les manches en sont retenues avec des rubans. Telles on voit les filles robustes et un peu farouches du comté de Molise (Campo Basso).

« D'autres, les Abruzzaises, ont des tresses relevées qui rappellent les coiffures des statues grecques. Leurs hommes s'affublent de peaux de mouton pendant l'hiver, et marchent dans des sandales attachées avec des courroies de cuir, comme les anciens Lestrigons. Et c'est ainsi que les Étrusques, les Grecs, les Romains, même les Arabes et les Normands (dont le costume et l'accent se perpétuent chez les Pouzzolanes), ont laissé leur trace dans ce pays si curieusement mélangé. » Voici également les *Cafone*, provinciales richement attifées de vestes de satin ou de velours broché d'or ; elles portent dans leur épaisse chevelure, qui, dénouée, leur tombe jusqu'aux pieds, un stylet précieux qui est à la fois leur parure et leur défense ; puis les jeunes mariées des Pouilles ou des Calabres qui font ici leur voyage de noces, car il est convenu, quelquefois stipulé par contrat, que le *sposo* conduira sa femme à Naples au 8 septembre, pour voir les merveilles de la capitale et les magnificences du cortége de la Piedigrotta.

« La fête dure pendant la nuit ; le jardin reste ouvert et sert de salle de danse, de salle à manger, ou même de dortoir à ces familles venues des provinces. Elles dorment sous les étoiles, bercées par les chansons de ceux qui veillent ou par les molles cantilènes de la mer. Un peu plus loin, sous la grotte de Pausilippe, les torches s'agitent en tous sens, laissant partout des traînées de résine, et la danse, le chant, l'orgie s'exaspèrent jusqu'à la fureur. Ce sont de vraies bacchanales antiques. Cette nuit-là, il n'y a plus de police. Le peuple est souverain... La fête souterraine a quelque chose de sauvage et de violent qui fait peur. C'est dans cette rage de plaisir que s'exaltent les poëtes et les musiciens populaires. C'est là qu'ils composent entre eux la chanson de l'année, celle qui fera demain le tour de Naples, et après-demain peut-être le tour du monde. »

A l'est du Château de l'Œuf, le rivage décrit une nouvelle courbe, plus vaste et plus profonde que celle de Chiaja. Là se trouvent les trois ports de Naples : le port militaire, formé d'un bassin compris entre une jetée et le Môle ; en face est le Château Neuf (*Castel Nuovo*), au milieu duquel s'élève l'arc de triomphe d'Alphonse I", construit au quinzième siècle ; — le port marchand, entre le Môle et le Petit Môle ; — enfin le Petit Port (*Porto Piccolo*), qui n'est qu'un bassin sans importance, situé en arrière du Petit Môle, et qu'on regarde comme un vestige de la cité antique de Palæopolis. Il va sans dire que ces trois ports, de médiocre étendue, ne répondent pas aux nécessités commerciales de Naples ; aussi a-t-on commencé la construction d'une longue jetée destinée à pourvoir la ville d'un nouveau havre plus en rapport avec l'importance de son trafic maritime.

Le Môle a bien changé depuis quelques années. Cette vieille jetée, dont l'établissement remonte à Charles II d'Anjou (1302), a dû faire, elle aussi, un bout de toilette. Adieu le

ARC DE TRIOMPHE DU ROI ALPHONSE.

barbier populaire, qui a fait la joie de toute une génération de touristes. Le type n'a pas disparu du vieux Naples; mais, de cet échantillon épique entre tous, le moule a été brisé. Le barbier dont je parle s'appelait don *Pirriquacchio*, — en français de Gascogne, sire Piricouac. L'enseigne engageante de sa boutique en plein vent où appendaient quantité de rasoirs multiformes, tous uniformes néanmoins en ce qu'ils avaient

SUR LE MÔLE.

le fil également ébréché, attirait de loin les chalands. « Tous ces rasoirs, dit l'écrivain déjà cité, avaient un nom : l'un s'appelait l'*Écorcheur*, l'autre *Regarde-les-étoiles* (mirastelle), un troisième *Serre-les-dents*, un quatrième *Tire-les-pieds*, et ainsi de suite. Le lazzarone entrait sous la tente, s'asseyait sur la vieille chaise de cuir et mettait une pomme dans sa bouche, pour amortir les coups du formidable opérateur. Don Piriquacchio prenait alors l'*Écorcheur* jusqu'à ce que le patient mutilé lui criât avec angoisse :

PORT DE NAPLES.

« Maître, change de rasoir! » Il prenait alors *Serre-les-dents*, qui se trouvait plus mauvais encore, puis, un à un, tous les autres, et il ne manquait jamais de revenir à l'*Écorcheur*, son instrument le moins douloureux. L'opération terminée, la pratique s'en allait le visage en sang, en mangeant sa pomme. »

Le *chante-histoires* (*canta-storie*), ce descendant de l'antique rhapsode, est aussi bien dégénéré. Ah! il fallait entendre de cette bouche les poésies de l'Arioste et du Tasse! M. Marc Monnier, à qui je reviens volontiers dès qu'il s'agit des mœurs populaires de Naples, a eu l'heur, tout enfant, de voir cet aède de tréteau dans toute sa gloire. Il y en avait un entre autres qui s'appelait maître Michel. A peine était-il monté sur sa planche, une longue baguette à la main pour figurer le glaive pourfendeur des vieux paladins, qu'une mer houleuse d'auditeurs affluait autour de lui. Alors commençait une récitation entremêlée d'un commentaire explicatif, qui n'en était pas le morceau le moins original. L'érudition du rhapsode était quelque chose d'effrayant. A côté de Renaud guerroyant contre les païens d'Assyrie, apparaissaient la sirène Cléopâtre, sainte Diane, vierge et martyre (à ce nom tout le monde se signait), Frédéric Barberousse, le dormeur légendaire, l'empereur Néron

SUR LE MÔLE.

et vingt autres que le chantre évoquait à son gré. L'homme à la verge narrait « les malheurs des chrétiens persécutés par les *protestants* arabes, qui versaient du plomb fondu dans les oreilles de saint Procope (ici on éclatait en cris d'indignation) »; puis, en habile dramaturge, il consolait à point son auditoire, « en lui apprenant comment la *vierge Judith* ayant coupé la tête au *sultan,* le grand Renaud, courant à son secours, massacra de sa propre main toute une armée de nègres. Toutefois, ajoutait-il, un grand péril menace le vertueux paladin... oui, un grand péril... », et tout le peuple, silencieux, en suspens, d'attendre la suite avec anxiété ; mais l'aède, s'interrompant brusquement, demeurait planté sur son tréteau, jusqu'à ce qu'on lui jetât l'obole demandée.

Polichinelle, lui, n'a pas disparu. Il ne disparaîtra que le jour où Naples elle-même s'abîmera dans les flots de son golfe ou sous les laves de son volcan. Dans sa cave de San Carlino, sur la place du Château, l'immortel mime en pantalon blanc, au bonnet gris pyramidal, au demi-masque noir avec un nez crochu, — car ce n'est qu'en émigrant sous le ciel du Nord qu'il s'est affublé de sa double bosse et de ses oripeaux de couleur criarde, — dans son sous-sol aux quinquets fumeux, ce héros d'antique race, batailleur et sensuel, fanfaron et braillard, continue de faire, dans ce dialecte méridional qui tronque et défigure si drôlement les mots italiens, les délices du peuple napolitain.

En face de lui apparaissent les trois autres types classiques de la menue comédie napolitaine : Pancrace, Tartaglia et donna Petronia. Don Pancrace *Cocoziello,* c'est-à-dire *Cornichon,* est un vieillard inoffensif et crédule, qui sort pour la première fois de sa petite ville de province. Aussi tombe-t-il à Naples dans tous les piéges. Ce gobe-mouche ventru a pour costume de prédilection un large habit marron, une demi-culotte noire, un gilet-veste qui lui descend jusqu'aux cuisses, une perruque à bourse sans poudre, et un tricorne lampion.

Tartaglia, le *bègue,* est un vieux d'un autre acabit : long, décharné, sur le nez de grosses lunettes bleues ; car il est affligé d'une double infirmité : une ophthalmie chronique et un vice de prononciation. Tantôt il représente un père avare, stupide, entêté, dont on ne vient à bout qu'à force de tromperies ; tantôt, ami de don Pancrace, il rivalise avec lui de bêtise et de crédulité.

Donna Petronia, elle, est une grosse matrone prétentieuse, une ex-belle, dont les écus et les bijoux attirent les aventuriers, et qui va complaisamment au-devant des dupeurs : au fond, pas le moindre grain de méchanceté. Tels sont les quatre représentants, toujours bien portants, de la *Comedia dell'arte* sous le beau ciel napolitain.

Ce que cherche avant tout à Naples le touriste fraîchement débarqué, c'est le *lazzarone,* ce sybarite sans feu ni lieu, ce poétique va-nu-pieds, tant décrit et tant célébré. Hélas !

> Encore une étoile qui file,
> Encore un astre qui s'éteint !

Le lazzarone proprement dit, celui qui descendait en ligne droite du roule-tonneau Diogène le Cynique, n'existe plus. Quelques personnes se rappellent bien avoir connu dans leur enfance cette race de parias insouciants qui erraient nus comme des animaux par les rues et les quais, couchaient gaiement à la belle étoile, et ne faisaient, du matin au soir et du soir au matin, œuvre de leurs dix doigts ; mais ces gens-là sont des vieillards nés au plus tard avec le siècle. Il y a déjà une trentaine d'années, ces légendaires fainéants, dont Lazare le pauvre était le patron, — de là leur nom de *lazzari, lazzaroni*, — ne ressemblaient plus qu'imparfaitement à ceux que les voyageurs d'autrefois avaient pris tant de plaisir à nous dépeindre. D'abord ils portaient une chemise et un caleçon, tandis que les autres n'étaient vêtus absolument que du hâle lustré que le beau soleil du Midi avait déposé en couches concentriques sur leur peau. Puis, au lieu de se contenter de vivre d'air et d'azur, ou de boire un peu de rosée comme la cigale, cette lazzarone des guérets, ils gagnaient, l'un dans l'autre, leurs quatre ou cinq sous par jour. Avec cela, sur les quais de Naples, tout mortel est sûr de manger.

Aujourd'hui, c'est bien différent. On continue, par habitude, de donner le nom de lazzarone à tout porteur de guenilles et de bonnet rouge. Le vieux, le pur lazare du temps jadis serait justement indigné de cette sacrilège assimilation. Ni le bonnet rouge, ni les pendeloques d'amulettes, ni la médaille vénérée de saint Gennaro ne suffisent à faire le lazzarone, pas plus que le froc ne fait le moine. Il y faut des conditions d'existence qui deviennent de jour en jour, et surtout depuis 1860, plus rares et plus impossibles. Y pensez-vous bien ? Un lazzarone, ce *facchino* qui tend si patiemment la main au pourboire, et à qui, pour dix sous, vous feriez oublier peut-être les traditionnelles douceurs de la sieste ? Un lazzarone, ce *vastaso* de la douane, qui vous porte allègrement votre bagage de la Porta Nolana à l'extrémité de Chiaja ? Des lazzarones, ces vendeurs ambulants, ces débitants de fruits, de légumes, de macaroni, qui peinent, douze heures durant, sous les feux d'un soleil implacable, et qui trouvent encore du temps et de l'énergie de reste pour faire, à l'occasion, un peu de contrebande ? Non pas. Tous ces hommes sont gens de métier et domiciliés ; la plupart se marient, deviennent chefs de famille. Leurs enfants ne reviennent guère à l'état primitif ; au contraire, ils montent encore d'un échelon dans la société : ils se font garçons d'écurie, aides-cuisiniers, hommes de course ; quelques-uns même, — c'est l'étape suprême d'ascension, — deviennent cochers, conducteurs de carrozelles, chaudronniers, parfois petits détaillants ; dans ce cas, le petit-fils apprend à lire, à écrire ; il achève de rabattre son pantalon sur ses souliers, car il a des souliers : autant de familles échappées pour toujours au lazzaronat.

En somme, la première image qu'offre Naples aux yeux de l'étranger est celle d'une population laborieuse, active, agile, sans cesse affairée et sans cesse remuante. Dans ce soi-disant pays du *far-niente*, tout le monde travaille ; ceux qui ne font rien, tant que tourne l'horloge, ce sont, comme partout, les gens qui ont les moyens de ne rien faire. A part ceux-là, tous les prétendus oisifs, sans en excepter ces pauvres diables qu'on voit, en passant, humer le soleil sur le quai Sainte-Lucie, suent, à de certaines heures, comme des nègres à la corvée.

Où est le mal, après tout ? Cette plèbe napolitaine est-elle donc moins intéressante et moins pittoresque, parce qu'elle gagne un peu mieux sa vie ? Je sais bien que tous les torses hâlés que l'on croise entre le Môle et la Marinella n'appartiennent pas à des débardeurs, à des artisans, à des facchini dûment étiquetés. Il y a ici comme ailleurs une classe d'irréguliers, une gent protéiforme qui vit un peu à la diable et change de métier dix fois par jour. Ce marchand de bouts de cigares qui remue ce soir les tas d'ordures, avec sa lanterne au bout d'une corde, vendait ce matin de l'eau-de-vie au coin de la rue du Port ; à midi, il cirait les bottes des gentlemen attablés au café de l'Europe. Demain peut-être, à la pointe du jour, vous le retrouverez débitant des olives sur le mercato. Entre temps, si Dieu le permet, il vous aura détroussé, hors de la porte Capoue, ou sur la route de Castellamare entre deux bons petits bourrelets de lave refroidie. Mais l'exception même confirme la règle, et nous sommes déjà loin de l'époque où l'on ne pouvait guère se risquer à la nuit tombante dans les rues de Monte Calvario et dans le Cavone.

Le plus avenant des menus métiers napolitains est celui d'*acquaiolo*. Il y a les *acquaioli* ambulants qui portent leur petit tonneau à l'épaule, et les *acquaioli* sédentaires, établis dans des édicules ornés de lanternes, de festons, d'astragales, peinturlurés d'aquarelles bizarres, où ils vendent, un sou le litre, l'eau claire, l'eau neigée, l'eau ferrée, l'eau de pastèques, l'orangeade, et le *sambuc* (jus de sureau). Presque à chaque coin de rue se dresse une de ces échoppes rafraîchissantes, sans cesse assiégées par une foule qui, de tous temps, a aimé apaiser sa soif sans courir le risque de s'enivrer. Le débitant d'alcool ne trouve guère d'amateurs que parmi les nomades ou les déclassés des quartiers tout à fait infimes. C'est lui qui, dès l'aube, réveille ces familles de gueux, en criant : *centerbe ! centerbe !* Et, disons-le tout de suite, chaque heure du jour, pour ceux qui n'ont pas d'horloge, se révèle par un cri spécial de la rue, par le passage d'une denrée particulière. Un peu après le marchand d'eau-de-vie, c'est le vendeur de marrons bouillis : *allesse cause! allesse cause!* Plus tard, c'est le

PORTE DI CAPOUE.

défilé des fromages blancs et du lait caillé, celui des chèvres et des vaches ; puis, à huit heures, les marchands de viandes et de légumes ; à dix, c'est le marinier (*mari-*

naro) qui arrive de Sorrente, criant son beurre ; à onze, passent les recuites (*ricotte*) de Castellamare ; de midi à une heure, les panerées de radis et de raiponces. Châtaignes rôties: deux heures; eau soufrée : trois heures. A quatre, les vaches, pour rentrer à cinq. Le poisson seul n'a point de moment fixe, à cause des caprices de la mer. En revanche, le cri : olives! olives! sonne neuf heures du soir, comme le retour du

L'ACQUAIOLO.

marchand de marrons en sonne distinctement dix. Enfin, à onze heures, survient le vendeur de lapins, dont la voix caverneuse annonce qu'il est temps d'aller au lit. Lisez là-dessus un curieux chapitre de Bidera : *Quarante siècles de l'histoire de Naples*.

J'ai parlé des *Marinari*. Ceux-là, habitants de la Marinella ou de Sainte-Lucie, entre le pont de la Madeleine et le château de l'Œuf, constituent à Naples une caste à part qui a ses lois, ses usages et ses priviléges. La peinture a partout popularisé ce type du pêcheur napolitain, coiffé d'un bonnet de laine rouge, vêtu d'une chemise et d'une courte culotte que retient une ceinture de cuir. Ah! quel infatigable travailleur de la mer! Le plus aisé a sa barque ou un filet, le plus pauvre, à défaut de barque ou de filet, a tout au moins une corde munie d'un croc qu'il se passe en bandoulière. Tous ont leur bon couteau dans la poche et une image de la Vierge au cou. Ils travaillent par bandes, en fraternité, dans les poses les plus esthétiques. Les flots sont leur patrie, et, tant que la pêche fournit son tribut, ils sont heureux. Et quelle intrépidité! Sur un simple canot, une coquille de noix, ils s'aventurent jusque vers les côtes d'Afrique, à la pêche du corail; parfois ils restent un an, deux ans partis. Ceux qui reviennent de ces lointaines odyssées sont souvent riches pour la vie ; mais il en est aussi dont les femmes et les enfants attendent en vain le rapatriement. Chez nous, à Granville, par exemple, et à Saint-Malo, les choses ne se passent guère autrement.

ACQUAIOLO AMBULANT.

C'est sur le rivage empourpré de Sainte-Lucie qu'il faut aller voir revenir, le soir, les barques de petite pêche qui, toute la journée, ont sillonné le

PLAGE DE LA MARINELLA.

golfe d'azur. La mer est tranquille; le quai, pareil à une osteria en plein vent, est comble de peuple et de bourgeois qui boivent et mangent en regardant bleuir insensiblement les reflets rouges du soleil couchant, à la bouche fumante du Vésuve. A bord de chaque bateau, l'équipage apparaît groupé dans les poses les plus pittoresques. L'artiste, enthousiasmé, saisit son crayon, pour croquer l'expressif tableau, tandis qu'au loin, sur les vagues murmurantes, résonne le chant napolitain :

O dolce Napoli,
O suol beato !
Dove sorridere
Volle il creato,
Tu sei l'impero
Dell' Armonia.
Santa Lucia ! Santa Lucia !

Et puis là-bas, dans les cours, dans les vestibules, au bord de la mer, le tambourin et le sistre résonnent, les castagnettes claquent en cadence ; les couples dansent, et une voix entonne la chanson de la Tarentelle :

E la luna mmiezzu mare,
— Mamma mia, maritame tu.
— Figlia mia, chi t'aggio a da ?
— Mamma mia, pensaci tu.
— Se te do nu scarparielle,
U' scarparielle nun fa pe te,
Sempe va et sempe vene,
Sempe a suglia mmano tene ;
Si lle vota la fantasia,
A suglia nfaccia a figlia mia.
— E la luna mmiezza mare, etc.

« La lune apparaît au milieu des flots. — Marie-moi, ma mère. — Ma fille, à qui veux-tu que je te donne ? — Ma mère, c'est ton affaire, à toi seule. — Si je te donnais à un beau petit cordonnier... Mais non, petit cordonnier n'est pas fait pour toi. Petit cordonnier est toujours en mouvement ; sans cesse l'alêne lui frétille aux mains. Voici que la tête tourne à mon petit drôle, et il donne de son alêne dans le visage de ma fillette !... La lune apparaît au milieu des flots... »

La rue de Tolède, qui forme la principale artère bourgeoise de Naples, n'offre pas à beaucoup près le même intérêt que tous ces quartiers plébéiens. Elle se compose

PÊCHEURS DE CORAIL.

d'une double rangée de constructions monumentales qui lui donnent à peu près l'aspect d'un des modernes boulevards de Paris. Les maisons y ont néanmoins, comme dans les quartiers neufs de Genève, quelque chose d'ample et d'aéré qui manque trop à nos nouvelles rues. Les étages sont moins pressés les uns sur les autres, les fenêtres, presque toutes avec de larges balcons, ont une aire de développement plus considérable. Tout le jour, la foule y afflue, à ne savoir où poser le pied, car c'est à la fois un lieu de promenade et d'affaires, une rue Montmartre et un boulevard des Italiens ; que dis-je ? au point de vue de la circulation, c'est tout ensemble ville et campagne. Toutes les espèces de marchands forains, toutes les variétés de mendiants y coudoient les beaux messieurs et les élégantes ; le chariot le plus infect y marche de front avec la calèche fastueuse de l'oisif ; les porcs eux-mêmes y ont droit de cité, s'y ébattent à l'aise sur la chaussée, sur les trottoirs même. Quant aux ânes, aux chèvres, aux moutons et aux vaches, il y a des heures de la journée où ils y sont presque souverains maîtres, et il n'est pas rare non plus que des troupes de poules et d'autres volatiles s'y aventurent en reconnaissance des basses-cours mal fermées des ruelles adjacentes.

PÊCHEUR D'HUITRES A SAINTE-LUCIE.

C'est un peu plus haut que la rue de Tolède qu'on a percé le nouveau cours Victor-Emmanuel qui se développe à mi-côte des pittoresques collines auxquelles la ville est adossée. La cathédrale, San Gennaro (Saint-Janvier), se trouve aussi dans ce haut quartier. Ce n'est pas une œuvre d'art dans la pleine acception du mot ; Naples n'a point de monuments publics dont l'architecture réponde

LA TARENTELLE.

à son étendue et à sa richesse. Sûre d'attirer et de charmer toujours par la splendeur de son ciel et les merveilleux attraits de sa situation, elle ne s'est point mise en frais d'édifices. Ses principales églises datent, pour la plupart, du temps de la domination

PÊCHEUSE NAPOLITAINE.

des princes d'Anjou. Le fameux théâtre San Carlo lui-même n'est remarquable que par ses dispositions spacieuses, le nombre de ses loges, la largeur de ses corridors et le promenoir si commode ménagé autour du parterre.

Quant au Musée national (jadis Musée bourbonien), il possède, on le sait, d'inestimables trésors, qui chaque jour ne font que s'accroître, attendu que la source principale d'où ils proviennent, les cités exhumées de Pompéi et d'Herculanum, ne sera pas de sitôt épuisée : peintures murales, fresques et mosaïques, statues et bronzes, bas-reliefs et vases, monnaies, médailles et bijoux, toutes les productions de l'art antique revivent dans ses salles, dignes rivales de celles du Vatican et du Capitole. Citons seulement parmi les chefs-d'œuvre les plus célèbres : l'*Hercule Farnèse*, le *Taureau Farnèse*, le torse de *Psyché*, puis la *Vénus Callipyge*, retrouvée dans la Maison Dorée de Néron. Des tableaux modernes, je me contenterai de mentionner la *Danaé* du Titien et la *Zingarella* (la Bohémienne) du Corrége : je n'ai pas le temps de m'arrêter comme il conviendrait aux Raphaëls, aux Parmesans, aux Carraches, ni même aux peintures de l'École napolitaine proprement dite, représentés par de nombreuses toiles du treizième au dix-huitième siècle.

Un seul cimetière est monumental, c'est le Campo Santo Nuovo, établi, au temps de la domination française, à gauche de la route du *Poggio Reale* (Colline royale). Tout Naples s'y rend à la Toussaint, qui à pied, qui à âne, qui en calèche, qui en corricolo. On mange, on boit, on rit, on cause, on pleure et on prie pêle-mêle sous de splendides ombrages qui vous laissent apercevoir la riante image de la vie, la mer, le Vésuve, la campagne fleurie et odorante, au travers des longues files blanches et noires de tombeaux et de mausolées. Le cyprès même ne projette ici qu'une demi-ombre de tristesse ; les roses s'y enroulent de toutes parts et renaissent à peine effeuillées. Le doux parfum qui s'en exhale, les vocalises du rossignol qui s'y vient percher, le murmure caressant de la brise marine dans le branchage, tout cela n'invite guère au deuil. Pense à vivre, vis heureux ! voilà ce que répètent les mille petites voix d'alentour, et c'est ici que l'on peut dire avec Foscolo :

> All' ombra dei cipressi et dentro l'urna
> Confortati di pianto è forse il sonno
> Della morte men duro...

« A l'ombre des cyprès et dans l'urne que rafraîchit une rosée de pleurs, peut-être le sommeil de la mort est-il moins pénible... »

Aussi n'est-ce point la pensée de la mort qui tourmente le peuple napolitain.

Ce qui l'inquiète plutôt, c'est, comme on dit, « le saut à faire ». Une fois le saut fait, c'est fini ; le vent qui souffle a tout emporté. Mais, avant la mise au cercueil, il y a un vilain moment, vilain pour tous, pour ceux qui restent et pour ceux qui partent, et cela à cause de l'appareil qui s'en mêle, à cause du viatique que l'on porte et qu'on voit passer.

LE CAMPO SANTO NUOVO, LE JOUR DE LA TOUSSAINT.

« J'ai cette scène dans la tête, écrit M. Marc Monnier, et je ne l'oublierai jamais. C'était un soir de carnaval, et la rue de Tolède éclatait en cris de joie. Des masques passaient en dansant au bruit du tambourin et des castagnettes; des musiciens populaires gonflaient ou râclaient leurs instruments; des trompettes et des tambours rentraient dans les casernes; tous les bruits de la rue, les marchands en plein air, les enfants tumultueux, les fanfares sonores, les voitures, les chevaux, les grelots des rosses populaires, le marteau des forgerons et des chaudronniers travaillant dans les ruelles voisines, que sais-je encore?... Tout cela faisait le vacarme étourdissant qui donne ici le vertige aux étrangers. Une clochette éloignée tinta tout à coup, et la rue entière fit silence. On aurait entendu voler une mouche... La clochette se rapprochant, les tambours accompagnèrent d'un roulement sourd les coups saccadés du carillon monotone. Les voitures s'étaient arrêtées et rangées; les piétons sur les trottoirs étaient tombés à genoux. Tous les balcons s'étaient couverts de flambeaux derrière lesquels apparaissaient des gens en prière. Les sonneurs, vêtus de

SCÈNE DE LA RUE A NAPLES.

rouge, puis le curé sous son dais, marchèrent lentement à travers la foule agenouillée. Le silence était si grand qu'on entendait les paroles du prêtre. Il portait le viatique à un mourant.

« Quand *Gesù Cristo* fut passé (comme on dit ici), le bruit joyeux et turbulent recommença de plus belle et comme si de rien n'était. Voilà Naples. »

Un de ces matins, M. L... m'a tendu un journal de Naples, où j'ai lu le fait-divers que voici :

« Un crime horrible vient d'être commis par la bande Seinardi. Les brigands étaient irrités, pour nous ne savons quel motif, contre un gardien des troupeaux du baron Berlingieri.

« Il y a quelques jours, ils le surprirent dans une propriété de ce dernier, près de la Sila. Ils se précipitèrent sur le malheureux pâtre, le lièrent et eurent la barbarie de le jeter dans une chaudière d'eau bouillante. »

— Ainsi, le brigandage en grand existe toujours? dis-je à M. L...

— En grand n'est pas le vrai mot. Jadis les brigands représentaient dans ce pays de vrais corps d'armée, opérant d'ensemble, se concentrant et se repliant d'après un plan stratégique. Aujourd'hui, ils sont réduits à quelques groupes qui agissent sans lien et isolément. Il est certain qu'il existe, entre autres, une bande qui s'aventure encore quelquefois jusqu'aux croupes du Vésuve.

— J'ai ouï dire en effet que pour certaines excursions, dans le voisinage même de Naples, l'escorte d'un gendarme était plus utile que celle d'un cicerone.

— En effet; et le mal, voyez-vous, date de loin. Il tient surtout à la configuration physique du pays, morcelé en petites régions que divisent des montagnes souvent inaccessibles. Les *outlaws* ont beau jeu dans un tel fouillis, car, à côté des brigands proprement dits, a pullulé de tous temps, dans le beau royaume des Deux-Siciles, une race de déclassés politiques et autres qui ont formé la plus claire recrue de ces bandes. Quiconque avait refusé l'impôt ou le service militaire, quiconque avait eu « le malheur » de tuer quelqu'un, se réfugiait incontinent dans la montagne. Et là, il fallait bien vivre. On détroussait alors les voyageurs ; entre temps, comme les voyageurs n'étaient qu'un gibier assez rare, on rançonnait les habitations environnantes, on levait des contributions sur les fermes. Le paysan se laissait faire, et, loin de dénoncer le crime ou de servir la maréchaussée, il était le plus souvent complice des bandits. Le métier, à ses yeux, n'avait rien de déshonorant. Chacun son industrie, après tout. Lui-même avait dans un coin sa bonne escopette qui suppléait, le cas échéant, à l'insuffisance de ses petits gains

UN ENTERREMENT PAR LA CONFRÉRIE DES MORTS, A NAPLES.

d'éleveur ou d'agriculteur. D'un coup de fusil, à tel jour et à telle heure, il bouchait un trou; après quoi il revenait à sa charrue ou à ses bestiaux.

Stendhal raconte qu'un préfet bourbonien pressait un contadino de payer enfin ses contributions. « Que voulez-vous ? répondit le débiteur, la grande route ne produit rien; ma carabine et moi nous y allons pourtant tous les jours; je vous promets de ne pas manquer l'affût un seul soir, jusqu'à ce que j'aie réuni la somme qu'il vous faut. »

On comprend que ce banditisme à l'état sporadique se tournât aisément en épidémie, dès qu'il survenait quelque crise sociale ou politique. En 1799 il forma, à l'instigation des princes découronnés, le principal noyau de résistance contre la république Parthénopéenne; après 1860 les Bourbons et les prêtres s'en sont servis du mieux qu'ils ont pu contre l'unité italienne. Galériens échappés ou graciés, troupes royales licenciées à la suite de la reddition de Gaëte, s'en vinrent grossir les hordes de malandrins. Ces irréguliers ont été la branche suprême à laquelle le vieux régime a cru se raccrocher un moment. La branche a cassé, comme vous savez; et le particularisme a rendu son dernier soupir. Le banditisme, lui, a la vie un peu plus dure. Vous avez entendu parler de cette sinistre association que l'on appelait la *camorra*. Elle embrassait toutes les provinces napolitaines et visait spécialement les basses classes de la société. Au fond, elle se moquait bien de la politique. Cette franc-maçonnerie du crime était divisée en douze loges, chacune ayant un chef auquel le *camorrista* devait obéir passivement. Chaque membre, exercé à jouer du bâton et du couteau, avait son tribut à fournir à la masse commune. On cite des faits effrayants.

Vous preniez une voiture; un inconnu s'approchait de votre cocher, comme il se disposait à partir, lui parlait tout bas, et celui-ci, docilement, lui donnait une pièce de monnaie. Dans les cafés infimes, des camorristes étaient là, surveillant les jeux; chaque gagnant était obligé de leur remettre un *grain* (4 centimes). Et tout cela était public. L'association avait ses grades; des punitions sévères atteignaient, n'importe où il fût, le délinquant. Je n'oserais dire que la mystérieuse bande est aujourd'hui complètement dissoute; en tout cas, elle a dû évacuer Naples et les villes; elle n'existe plus que dans les villages éloignés.

Une chose non moins curieuse, c'était l'espèce de *modus vivendi* que le banditisme napolitain avait obtenu maintes fois de l'ex-gouvernement. Le dernier roi, Ferdinand II, ayant dû renoncer à prendre un certain Talarico, qui était la terreur de tout le pays, entra en négociation avec lui. On lui offrit une rente annuelle, et, de plus, une paye journalière de 25 sous pour chacun de ses hommes, au nombre d'une quarantaine environ, à la condition qu'il désarmerait. Talarico accepta ces conventions et se rendit. Il finit par devenir capitaine de port à Ischia.

— Mais enfin, au jour d'aujourd'hui, où en sont exactement les choses? dis-je à M. L...

— Mon Dieu! je vous le répète, l'industrie des vieux routiers ne bat plus que d'une aile. Il n'y a pas bien longtemps toutefois, une bande assez respectable occupait le Monte Gargano, dans la Capitanate; une autre battait de temps en temps la Basilicate, et il était absolument impossible à un voiturin de s'aventurer dans la partie méridionale de cette province, et de gagner de là le bord de la mer. Que voulez-vous? Il y a, dans le sud, des communes entières, qui sont encore, ou peu s'en faut, totalement dépourvues de routes. Demandez à tous ces bergers, que la recherche du pâturage soumet à l'éternelle transhumance, quels détours ils étaient contraints de faire, pour s'épargner le désagrément de payer rançon aux bandits par chaque tête de bétail qui passait. La multiplication des travaux publics, l'établissement des chemins de fer, auront seuls raison du fléau. Nous sommes déjà loin du temps où la route de Naples à Reggio, par exemple, qui passe le long de contrées si riches en carrières de marbre, en forêts de chênes et de châtaigniers, — de quoi alimenter la moitié des chantiers maritimes du monde, — ne communiquait avec les localités de l'intérieur qu'au moyen de sentiers à peine praticables aux mulets. Voyez aussi cette fameuse forêt de

Bondy de l'Italie, la Selva della Grotta, qui était naguère le quartier général de tous les

malandrins des Pouilles et du comté de Molise : déjà elle est praticable de tous côtés; on y a percé des clairières, construit des blockhaus. Un jour viendra où le carabinier n'y sera plus qu'un hors-d'œuvre, et où l'on pourra s'y promener les mains dans ses poches, ni plus ni moins que sur le beau quai de Chiaja. Voyez aussi la province de Bénévent : quelle métamorphose quant à la voirie ! Croyez-moi, la vraie civilisation, je dis la civilisation scientifique, celle qui procède avec les outils que vous connaissez, est une fière magicienne. Elle a fait reculer et réduit à merci, en Amérique, des hordes auprès desquelles nos routiers d'Italie ne sont que de pauvres hères dont tous les haussepieds du monde ne feront jamais des héros. Pour rendre un regain d'existence et de prestige au banditisme napolitain, il faudrait de nouveaux soubresauts politiques, une nouvelle réaction ; car il y a encore par-ci par-là quelques farceurs démodés, quelques sinécuristes à la panse vide, qui nourrissent l'idée fixe de lapider d'un coup dans un chemin creux tous les régiments de *bersagliers* et de renvoyer au pied des monts un tas de gens qui, bien sûr, ne se laisseraient pas faire sans résistance. Il est certain que dans ce cas il y aurait encore de beaux jours pour les détrousseurs de montagne. Au fond, ces aimables rêveurs me rappellent ces pêcheurs islandais qui, après avoir bu leur dixième verre de genièvre, déclarent carrément, en frappant du poing sur la table, qu'ils donneraient leur dernière cargaison de phoques pour voir fusiller le commissaire de l'inscription maritime, et cela

>   Au pied du mât de misaine,
>   La digue dondaine,
>   Un gendarme de chaque côté,
>   La digue dondé.

Chansons que tout cela ! Pure ivresse de cerveaux malades. En attendant, les gens venus du pied des monts nettoient ferme les écuries d'Augias au milieu desquelles ils se sont empêtrés tout d'abord. L'Université de Naples, immense laboratoire de pensée et de science, attire de plus en plus autour de ses soixante chaires les fils de la bourgeoisie des provinces en deçà du Phare. Les paysans, qui ont gardé leurs fusils, ne songent guère à s'en servir pour remettre à neuf les vieilleries d'il y a seize ans. Toutes les cultures ont triplé et quadruplé. Le contadino qui va au café tire maintenant de sa poche plus de francs que naguère il n'en tirait de *grains;* il commence à devenir propriétaire. Petit à petit, la transformation matérielle se fera. Bien mieux : arrêtez aujourd'hui au hasard un *popolano* dans la rue de Tolède ou sur la Marinella, et dites-lui : Vous êtes Italien... Il ne pensera plus à vous répliquer comme autrefois : Mais non, je suis Napolitain, ou Calabrais, ou Sicilien. Tout au plus vous répondra-t-il :

Je suis un Italien de Naples, de Reggio, de Messine, de Brindisi. Ce qui prouve bien que, dans sa pensée, Naples, Messine, Reggio, Brindisi, tout cela c'est l'Italie. Et voilà justement, conclut en riant M. L....., ce que je tenais à vous démontrer.

DEVANT UNE BOULANGERIE, A NAPLES.

— Ainsi soit-il ! fis-je à mon tour ; mais, ajoutai-je, vous me parliez tout à l'heure de certains pactes entre le banditisme et le gouvernement. Il me semble qu'au moment de l'invasion française de 1799 le célèbre Calabrais *Fra Diavolo*, de son nom Michel Pezza, conclut un marché de ce genre avec la reine Caroline ?

— C'est vrai, la reine lui avait donné un brevet de colonel ; je crois même qu'elle lui écrivait des lettres où elle l'appelait mon ami. Mais celui-là faisait grand ; il avait été à l'école d'un maître, le fameux Scarpi. Tous ceux qu'on a depuis vus à l'œuvre, sans en excepter, tant s'en faut, ce Seinardi, dont le journal de ce matin raconte les exploits, n'ont été auprès de lui que des nains en fait de brigandage. Vous savez que son début, alors qu'il n'opérait encore qu'en sous-ordre, avait été l'enlèvement d'une vierge en or massif, enrichie de diamants et de perles fines, que possédait le couvent de Santa Martha. Ce superbe coup lui valut, quelque temps après, de succéder, malgré sa jeunesse, comme chef de la bande, à Scarpi, lorsque celui-ci eut été tué par les carabiniers. Bientôt ses hauts faits, qui allaient toujours crescendo, lui firent donner ce surnom de Frère du diable sous lequel il demeure connu dans l'histoire et dans la légende. Quatre cents ducats étaient promis à qui le livrerait. Dieu sait si la prime alléchait bien des gens ; mais le moyen de la gagner ? Plus d'un paya de sa vie le simple honneur de l'avoir entrepris. On raconte, entre autres aventures curieuses, qu'un jour, se trouvant à Salerne, Fra Diavolo entra dans la boutique d'un barbier, comme celui-ci sortait pour aller raser un client à domicile. Il était là depuis quelques minutes, quand survint un capitaine de carabiniers, qui, le prenant pour le maître écorcheur, lui dit de lui faire la barbe au plus vite. Sans hésiter, Fra Diavolo retroussa ses manches, prit un ustensile et entama l'opération. Comme il tenait le patient, dûment barbouillé, sous son rasoir, le perruquier accourut tout hors d'haleine, en s'écriant : « Capitaine, capitaine, le bandit que vous cherchez est à Salerne ; quelqu'un l'a vu et reconnu. — Dieu soit loué ! répliqua joyeusement le carabinier, nous le tenons donc ! — Pas encore, riposta Fra-Diavolo ; c'est au contraire lui qui vous tient en ce moment. » A ce mot, le capitaine demeura coi, et plus mort que vif, sur son siége. Quant au barbier, non moins terrifié, il n'osa pas même avancer d'un pas vers la porte. Tous deux attendirent également tremblants, l'un debout, l'autre assis, que le terrible opérateur eût fini. Celui-ci ne se pressa pas, il fit convenablement durer le supplice. Chacun de ses gestes semblait retirer une pinte de sang au carabinier. Enfin, la chose achevée, le brigand lia solidement les pieds et les mains de l'officier ; puis, sans plus s'occuper de lui, il ficela de la même manière le pauvre barbier, qui ne songeait guère à faire résistance. Sur quoi, il prit l'uniforme du capitaine, s'en revêtit, monta sur le cheval dudit capitaine, qui était resté à la porte, et sortit de la ville au galop, enchanté de la plaisanterie.

Durant plusieurs années, la seule bande de Fra Diavolo réussit à couper les communications entre Rome et Naples. Malheur aux soldats français isolés ou par détachement qui la rencontraient en route ! ils étaient implacablement massacrés. Enfin, en 1806, quand Murat eut pris possession du trône de Naples, le redouté bandit se vit traqué énergiquement ; sa troupe fut aux trois quarts détruite dans une rencontre, et il dut prendre le parti de se retirer en Sicile. Il en revint bientôt ; mais il avait perdu sa puissance et son prestige. Abandonné du dernier homme qui lui fût encore resté fidèle, poursuivi nuit et jour, il ne savait même plus où se réfugier. Comme il passait dans un village aux environs d'Eboli, il entra dans la boutique d'un cordonnier pour y acheter des souliers ; là il fut reconnu par l'apothicaire de l'endroit, qui, moins timide que le barbier de Salerne, le fit arrêter. Sa fin n'eut rien d'épique. Condamné à être pendu sur la grande place de Naples, il montra, dit-on, une extrême faiblesse au dernier moment et se répandit en imprécations et en blasphèmes contre ceux qui l'avaient poussé à revenir tenter la chance sur le continent. Il fut exécuté en présence de toute la garnison de Naples et d'un peuple innombrable accouru des régions circonvoisines, le 11 novembre 1806.

II

LE VÉSUVE ET POMPÉI

Au-dessus de cette région privilégiée qu'on appelle Terre de Labour, Terre Heureuse, et pour laquelle les Dieux, nous dit Polybe, ont fait assaut de munificence, se dresse, à 15 kilomètres à l'est de Naples, le fameux volcan du Vésuve.

Cette montagne, qui autrefois se composait d'un cône unique, présente aujourd'hui deux têtes : le sommet le plus rapproché de Naples est le cône volcanique ou *Vésuve* proprement dit ; au nord et à l'est de celui-ci se trouve le *Monte Somma* (un peu plus à l'est l'*Ottojano*), qui n'est qu'un reste du cône ancien, dont le dôme a été projeté dans l'espace lors de l'éruption de 79. Entre ces deux parties de la montagne est creusé un vallon semi-circulaire de 500 mètres de largeur, qui, de Naples, fait l'effet d'une noire et profonde gerçure, et qu'on nomme l'*Atrio del Cavallo*. Une plate-forme légèrement inclinée, le *Piano*, prolonge cette vallée et complète le cercle qui entoure le Vésuve.

Le cône fumant, qui a été soulevé en 79, a 1,200 mètres environ de haut ; le périmètre inférieur du mont mesure 45 kilomètres. On y monte généralement de Portici, *Herculis Porticum*, petite ville de 8,000 habitants, qui n'est autre chose

NAPLES ET LE VÉSUVE VUS DU PAUSILIPPE.

qu'une banlieue de Naples. Dès les faubourgs, l'ascension commence. Vous cheminez entre des habitations, des jardins, des vignobles bien cultivés, sur de magnifiques dalles taillées dans la lave ; puis, peu à peu, les aspects deviennent moins riants ; le sol où vous marchez n'est plus composé que d'un cailloutis de scories que consolide mal

SUR LE PORT DE PORTICI.

un empâtement de cendres. Autour de vous, tout est désolé et désert ; quelques arbres rachitiques, quelques touffes d'herbes haletantes pointent bien encore çà et là ; mais on n'aperçoit plus trace d'être animé, pas même un oiseau fendant les airs.

Bientôt, de lave en lave, après avoir côtoyé bien des ravins pierreux et noirâtres, on arrive à l'ermitage San Salvatore, puis à l'Observatoire, deux établissements qui rompent agréablement pour l'œil la monotonie de cette solitude. À partir de là, on s'engage dans la vallée qui sépare les deux parties de la montagne, en longeant le cône à la recherche d'un point où l'ascension paraisse praticable. De toutes parts, la pente à gravir se présente sous la figure d'un âpre talus de cendres, de laves émiettées et de scories sans consistance. Que vous choisissiez les « éponges de fer » ou la cendre, la montée n'est pas moins pénible, à cause de l'inclinaison du cône. Tantôt on enfonce jusqu'à mi-jambe dans un sable menu et rougeâtre, tantôt le point d'appui se dérobe; toutes ces mottes de mâchefer vous roulent sous les pieds, et souvent vous reculez

OBSERVATOIRE DU VÉSUVE.

de trois ou quatre pas après avoir avancé d'un. Donc, point de bravade, allez-y doucement, prudemment; ne dédaignez ni le bras, ni, à l'occasion, la corde du guide; autrement il pourrait vous en coûter quelques chutes aussi grotesques que désagréables, dont vos mains et vos genoux garderaient la trace sanguinolente.

Arrivé au sommet du cône, vous vous trouvez sur une sorte d'ourlet, figuré par le rebord d'une vaste *calderona* (chaudière), qui est le cratère d'éruption. Vous vous avancez jusqu'au bord du gouffre, bien enveloppé dans votre manteau, car le froid ne laisse pas que d'être assez vif à cette altitude. Par l'ourlet, de 1 mètre à 1^m,50 environ de largeur, et de 1,800 mètres de circonférence, vous pouvez faire le tour du cratère. Naturellement, votre premier mouvement est de plonger un regard investigateur dans l'abîme fumant. En temps ordinaire, c'est-à-dire quand l'immense gueule est au repos, vous ne distinguez pas autre chose qu'une sorte de buée d'un blanc sale qui intercepte entièrement la vue intérieure. Parfois, quand la violence du vent déblaye

LAVES REFROIDIES.

l'entrée de l'orifice, vous apercevez des fragments de la paroi verticale : le rocher dont elle est formée apparaît alors dans un état complet de calcination. Quant au fond du gouffre, où quelques hardis explorateurs, à commencer par Chateaubriand, se sont aventurés au moyen de cordes, il est plus rugueux d'aspect, plus accidenté que les rebords supérieurs ; le feu et les vapeurs sulfureuses l'ont sillonné d'une foule d'accidents et d'irrégularités. Par les crevasses de couleur violette, d'où s'échappe

388 L'ITALIE.

une fumée suffocante, on peut voir que la matière volcanique est toujours incandescente dans les entrailles du monstre.

Le sommet du Vésuve a bien des fois changé de figure et de profil. Au temps de Strabon, c'est-à-dire il y a bientôt dix-neuf siècles, toute la montagne était couverte

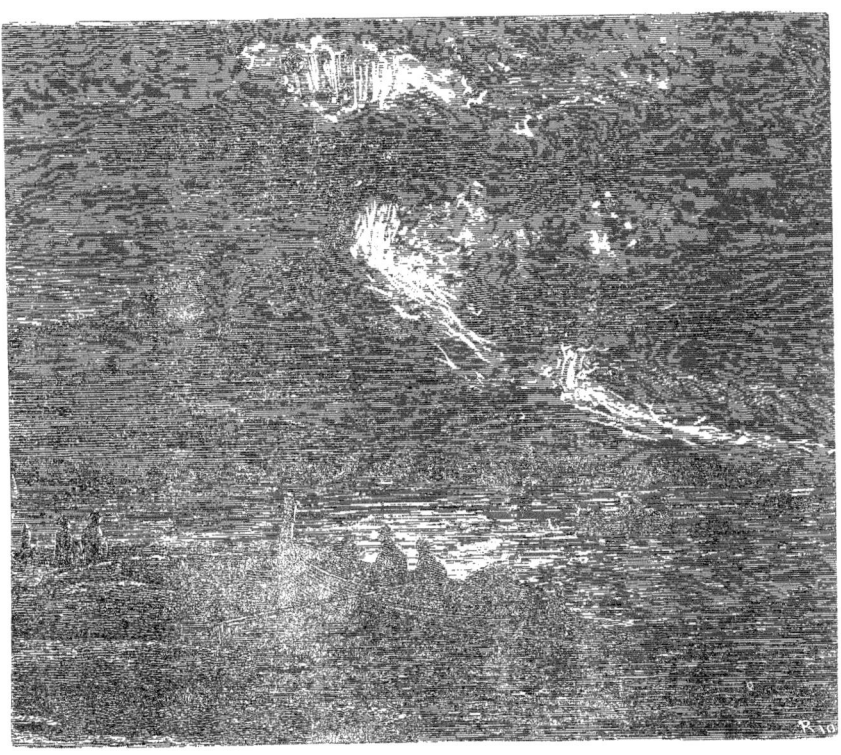

LE VÉSUVE (ÉRUPTION DU 8 DÉCEMBRE 1861).

d'herbes et d'arbustes. Le cratère n'existait pas ; à sa place, était un petit plateau où débouchaient des conduits venant de l'intérieur et percés dans des roches calcinées et enfumées. Plus tard, la partie centrale du plateau s'étant abîmée sous les convulsions du volcan, le sommet a pris la forme que nous lui voyons aujourd'hui. Le fond même du cratère n'a pas moins varié ; il en est de même de la hauteur du mont, de la nature des gaz et de celle des laves.

Depuis l'année 79, où eut lieu l'épouvantable catastrophe qui fit périr Pline le Naturaliste et engloutit les trois villes de Stabiæ, Herculanum et Pompéi, le Vésuve a fréquemment vomi des laves et des cendres. En 472, disent les historiens, les poussières d'éruption ont été transportées par le vent jusqu'à Constantinople, à la distance de près de trois cents lieues. En 512 et 685, nouvelles crises; puis survient un repos de plus de trois siècles, qui aboutit à l'*incendie* de 993, pour parler comme les Italiens. Les embrasements les plus curieux sont ensuite ceux de 1538, 1631, 1737, 1858, et l'éruption toute récente de 1861.

En 1538, l'explosion fut précédée d'une série de tremblements de terre qui, pendant deux années, agitèrent les côtes de Pouzzoles et de Baia. Le 27 et le 28 septembre, les secousses devinrent encore plus violentes, et durèrent le jour et la nuit sans discontinuer. Le 29, à deux heures du matin, la plaine qui se trouve entre la mer, le lac Averne et le Monte Barbara se souleva en se crevassant, et forma une nouvelle montagne (*Monte Nuovo*), d'où sortirent, la nuit suivante, des jets de flamme accompagnés de pierres et de cendres ; une partie du lac Lucrin fut comblée par ses vomissements.

En 1631, au mois de décembre, sept courants de lave jaillirent à la fois ; Resina, construite en partie sur l'emplacement d'Herculanum, fut consumée par le torrent de feu ; les déjections de boues ou « laves aqueuses » ne furent pas moins destructives ; quatre mille personnes périrent, dit-on, dans cette occurrence.

Lors de l'éruption du mois de mai 1737, l'embrasement fut tel qu'on voyait la flamme en plein jour ; des éclairs, des *ferrilli*, sillonnaient en tous sens la fumée et les nuages ; le gouffre projetait à une grande hauteur des pierres énormes. Ce n'étaient pourtant là que les préliminaires de l'explosion proprement dite : celle-ci n'eut lieu que quelques jours après. Dans la matinée du 24, une effroyable détonation se fit entendre : c'était la matière incandescente qui venait de percer les parois de la chaudière. De la trouée jaillit un torrent de laves en fusion, qui fut, le soir, suivi d'un second, plus impétueux, lequel se mit à dévaler vers le pied du mont, tandis que la cime du Vésuve ne cessait de vomir des tourbillons de fumée, de mugir et de siffler tout ensemble comme une gigantesque chaudière à vapeur. A minuit, le phénomène entra dans une nouvelle phase : la crevasse agrandie lança une quantité prodigieuse de cendres et de pierres. Une forêt de genêts qui couvrait la campagne voisine prit feu et brûla entièrement. Le fracas tonitruant du cratère faisait croire que le mont tout entier allait être mis en pièces ; d'ondulantes trépidations agitaient le sol d'une manière continue ; tous les habitants de la région durent évacuer leurs maisons et fuir devant l'horrible cataclysme. Au bout de dix ou douze jours, l'éruption s'arrêta presque soudainement, après avoir émis en laves près de neuf millions de mètres cubes.

En 1858, l'inondation de lave s'avança au pied du Vésuve, entre Massa et San Sebastiano, sous la forme d'un immense mur mobile d'un mille de large et de vingt

pieds de haut. « Il venait lentement, fatalement, écrit un témoin oculaire, obstruant les terrains, brûlant les arbres, enlaçant d'abord les maisons qu'il trouvait sur son passage, pour les envelopper ensuite et les couvrir. On pouvait marcher à reculons devant lui, comme un capitaine devant sa compagnie, et l'on voyait quelque chose comme des vagues de pierres, roulant du haut de cette muraille qui marchait toujours, avec une irrésistible puissance et une implacable obstination. A chaque éboulement, les progrès de la lave paraissaient s'arrêter, mais venait ensuite une autre vague amoncelant d'autres pierres, puis d'autres encore ; et cette lave, croulant toujours, comblait les ravins, envahissait la plaine, et menaçait tous les villages qui sont au pied du volcan. C'était vraiment sinistre. Les curieux n'affluaient pas de ce côté de la montagne : mais les villageois effrayés, les laboureurs désolés poussaient des cris

RUINES A TORRE DEL GRECO.

déchirants ; quelques-uns se jetaient devant la lave, à plat ventre, comme pour s'en laisser couvrir ; mais, par sa chaleur insupportable, avant de les atteindre, le feu les relevait, les rejetait plus loin, et consommait leur ruine en leur refusant la mort. »

Il est rare que les éruptions éclatent tout à coup ; elles s'annoncent généralement par des signes précurseurs, qui permettent aux habitants d'aviser à leur salut : les sources et les puits tarissent ; le sol est pris de convulsions ; des bruits souterrains se font entendre ; les animaux, surtout ceux qui vivent en terrier, se mettent à errer avec

PUITS AU PIED DU VÉSUVE.

effarement ; la colonne de fumée qui sort du cratère s'élève et s'élargit considérablement

BOIS DE PINS-PARASOLS AU PIED DU VÉSUVE.

à son extrémité supérieure ; des pluies de cendres et de pierres ponces fragmentées précèdent le grand courant de lave. C'est ainsi que les choses se passèrent notamment au mois de décembre 1861, lors de la fameuse avalanche volcanique qui fondit sur Torre del Greco, Resina, Portici et toutes les bourgades environnantes. Du 5 au 8, une douzaine de secousses ébranlèrent le sol ; puis le flanc du mont s'ouvrit avec fracas

FORGERONS TZIGANES.

au-dessous du Piano, du côté de Torre del Greco ; de la déchirure s'échappa un nuage de fumée et de cendres, en forme de pin, comme toujours, qui, sous le souffle du vent, se replia comme une arche immense du volcan à l'île de Capri, puis retomba en boue d'un noir roussâtre jusque dans les rues de Naples. Sur la déchirure, longue d'un quart de lieue environ, s'était formée toute une rangée de cônes éruptifs ou de sous-cratères qui vomissaient d'énormes quantités de cendres, de scories et de bombes volcaniques. Les habitants de la malheureuse Torre del Greco, déjà si éprouvés en 1731 et en 1794, s'étaient mis à fuir en désordre du côté de Naples. Le flux de lave s'avançait en effet vers la ville, qu'on avait eu tout le temps de rebâtir à neuf, pendant la trêve de soixante-sept ans que le volcan avait accordée aux *Torresi*. Ce ne fut pourtant pas ce torrent igné qui la détruisit. Ce fut l'effroyable soulèvement du sol qui l'accompagna : les coulées laviques dans lesquelles étaient les fondations des édifices se disjoignirent en ouvrant partout des crevasses et en écartelant les maisons. Pas un mur ne demeura intact ; tout fut ruiné ; mais il y a de cela seize ans ; pour une cité vésuvienne, c'est un siècle : depuis lors une nouvelle Torre del Greco, la huitième, je crois, en cent cinquante ans, s'est

LES SOULÈVEMENTS DE LA MER.

élevée au pied du terrible mont, qui n'a pourtant point cessé, dans ce laps de temps, de donner des signes non équivoques d'embrasement et de convulsion.

Que dis-je ? l'insouciance de l'homme est telle, qu'au pied même du mont de feu, à Torre dell' Annunziata, il y a une fabrique de poudre.

C'est qu'après tout la partie la plus fertile de la campagne napolitaine est précisément celle qui s'étend au pied du Vésuve, sur des laves demi-effritées, sur des détritus volcaniques qui datent à peine de quelques années. Là, comme en Lombardie et en Toscane, la petite culture est maîtresse. Le sol y est excellent pour certains arbres fruitiers et pour la vigne. L'essentiel est qu'il soit bien arrosé. Aussi ne sont-ce point les citernes et les puits qui font défaut. Les Vésuviens ont foré dans la lave de nombreuses *norias*, ou machines à élever l'eau, qui sont mues par des bœufs ou par des mulets. Les ormes, les peupliers, les pins-parasols, les cyprès, les orangers et les limoniers, toute la végétation du Sud y forme des rideaux entremêlés de haies fleuries et de magnifiques bosquets où le pampre s'entrelace et court à son aise. Les vignerons et les maraîchers auxquels appartiennent ces exploitations constituent d'ailleurs une race modeste autant qu'industrieuse. Une petite hutte grossière suffit à toute une famille ; la même chambre sert à la fois de cuisine, de dortoir, de cellier et de magasin. A côté des enfants qui grouillent, reposent, étagés sur de grands madriers de bois, les immenses tonneaux du précieux vin issu des coulées laviques. Toute la vie du Vésuvien, toute sa joie est dans son enclos. Là, il regarde se gonfler heure par heure le fruit savoureux. Les jours se suivent, lumineux et sereins ; les nuits projettent des étincellements qui tiennent presque de la magie : tout le paysage respire la paix et le bonheur... à moins que — ce qui n'arrive que trop fréquemment depuis une douzaine d'années — un grondement sinistre ne se répercute par les sombres gorges de la Somma. Alors le vigneron reporte un regard inquiet vers son terrible voisin ; il ausculte sa physionomie, il épie les imperceptibles frémissements de son flanc noirâtre. Qu'est-ce ? L'immense chaudière va-t-elle recommencer de faire des siennes ? Mais non ; tout redevient tranquille ; ce n'est sans doute qu'une fausse alerte. Allons, enfants, continuez de jouer sous les berceaux de roses. Tziganes à la peau lustrée, qui, dans votre course vagabonde à travers le monde, avez fait halte un instant entre le mont et la mer, n'interrompez pas les sonores frappements de vos marteaux. Il sera temps d'éteindre le feu de vos fourneaux portatifs lorsque la grande forge souterraine entrera en branle pour de bon.

Tout à coup, vers minuit, un vent d'orage tourbillonne autour des riantes collines ; les sarments se tordent en frissonnant ; le sein de la mer se tuméfie ; d'étranges résonnances parcourent les épais bocages ; les portes et les fenêtres des cabanes s'agitent et claquent, comme au premier souffle d'un ouragan venu de la mer. Et pourtant, ce n'est point la tempête. Le ciel demeure étoilé, sans un nuage. C'est d'en bas, c'est des profondeurs du sol que monte la menace. Vite, au sauvetage ! Le paysan et les siens se précipitent hors de la hutte ; on crie, on s'appelle, on emporte les enfants. Hélas ! on ne peut emporter ni les ustensiles qui servent au travail, ni ces foudres de nectar que le travail a produits. Déjà la lave descend et s'apprête à tout envahir ; la voici dans l'enclos voisin ; elle se presse comme un flot à l'assaut du mur mitoyen. Tout à l'entour, les cloches des hameaux résonnent à grande volée ; les chemins se couvrent de caravanes éplorées. Attention, là-bas, gens de Resina et de Portici ! quelle nuit ! Et comme l'aurore « aux doigts de rose » est lente à paraître ! Enfin, la strie lumineuse émerge au-dessus des monts. Les soulèvements du golfe s'apaisent ; les oléandres brillent au soleil comme auparavant ; les orangers exhalent toujours leur parfum. Alors l'arrière-garde des fuyards s'arrête un moment ; il se produit quelque hésitation dans la déroute. Peut-être la catastrophe n'est-elle pas aussi complète qu'on l'avait craint à la première heure. Mais là-haut la pluie de cendres et de scories reprend de plus belle ; les trépidations du sol recommencent. Décidément, dans la fuite seule est le salut : il

POMPÉI.

faut aller jusqu'à Naples, quitte à revenir aligner de nouveaux plants et forer de nouvelles *norias*, quand l'*incendie* vésuvien aura jeté ses dernières bouffées.

C'est ainsi que jadis, après le tremblement de terre de l'an 63 avant notre ère, qui avait à moitié détruit leur ville, les Pompéiens étaient revenus et s'étaient mis à rebâtir, sur un plan nouveau, une cité plus belle et plus fastueuse que l'ancienne. En ce temps-là, la partie antérieure du superbe promontoire qui sépare la baie de Naples de celle de Salerne était devenue définitivement la retraite de prédilection des épicuriens de Rome. C'était aussi un des principaux lieux de villégiature des oisifs et des élégants. A mesure que l'orgie impériale en prenait dans Rome plus à l'aise, les délicats ou les timides cherchaient un abri de plus en plus loin de la capitale. Le sévère Latium et la Sabine n'offraient plus assez d'oasis; et puis, on était là trop près de la ville. A droite et à gauche de Naples, au contraire, près de Pouzzoles et près de Sorrente, on trouvait le recueillement et la vraie solitude provinciale. A droite, Pompéi, Herculanum, Stabies, les trois cités campaniennes qu'un malheur commun a faites sœurs dans l'histoire, étaient, non pas seulement de doux nids arrangés tout exprès pour le far-niente et l'oubli, mais encore de merveilleux cabinets d'étude pour les lettrés et les artistes. Majesté sereine des aspects et charme ineffable de la végétation, tout s'y trouvait réuni. Aussi conçoit-on sans peine la rapidité avec laquelle la vie et le plaisir s'étaient ranimés à

LE FORUM DE POMPÉI.

Pompéi, au lendemain de la catastrophe de l'an 63. Déjà les temples et les théâtres étaient relevés, les belles colonnes du Forum s'alignaient sous les portiques, les maisons restaurées dans un style nouveau avaient retrouvé leurs décorations intérieures, le peuple se pressait, plus ardent, plus joyeux que jamais, à l'amphithéâtre, tandis qu'au loin, dans le fond du golfe, qu'on n'apercevait qu'au travers d'une étroite échancrure, le grand rocher de Capri se voilait, comme devant, d'un azur transparent où perçaient les rayons tour à tour jaunes et empourprés du soleil... Tout à coup, pendant une fête, le 23 novembre 79, éclata en plein jour l'épouvantable éruption sous laquelle disparut cette fois définitivement le joyeux municipe romain.

« Le témoignage des anciens, les ruines de Pompéi, les couches superposées de cendres et de pierres ponces qui l'ont couverte, les squelettes surpris dans l'attitude de l'agonie ou de la mort, tout cela nous raconte la catastrophe. L'imagination n'y peut rien ajouter : le tableau est là sous nos yeux ; nous y assistons, nous en sommes. Assis à l'amphithéâtre, nous fuyons nous-mêmes aux premières commotions, aux premiers éclairs qui annoncent l'incendie et l'écroulement. Le sol s'est ébranlé plusieurs fois, et quelque chose comme une trombe de poussière toujours plus épaisse a tourbillonné dans le ciel.

« Depuis quelques jours, on entendait parler de géants qui, tantôt dans la montagne, tantôt dans la plaine, passaient dans l'air ; ils ressuscitent maintenant et se dressent de toute leur hauteur dans les tourbillons de fumée, où l'on entend un bruit étrange, un formidable mugissement, puis des coups de tonnerre éclatant l'un sur l'autre, et la nuit est venue, une nuit d'horreur. De larges flammes embrasent les ténèbres. On crie dans les rues : « C'est le Vésuve qui a pris feu ! » — Aussitôt les Pompéiens, effarés, éperdus, quittent l'amphithéâtre, heureux de trouver devant eux tant d'issues pour en sortir pêle-mêle sans s'écraser, et, quelques pas plus loin, les portes de la ville et la campagne ouverte. Cependant, après la première explosion, après le déluge de cendres, tombe le déluge de feu ; des pierres ardentes et légères poussées par le vent — on dirait une neige enflammée — descendent lentement, fatalement, sans répit ni relâche, avec une implacable continuité. Cette flamme solide encombre les rues, s'amoncelle sur les toits, et s'affaisse dans les maisons avec les tuiles qui se brisent et les poutres qui flambent. L'incendie croule ainsi d'étage en étage sur le pavé des cours où s'accumulent, comme la terre comblant une fosse ouverte, ces flocons rouges et brûlants qui, lentement, fatalement, descendent toujours.

« Les habitants se sauvent dans tous les sens ; les hardis, les jeunes, ceux qui ne tiennent qu'à leur vie, parviennent à s'échapper. L'amphithéâtre s'est dépeuplé dans un clin d'œil ; il n'y reste que les gladiateurs morts. Mais malheur à ceux qui se mettent à l'abri dans les boutiques, sous les arcades du théâtre ou dans les souterrains ! La cendre les enveloppe et les étouffe. Malheur surtout à ceux que retient l'avarice ou la cupidité, à la femme de Proculus, à la favorite de Salluste, aux filles de la Maison du Poëte qui se sont attardées pour recueillir leurs bijoux ! Elles tomberont asphyxiées parmi des ornements qui, dispersés autour d'elles, raconteront au monde à venir la vanité de leurs inquiétudes suprêmes. Une femme, dans l'atrium attenant à la maison du Faune, courait au hasard chargée de joyaux ; ne pouvant plus respirer, elle s'était réfugiée sous le *Tablinum* : elle tâcha, mais en vain, de retenir avec ses bras le plafond croulant sur elle. Elle périt broyée : on n'a pas retrouvé sa tête.

« Dans la rue des Tombeaux, une foule épaisse dut se rencontrer : les uns venant de la campagne pour se réfugier dans la ville, les autres fuyant les maisons incendiées pour chercher leur salut sous le ciel ouvert. Un des premiers tomba en avant, les pieds tournés vers la porte d'Herculanum ; un autre, sur le dos, les bras levés : il portait à la main 127 monnaies d'argent et 69 pièces d'or ; un autre, également sur le dos. Fait étrange ! ils moururent en regardant le Vésuve. Une femme, tenant un enfant dans ses bras, s'était abritée dans une tombe que l'éruption mura sur elle. Un soldat, fidèle au devoir, était resté debout à son poste devant la porte d'Herculanum, une main sur sa bouche, l'autre sur sa lance : il périt ainsi bravement. La famille de Diomède s'était réunie dans la cave où dix-sept victimes, des femmes, des enfants, et la jeune fille dont le sein s'incrusta dans la cendre, furent ensevelies vivantes, serrées les uns contre

CORPS DE POMPÉIENS MOULÉS PAR LA CENDRE.

les autres, tuées violemment par le manque d'air, ou peut-être lentement par la faim. Arrius Diomède s'était sauvé, seul, abandonnant sa maison et n'emmenant avec lui qu'un esclave, qui portait sa bourse : il tomba foudroyé devant son jardin. Que de malheureux encore dont nous savons la dernière heure ! Le prêtre d'Isis, qui, enveloppé par les flammes, et ne pouvant se sauver dans la rue incendiée, perça deux murs avec sa hache, et devant le troisième, exténué sans doute, ou terrassé par le déluge, jeta son dernier râle en tenant toujours sa hache à la main. Et ces pauvres bêtes attachées, qui ne purent s'échapper : le mulet de la boulangerie, les chevaux de l'auberge d'Albinus, la chèvre de Siricus, qui alla se blottir dans le four de la cuisine, où on l'a retrouvée récemment, sa clochette au cou ! Et les prisonniers de la caserne des gladiateurs, rivés au râtelier de fer qui leur étreignait les jambes !

« Quelle nuit terrible, et quel lendemain! Le jour est venu; mais les ténèbres demeurent : non celles d'une nuit sans lune, mais celles d'une chambre fermée et sans flambeaux. A Misène, où était Pline le Jeune, qui a décrit la catastrophe, on n'entendait que des cris d'enfants, d'hommes et de femmes, s'appelant, se cherchant, ne se reconnaissant qu'à la voix, invoquant la mort, éclatant en pleurs ou en cris d'angoisse, et croyant que c'était l'éternelle nuit, où les hommes et les Dieux allaient s'anéantir. Puis tomba une pluie de cendres si épaisse, qu'à sept lieues du volcan il fallait se secouer sans relâche pour n'en être pas étouffé. Cette cendre alla, dit-on, jusqu'en Afrique, et, en tous cas, jusqu'à Rome, où elle remplit l'air et cacha le jour, si bien que les Romains étaient à se dire : « C'est le monde qui se retourne. Le soleil va tomber sur la terre pour s'y éteindre, ou la terre monter au ciel pour s'y embraser. » Enfin — écrit Pline — « la lumière revint peu à peu ; l'astre qui la répand reparut, mais pâle comme dans une éclipse. Tout était changé autour de nous : la cendre, comme une neige épaisse, avait tout couvert (1). »

Après la catastrophe, les habitants revinrent pratiquer quelques fouilles sur l'emplacement de la ville inhumée, pour en retirer les objets les plus précieux ; l'empereur Titus, sous le règne duquel eut lieu, on le sait, l'éruption, songea même un moment à faire déblayer et relever toute la cité ; mais le projet ne fut pas exécuté. Ce ne fut qu'au dix-huitième siècle que la découverte du théâtre d'Herculanum rappela l'attention du monde savant sur les trois villes vésuviennes dont on avait presque oublié jusqu'aux noms. En 1748, le roi Charles III fit creuser en quelques endroits, et une première portion de la ville reparut à la lumière. Depuis lors toutefois, grâce à l'incurie des gouvernements, les travaux d'exhumation n'avaient pas fait grand progrès : il a fallu la révolution de 1860 pour leur imprimer une direction intelligente et suivie.

Aujourd'hui le tiers environ de la ville se trouve déblayé ; les deux autres tiers, enterrés sous un coteau couvert de vignes, de vergers, de jardins, et même d'un bois touffu, reparaîtront peu à peu à la lumière du soleil : c'est affaire de temps et de patience. La couche du sol d'ensevelissement n'a pas moins de quatre mètres d'épaisseur au-dessous de la terre végétale. Il faut d'abord écarter la végétation, déterminer au mieux le tracé des rues, de manière que le coup de bêche n'amène point d'éboulement fâcheux, et assurer l'enlèvement immédiat des déblais. On a établi, dans cette dernière vue, un chemin de fer incliné sur lequel des wagons traînés par des mules emportent au loin sans grands frais la terre ôtée du sommet de la colline. Un millier d'ouvriers

(1) Marc Monnier : *Pompéi et les Pompéiens*.

TRAVAIL DES FOUILLES A POMPEI.

et d'ouvrières travaillent quotidiennement et sans interruption à transporter des lieux excavés au railway les panerées de terre, de cendre et de *lapilli*. Rien de plus curieux que de voir aller, venir, se croiser dans des attitudes pittoresques, ces espèces de canéphores antiques. Ici on les aperçoit découpant nettement leurs silhouettes sous le ciel bleu ; ailleurs ils disparaissent à demi parmi les pampres qui festonnent de toutes parts le paysage ; on ne distingue plus que d'une manière indécise le mouvement de leurs

FOUILLES RÉCENTES FAITES A POMPÉI.

jambes nues ou le miroitement de leurs haillons aux vives couleurs ; puis tout à coup ils s'abîment dans le trou béant de la *Cava* comme si le sol venait de les engloutir.

Pour se faire une idée un peu nette de la vie romaine, il faut avoir vu Pompéi. Allons donc, sur l'antique pavé, à travers la porte d'Herculanum jusqu'à la rue des Tombeaux, et asseyons-nous sur le vaste banc de pierre qui entoure le mausolée de la prêtresse Mammia. Quel silence et quelle impression ! Là-bas étincellent les fenêtres de Castellamare ; le promontoire de Sorrente allonge au milieu des flots ses bouquets d'arbres parfumés ; au delà apparaît, nageant dans l'azur, la rocheuse Capri. Cela, c'est la vie ; tournez-vous, voici la mort, ou plutôt la vie moulée toute frémissante dans la mort.

Les tombeaux sont à peu près intacts; leur aspect n'a rien de lugubre. Quelle différence entre nos cimetières modernes, sinistres enclos rejetés hors de la cité, et ces sépultures romaines que les vivants conservaient pieusement au milieu d'eux, et qu'ils pouvaient à toute heure du jour saluer au passage!

Pompéi n'était qu'une ville de troisième ordre; mais, en ce temps-là, chaque municipe

TRAVAIL DES FOUILLES DANS UNE RUELLE DE POMPÉI.

petit ou grand était un État fermé, une patrie complète, ayant ses Dieux *indigètes*, ses institutions, ses lois, ses ancêtres. Entre ces murs osques, qu'on peut parcourir en trois quarts d'heure, vivait une population qui, autant et plus peut-être que le peuple souverain de l'immense Rome, sentait son être à part et rapportait tout à l'enceinte qui délimitait son action et ses destinées.

Pompéi possédait trois forums : le principal, celui qui servait aux réunions politiques et où se rendait la justice, était encadré de portiques, dont les colonnes, d'ordre dorique et ionique, sont aujourd'hui à terre ; des soixante-deux statues qui décoraient la place, il ne subsiste plus que les socles. Tout autour s'élevaient, suivant l'usage, les divers édifices publics de la cité : la curie et l'*ærarium* (trésor public), le temple de Jupiter, la prison, le grenier public, le temple de Vénus, la patronne de Pompéi, l'école, le Panthéon, etc.

VUE DES TOMBEAUX.

Le second forum, situé au point le plus élevé de la ville, contenait l'acropole. C'est de là qu'on jouissait et qu'on jouit encore de la plus belle vue sur l'horizon lointain des montagnes et de la mer. Au sud-est du *forum Triangulaire*, comme l'on appelle cette *area* qui servait de place au Grand-Théâtre, s'élevait le temple de Neptune ; à droite s'ouvrait le *quartier des Soldats*, ainsi nommé par les archéologues à cause de la caserne qu'on y a retrouvée.

Les rues sont petites, de véritables ruelles pour la plupart ; la plus large mesure sept mètres, y compris les trottoirs. Elles sont, comme la voie Appienne, pavées au moyen de gros blocs de lave, et bordées de montoirs et de bornes. Les fontaines n'y manquaient pas; mais de l'aqueduc qui les alimentait, il ne reste plus aucun vestige. De place en place se lisent encore sur les murs des inscriptions qui interdisaient, « sous peine de s'attirer la colère des douze Dieux, de Diane et de Jupiter, » de déposer aucune ordure le long de la voie publique.

Les boutiques s'ouvraient sur la rue à peu près comme les nôtres : au dedans l'on a retrouvé les comptoirs et les gradins de pierre qui servaient d'étagères pour ranger les marchandises; au dehors des enseignes parlantes appropriées aux divers genres de trafic : une chèvre en terre cuite, par exemple, désignait une laiterie, un serpent

LA PORTE D'HERCULE RESTAURÉE.

mangeant une pomme de pin, une pharmacie; un moulin tourné par un âne était l'emblème du meunier; le cabaret était annoncé par deux hommes qui se suivaient en portant chacun l'extrémité d'un bâton au milieu duquel pendait une amphore.

Beaucoup d'outils de métier parfaitement conservés ont été découverts dans plusieurs boutiques. On peut voir au musée de Naples les instruments de chirurgien, d'orfèvre, de sculpteur et autres, qu'on a ainsi recueillis. Dans l'*auberge d'Albinus*, non loin de la porte d'Herculanum, on a trouvé des squelettes de chevaux, des brides, des mors, des débris de roues; dans une autre maison de la même rue, un squelette d'homme et un squelette de chien, des ossements de femme et des provisions de bouche; dans la maison dite *du Pesage* des balances, des poids, et, dans la cour, les squelettes de deux chevaux ayant au cou des clochettes de bronze.

Deux espèces d'établissements qui abondaient dans chaque quartier, c'étaient les

RUINES DU TEMPLE DE VÉNUS. — FORUM DE POMPÉI.

thermopolia (débits de boissons chaudes) et les *popinæ* (gargotes), où le menu peuple venait manger, à bon compte, les restes des sacrifices, achetés aux prêtres par les petits traiteurs. Les boulangeries étaient aussi fort nombreuses. Dans l'une d'elles, découverte rue d'Herculanum, tout l'outillage, four, blé, farine, vases, meules, était encore disposé de telle sorte et chaque chose si bien à sa place, qu'il n'y avait plus qu'à refaire une flambée pour reprendre la cuisson si tragiquement interrompue il y a

DÉCOUVERTE DE PAINS CUITS IL Y A DIX-HUIT CENTS ANS DANS LE FOUR D'UN BOULANGER.

dix-huit siècles. Dans une autre, il n'y a pas plus d'une quinzaine d'années, M. Fiorelli, le directeur des fouilles, a rencontré dans un four hermétiquement fermé quatre-vingt-deux pains d'une livre, de forme ronde, déprimés au centre et divisés en huit lobes, tels qu'en pétrissent aujourd'hui encore les boulangers siciliens. On peut également les voir au musée de Naples.

« Outre les fontaines, les affiches égayaient les rues ; les murs en étaient couverts, et çà et là quelques parois blanchies servaient aux avis qu'on prodiguait au public. Y peignait qui voulait, en lettres rouges, effilées et maigres, tout ce que nous imprimons aujourd'hui à la quatrième page et même aux autres pages de nos journaux.

Rien de plus curieux que ces inscriptions qui nous montrent toutes les préoccupations de la petite ville.

« C'est tantôt un groupe de citoyens, une corporation d'artisans ou de marchands qui recommandent pour l'édilité, pour le duumvirat, le candidat qu'ils préfèrent. Quelques annonces nous donnent le programme des spectacles de l'amphithéâtre : telle troupe de gladiateurs combattra tel jour; il y aura des chasses et des tentes, voire des aspersions d'eau parfumée pour rafraîchir les spectateurs (*venatio, vela, sparsiones*). Trente paires de gladiateurs ensanglanteront l'amphithéâtre. — Ou bien les affiches indiquaient des appartements à louer : « Dans les appartements de Julia Felix, fille de

LE PETIT THÉÂTRE DE POMPÉI.

Spurius, se louent un bain, un *venereum*, neuf cents boutiques (*tabernæ*), des terrasses et des chambres aux étages supérieurs, du 14 au 20 juillet, pour cinq années consécutives. »

« Quelques inscriptions peintes ou marquées à la pointe étaient des boutades ou des exclamations de passants facétieux. L'une disait : « Oppius, le portefaix, est un voleur, un filou! » Sur un mur de la rue de Mercure, une feuille de lierre formant un cœur enfermait le doux nom de Psyché. Ailleurs, un plaisant avait annoncé, parodiant le style lapidaire, que, sous le consulat de L. Nonius Asprenas et d'A. Plotius, il lui était né un âne. Ailleurs, dans la rue des Théâtres, on lisait ceci : « Un pot à vin a été perdu : celui qui le rapportera aura telle récompense de la part de Varius; mais celui qui ramènera le voleur aura le double (1). »

(1) Marc Monnier : *Pompéi et les Pompéiens*.

Bien qu'elle ne fût qu'une petite ville de province, Pompéi avait deux théâtres, l'un, où se jouait la tragédie, pouvait contenir 5.000 spectateurs. Il était sur le sommet d'une colline, ses vingt-neuf rangs de gradins en marbre de Paros faisant face à la mer, qui, en ce temps-là, baignait le pied de la ville, de sorte que les spectateurs placés en haut avaient, durant la représentation, la vue grandiose de la baie et des côtes. Une toile (*velarium*), tendue au-dessus de l'hémicycle, protégeait au besoin les assistants contre les rayons du soleil. La salle était distribuée en trois cavées : celle d'en bas, réservée aux

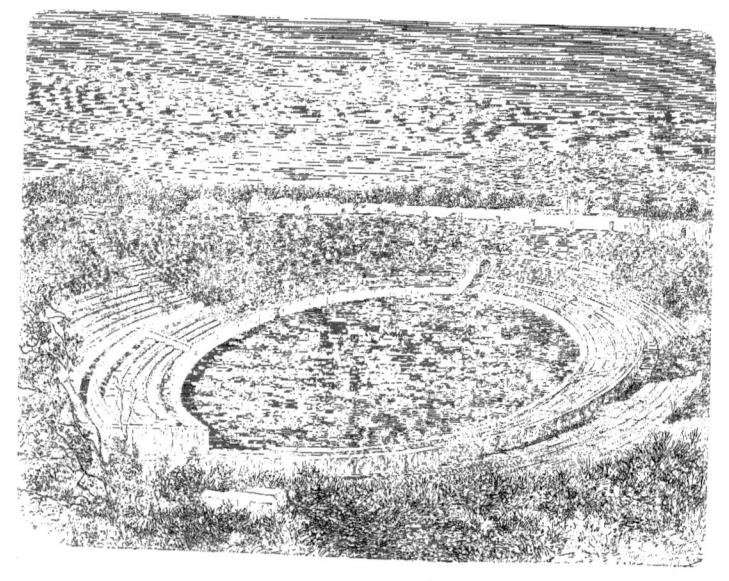

AMPHITHÉATRE DE POMPÉI.

fonctionnaires et aux notables, celle du milieu où s'asseyaient les gens de la classe moyenne, et celle du haut, le « paradis », qui était assignée aux plébéiens.

En avant de la scène (*proscenium*) était l'orchestre, où les principaux dignitaires occupaient des sièges réservés; en arrière, caché par un mur orné de colonnes, de statues, et percé de plusieurs portes, s'étendait le *postscenium*, où s'habillaient les acteurs. Le rideau, au lieu de se relever comme chez nous, découvrait la scène en tombant du plafond. Les décors étaient fort simples, presque nuls dans les parties latérales. En cas de changement à vue, on se contentait de faire glisser devant le mur du fond une toile mobile, qui suffisait pour tous les tableaux. On a retrouvé des billets de spectacle (tessères) : ce sont des espèces de jetons en os, en terre cuite ou en bronze, chacun indiquant d'une manière précise la place où le spectateur devait s'asseoir. Le petit théâtre ou *Odéon* était un édifice disposé d'après le même plan, mais couvert ; on évalue à quinze cents le nombre des personnes qu'il pouvait contenir. Dans celui-là, on ne jouait que la comédie.

L'amphithéâtre est séparé de la portion exhumée de la ville par une suite de vignes et de vergers dans lesquels on n'a pas encore creusé. Il se compose de trente-cinq

LE TEPIDARIUM, AUX THERMES.

rangs de gradins adossés à la colline ; l'arène, entourée d'un mur de deux mètres, formait un ovale de soixante-huit mètres de long sur trente-six de large. On a vu que les Pompéiens y étaient réunis, au nombre de douze ou quinze mille, lors de l'éruption ; ce fut même cette circonstance qui les empêcha de rentrer dans la ville, déjà submergée sous un torrent de cendres, et les força de fuir d'un autre côté : de là le chiffre insignifiant de squelettes que l'on a découverts dans les fouilles. En revanche on a retrouvé dans l'arène huit carcasses de lions.

La partie de la ville actuellement mise à jour renfermait en outre deux établissements de bains publics. J'ai dit à propos des Thermes de Rome ce que c'était que ces maisons

VUE INTÉRIEURE DE LA MAISON DE PANSA, RESTAURÉE.

d'hydrothérapie. A Pompéi, le *tepidarium* (l'étuve) est entièrement conservé. C'est une salle voûtée, pavée en mosaïque blanche, et d'une richesse de décoration prodigieuse. A côté était le *frigidarium*, chambre ronde, également intacte, où se prenait le bain froid. On a trouvé dans ces thermes 1,348 petites lampes de terre cuite.

Quant à la maison pompéienne, tant de fois décrite, elle était généralement peu spacieuse. L'homme antique vivait bien plus au dehors, sur le forum, dans les basiliques, au théâtre, aux bains, que dans son logis ; la vie publique emportait tout. La plupart des habitations particulières consistent en deux cours intérieures, environnées de portiques et d'appartements. Tout est en profondeur, la façade n'est que

PÉRISTYLE DE LA MAISON DES QUESTEURS.

fort peu de chose. Voyez les maisons dites de Salluste, de Pansa, du Faune, des Suonatrici, de Méléagre, etc.

La cour de devant portait le nom d'*atrium* ; c'était la partie publique de l'habitation, l'endroit où l'on recevait les visiteurs et les clients. Autour de cette salle, percée au plafond d'une ouverture pour livrer passage au jour et aux eaux pluviales, étaient distribuées les chambres à coucher (*cubicula*), qui n'étaient en réalité que des cabinets ; en fait de meubles, on n'y pouvait guère placer qu'un lit. De chaque côté, deux autres pièces, les ailes (*alæ*), servaient de salons d'apparat. Au fond une salle plus grande, le *tablinum*, où l'on conservait les archives de la famille et les images des ancêtres, reliait le corps de bâtiment antérieur à celui de derrière, qui s'appelait le *péristyle*, et qui représentait la partie privée du logis. Celle-là était une vraie cour, où plutôt un jardinet entouré de colonnes formant portique; au milieu, d'un bassin de marbre blanc, jaillissait une fontaine.

Quel délicieux *buen retiro*, pour passer les heures les plus chaudes de la journée !

FOUILLES RÉCENTES. — LE JUGEMENT DE PARIS, FRESQUE DE LA MAISON DE PEQUILLUS.

« Les feuilles vertes entre les colonnes blanches, dit M. Taine, les tuiles rouges sur le ciel bleu, cette eau murmurante qui chatoie vaguement parmi les fleurs, cette gerbe de perles liquides, ces ombres des portiques tranchées par la puissante lumière, y a-t-il un meilleur endroit pour laisser vivre son corps, pour rêver sainement et jouir, sans apprêt ni raffinement, de ce qu'il y a de plus beau dans la nature et dans la vie?

Quelques-unes de ces fontaines portent des têtes de lion, de petites statues gaies, des enfants, des lézards, des lévriers, des faunes, qui courent sur la margelle. Dans la plus vaste de toutes ces maisons, celle de Diomède, des orangers, des citronniers, semblables probablement à ceux d'autrefois, font briller leurs pousses vertes ; tout cela s'ordonne dans l'enceinte carrée d'un grand portique. Plus on essaye de reformer ces mœurs dans son imagination, plus elles semblent belles, conformes au climat, conformes à la nature humaine. Les femmes avaient leur gynécée dans le fond, derrière la cour et le portique.

MAISON DE LUCRETIUS.

asile fermé, sans vue sur le dehors, séparé de la vue publique. Elles ne remuaient pas beaucoup dans ces étroites salles ; elles y reposaient paresseusement, en Italiennes, ou travaillaient aux ouvrages de laine, attendant que leur père ou leur mari eût quitté les affaires et la conversation des hommes. Elles suivaient vaguement des yeux sur la muraille obscure, non pas des tableaux plaqués comme aujourd'hui, des curiosités archéologiques, des œuvres d'un pays ou d'un art différents, mais des figures qui répétaient et embellissaient les attitudes ordinaires, le coucher, le lever, la sieste, le travail, des déesses debout devant Pâris, une Fortune élégante et svelte comme les femmes de Primatice, une Déidamie qui, effrayée, se laisse tomber sur un siège. Les mœurs, les œuvres, les habits, les mouvements, tout partait du même jet, d'un jet unique ; la plante humaine n'avait eu qu'une pousse et n'avait point subi de greffe. » Ce n'est pas que les innombrables décorations qui enrichissaient les principales maisons de la cité pompéienne attestent un art réel et original ; tout cela composait plutôt un ensemble de jolies petites choses, de charmantes mignardises, où l'imagination de l'artiste se donnait librement carrière. En fait d'art, le bon bourgeois ou le gros bonnet du paisible municipe semblent avoir aimé par-dessus tout l'éclectisme : il leur fallait une profusion de guirlandes, de pilastres, des socles couverts de feuillages, des frises agrémentées d'arabesques, des panneaux surchargés de peintures. Paysages mignons, bouquets versicolores, natures mortes, combats d'animaux, petites scènes parlantes, mais toujours rentrant dans le cadre de la vie réelle ; parfois, sur le tout, une pointe de singularité, de fantaisie, nous dirions aujourd'hui d'*humour :* voilà ce qui faisait la joie de leurs yeux : quelques-unes de ces peintures ont l'air de fables d'Ésope, mises en action. D'autres sont de piquantes caricatures. Regardez aussi avec attention au musée de Naples ces petits génies, ces danseuses ailées qui semblent suspendues dans les airs. Quelle variété de poses, de gestes, de mouvements et d'attributs ! Souvent aussi l'artiste s'élève jusqu'à l'épopée : c'est Briséis emmenée par Agamemnon, c'est le roman d'Ariane, le jugement de Pâris, les travaux d'Hercule, Andromède et Thésée. J'ai dit que la fameuse statuette du Faune dansant provenait d'une maison de Pompéi, la plus riche de toutes, entre parenthèses, par son pavage en mosaïques. On ne se lassera jamais d'étudier ces trouvailles, même les plus infimes, le simple ustensile de ménage, le poêlon ou le chenet, aussi bien que les Apollons, les Vénus, les Silènes, car de quel jour merveilleux tout cela éclaire pour nous non point seulement l'art antique, mais, ce qui est d'un intérêt plus direct encore, les mœurs, les usages, les cérémonies et tout le train de la vie ordinaire du premier siècle de notre ère !

III

DU PAUSILIPPE AUX RUINES DE CUMES

Le golfe de Naples est fermé à l'ouest par un promontoire, au delà duquel s'ouvre une nouvelle baie, celle de Pouzzoles. Encore une région qui était jadis le rendez-vous d'été du beau monde romain. On s'y disputait à prix d'or le moindre lopin de terre

DU PAUSILIPPE AUX RUINES DE CUMES.

pour y élever des villas. Marius, Cicéron, Pompée, Lucullus, Pollion habitèrent cette côte poétique ; Virgile y écrivit ses Églogues et ses Géorgiques parmi les myrtes, les palmiers, les cactus et les orangers ; il voulut même y être enterré. On y montre

NUIT D'ÉTÉ AU PAUSILIPPE.

encore son tombeau ; mais rien ne prouve qu'il soit authentique. Ici vous êtes à l'entrée de la grotte du Pausilippe, le plus ancien de tous les tunnels. Il fut creusé dans le tuf volcanique, sans doute par les primitifs habitants de la Campanie, pour faciliter les communications entre Naples et Pouzzoles. Nuit et jour, des becs de gaz brûlent dans ce souterrain, qu'éclairaient jadis les torches des Grecs. Un autre tunnel, à peu près de la même longueur (680 mètres environ) et connu sous le nom de Grotte de Séjan,

GROTTE DU PAUSILIPPE.

a été percé au temps d'Auguste dans ce même promontoire du Pausilippe, admirable côte vineuse, où s'entassent aujourd'hui encore de splendides maisons de plaisance.

Au delà du village de Fuori Grotta, une bonne route conduit au lac d'Agnano, qui occupe l'emplacement d'un ancien cratère. Les anciens n'en font pas mention; on suppose qu'il s'est formé au moyen âge. On entre ici dans la région des Champs Phlégréens (campagnes ardentes), où la Fable a mis le théâtre du combat des Géants. Tout ce district présente encore par endroits des phénomènes plutoniques. A Stufe di San Germano jaillissent du sol des vapeurs à la température de 64 degrés centigrades; dans les environs se trouvent la source carbonique, si fameuse sous le nom de

LAC DE FUSARO.

« Grotte du Chien », les eaux thermales de Pisciarelli, et le bassin de la Solfatare, le *Forum Vulcani* de Strabon. Sa seule éruption connue remonte à l'an 1198; le sol poreux de ce cratère tremble et résonne sous les pas; sans cesse il s'en échappe des fumeroles d'hydrogène sulfuré, et, la nuit, on aperçoit même de menus jets de flammes. Une autre coupe volcanique, où dorment trois petits lacs et qu'ombragent de splendides futaies, s'ouvre à peu de distance : c'est le parc d'Astroni, une des plus belles chasses de réserve des anciens rois de Naples.

De la Solfatare on descend vers Pouzzoles (*Puteoli*). C'était jadis un *emporium* considérable; d'innombrables navires affluaient dans sa baie; les trésors de toutes les parties du monde, grains d'Égypte, huile et vin d'Ibérie, cuivre, étain, fer, tapis de Syrie, toiles d'Alexandrie, emplissaient les immenses magasins qui se dressaient sur son rivage. Les négociants de Pouzzoles étaient les plus riches de l'Empire. Aujourd'hui la ville n'est plus peuplée que de mendiants ; le temps et les flots ont détruit l'immense jetée de son port. Mais que de ruines attestent encore l'antique grandeur de cette opulente colonie de Cumes! Regardez sur la hauteur ce gigantesque amphithéâtre, où trente mille personnes pouvaient tenir à l'aise, et, sur la côte, ces

CÔTES PRÈS DE BAÏES.

restes étonnants du temple de Sérapis. A une certaine époque, ce dernier édifice s'affaissa dans la mer avec le rivage qui le soutenait ; depuis il s'est relevé de cinq mètres environ ; mais, de nos jours, la même côte est entrée, paraît-il, dans une période nouvelle d'abaissement. D'autres ruines encore, un temple de Neptune, un amphithéâtre, des restes de bains, quelques vestiges d'une villa de Cicéron, des tombeaux, seize piles d'un môle gigantesque témoignent de l'antique prospérité de la « petite Rome ».

C'est près de Pouzzoles qu'émergea, lors du tremblement de terre de 1538, l'énorme cône de 130 mètres de hauteur qu'on appelle le Monte Nuovo; le village de Triper-

RIVAGE PRÈS DE CUMES.

gola, qui était une station balnéaire très-fréquentée, fut enseveli sous les cendres; en revanche, entre la falaise de l'ancien littoral et la mer se forma une plaine basse nommée la *Starza*, que le flot s'est remis à ronger très-sensiblement depuis quelques années.

La même révolution géologique a eu pour résultat de modifier la figure du lac Lucrin, en comblant le *grau* naturel par où il communiquait avec la mer. Aujourd'hui, comme du temps des Romains, on conserve dans le Lucrin des huîtres fort appréciées des gourmets. A côté est le fameux Averne, qui, en dépit des sombres légendes recueillies par Virgile, n'a vraiment rien d'effrayant. Des collines couvertes de châtaigniers, d'orangers et de vignes entourent ce pittoresque bassin. Vu sa profon-

TEMPLE DE VÉNUS PRÈS DE BAIES.

deur actuelle, 30 mètres environ, il a dû cesser depuis longtemps de communiquer avec les Enfers ; les oiseaux peuvent planer impunément sur ses eaux et se reposer sur ses rives ; il est même peuplé de poissons.

Plus près de la côte est le lac de Fusaro, espèce de nappe marécageuse, que l'on considère comme l'Achéron des anciens ; c'était jadis le port de la ville de Cumes. Dans les environs, l'on montre au voyageur l'antre de Cerbère, le ruisseau dormant du Cocyte, la rivièrette du Styx, qui fait prosaïquement tourner un moulin, l'antre de la Sibylle, toute la mythologie infernale de Virgile. De Cumes même, l'antique cité chalcidique, il reste encore quelques vestiges au bord de la mer. Les plus remarquables sont un hypogée, contenant plusieurs étages de tombeaux, où l'on a trouvé divers objets, entre autres des vases très-curieux.

Bien que la malaria règne généralement l'été sur ce littoral jusqu'au lac de Patria, l'ancien Liternum, où mourut Scipion l'Africain, il faut croire cependant que toute cette région volcanique n'est pas absolument malsaine, car on va construire, à proximité du cratère même de la Solfatare, un hôpital exclusivement destiné aux phthisiques déclarés incurables. L'air y est chargé de molécules arsenicales : plusieurs poitrinaires abandonnés des médecins, qui sont venus séjourner en cet endroit, ont été parfaitement guéris au bout de deux ou trois mois.

En allant vers le cap Misène, on longe cette côte fortunée dont les riches romains avaient fait un incomparable lieu de délices ; mais Baies la voluptueuse n'est plus à présent qu'un misérable village où, autour d'un castel ruineux, s'amarrent quelques barques mélancoliques. De la vieille ville il subsiste encore des substructions que l'on aperçoit sous les flots, un reste de chaussée au pied d'un rocher, un magnifique réservoir (*Piscina mirabile*) creusé jadis dans la montagne pour recevoir l'eau des aqueducs.

IV

LES ILES NAPOLITAINES ET SORRENTE

Du haut du cap Misène on découvre dans leur entier les splendides golfes de Naples et de Salerne qui, de l'île d'Ischia à la pointe de la Licosa, forment trois échancrures dont la plus petite est celle de Pouzzoles. A la différence de cette courbe septentrionale du beau rivage tyrrhénien, la partie sud de la baie, celle qui finit à Sorrente, représente le mouvement et la vie dans toute leur intensité ; il en est de même de l'autre revers du promontoire jusqu'à Salerne, c'est-à-dire de la côte pittoresque et rocheuse où s'élèvent les villes de Positano, Amalfi, Atrani, Majori, Vietri, etc. ; ici, un pied sur le sol, l'autre dans les flots, habite une population mixte de pêcheurs et de maraîchers dont la paresse est le moindre défaut, et qui se partage entre la culture facile du fruit doré des coteaux et le labourage plus ingrat et plus périlleux de la plaine marine. En revanche, du rivage de Salerne au cap de la Licosa, on entre, pour ainsi dire, dans le royaume de la mort ; là, comme sur la côte de Pouzzoles à Cumes, règnent la solitude, la ruine, et, en maint endroit, la fièvre.

Comme un riant Éden entre deux cimetières sombres, comme une coupe de nectar savoureux entre deux calices empoisonnés, apparaît à l'œil du touriste la baie de Naples proprement dite. Le rivage s'étend, toujours merveilleux et toujours divers, de coteau en montagne, de promontoire en ravin, et chaque forme nouvelle est reliée à l'autre par une série de douces transitions. Pas un horizon qui tranche durement sur l'ensemble ; chaque angle et chaque ligne ont été polis et modelés comme par une main

GOLFE DE NAPLES, VU DES CAMALDULES.

de maître. Les arêtes même les plus vives, regardées à part, s'émoussent en s'enfonçant dans la molle lumière ambiante. Tout s'harmonise dans tout ; tout fraternise avec tout. Voyez la vigne : partout où il y a un étai, un arbre, un arbuste, une simple hampe, elle s'en empare, elle y pousse et contourne ses sarments. Cette terre volcanique, ce soleil brûlant gonflent vite le grain parfumé dont le jus vivifie à la fois le corps et l'âme des mortels. Dans les enclos, sur les blanches terrasses des maisons, à Noël aussi bien qu'en juillet, tout un monde de fleurs et de fruits dorés égaye le regard du passant. Je ne sais quel sentiment d'amour mutuel a l'air d'animer cette belle nature végétale. Chaque arbre ou chaque bouquet d'arbres se joint et se marie au voisin par un joyeux lacis de plantes grimpantes qui enveloppe tout comme d'une gaze odorante et fait de tout un tissu unique. Il en est ainsi dans les jardins et dans les vignobles. Loin des habitations, là où l'homme ne porte point la main, sur l'âpre rocher que le soleil brûle à son aise, sur les ruines antiques, sur le rivage désert où branle au vent d'orage la hutte du pêcheur, tout croît à la débandade, tout s'élance sauvagement du sol en revêtant les formes les plus singulières. Il faut aller jusqu'aux rives brésiliennes de

JEUNE FILLE NAPOLITAINE.

l'Amazone ou du Madeira pour trouver une poussée d'arbres et d'arbustes plus puissante et plus spontanée. A côté du cactus gris-argenté, croissent et le figuier d'Inde aux larges feuilles hérissées de piquants, et l'audacieuse tige de l'agave et l'immense pin-parasol, l'olivier sauvage, le chêne-vert, l'arbousier, le myrte, et l'éryx autour duquel bourdonnent les abeilles ; je ne parle pas des anémones, des lis, des joncs flexibles et gigantesques qui forment, en toute saison, les menus fourrés de cette flore superbe. D'indéfinissables senteurs d'arome s'échappent de ce bruissement de feuilles et de fleurs. Cette végétation se métamorphose sans disparaître jamais. Pour quelque temps peut-être sa force de croissance exubérante paraît s'interrompre, non point, comme on le pourrait croire, dans les mois d'hiver, mais durant les torrides chaleurs qui gercent et entr'ouvrent la terre au milieu de l'été ; ce n'est toutefois qu'un moment d'arrêt fugitif : à peine le premier nuage automnal a-t-il versé l'ondée attendue, que l'étonnante germination reprend de plus belle, et lorsque, dans le Nord, les neiges hivernales commencent à tomber, ici les sucs végétaux jaillissent avec une force nouvelle du sol rafraîchi et vivifié.

Et quel kaléidoscope que la mer qui lave ces rivages bénis ! Quelle merveilleuse variété de couleurs et quelle succession d'aspects ! vous la voyez tour à tour passer du bleu clair au bleu foncé, de la nuance émeraude à la teinte d'argent ou de plomb, de la blancheur mate au rouge pourpre. Que le ciel se couvre, que la tempête plane sur elle, la voilà noire comme de l'encre ; à l'horizon l'éclair brille ; ses fauves reflets illuminent au loin la baie circulaire ; vous croyez que la foudre va éclater, que les cataractes du ciel vont s'ouvrir avec de formidables mugissements. Détrompez-vous : neuf fois sur dix il n'en est rien. Ce n'est qu'un jeu de Jupiter assembleur de nuages, une féerie d'optique céleste. Bien souvent, après le coucher du soleil, des rivages de Castellamare j'ai été témoin de ce phénomène. Les premières fois on attend bonnement l'orage ; mais l'orage ne vient pas ; au bout de trois quarts d'heure ou d'une heure, sans qu'on ait même songé à se rendre compte de cette espèce de fantasmagorie météorologique, le firmament s'est nettoyé ; les dernières nuées fuyantes ont éteint leurs fulgurations saccadées ; à peine l'œil attentif y saisit-il encore un imperceptible clignement pareil au frisson léger qui ride la paupière d'un homme endormi ; deux minutes encore, et la déroute des brumes noires est consommée ; la lune blanche et sereine règne en maîtresse sur la terre et sur les eaux.

Comme on comprend bien alors l'insouciance du peuple qui habite sur ces rives magiques ! La ville immense qu'il a bâtie là n'est pas autre chose en définitive qu'une gigantesque tente-abri, pouvant servir, le cas échéant, de parasol ou de parapluie, une ville dont l'ordonnance a été presque entièrement laissée au hasard, la décoration principale au soleil, au ciel, à la mer, à la végétation, une ville avant tout faite pour que l'homme s'y laisse vivre sans cassement de tête et au jour le jour. Il en était ainsi déjà au temps où la langue grecque résonnait sur le golfe ; il en était de même quand on y parlait latin, sarrasin, normand, teuton, espagnol ou français; et toujours il en sera ainsi sous cette portion de la voûte céleste.

« C'est que tout est beau, dit M. Taine, et que dans cet air clément la vie peut redevenir simple comme au temps d'Homère. Tout ce que trois mille ans de civilisation ont ajouté à notre bien-être semble inutile. Qu'est-ce qu'il faut à l'homme ici? Une pièce de linge et une pièce d'étoffe, comme aux compagnons d'Ulysse, s'il est sain comme eux et de bonne race; le voilà couvert, le reste est superflu et s'offre de lui-même. »

POUZZOLES AVEC LE CAP MISÈNE, PROCIDA ET ISCHIA.

Il est certain que, si l'enchanteresse Circé n'habite plus sa caverne, la forêt verdoyante qui entourait l'antre de la magicienne est encore là; les pampres flexibles, les violettes odorantes, les rangées d'aulnes et de peupliers, les « pommes d'or », enchantent toujours le paysage de l'antique *Crater*; les mêmes promontoires blancs ou feuillus s'avancent dans l'eau bleue; les mêmes îles dorment au sein des flots. Seules les conditions de la vie humaine se sont modifiées. Quant à dire, comme l'écrivain que je citais tout à l'heure, que l'homme, depuis lors, s'est gâté en se compliquant, que trente siècles de civilisation n'ont servi de rien, et que le monde valait mieux au temps où les filles de rois lavaient elles-mêmes leur linge au torrent voisin, peut-être ne l'oserais-je pas.

Après avoir contemplé du cap Misène l'admirable panorama de l'immense golfe, prenez une barque, et commencez la visite des îles par Procida et Ischia. Procida est toute petite; c'est l'ancienne Prochyte. Elle est habitée exclusivement par ces marins pêcheurs de thon et de corail dont j'ai parlé à plusieurs reprises. Ischia, séparée de Procida par un bras de mer dont la traversée demande un peu plus d'une demi-

heure, s'appelait jadis Pythecusa. C'est sous ses montagnes que la Fable plaçait ce géant Typhon qui, en se retournant, faisait jaillir une colonne d'eau et de feu. Le monstre existe bien en effet : c'est le volcan l'Epomée, qui rivalise presque avec le Vésuve pour la hauteur. Ce volcan, entouré d'une douzaine de cônes latéraux, a eu plusieurs éruptions; la dernière date de l'an 1302; elle a été si violente, que depuis lors nulle végétation n'a repoussé sur la montagne; le géant « à la poitrine velue » dont parlent Homère et Virgile, s'est trouvé du coup épilé. On a remarqué qu'il y avait eu alternance entre les explosions du Vésuve et celles de l'Epomeo; tant que celui-ci

UNE VILLA A CASTELLAMARE.

s'est agité, le cratère napolitain est resté coi; depuis que l'Épomée est rentré dans le repos, le Vésuve a recommencé de faire des siennes. L'Épomée aujourd'hui ne manifeste plus le travail de son laboratoire souterrain que par les nombreuses sources thermales qui jaillissent de son sol, et qui attirent tous les ans un ban toujours croissant de visiteurs.

Filons maintenant, sous le souffle du frais mistral, vers l'extrémité de la côte orientale. Voici Castellamare, l'antique Stabies, où périt Pline l'Ancien. Que de verdure et que d'orangers ! Apercevez-vous la délicieuse route en corniche qui suit les contours

A ISCHIA.

de la mer? Castellamare est une sorte de *Baïæ* moderne, le lieu favori de villégiature des riches napolitains; toute la côte est bordée de charmantes maisons de campagne dont les appartements, clairs et aérés, sont pénétrés à toute heure du jour par la brise marine. Mais ce rivage n'est pas seulement un lieu de repos pour les oisifs; une population active et industrieuse habite tous les étages de ses collines. Voyez : les chemins fourmillent de chariots et de bêtes de somme; les jardins sont pleins de maraîchers alertes à la besogne; de tous les côtés, sur la grève ou au large, des pêcheurs étendent ou jettent leurs filets. Peut-être même, pour achever le charme du paysage, y a-t-il là-haut, dans la montagne, du côté du mont Gaurus, quelque vilain compagnon de la bande de Seinardi. Promeneur attardé, piquez ferme votre âne campanien, afin de regagner à temps l'*albergo*... Quant à nous, de notre barque légère, nous n'avons d'yeux que pour ces sombres et rigides coulées de lave que nous venons de découvrir au fond de la mer diaphane, et qui restent là comme un témoignage de la lutte sauvage des éléments, une trace des terribles duels du feu et de l'eau.

A LA FONTAINE, A ISCHIA.

Castellamare est située à l'angle du golfe, juste au point où les montagnes s'infléchissent pour former le promontoire de Sorrente. Nulle part l'air n'est plus pur que sur ces pentes, où gazouille incessamment le rossignol, où fleurit l'éternel printemps. Bonne station d'hiver à recommander aux malades. *Quisisana*, — ici on se guérit, — ce nom significatif d'une ancienne villa de Charles d'Anjou résume mieux que toutes les paroles l'extraordinaire salubrité de cet ombreux et pittoresque coin de la côte napolitaine.

De Castellamare à Sorrente, on voit toujours serpenter le même chemin en corniche. Quel coup d'œil! les massifs d'oliviers argentés, les noirs fourrés d'orangers et de limoniers, et, perdues dans tout cela, ou suspendues, ou ne sait comme, au rocher grisâtre, les blanches bourgades à toits plats : Vico Équense et sa grotte, Meta et ses deux ports, puis les huttes versicolores disséminées sur la rive abrupte, — une succession charmante d'idylles! — La plus merveilleuse est encore Sorrente.

Celle-là est tout un poème, un rêve suspendu entre le ciel bleu et la mer d'azur. De la ville haut perchée sur le roc un chemin conduit, à travers des gorges splendides, jusqu'à la grande Marine où sont les cabanes des pêcheurs. Ici tout est

VILLA SUR LES ROCHERS PRÈS DE SORRENTE.

joie, danse et chant. Le marin ne quitte son croc ou son filet que pour prendre le tambourin. Ces réjouissances des fils bronzés de la grève sont le principal point de mire et le grand étonnement des jolies dames et des beaux messieurs que vous voyez

GORGES PRÈS DE SORRENTE.

là-haut, éventail en main, lorgnon à l'œil, rester appuyés des heures entières sur le parapet de l'hôtel.

Sorrente est la patrie du Tasse. L'illustre poète y habitait au bord de la mer une maison que les morsures, de plus en plus violentes, de la mer sur cette côte ont presque aux trois quarts détruite. En fait d'antiquités, — car la ville était déjà fort ancienne à

EAUX DE DIANE.

l'époque d'Auguste, — on trouve à Sorrente et aux environs des restes de temples, des substructions d'amphithéâtre, des vestiges de villas et de bains, parmi lesquels le plus poétique est certainement le Bain de Diane, un petit port en miniature, un paisible et mystérieux bassin enfermé dans des murs de rocher qui figurent une sorte de coupole. La vague qui déferle au dehors éteint son murmure en pénétrant dans cette

MAISON DU TASSE A SORRENTE.

grotte, comme si elle voulait épier les nymphes aux cheveux ruisselants qui peut-être s'y viennent baigner. Plus loin, sur l'éperon rocheux où se brisent en mugissant les flots venus de Capri, Ulysse bâtit autrefois un temple à Minerve secourable ; au moyen âge, on y éleva un clocher dont l'airain retentissant annonçait aux riverains l'approche des écumeurs sarrasins : c'est de là que le cap a pris son nom de *Campanella*.

De Massa Lubrense ou Sorrente à l'île de Capri, le trajet en barque est de deux heures environ. Cette île, l'ancienne Caprée, forme avec Ischia, qui lui est opposée, les bords extrêmes de la baie de Naples. Elle apparaît de loin comme un énorme bloc de rochers. Le soleil ruisselle à flots sur ses falaises grises et abruptes. Par deux endroits seulement elle est abordable.

Capri fut d'abord une île grecque. Les marins de la belle Taphos y vinrent, à la recherche d'une patrie nouvelle, des côtes lointaines de Leucadia; ils y apportèrent avec eux les cops, les divinités et la langue de l'Hellade; puis la petite colonie ne tarda pas à s'unir par la communauté de mœurs et d'idiome avec Neapolis, qui lui

faisait face de l'autre côté de la baie, et, durant des siècles, ses destinées se confondirent avec celles de la grande cité. Plus tard, l'empereur Auguste, fort épris de tout ce qui tenait au monde grec et séduit par la délicieuse situation de Capri, acheta l'île des Napolitains et se plut à en faire le refuge de sa vieillesse attristée. Il n'y bâtit ni palais de marbre ni somptueuses villas; il se contenta d'y habiter dans une simple demeure champêtre, parmi les fleurs, la verdure, les sentiers ombreux et retirés. Là il dormait l'été porte ouverte, sous un péristyle enguirlandé de pampres et de festons odorants, au murmure des fontaines jaillissantes. De la terrasse de ce logis, le regard du maître du monde embrassait un panorama bien fait pour adoucir les ulcérations de son âme

CAPRI, VUE PRISE DE L'HOTEL PAGANO.

aigrie et fatiguée. D'un côté, Ischia et Procida, Baies, Pouzzoles, et ce promontoire de Misène, où il pouvait voir sans cesse à l'ancre une flotte de ces glorieuses galères qui avaient vaincu pour lui aux rivages d'Actium; plus bas, les palais de Naples, les villes, non encore englouties, d'Herculanum, de Stabies et de Pompéi, et les poétiques courbures de ce beau rivage, jusqu'au cap et au temple de Minerve. C'est dans ce paradis qu'il vécut les meilleurs de ses derniers jours; c'est aussi en vue de cette délicieuse

PETITE MARINE A CAPRI.

région, à Nola, qu'il eut l'heur de mourir, en pleine fête, en pleine sérénité de cœur et d'esprit, l'an 14 de notre ère.

Douze ans après aborde aux mêmes rives l'homme sinistre qui devait faire de la poétique Caprée la sombre citadelle de la tyrannie et du crime. Tibère, *Timberio*, comme l'appellent les Capriotes, agrandit pour les besoins de ses effroyables débauches les modestes habitations de son prédécesseur; il éleva fastueusement douze villas dédiées aux douze grands dieux; le nom de cet hôte redoutable en est resté à Capri : on l'appelle encore « l'île de Tibère ».

646 L'ITALIE.

Abordons, je vous prie, à l'étroite plage de galets, où vous voyez toutes ces barques

tirées à sec, et où s'aligne une rangée de maisons à toits plats : c'est la *Marine*. Nous sommes au pied du mont oriental de l'île, en face du cap Campanella. Une rampe

GRANDE MARINE : ARRIVÉE D'UNE BARQUE D'APPROVISIONNEMENT.

étroite, pavée de cailloux luisants, conduit à la ville, pittoresquement perchée sur de hautes fondations, qui apparaissent comme des glacis de forteresse dont le pied se cache sous d'épais massifs de verdure.

Nous voici au *Capo*. C'est sur cette pointe qu'était situé le palais de Tibère. De ce palais il ne reste plus que des ruines; le sénat le fit raser après la mort du César. Cette substruction, là-haut, est celle du temple de Jupiter, où le monstre faisait son séjour

ROCHER DE TIBÈRE ET VILLA DE JUPITER.

de prédilection. Nous y allons par une route montante, à travers de beaux champs et des jardins où croissent des néfliers du Japon, des orangers, des figuiers et des oliviers. Çà et là nous rencontrons un fût de colonne brisé, un fragment de chapiteau de marbre, des tas de briques effondrés pêle-mêle, en quelques endroits des voûtes : quelques ânes campaniens dorment paisiblement à l'ombre de ces débris sinistres. La nature environnante est splendide, la perspective merveilleuse. Que de fois le féroce Tibère a contemplé de là le cap Misène, sans prévoir qu'il y devait trouver la mort, dans la maison de Lucullus!

A quelques pas de l'antique palais, une petite plate-forme s'avance surplombant la mer : ce rocher à pic, d'une altitude de plus de 400 mètres, s'appelle le Saut de Tibère

ALBE SCALINATA A CAPRI.

(*il Salto*). C'est de là que les victimes du César, après toutes sortes de tortures raffinées, étaient jetées dans les flots en présence du maître, puis frappées à mort par les mariniers qui les attendaient en bas, armés de crocs et d'avirons.

Dans le voisinage se trouve une grotte, *Grotta di Matrimonio*, ou plutôt *di Mitramonia*, car elle était consacrée au culte de Mithra. C'est une caverne naturelle, qui a sans doute été agrandie par la main de l'homme. Elle présente au fond deux larges gradins, séparés au milieu par un escalier de marbre, et qu'on suppose avoir été l'autel du dieu. On en a retiré un bas-relief, que l'on peut voir au musée de Naples. Non loin de la caverne sacrée, parmi des roches côtières qui affectent les plus singulières attitudes, se dresse majestueusement un porche immense connu sous le nom d'*Arco naturale*. Il a près de 200 mètres d'élévation. Un de ses jambages plonge dans la mer, l'autre repose sur la falaise, dans des touffes de genêts, de câpriers et d'acanthes. Quelques houppes de verdure frissonnent à son sommet. La pluie, en filtrant par les pores de la pierre, a entraîné les parties tendres du calcaire, et de longues cristallisations opaques se sont formées sur les flancs du monstre.

ARCO NATURALE.

Les Capriotes d'aujourd'hui sont d'honnêtes et modestes travailleurs, qui partagent leur temps entre la culture du sol, la pêche et la chasse aux cailles. Peu d'entre eux connaissent bien Naples. Leurs femmes vont pieds nus, et ne brillent pas par la propreté. Au rebours des hommes, qui vivent satisfaits de leur sort, elles ne laissent pas que d'avoir un grain d'ambition. Depuis qu'un Anglais riche et désabusé, dit M. Maxime du Camp, s'est marié avec une Capriote qui n'était point laide, toutes les femmes de l'île s'imaginent volontiers qu'elles sont en passe de devenir des pairesses d'Angleterre.

L'île de Tibère n'a que deux villes : à l'est, Capri, où nous avons abordé; à l'ouest,

Anacapri. Capri s'étend entre deux petites collines surmontées de deux forts, le Castello et le Forte San Michele. Le climat de l'île est doux, le sol pauvre, mais partout admirablement cultivé ; chaque parcelle de terrain exploitable est opiniâtrément disputée au rocher, étayée de murs, de terrasses artificielles. Le blé ne se sème pas ; on le pique grain à grain, à cause du vent. Les figues sont excellentes, la vigne produit des crus blancs et rouges renommés. L'ensemble de la flore locale est des plus variés : de magnifiques massifs de soucis sauvages, de liserons, de clématites, d'églantiers, courent et s'entremêlent le long des murs ; aloès, nopals, caroubiers et lentisques représentent la végétation du Sud ; le pin laricio, l'arbousier, le peuplier et l'amandier rappellent celle des pays tempérés ; le sorbier et le chêne, celle du Nord.

Anacapri occupe le haut plateau du mont Solaro, qui se dresse à près de 600 mètres au-dessus de la mer. C'est une bourgade de douze cents âmes, entourée de grands jardins et de massifs de verdure. De persistantes rivalités de clocher existent entre elle et Capri. Les Anacapriotes ne possèdent pas de ruines ; on ne les entend jamais parler de Tibère ; ils affectent même d'en ignorer le nom, et ne se gênent pas pour insulter le saint du voisin ; le voisin leur rend la pareille avec usure.

A mi-chemin des deux villes, entre la pointe occidentale de l'île et la *Marina* de Capri, se trouve au pied d'un rocher à pic, de 400 mètres d'altitude, la merveille de la mer napolitaine, la fameuse Grotte d'azur (*Grotta Azurra*). L'entrée en est si basse et si étroite que, pour la franchir, on est obligé de désarmer l'aviron et de se courber au fond de la barque, sans quoi l'on se heurterait aux parois. Encore faut-il que le temps soit calme, sinon l'accès du couloir devient impossible. La féerique caverne forme une sorte de petit port intérieur qui mesure une cinquantaine de mètres de long sur une trentaine de large. L'eau de cet antre obscur, au lieu d'être noire, comme on le croirait, offre une ravissante couleur bleu de ciel, dont les reflets frissonnent aux murs humides du rocher ; tout est d'azur, mer, barque et voûte ; on dirait d'un palais de turquoise baigné par un lac de saphir. Qu'un matelot se jette à l'eau, son corps apparaît blanc comme de l'argent mat, avec des ombres veloutées aux plis des muscles ; en revanche, ses épaules, son cou, sa tête, tout ce qui demeure hors des flots, est d'un noir cuivré ; une statue mi-partie de bronze et d'albâtre plongée dans une vasque de perles. Sur le côté droit de la grotte est creusé une sorte de débarcadère donnant entrée dans un souterrain, qui est situé au-dessus du niveau de la mer, et se prolonge, en s'élevant graduellement sur un espace de 80 mètres environ, jusqu'à un cul-de-sac où le thermomètre ne marque pas moins de 43 degrés centigrades au-dessus de zéro. On suppose que cette excavation faisait jadis communiquer les villas de la côte avec la mer.

ENTRÉE DE LA GROTTE D'AZUR.

Qui a découvert ou retrouvé la Grotte d'Azur? Les uns disent que ce furent deux Anglais qui, en se baignant, se trouvèrent poussés près de l'ouverture ; d'autres, et notamment les gens de Capri, prétendent que le Christophe Colomb de l'étrange caverne fut, en 1822, le pêcheur Angelo Ferrara. La vérité est qu'elle était connue depuis longtemps : un historien de Naples en parle au quinzième siècle ; seulement un voile de légendes sinistres s'était étendu sur elle, et les pêcheurs terrifiés n'osaient approcher de ce lieu maudit, habité, disait-on, par des monstres mâles et femelles, ennemis jurés des jeteurs de filet et de harpon.

Ce n'est pas du reste l'unique curiosité de ce genre que possède la côte du Napolitain. Une autre grotte, appelée la *Grotte Blanche,* a été découverte tout récemment par un pêcheur entre la Grotte d'Azur et la Marina; dans celle-ci on ne peut pénétrer qu'à la nage. Une troisième, la *Grotte Verte,* existe près de la pointe Ventroso, sur la côte opposée de l'île.

V

AMALFI ET LE GOLFE DE SALERNE

Si l'on double au sud le cap de la Campanella, on entre dans le golfe de Salerne, presque aussi beau que celui de Naples. Après avoir rangé les petits îlots des Sirènes virgiliennes (*I Galli*), — celles d'Homère sont sur les côtes de Sicile, — on arrive à la *Costiera* d'Amalfi, un des pays de l'Italie les plus visités par les touristes. Quel singulier coup d'œil présente de la mer ce rivage tantôt dévasté et solitaire, tantôt couvert de vignes, d'oliviers chatoyants et de blanches maisons perdues dans la verdure sombre des orangers, des grenadiers et des caroubiers!

Amalfi fut, au moyen âge, une puissante république commerciale, dont le fameux code nautique était adopté de tous les marins de la Méditerranée; ses navires ouvrirent même, dit-on, la route de l'Orient à Pise, Gênes et Venise. La Costiera d'Amalfi, comme on appelle toute la partie du golfe de Salerne qui s'étend d'est en ouest, de Cetara à Positano, représente à peu près l'ancien territoire de la cité.

Cetara n'est qu'une bourgade assez mal famée, située à cette partie abrupte de la côte où l'on n'aperçoit que des roches calcaires couronnées de créneaux, d'arcs et d'obélisques naturels, sillonnée d'étroites vallées dans les profondeurs desquelles bouillonnent des torrents tout noirs. Si l'on continue d'avancer, le littoral se dénude encore davantage pour se hérisser de blocs aux formes de plus en plus bizarres. Voici le *Cap de l'Ours;* à son extrémité un long banc de rochers s'ancre dans la mer : c'est le *Cap du Tombeau*, fort redouté, à cause de ses légendes, par les matelots de Naples et d'Amalfi ; il est défendu d'ailleurs par une ligne de brisants qu'on nomme la Secca del Gaetano. Là se livra en 1528 un terrible combat naval entre les flottes française et génoise, d'une part, commandées par un Doria, et la flotte espagnole, de l'autre, sous les ordres du vice-roi Hugues de Moncade. Après plus de trois siècles écoulés, les

RAVELLO.

pêcheurs de la côte assurent que, de temps en temps, les flots rejettent encore sur la rive des débris des galères espagnoles coulées à fond à peu de distance du promontoire.

En haut se tord en spirale le chemin de Salerne à Amalfi, une seconde route de la Corniche, mais plus pittoresque encore et plus ardue que la rampe qui longe la rivière de Gênes. De la pointe du Cap de l'Ours on découvre tout le golfe, avec sa ceinture de bourgades et son arrière-plan de hautes montagnes parsemées de villages et de ruines gothiques. C'est dans ce massif montueux que se trouve le curieux pays de Tramonti, véritable site alpestre éclairé par le soleil d'Italie, région à part, toute frémissante d'ombre et de fraîcheur, où s'échelonnent, dans les vallées et sur les pentes, une douzaine de villages ravissants.

A mesure qu'on s'éloigne du cap du Tombeau, l'aspect du pays se modifie; la végé-

tation reparaît; les villages s'étagent à perte de vue les uns au-dessus des autres.

Sur l'un des pics du Cereto est le nid d'aigle de San Martino ; à l'entrée d'une vallée sombre, Atrani, qui n'est qu'un fragment d'Amalfi, détaché d'elle par un petit cap. Le chemin traverse la gorge, sur de hautes et solides voûtes, à la hauteur du toit des maisons. La bourgade a un port tout minuscule, où, en cas de mauvais temps, les pêcheurs tirent, comme les anciens, leurs barques à sec. Puis ce sont les villages de Pontone, de Scala, et, au-dessous de Scala, Ravello, Minori, Majori.

Toute cette presqu'île d'Amalfi à Salerne a eu beaucoup à souffrir des Sarrasins. Regardez ces tours pittoresques qui s'élèvent de distance en distance, parmi les agaves, les cactus, les pins-parasols : le peuple les nomme « Tours des Normands » ; elles furent bâties autrefois, la plupart du temps de Charles-Quint, pour défendre ce littoral de pêcheurs contre les terribles pirates maures. Beaucoup sont en ruines, d'autres ont été restaurées et servent d'habitations aux gardes-côtes du nouveau royaume. Dieu merci ! les pirates ont disparu ; il ne reste plus que les pêcheurs, et l'unique ennemi des pêcheurs, c'est aujourd'hui le sirocco, qui soulève parfois d'une manière terrible les vagues de cette baie, moins hospitalière que celle de Naples. On sait, en effet, que si les Pisans et les Génois ont commencé d'abattre la puissance d'Amalfi, ce sont les flots qui ont achevé sa ruine. En 1345, une épouvantable tempête accompagnée d'inondations, la même qui brisa tous les navires à l'ancre dans le port de Naples, dévasta la ville entièrement ; depuis lors l'action lente de la mer n'a cessé de ronger ce rivage, qui s'est graduellement affaissé. Les quais, le vaste port, les arsenaux, tout a disparu sans laisser de traces. De 50,000 habitants, la ville est tombée à 3,000. Ce n'est plus qu'une bourgade délaissée et mal tenue, qui n'a pour tout trafic qu'un petit commerce de papeterie, de fruits du sud, de vin et de macaroni. Il lui reste toutefois sa cathédrale de Saint-André, en style normand-byzantin, restaurée tant bien que mal, — plutôt mal que bien, — dans ces derniers temps.

C'est un gros labeur pour le touriste que de gravir les rues en escalier et avec passerelles qui emplissent la gorge où Amalfi est située. Mais aussi quelle variété de perspectives on découvre de là dans la vallée du Cannetto ! Si la nature y est belle dans sa sévérité, la population y demeure gaie dans sa misère. On travaille dur ici, — la vie n'y est point facile comme à Sorrente, — mais, de même qu'à Sorrente, on y travaille en chantant. Vous souvenez-vous d'avoir entendu, dans la bouche des rameurs, ce chant populaire à quatre voix :

'Ncoppa la montagnella (bis)
'Ddò stanno li pastor.

AMALFI ET LE GOLFE DE SALERNE.

Nce sterno tre sorelle bee,
E tutte e tre d'ammore.

Cecilia, la cchiù bella,
Volette navega;
Ppe vede' poveriella,
Fortuna de trova'.

« Bella pescatoriello,
« Vene a pesca 'cchiù cca... »

« Là-haut, sur la montagne où vaguent les pâtres, demeurent, pleines d'amour, trois sœurs jeunes et belles. — Cecilia, la plus belle, descendit à la Marina pour manier

SALERNE.

l'aviron; la pauvrette voulait voir si elle y trouverait le bonheur: — O beau petit pêcheur, viens-t'en pêcher ici... »

La voisine d'Amalfi, Salerne, n'est pas moins déchue qu'elle. La vieille cité de Robert Guiscard, la ville « hippocratique » dont l'école était célèbre par toute l'Europe bien avant l'an 1000, conserve du moins l'avantage d'être située au débouché des routes de la Campanie. Déjà une voie ferrée l'unit à Naples par Vietri, la Cava, Nocera et Pompéi; un jour viendra sans doute où ce chemin sera continué au delà d'Eboli jusqu'au golfe de Policastro et jusqu'au détroit de Messine; Salerne alors pourra se relever, comme elle l'ambitionne visiblement, par le commerce et par l'industrie. Sa rade est excellente, et l'on connaît le proverbe local : « Que Salerne ait un port, — Celui de Naples est mort. » Le dicton pèche un peu par l'emphase ; mais il n'en est pas moins vrai qu'il suffirait de construire à la large courbe de la

JEUNE FILLE DES MONTAGNES DE SALERNE.

baie un brise-lames et des jetées pour que la petite cité se transformât du tout au tout.

Quant à Paestum ou Posidonie, la ville de Neptune, l'ancienne dominatrice du golfe, elle a disparu pour jamais. Les eaux stagnantes ont envahi son sol, célèbre jadis par les poètes romains comme une merveille de fraîcheur et de végétation. La « cité des roses » n'est plus que la cité de la malaria. Pendant des siècles, ses ruines, vénérables entre toutes, car elles datent d'une époque antérieure à la puissance de Rome, n'ont guère été connues que des pâtres et des brigands. Et cependant que de splendides débris de murailles, de temples, de basiliques, sollicitent ici l'attention des artistes et des antiquaires! « Rien ne saurait, dit un écrivain, donner une idée de la profonde impression que cause la vue des grands temples de Pæstum, seuls débris restés debout sur cette plage solitaire depuis plus de deux mille ans. Avec quel recueillement mélan-

TEMPLE DE NEPTUNE A PÆSTUM.

colique on se plaît à évoquer sous leurs portiques les générations passées qui s'y sont succédé! Il est surtout une heure inspiratrice de ces rêveries. Pour voir les ruines de Pæstum dans toute leur poétique beauté, il faut attendre que le soleil se plonge dans la mer, que les ombres commencent à s'étendre sur la plaine, que les buffles errants se confondent dans la brume, ainsi que des taches obscures, et que, au-dessus des vapeurs méphitiques, les temples doriques s'empourprent des derniers reflets du ciel. Quel sujet de triste méditation que cette éternelle et infaillible périodicité des phénomènes naturels dans leurs rapports avec les monuments passagers sortis des mains des hommes! Depuis des milliers d'années, à chaque saison, à chaque moment du jour, la même ombre, qui s'allonge sur ces chapiteaux et contourne ces colonnes, y mesure, comme sur un gnomon, des heures que l'on ne compte plus, que nul ne redoute, que nul n'espère.... Elles glissent comme des pas silencieux du temps sur ce tombeau d'une cité disparue et de générations oubliées et sans nom. »

CHAPITRE XIII

POUILLE, BASILICATE ET CALABRES

Des quinze provinces que comprenait l'ex-royaume de Naples, les plus septentrionales sont les Abruzzes (Ultérieure Ière, Ultérieure IIe et Citérieure), que nous connaissons déjà, la province de Molise ou Sannio, qui tire son nom de l'ancien Samnium et a pour chef-lieu Campobasso, la province de Capitanate, qui se composait du promontoire de Gargano et des petites îles Tremiti, et enfin la Terre de Bari.

Un chemin de fer va aujourd'hui de Naples à Foggia, par Bénévent, un autre relie Caserte à San Severino. C'est entre Bénévent et Avellino que se trouve le fameux sanctuaire du Monte Vergine, où toutes les populations environnantes pèlerinent avec tant de ferveur à la Pentecôte. Ce jour-là, de grand matin, Naples s'éveille dans un tumulte inaccoutumé. De Borgo di Coreto, de Pendino, retentissent de joyeux coups de feu ; des quartiers du petit Môle, de Chiaia, de Stella, on répond avec énergie. En même temps une foule endimanchée se répand par les rues et les places ; les véhicules aux formes les plus fantastiques, tirés du hangar pour la circonstance, roulent sur le pavé des faubourgs de l'est pour se réunir devant la porte de Capoue. Les cris, les appels, les chants, les bruits divers des instruments se mêlent aux piaffements des chevaux sur le sol poudreux et au clic-clac des fouets brandis d'une main triomphale par les *contadini;* puis, l'heure venue, le cortége au complet prend la route du Monte Vergine.

Cette montagne, qui s'élève isolée en avant de l'Apennin napolitain, était déjà un rendez-vous de dévotion du temps des Grecs. Sur sa cime était un temple dédié à Diane, et, sous la domination romaine, la route qui conduisait de Naples à ce *sacrarium* s'appelait *ad Matrem magnam*. Tout le district était d'ailleurs consacré :

dans la plaine se trouvait un temple à Apollon, à Mercogliano un autel à Mercure ; une prairie porte encore le nom de Vesta.

La grande procession napolitaine au Monte Vergine est une affaire d'or pour les marchands de tambourins, de guitares et de castagnettes, car à la pieuse cérémonie succèdent invariablement le chant, la danse, disons mieux, la bacchanale et l'orgie. La fête a lieu le soir ; le long cortége gravit, à la lueur des torches, le chemin

MONTE VERGINE.

en spirale qui monte de Mercogliano au sanctuaire de la Madone ; à son arrivée, la cloche de l'église exécute ses plus grandes volées. Tous les échos retentissent de l'hymne : *Salve regina, mater misericordiæ*. Les sous, les pièces d'or pleuvent alors dans les troncs sacrés ; après quoi, le peuple redescend les pentes de la montagne, tout entier à la tarentelle et à l'ivresse. Plus d'un pèlerin reste en chemin. Qui a vu le retour d'une procession normande entre Caen et la Délivrande se fera sans peine une image précise de cette pieuse déroute.

POUILLE, BASILICATE ET CALABRES.

Dans la région montagneuse du Napolitain, les villes sont rares. La plus considérable est Bénévent, qui occupe le point central du bassin du Calore, affluent du Volturne. C'était autrefois une enclave des États de l'Église. Les tremblements de terre, si fréquents dans cette région, lui ont fait plus de mal encore que les hommes. De sa grandeur passée, il ne lui reste guère qu'un arc de triomphe en marbre de Paros, le mieux conservé de l'Italie après celui d'Ancône. Il fut, comme celui-ci, érigé en

RIVES DU CALORE A PETRA ROSETTI, PRÈS DE BÉNÉVENT.

l'honneur de Trajan. Un peu plus loin vers l'est, après une série interminable de tunnels, la voie ferrée traverse Ariano, autre *emporium* naturel entre les deux versants de la Péninsule. Campobasso, le chef-lieu de la province, n'a pas l'avantage de se trouver, comme les deux cités que je viens de nommer, sur le tracé du chemin de fer.

A Ponte di Bovino, on sort de la montagne pour entrer dans la plaine d'Apulie ou *tavoliere di Puglia*. C'est un pays plat, sillonné à peine de quelques terrasses basses, et dont l'aspect rappelle celui de la Campagne de Rome. La *tavoliere* embrasse,

dans la Capitanate et une partie de la province de Bari, une étendue de vingt-cinq
lieues de long sur douze environ de large. Desséchée en été, elle se couvre en hiver
d'herbages abondants que viennent paître les innombrables troupeaux descendus des

MOULIN PRÈS D'ARIANO.

montagnes voisines. J'ai parlé ailleurs de ces pâtres à demi sauvages, quelque peu
cousins des brigands, qui « transhument » suivant les saisons, d'un district de pacage
à l'autre. Qui veut bien connaître ces singuliers nomades doit traverser les plaines de la
Pouille. C'est par millions que l'on compte les têtes de bétail qui émigrent dans
cette région presque exclusivement pastorale.

TAVOLIERE DI PUGLIA.

Sur ce versant de l'Adriatique, les centres de commerce ne font pourtant pas défaut, grâce à la voie ferrée qui court vers Brindisi et Otrante ; tels sont : Foggia, peuplée de près de 30,000 âmes ; San Severo, Cerignola, Apricena, Lucera, Cagnano. Mais si l'on s'avance vers le golfe de Manfredonia et vers le Monte Gargano, — le Garganus battu de l'aquilon dont parle Horace, — on retrouve des districts solitaires, inhospitaliers et littéralement fermés au voyageur qui tient à ses aises. Et pourtant

MONTE SANT ANGELO.

quels sites enchanteurs présentent les contours mollement recourbés de ce promontoire qui figure l'éperon de la botte italienne ! D'un côté, ce sont les îles bleues de Tremiti, le lac de Lesina, celui de Varano, au fond duquel repose, dit-on, une antique cité ensevelie ; en deçà, Vico, Peschici, Rodi, tous nids pareils à ceux de la Sabine et qui ne mériteraient pas moins que ceux-ci d'attirer des bans entiers de paysagistes. Sur la côte croissent en bordure des forêts d'orangers et de limoniers ; il y a même sur les pentes inférieures du Gargano une véritable futaie vierge avec des chênes quinze fois centenaires, d'énormes troncs abattus ou branlants et tout un monde de lianes.

de broussailles, d'épines et de plantes grimpantes, telles qu'on penserait n'en trouver qu'en Amérique. Dans les clairières mystérieuses de ces forêts paissent, l'été, les troupeaux revenus des plaines apuliennes, et l'on voit, au passage, briller à travers la sombre frondaison de grandes flambées, qui sont sans doute des feux allumés par les pâtres, à moins que ce ne soient les bivacs de bandits campés là sans souci de la maréchaussée.

CATACOMBES PRÈS DE MANFREDONIA.

En continuant de longer les pentes boisées du Monte Sant' Angelo, on arrive par mille volutes à l'antique *Sipontum*, rebâtie sous le nom de Manfredonia par Manfred. C'est un port d'escale des bateaux à vapeur qui font le service d'Ancône à Messine. Une cathédrale ruinée et de vastes catacombes rappellent encore l'importance de cette ancienne colonie romaine. Passé Manfredonia, on entre sur une côte plate, sillonnée de lagunes insalubres, qui ressemble au littoral des Marais Pontins. Ce territoire putride s'étend jusqu'à l'embouchure de l'Ofanto (*Aufidus*), près du joli port de Barletta, à l'ouest duquel se trouve le célèbre champ de bataille de Cannes, le Champ du Sang

CHAMP DE BATAILLE DE CANNES.

(*Campo di Sangue*), comme on l'appelle. Les autres villes les plus importantes de la côte, en descendant encore vers le sud, sont Trani, Molfetta, Bari, Monopoli et Fasano, où l'on pénètre dans la Terre d'Otrante.

A l'intérieur, en remontant le cours de l'Ofanto, on rencontre Canosa (*Canusium*) avec son château moyen âge, Lavello, Melfi et enfin Venosa, la patrie d'Horace : cette dernière, située à un point très-important du monde romain, sur la grande route

RUINES DE CANUSIUM.

qui reliait le Samnium à Tarente, a été jadis un *emporium* considérable ; il n'y reste que des traces insignifiantes d'antiquités ; en revanche, on a mis à découvert, dans le voisinage, des catacombes juives très-curieuses qui paraissent dater du quatrième siècle de notre ère.

Nous sommes ici au pied du mont Vultur, volcan éteint qui dépasse en diamètre et en hauteur le Vésuve lui-même. Depuis sa dernière éruption, antérieure à l'époque historique, ses flancs ont eu tout le loisir de se recouvrir d'une luxuriante végétation, d'épaisses forêts de chênes et de hêtres où, de tout temps, ont cohabité fraternellement ours et bandits. Sur les pentes du mont sont les deux petits lacs cratériformes de Monticchio et quelques nids rocheux. La perspective qu'on découvre d'en haut rappelle assez celle du Monte Cavo; la ressemblance est complétée par la présence d'un cloître à l'aspect romantique, le couvent de capucins de San Michele. M. Élisée Reclus a remarqué que le Vultur s'élève sur le prolongement d'une ligne tirée d'Ischia

RUINES D'UNE ABBAYE A VENOSA.

(où se trouve l'Épomée) au Vésuve, et que c'est sur la même ligne, à mi-chemin du Vésuve et du Vultur, que se trouve la source carbonique la plus abondante de l'Italie, celle de la mare d'Ansanto, au bord de laquelle les Romains avaient élevé un temple à « Junon Méphitique ». C'est à propos de ce même Vultur qu'Horace a rappelé un souvenir poétique de son enfance :

Me fabulosæ, Vulture in Apulo
Altricis extra limen Apuliæ.

POUILLE, BASILICATE ET CALABRES.

> Ludo fatigatumque somno
> Fronde nova puerum palumbes
> Texere....

A l'angle nord de la péninsule d'Otrante, Brindisi, l'ancienne *Brundusium*, où mourut Virgile, commence à redevenir la grande intermédiaire du commerce de l'Orient avec l'Occident et semble destinée à être un jour une des stations les

CATACOMBES JUIVES PRÈS DE VENOSA.

plus importantes de l'Adriatique. Cette ville, où aboutissait autrefois la route principale de l'Italie, la voie Appienne, est aujourd'hui, par le fait, la grande tête de ligne du chemin ferré le plus considérable de l'Europe, celui qui relie les Indes à la Grande-Bretagne par Turin, le Mont-Cenis, Paris et Calais. La rade de Brindisi est excellente; deux îles et une ligne de roches l'abritent des mauvais vents. Le port, où l'on pénètre par un goulet, dessine dans l'intérieur des terres deux baies allongées en forme de bois de cerf, d'où le nom, d'origine messapienne, que porte la ville, dit M. Élisée Reclus.

Plus bas, au delà de Lecce, l'ancien chef-lieu administratif de la province, se trouve sur la même côte orientale, à l'endroit où s'arrête le tracé actuel de la voie ferrée, le port iapygien d'Otrante, bien autrement déchu encore de son ancienne splendeur. Ce n'est plus en réalité qu'une crique de pêche que désole la malaria. Une route pittoresque qui longe une suite de villas et d'enclos conduit d'Otrante au promontoire de Santa Maria di Leuca, qui forme le talon de la botte italienne. De là, comme d'Otrante, on aperçoit, par un temps clair, les côtes de la Grèce et les monts Acrocérauniens.

LAC DE MONTICCHIO.

En remontant par la rive opposée, on rencontre d'abord Gallipoli, plantée au milieu des flots sur un rocher qu'un pont rattache au continent, puis, sur une autre île, entre sa « petite mer » (*mare piccolo*) à l'est, et sa « grande mer » (*mare grande*) à l'ouest, la vieille cité grecque de Tarente. Celle-là non plus n'a pas gardé grand vestige de sa splendeur passée. Ses petites rues étroites, entassées sur le rocher calcaire où s'élevait autrefois l'Acropole, suffisent amplement à contenir sa population, la plus indolente, dit-on, de toute l'Italie moderne.

Qui reconnaîtrait, dans ce pays dénué d'industrie et presque de civilisation, les rivages tant célébrés de la Grande-Grèce? Qu'est devenue la puissante Sybaris, dont les murs embrassaient un pourtour de dix kilomètres et qui commandait à vingt-cinq cités? Ses ruines mêmes ont péri; les putrides marécages de la « plaine fiévreuse » ont dévoré ses palais de marbre. Qu'est devenue Héraclée, qui eut l'honneur d'être la ville de congrès des villes doriennes et achéennes de toute la région? A sa place est un pauvre village (Policoro), à demi enfoncé dans le sol blet et spongieux. Où sont et Métaponte

RIVES DU BUSENTO PRÈS COSENZA.

et Locres et cette fameuse Crotone, dont on disait : « Aliæ urbes, si ad Crotonem conferuntur, vanæ nihilque sunt? »

Crotone, ou Cotrone, comme on l'appelle de nos jours, n'est plus que l'ombre d'une ombre. De son ancienne splendeur témoignent seuls une colonne en style dorique et des pans de murs au cap Nau, près d'un phare autour duquel se groupent mélancoliquement quelques maigres villas modernes.

La presqu'île des Calabres, qui se projette ici entre la mer Ionienne et la mer Tyrrhénienne (Bruttium), est toute différente, comme aspect, de la précédente. L'Apennin y forme trois massifs principaux : le plus septentrional, dont le mont Pollino occupe le centre, est de beaucoup le plus sauvage et le plus abrupt. Au sud, séparé de lui par la profonde vallée du Crati, est un deuxième complex moins élevé, mais plus large à la base : c'est le plateau de la Sila, avec sa parure de forêts gigantesques. Jusqu'à ce jour les touristes ne s'y sont guère hasardés ; les routes manquent, mais non les bandits. On appelait jadis ce district le « Pays de la Résine », et maintenant encore ces forêts entrecoupées de riches pâturages alimentent de bois de construction la plupart des

REGGIO CALABRO.

chantiers maritimes de l'Italie. Sur la côte, la flore dépouille son caractère alpestre ; ce ne sont plus que bois d'orangers, futaies d'oliviers, haies dorées de citronniers.

Au-dessous de la Sila se recourbent, d'un côté, la baie de Squillace, de l'autre le golfe de Santa Eufemia. La Péninsule n'est plus ici qu'un isthme étroit, disposé en petits gradins, au pied desquels dorment d'anciennes plages qui attestent les reculs successifs de la mer ; puis, au delà de cet étranglement, la côte se relève en un bourrelet, celui de l'Aspromonte (l'âpre mont), pour s'abîmer enfin momentanément parmi les bouquets de palmiers, de dattiers, d'agavés et de cannes à sucre, dans la dépression du détroit de Messine.

Là les routes sont rares, presque impraticables; un seul tronçon de chemin de fer, celui qui court de Gerace à Reggio par la pointe que les matelots méditerranéens appellent le « Partage des vents » (*Spartivento*). Du nord au sud, de l'est à l'ouest, dans cette autre région de la vieille Grande-Grèce, les villes un peu importantes ne sont que

HUTTE DU LITTORAL CALABRAIS.

trop faciles à compter. Toutes ne présentent qu'un écheveau de rues sales, étroites et en escalier : telle est Cosenza, au confluent du Crati et de cette petite rivière du Busento (Bucentaure), dans le lit de laquelle dort le roi des Goths Alaric. Telles sont aussi, sur le versant opposé de l'Apennin, Cantazaro, un autre chef-lieu de province, Squillace, dans le golfe du même nom, puis, de l'autre côté de l'Aspromonte, Palmi, Seminara, Bagnara, Scilla et enfin Reggio Calabro, ou la « ville du Détroit », assise au milieu d'un paysage merveilleux de fertilité, d'où l'on jouit d'un large point de vue sur la mer et les côtes de la Sicile.

La civilisation commence à peine d'effleurer ces splendides régions, où la misère des populations n'a d'égale que leur stupidité. Pythagore et son école n'ont plus que faire ici. Le paysan de la Calabre ou *Cafone* est sans pareil en Europe pour la sauvagerie, l'ignorance, la superstition. On connaît le type de ce paria. Chapeau pointu sur la tête, fusil à l'épaule, longues guêtres enroulées aux jambes, il vague du matin au soir à travers bois et montagnes. La nuit, il se retire dans sa hutte avec sa famille grelottante de fièvre. Le seul moment de l'année où la campagne s'anime véritablement, c'est à l'époque de la vendange. Dès la pointe du jour, on voit alors de longues caravanes versicolores de superbes jeunes filles au teint basané, à l'œil noir, défiler avec leurs corbeilles sous le bras ou sur la tête, par les longs sentiers sinueux vers les riantes collines ou les vastes enclos. Là elles s'assoient par terre près des cuves, et, en attendant que le soleil ait séché les grappes encore humides de rosée, elles déjeunent en babillant comme des nichées d'oiseaux insouciants. Après quoi, la troupe se répand dans la montagne : les unes détachent le fruit savoureux, les autres le portent à la cuve ; toutes chantent, et de la colline opposée répondent d'autres chanteuses. Vers le soir, les jeunes gars du village arrivent pour faire les yeux doux, *gli occhi dolci,* aux vendangeuses. Le travail cesse ; chaque ouvrière reçoit son salaire avec un panier de raisins dorés, et les couples reprennent le chemin des hameaux en entonnant derechef dans leur patois, au bruit des timbales et des castagnettes, cette sorte d'hymne tout grec encore d'inspiration :

> Sia binedittu chi fici lu munnu!
> Sia binedittu chi lu seppe fari!
> Fici lu Cielu cu lu giru tunnu,
> Fici li stilli pe' ci accumpagnari,
> Fici lu mari, e pua ci fici l'unna,
> Fici la varca, pe' ci navicari,
> E pua facetti a tia janca palumma,
> Chi puorti i carti de lu navicari.

« Béni soit Celui qui a fait le monde, le ciel arrondi, les étoiles, la mer et les vagues, les barques qui sillonnent la mer, et les blanches colombes qui guident les navires !... »

Mêmes scènes lors de la cueillette des olives, aux mois d'octobre et de novembre. Tous les habitants d'une montagne se réunissent encore comme pour une fête sacrosainte. Ce sont là des jours de joie, trop rares, hélas ! où l'âme de ce peuple farouche s'épanouit à l'aise, oublieux du fardeau de la vie, et s'enlève momentanément dans les hauteurs sereines de l'empyrée.

CHAPITRE XIV

LA SICILE A VOL D'OISEAU

La Sicile est la terre par excellence des antiques légendes et de la mythologie. Avant d'être habitée par les hommes, elle l'a été par les dieux. Cérès en fit son séjour de prédilection; Vénus y visitait volontiers les sommets de l'Éryx; Éole était le roi des Sept-Iles. Enna surtout, sur l'emplacement de laquelle s'élève aujourd'hui la pauvre et abrupte bourgade de Castrogiovanni, fut, de toute ancienneté, le point central et sacré de la Trinacrie, le « nombril » de l'île, comme l'appelaient les Romains. C'est dans ses plaines fleuries, parmi ses lacs, ses bois murmurants, ses sources limpides que Proserpine passa ses premières années. On y montre encore au voyageur la caverne béante d'où le dieu des Enfers, Pluton, sortit tout à coup sur son char pour enlever la fille de Cérès. Là, du mont Artesino, situé au point de rencontre des lignes qui divisent la Sicile en trois grandes vallées, le regard embrasse tout le pays avec les complexes ramifications de ses monts et de ses défilés.

Ailleurs, près d'Aci Reale, sur la côte orientale, sont les célèbres îles des Cyclopes, qui forment, avec le promontoire septentrional de Catane, un des sites siciliens le plus souvent reproduits par la gravure. Depuis des siècles, les bords de ce fleuve Acis, qu'adoraient autrefois les nymphes, ont bien changé; le vallon a perdu en partie sa riante végétation; les prairies aux herbes savoureuses, où le géant de la Fable faisait paître ses brebis, se sont presque desséchées; mais la légende du grand Cyclope dépeint par Homère plane toujours sur les énormes falaises du littoral.

Tous les grands peuples batailleurs du globe, Grecs, Phéniciens, Carthaginois, Romains, Sarrasins, Normands, Espagnols, ont tour à tour envahi et possédé cette terre fortunée des vieux Sicanes. Là en effet le soleil a des ardeurs inconnues dans le reste de l'Europe, le sol une fécondité dont n'approche même pas celle des heureux pays napolitains en deçà du Phare. Dans les plaines et les vallées basses, la végétation est quasi tropicale : le palmier africain de haute futaie, le dattier, le bananier, la canne à sucre y croissent en pleine terre ; le papyrus du Nil y incline sur maint ruisseau, parmi les gigantesques roseaux, ses bouquets de fibres soyeuses ; le figuier de Barbarie couvre les campagnes du littoral ; la moindre coulée de lave, aux environs de l'Etna, se revêt

FORÊT DE PAPYRUS EN SICILE.

d'épais fourrés de cactus. Vous y voyez aussi des giroflées hautes comme des arbustes, des orangers de la taille des chênes, des lauriers aux parfums enivrants, des aloès aux feuilles d'acier, aiguisées comme des sabres à deux tranchants. D'inextricables massifs d'arbrisseaux entourent le tronc de chaque arbre ; des lianes entremêlent aux branches leurs guirlandes ; d'innombrables oiseaux gazouillent partout dans ces feuillages odoriférants, et une vie intense d'animalcules, coléoptères énormes, salamandres, lézards, scorpions, mille-pieds, grouille et frissonne sous vos pas.

Dans les vastes pâtis des montagnes de l'intérieur errent d'innombrables troupeaux de bœufs et de chevaux; déjà dans l'antiquité on prisait fort les chevaux de Sicile. Dans les huttes du littoral habite une population de hardis pêcheurs. Ce sont eux qui approvisionnent de thons, d'espadons, etc., les marchés de Palerme et de Messine. Les plus aventureux s'en vont, durant de longs mois, dans les mers tempêtueuses qui séparent la Sicile de l'Afrique, récolter le corail purpurin, tandis que leurs frères, attachés par leur labeur au « plancher des vaches », fouillent péniblement les entrailles du sol volcanique pour en extraire le soufre précieux.

DÉTROIT DE MESSINE.

Dans les grands ports de la côte, le spectacle et le genre de vie sont plus variés. C'est là en tout cas que l'on saisit le mieux la complexité de ce peuple sicilien auquel tant d'immigrations, grecques, romaines, lombardes, sarrasines, albanaises, ont apporté leurs alluvions successives.

Le mal ici, c'est le manque de routes, et, partant, le brigandage. Tout le monde a entendu parler de la *Maffia*, cette association secrète analogue à la *Camorra* napolitaine, et qui fleurit surtout à Palerme. Il fut un moment, après l'annexion de la Sicile au nouveau royaume d'Italie, où l'on n'osait plus littéralement sortir de la ville sans craindre d'être assassiné ou capturé par quelque bande de malandrins; aujourd'hui encore le pays est loin d'être sûr, et plus d'un propriétaire, qui veut aller récolter son blé son raisin, ses citrons, ses olives, est obligé de payer un droit de passage aux routiers. Cet état de choses ne laisse pas du reste que d'être exploité avec plus ou moins de succès par les gens de peu de scrupule, clercs et laïques. Je me rappelle notamment avoir lu dans un journal de Palerme l'anecdote suivante, qui vaut à elle seule tout un poëme.

« L'abbé R.... chargé de l'administration des biens de la famille de M.... devait, l'autre jour, apporter 34.000 francs à un commerçant palermitain.

« Cette grosse somme fait venir l'eau à la bouche de l'abbé. Il mande deux de ses

Vue de Messine.

neveux et convient avec eux que, le lendemain, il se fera escorter par un domestique de M... sur la route de Nicosmi à Caltagirone, et que, à un certain endroit, ils se présenteront masqués, l'attaqueront et lui enlèveront la somme dont il est porteur.

« Tout marche à merveille. L'agression a lieu dans toutes les formes. L'abbé est volé en apparence, et le domestique battu en réalité, afin qu'il puisse mieux témoigner du fait.

« Malheureusement, de pareils tours ne réussissent pas toujours. Cette fois, la police a tout deviné : on a appréhendé l'abbé et ses complices, et la somme entière a été retrouvée. »

Faisons maintenant le tour de l'île, du nord au sud et de l'est à l'ouest, en partant du

Phare de Messine. Ce fameux détroit que, depuis Ulysse, tant de navigateurs ont franchi, dessine à partir du cap del Faro, qui fait face à Scilla (Calabre), une large baie arquée jusqu'à Messine. Sa largeur minimum n'excède pas trois kilomètres ; plus d'un cheval l'a traversé à la nage, et il serait aisé d'y construire un pont ; ce n'est, je crois, qu'une affaire d'argent. Près de la pointe du Phare, on aperçoit l'écueil de Charybde ; sur la rive opposée, celle de Calabre, au-dessous des roussâtres déchiquetures de l'Aspromonte, se déroule un charmant cordon de villes et de villages, Scilla, San

SUR LA ROUTE DE MESSINE A TAORMINA.

Giovanni, Reggio, etc. Tournez-vous : voici, dans le massif trinacrien, la chaîne des Pélores aux sommets hérissés de pointes, aux flancs couverts de verdure.

Du point où nous sommes, la route descend à Messine au moyen de lacets rapides, et l'on entre dans la ville par la rue Garibaldi. Messine, « la noble, » jadis appelée Zancla, en sicilien *faucille*, à cause sans doute de la forme de son rivage, est une véritable cité internationale. Son port, formé d'une plage basse qui se recourbe vers la côte septentrionale, est un des plus beaux du monde ; la nature seule en a fait les frais ; l'homme s'est contenté d'y ajouter des brise-lames. La ville possède du reste peu d'antiquités ; c'est avant tout, comme Livourne, une cité de commerce et de transit.

l'étape forcée de tous les navires à vapeur qui font le service entre l'Europe occidentale et les diverses contrées du Levant. Un chemin de fer, le seul qui existe dans cette partie orientale de l'île, la relie à Catane et à Syracuse.

Entre Messine et Catane, au delà du cap d'Alessio, que la voie ferrée traverse par un tunnel, se trouve sur un vaste rocher, à la base singulièrement découpée par la mer, l'antique *Tauromenium*, aujourd'hui Taormina. La ville actuelle ne se compose guère que d'une longue rue, mais elle a gardé du moyen âge quelques palais remar-

CAP D'ALESSIO (AVANT LE PERCEMENT DU TUNNEL).

quables, entre autres le palais Corvaja, et, de l'antiquité, les ruines célèbres de son magnifique théâtre gréco-romain, creusé en partie dans le roc, et qui pouvait contenir plus de trente mille spectateurs, dix fois ce que compte d'habitants la Taormina moderne. Au pied même du rocher abrupt où s'élève la ville commence le domaine de l'Etna, dont la cime est pourtant éloignée d'environ 18 kilomètres. De ce côté, le courant de laves le plus rapproché s'avance dans la mer sous la forme d'un éperon allongé qui porte aujourd'hui le nom de cap Schisò; c'est sur ce promontoire que les immigrants ioniens fondèrent, il y a bientôt trente siècles, la première colonie grecque de la Sicile.

Deux villes importantes séparent Taormina de Catane, Giarre et Aci Reale. Giarre possède dans ses environs deux curiosités naturelles : le *châtaignier des Cent-Cavaliers*, et

TAORMINA.

celui de la Nave. Aci Reale, dont j'ai déjà parlé à propos des vieux mythes grecs, est très-prospère et ne renferme pas moins de vingt-cinq mille âmes. Elle s'élève, dans une position splendide, sur un plateau formé de sept coulées de laves superposées et se terminant, du côté de la mer, par une falaise de plus de cent mètres d'altitude. L'on descend de là, par un chemin en spirale, la Grande Échelle (*Scalazza*), à un pittoresque hameau de pêcheurs, au nord duquel on peut visiter, dans un fouillis de roches amoncelées, une superbe caverne, qui rappelle un peu la fameuse grotte basaltique de Fingal, dans l'île de Staffa. Ce vaste porche, où le flot, en s'engouffrant, arrache à l'air comprimé toutes sortes de râles et de sanglots, s'appelle la Grotte des Colombes.

PALAIS CORVAJA A TAORMINA.

Catane, dont le nom signifie « la ville au-dessous de l'Etna », est avant tout une cité marchande, comme Messine, et, comme elle aussi, elle est sans cesse menacée par les tremblements de terre et les éruptions du volcan. Cinq ou six fois elle s'est vue à moitié détruite ou engloutie par l'un de ces deux fléaux. La ville est d'un aspect fort agréable ; ses rues sont larges et bien percées, elle a pour ceinture de beaux jardins remplis d'arbres exotiques aux parfums pénétrants, et d'innombrables villas, avec vergers et châteaux d'eau rustiques bâtis sur des aqueducs où coulent les ruisseaux venus de l'Etna. De ses cent cinq églises, peu méritent d'être visitées ; ses ruines antiques n'offrent aussi qu'un médiocre intérêt à qui a vu les restes majestueux de Pæstum et de Taormina. Quant à son port, créé jadis par la lave, puis à moitié comblé par elle, il est loin de suffire et il suffira de moins en moins aux besoins du commerce local. Catane est en effet le chef-lieu et le débouché des districts les plus industrieux et les plus peuplés de toute la Sicile ; toutes les denrées des campagnes environnantes y affluent naturellement, et, de plus, la ville est appelée à devenir le centre du réseau des chemins de fer siciliens, comme elle est déjà le point de jonction des principales routes carrossables de l'île.

CHATAIGNIER DES CENT-CAVALIERS.

C'est de Catane ou d'Aci Reale que l'on fait généralement l'ascension de l'Etna. On se rend d'abord au gros village de Nicolosi, situé à 689 mètres d'altitude, entre deux grands courants de lave, au centre d'une espèce de cirque que dominent les deux cônes volcaniques nommés *Monti Rossi*, à cause de la couleur rougeâtre des scories qui les recouvrent. De là, en trente-cinq minutes, on atteint le sommet du mont, dont la hauteur à pic, variable comme celle du Vésuve, est actuellement de 3,300 mètres.

Ce « pilier du Ciel », comme l'appelaient les anciens, occupe, entre les vallées de

THÉATRE ANTIQUE DE TAORMINA.

la Cantara et du Simeto, un espace de terrain d'environ 1,200 kilomètres et mesure trente-cinq lieues à sa base. La déclivité générale de la montagne est très-faible, grâce aux épanchements de laves qui, de tous les côtés, en prolongent et adoucissent les pentes; toutefois une falaise plus ou moins marquée sépare presque partout son pied de la plaine environnante.

Au-dessus de cette falaise s'étend un plateau bombé, surmonté d'un talus latéral qui aboutit à la gibbosité du milieu, le *Mongibello*. Celle-ci, à sa partie supérieure, présente un petit plateau incliné, le *Piano del Lago*, qui lui-même est dominé par le cône terminal où s'ouvre la bouche du grand cratère.

M. Élisée Reclus, qui a gravi le cône de l'Etna en 1865, raconte comme il suit les particularités de son ascension :

CHATAIGNIER DE LA NAVE.

« Le soleil venait de se lever lorsque nous arrivâmes sur le plateau doucement incliné qu'on appelle *Piano del Lago* en souvenir d'une lagune de neige fondue, comblée par

L'ETNA AU THÉATRE DE TAORMINA.

les laves au commencement du dix-septième siècle. Les rayons glissaient obliquement sur la nappe blanche en y faisant briller d'innombrables diamants. Directement en face, nous voyions se dresser le grand dôme, rayé çà et là d'avalanches grisâtres où les cendres se mêlaient à la neige. De sa bouche énorme, une colonne de vapeurs, entourée à la base d'une guirlande de fumées transparentes, se tordait en larges volutes aux contours dorés, et montait en tournoyant vers les nuages.

« A l'extrémité orientale du Piano del Lago, une longue arête indique le rebord du précipice appelé Val del Bove. Pour me faire voir ce gouffre, l'une des merveilles de l'Etna, mon guide me fit obliquer à droite et contourner au nord la base de la Monta-

GROTTE DES COLOMBES.

gniola, grand cône d'éruption que de Catane on prendrait pour une des cimes du volcan. J'approchais avec une espèce d'horreur de l'effrayable abîme. Bientôt je vis la vaste plaine de laves s'étaler à plus de mille mètres de profondeur, semblable à un fragment d'une autre planète. Autour de nous, c'était la zone polaire avec ses neiges et ses glaces; dans la partie inférieure du cirque, au-dessous des talus d'avalanche qui s'étaient écroulés du plateau, c'était la région du feu avec ses cratères de cendres, ses courants de matières fondues, ses amas de scories. Du haut des escarpements, on plonge le regard jusque dans les entrailles mêmes de la montagne, et l'on peut facilement étudier l'architecture du volcan tout entier, en suivant des yeux, sur les parois de l'amphithéâtre, les couches superposées des laves et les murs de trachyte ou de basalte injectés dans les fentes. Jadis une partie de cet abîme, le Trifoglietto, fut une des bouches de l'Etna, et communiquait directement avec la mer souterraine des matières fondues; mais, à une époque immémoriale, la cheminée d'éruption s'obstrua, puis le cratère égueulé fut graduellement raviné par les eaux de neige, et finit par devenir, pendant le cours des siècles, l'énorme cirque irrégulier du Val del Bove.

CATANE.

« Les yeux sans cesse tournés vers l'abîme qui s'ouvrait à côté de moi, je continuai mon ascension vers le cône terminal de l'Etna. Je dépassai, sans les voir, quelques restes d'une construction romaine qu'on appelle la Tour du Philosophe, puis je laissai à gauche le restant de terrain qui porte la « Maison des Anglais ». Le toit seul de cet édifice hospitalier se montrait au-dessus de la neige. Pendant les mois d'hiver, ce bâtiment reste enseveli... »

C'est à partir de cette Casa degli Inglesi que commence l'ascension du dernier cône,

L'ÉTNA VU DU CÔTÉ SUD.

isolé au milieu d'une petite plaine, et de 300 mètres environ de haut. Comme au Vésuve, l'escalade est rendue très-difficile par la raideur de la pente et la nature des débris qui glissent par leur propre poids. Le cratère actuel a 300 mètres environ de circonférence ; mais le puits qui s'ouvre au centre de la dépression n'a pas, ou du moins n'avait pas, en 1865, plus d'une dizaine de mètres de largeur. D'après l'observation d'un savant, les pierres lancées par le gouffre jaillissent jusqu'à une hauteur

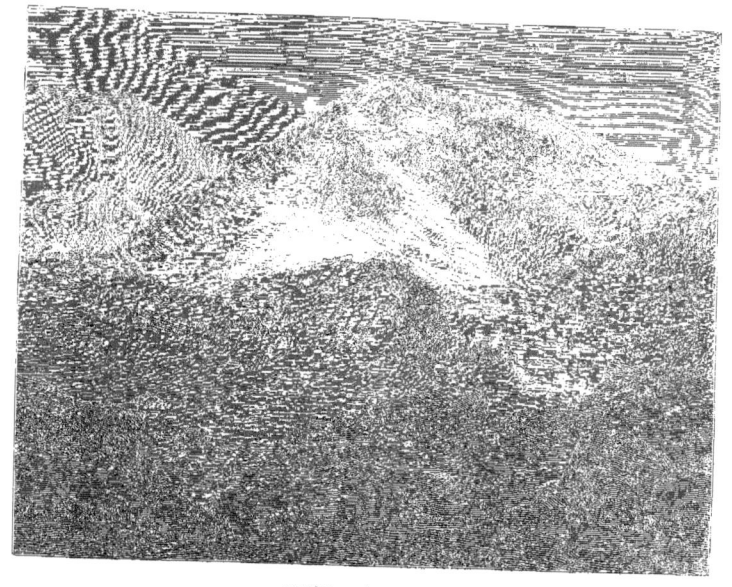

CRATÈRE DE L'ETNA.

de plus de 800 mètres. Autour de l'orifice, la respiration est souvent gênée par les vapeurs d'acide chlorhydrique, et l'on ne peut que plonger un regard furtif dans l'abîme. Mais la vraie jouissance ici n'est point de fouiller de l'œil les entrailles du monstre, c'est de contempler le sublime horizon circulaire des trois mers d'Ionie, d'Afrique et de Sardaigne, étreignant de leurs flots d'azur le grand massif triangulaire des monts de Sicile, tout hérissé de villes et de châteaux forts. On dit même que par un ciel clair on peut, de cette pyramide élevée, découvrir les côtes du continent africain.

Ce qui fait la figure caractéristique de l'Etna, c'est la nichée innombrable de petits cônes ou volcans secondaires, témoignages d'éruptions anciennes, qui sont épars sur ses flancs. On n'en compte pas moins de sept cents. Tous n'ont pas conservé leur forme naturelle et primitive : plusieurs ont été sensiblement ébréchés, déprimés par les intempéries, ou ont à moitié disparu sous des coulées de laves plus récentes. Il en est qui se sont recouverts de forêts ; d'autres ont vu leurs cratères se métamorphoser peu à peu en jardins, en doux nids de verdure parmi lesquels scintillent au soleil de jolies maisons de campagne.

La plupart de ces cônes parasites se trouvent dans ce qu'on appelle la « région

UNE DES CRATÈRES DE L'ETNA.

boisée » de l'Etna, *il Bosco*, intermédiaire entre la « région déserte », celle où se dresse la gibbosité centrale du Frumento, et la région cultivée et peuplée qui est au-dessous. Sur cette dernière, qui occupe la bande circulaire de la montagne jusqu'à l'altitude moyenne de 800 mètres, on ne compte pas moins de 65 villes ou villages, habités par 300,000 habitants.

L'histoire a enregistré une centaine d'éruptions de l'Etna ; quelques-unes ont duré plusieurs années. La plus considérable fut celle qui, en 1669, envahit lentement la ville de Catane, en rasa une partie et y jeta dans la mer un promontoire de laves de près d'un kilomètre. Les flots, vaporisés au contact de ces brûlantes coulées, s'élevèrent avec d'affreux sifflements et retombèrent en pluie salée sur toute la campagne voisine. Quatre villes ou villages périrent, et ce fut alors qu'émergea le double cône des Monti Rossi.

En 1819 jaillit un nouveau courant de laves, qui mit neuf mois à se déverser sur les pentes du volcan. Quelques années après eut lieu une découverte des plus curieuses : on trouva sous l'Etna une couche énorme de glaces, qui s'était sans doute conservée là sous un lit de laves depuis un temps immémorial. Aujourd'hui les gens de Catane

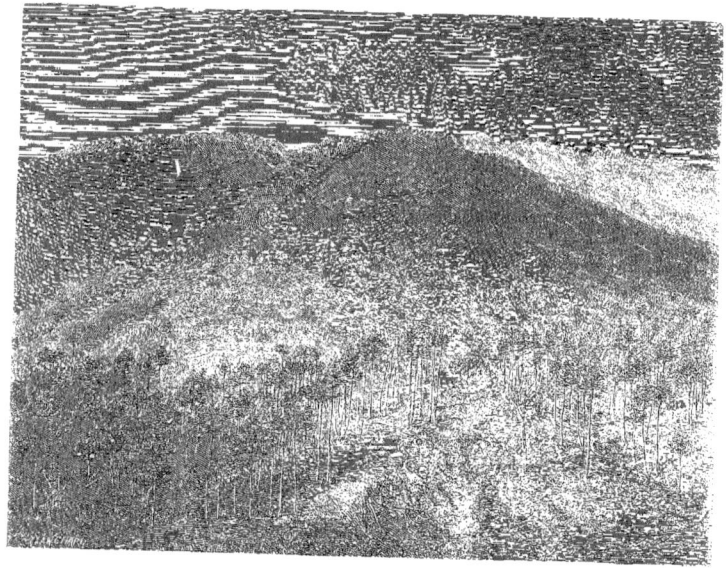

CREVASSES DE L'ETNA.

s'approvisionnent encore à cette glacière cachée sous la cendre et les scories. Au mois de juillet 1863, le cône supérieur s'ouvrit, et la Casa degli Inglesi fut détruite par une chute de pierres. Enfin, dans la nuit du 30 au 31 janvier 1865, les laves sortirent par une fissure latérale de deux kilomètres et demi de long, et, trois jours après, un large et épais courant dévala, comme une cataracte, du haut d'un escarpement. L'éruption ne prit fin qu'au mois d'avril.

La vallée du Simeto, qui contourne le pied méridional de l'Etna, mériterait d'être parcourue à petits pas. La rivière s'est frayé en maint endroit une route des plus pittoresques à travers les coulées de laves. Tel est, par exemple, le défilé qui se trouve en amont de l'aqueduc qu'on appelle le Pont d'Aragona. Le fleuve ici n'a pas même achevé son travail d'érosion : on le surprend pour ainsi dire à l'œuvre, réduit encore, faute de mieux, à cabrioler en cascades ; l'une de ces chutes, à cause de son extrême étroitesse, se nomme le Saut de la Puce (*Salto del Pulicello*). Sur l'autre revers du

ARBRES ENGLOUTIS MOMENTANÉMENT DANS LA LAVE.

volcan, c'est-à-dire dans la vallée de la Cantara, où l'on arrive par l'angle nord-ouest du mont, en franchissant le col ombreux de Bronte, le paysage n'est pas moins intéressant. Là se trouve, entremêlée aux champs de blé, aux enclos d'oliviers et de vignes, toute une végétation alpestre que les coups de cognée intempérants des charbonniers-bûcherons n'auront malheureusement que trop vite abattue et stérilisée. Il faut avoir fait ce « tour de l'Etna » à travers les îlots de laves, les forêts de chênes et de châtaigniers, les amas de scories tordus, les crevasses béantes, les débris de cônes d'éruption, les traînées volcaniques de toute nature, les dunes de sables noirâtres aux efflorescences de soufre et de sel marin, pour se représenter d'une manière exacte les effets de ce qu'on appelle une inondation etnéenne.

PONT D'ARAGONA.

En continuant notre voyage sur la côte de la mer Ionienne, nous trouvons d'abord deux villes sœurs en quelque façon, Agosta et Syracuse. L'une, héritière mélancolique

SYRACUSE.

de la ville grecque de Megara Hyblæa, n'est présentement qu'un simple poste militaire sur lequel plane la fièvre ; l'autre, la vieille cité dorienne dont Cicéron vantait la grandeur et les richesses, n'est plus qu'un morne chef-lieu de province. La ville moderne tient tout entière dans l'îlot d'Ortygie, où coule la célèbre fontaine Aréthuse, et qui ne représentait autrefois qu'un quartier de Syracuse. Ce port fameux, où l'on vit combattre des flottes entières, est maintenant presque vide. Le chemin de fer rendra-t-il un peu de vie à la glorieuse patrie d'Archimède? Il est permis de l'espérer, bien que sa côte ne soit pas des plus salubres. Chaque année, en attendant, une foule d'étrangers y viennent admirer les grandioses débris de son passé, ses fameux murs des Épipoles, ses

THÉÂTRE DE SYRACUSE.

temples, ses théâtres, ses profondes carrières ou *latomie*, taillées jadis par les esclaves, et où l'on remarque, entre autres curiosités, l'étrange caverne connue sous le nom d'*Oreille de Denys*; enfin ses catacombes, imparfaitement déblayées encore et qui sont les plus considérables qu'il y ait au monde.

A partir de Syracuse, il n'y a plus de chemin de fer; mais une grande route de voiture va par l'intérieur jusqu'à Girgenti. Quant au chemin du littoral, par Terranova et le port de Licata, outre qu'il est absolument désert, dépourvu de tout gîte propre à satisfaire l'homme civilisé, il n'offre comme sites qu'un intérêt tout à fait médiocre.

Girgenti, la vieille Agrigente, qui compta, comme Syracuse, ses habitants par centaines de mille, n'occupe plus, comme celle-ci encore, que l'emplacement de son ancienne acropole. La limite de sa primitive enceinte du côté de la mer demeure

LATOMIE A SYRACUSE.

indiquée par les ruines de ses grands temples de Jupiter Olympien, d'Hercule, de la Concorde, d'Esculape, etc.; quant à la ville moderne, sale et mal ordonnée, elle ne possède qu'un édifice intéressant : c'est la cathédrale du treizième siècle qui couronne sa colline; encore ce monument a-t-il été construit avec les débris profanes d'un temple de Jupiter; son baptistère même n'est autre chose qu'un sarco-

DÉFILÉ DE PENTS.

phage antique dont les bas-reliefs représentent les amours de Phèdre et d'Hippolyte.

RADE DE LICATA.

Plus à l'ouest, au delà de Montallegro, de Sciacca et de Menfrici, on rencontre les restes de Sélinonte : trois temples de style dorique ; plus loin encore, passé Marsala, célèbre par son vin et par l'expédition de Garibaldi et des *Mille* au mois de mai 1860, dorment, sur une colline solitaire, environnée de montagnes et de rochers gris, les ruines augustes de Ségeste : un temple à trente-six colonnes dans un état si merveilleux de conservation qu'on le dirait presque bâti d'hier, et un fragment de théâtre.

Non loin de là, en face des îles Egates ou des Chèvres, près desquelles les galères de Rome infligèrent à celles de Carthage la défaite qui mit fin à la guerre *inexpiable*,

RUINES DU TEMPLE D'HERCULE, PRÈS DE GIRGENTI.

est l'antique cité punique de Trapani (*Drepanum*). A celle-là il ne manque qu'un chemin de fer pour devenir un très-actif marché d'échanges entre l'Europe et la Tunisie. Ses habitants, grands pêcheurs de thon, de corail et d'éponges, exploitent, en outre, du mieux qu'ils peuvent dans l'état de blocus où les maintient le défaut de routes de communication avec l'intérieur, les riches salines des environs. On sait que c'est à Drepanum que mourut Anchise et qu'Énée célébra la grande course nautique décrite dans le poëme de Virgile.

Une route dite *carrossable* mène de Trapani à Palerme, par Acalmo, Partinico et Monreale. Acalmo, ville toute musulmane d'aspect, n'est peut-être pas le plus sûr gîte que puisse choisir dans cette région un voyageur avisé ; il est vrai que ledit voyageur n'y a guère l'embarras du choix. Castellamare, qui lui fait face au bord de la mer, n'est pas mieux famée. Tout ce canton est une sorte de quartier général du banditisme sicilien ; à ce seul symptôme, on sent qu'on approche de Palerme. Monreale, habitée

TEMPLE DE CASTOR-ET-POLLUX A GIRGENTI.

par une population toute sarrasine, est surtout célèbre par son couvent de bénédictins, dont le cloître se compose d'une incomparable colonnade de 216 piliers merveilleux. Aux environs, à moins d'une lieue à l'ouest, est une autre maison du même ordre, celle de San Martino. Les moines, tous riches et de noble extraction, se vantent d'être la communauté la plus opulente de Sicile. Le couvent de San Martino, auquel on arrive,

RIVES DU PLATANI PRÈS DE MONTALLEGRO.

de Monreale, par une superbe route bordée d'oliviers, d'aloès et de figuiers d'Inde, ressemble à une gigantesque caserne et barre littéralement toute une vallée. Grégoire le Grand en fut, dit-on, le fondateur.

CHÊNES VERTS PRÈS DE SCIACCA.

Attention maintenant! Voici enfin, au fond de son golfe ravissant, entre les sommets rocheux du Monte Pellegrino et le cap Zaffarana, la capitale de la Sicile, Palerme l'Heureuse. La voici adossée à sa belle campagne, la Conque d'Or (*Conca d'Oro*), comme on l'a poétiquement surnommée. De l'écheveau emmêlé des rues de l'immense ville s'élancent de merveilleux édifices, chefs-d'œuvre de sculpture et de mosaïque : la fameuse cathédrale, dédiée à sainte Rosalie, la chapelle Palatine, le Palais Royal, etc...

SITE DES ENVIRONS DE PALERME.

Le long de la mer s'étend la superbe promenade de la Marina, que commande au

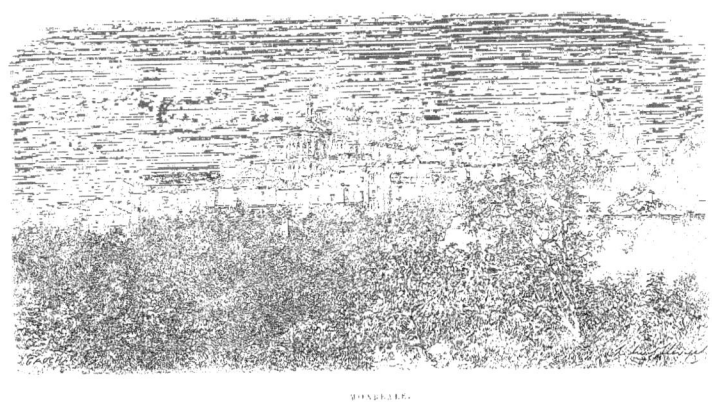

MONREALE.

nord la haute forteresse naturelle du Pellegrino. Cette montagne, où jadis Hamilcar Barca résista, trois années durant, à tous les efforts d'une armée romaine, n'a pas moins de vingt kilomètres de circonférence. L'escalade du piton central est pénible; mais aussi quel éblouissant panorama se déroule de là aux regards! Tout en bas s'étale la grande cité, avec ses rues, ses places, ses routes qui s'enfoncent au loin dans les vallées ou se tordent en lacets aux pentes des montagnes, ses blanches villas nichées dans des bauges de verdure : la Zisa mauresque, la Favorita chinoise, le palais champêtre du prince Belmonte.

CLOÎTRE DES BÉNÉDICTINS, A MONREALE.

Une voie ferrée, qui sera peut-être un jour continuée jusqu'à Messine, le long de la côte septentrionale, relie Palerme à Termini. Ce chemin traverse la plus belle partie de la Conca d'Oro. A droite, les escarpements rocheux du mont Griffone ; à gauche, vers le littoral, un splendide ourlet de verdure. Passé l'aqueduc de Ficarazzi, on atteint par une longue rampe la petite ville de Bagheria; puis, laissant de côté les ruines de Soluntum, une antique cité phénicienne, on arrive à Santa Flavia. La localité qu'on trouve plus loin, au delà de plusieurs promontoires, se nomme la Trabbia ; c'est une petite ville du moyen âge avec de hautes tours crénelées. De là, le chemin de fer, continuant de longer la côte, franchit le torrent de San Leonardo sur un pont d'une seule arche, décoré de bas-reliefs, qu'on vante avec raison comme une des merveilles de la Sicile.

Termini, *la Splendidissima*, comme on l'appelle, jadis les Thermes d'Himéra (*Thermæ Himerenses*), s'élève de l'autre côté du torrent, sur une haute terrasse escarpée que

COUVENT DE SAN MARTINO.

projette vers la mer, en forme d'éperon, la belle montagne de San Calogero. L'anse qui s'arrondit à sa base sert de port à la vieille cité, dont les maisons s'étagent en amphithéâtre jusqu'à la plage. Les eaux chaudes auxquelles cette colonie grecque avait dû son nom jaillissent dans la ville même, tout près du rivage. « Là, écrit M. E. Reclus, s'arrêta jadis le divin Hercule. Fatigué d'avoir chassé devant lui les bœufs du

PALERME.

Soleil, il vint redemander la souplesse de ses membres aux nymphes de la fontaine, et sortit de son bain tout rajeuni. On le voit, quand les médecins et les industriels de Termini s'occuperont de « faire de la réclame » pour leurs eaux thermales, ils pourront dater d'assez loin l'histoire des sources miraculeuses. Parmi tant de villes d'eaux qui

CATHÉDRALE DE PALERME.

font retentir dans toutes leurs trompettes les noms des grands personnages de contrebande ou de bon aloi qui les ont visitées, en est-il une seule qui puisse se vanter, comme Termini, d'avoir rendu la santé au fils de Jupiter et d'avoir été célébrée dans les odes de Pindare? D'ailleurs, depuis trois mille ans, les sources d'Hercule n'ont rien perdu de leurs vertus, et les habitants s'en apercevront bien lorsqu'ils auront eu l'intelligence de rebâtir la masure des thermes, de nettoyer leurs rues, de remplacer leurs sales auberges par des maisons décentes. Alors les étrangers, qui n'osent aujourd'hui se hasarder à Termini de peur de s'y faire dévorer par la vermine, apprendront le chemin d'une cité que sa position rend belle entre les belles, et qui, par ses sources thermales, dispose de si puissants moyens de guérison. »

Au sortir de Termini, point où s'arrête le chemin de fer du littoral, la route de voiture, après avoir contourné la base du mont San Calogero, redescend dans la plaine et tra-

PORCHE MÉRIDIONAL DE LA CATHÉDRALE DE PALERME.   PORCHE OCCIDENTAL DE LA CATHÉDRALE DE PALERME.

verse le torrent du Fiume Torto. A droite, dans le lointain, la petite ville haut perchée de Monte Maggiore ; puis, du même côté, un plateau nu et désert qui s'est fait un nom dans l'histoire. C'est sur cette terrasse qu'était autrefois la grande cité grecque d'Himera, devant laquelle périt Hamilcar. Plus loin, au pied d'un énorme rocher à pic surmonté d'une citadelle en ruines, se trouve la ville de Cephalu, une des localités les plus importantes de cette côte (12 000 habitants). Elle possède une cathédrale du douzième siècle et des ruines de murs cyclopéens qui ne sont pas près de céder au temps.

Il n'y a que quelques années, pour se rendre de Cephalu à Milazzo, le touriste prenait d'ordinaire la route de mer. Bien que le bateau à vapeur ne partît que tous les huit jours,

LE MONTE PELLEGRINO.

c'était encore une façon d'aller préférable à l'horrible trajet à dos de mulet, sur un bât brûlant, à travers les lits de torrents caillouteux. Aujourd'hui, en attendant mieux, une route à peu près carrossable a remplacé presque partout, sans préjudice des éboulis, le vieux sentier de pure essence sicilienne.

Mais que de rampes à gravir et à redescendre! que de torrents accidentés de blocs de pierre, que de promontoires aux pans bizarres, que de forêts aux chevelures étranges à traverser! Les bourgades situées sur cette section de la côte portent les noms harmonieux de Santo Stefano, Caronia, Acqua Dolce, Santa Agata, Naso, Brolo. Du Capo d'Orlando, qui, entre ces deux dernières, baigne dans les flots son mince pédoncule, la vue, par un beau jour, est incomparable. En face, le groupe des îles d'Éole ou de Lipari ; à gauche,

LA FAVORITA.

toutes les déchiquetures de la côte jusqu'à Palerme ; à droite, un immense horizon jusqu'aux montagnes de la Calabre ; au sud enfin, la chaîne des monts Neptuniens toute constellée de blanches bourgades, et, par-dessus ce rempart avancé, la cime neigeuse de l'Etna.

Franchissez deux golfes encore, vous voici aux ruines de Tyndaris; peu de chose d'ailleurs, le rocher qui portait la ville s'étant, je ne sais à quelle époque, abîmé avec elle dans les flots. De l'antique Mylæ, — aujourd'hui Milazzo, — il reste moins encore, ou plutôt, à y bien regarder, il ne reste rien ; mais la longue péninsule granitique qui se projette là, à dix kilomètres en pleine mer, jusqu'à la hauteur de l'île Vulcano au cratère toujours fumant, n'a rien perdu de son intérêt légendaire et de sa richesse géologique. Parmi les découpures de ses falaises s'ouvre une grotte gigantesque, qui traverse, dit-on, la presqu'île de part en part, sur une profondeur de plus de mille mètres ; au-dessous de la citadelle de Milazzo, on montre au touriste une autre caverne, qui serait tout simplement celle où, aux temps brumeux de l'Odyssée, se retiraient pendant la nuit les bœufs du Soleil. Puis à côté de la fable se place l'histoire. C'est dans cette même baie de Mylæ, à deux pas du phare de Messine, que le consul romain Duilius remporta, grâce aux éperons de ses galères, sa fameuse victoire navale sur les Carthaginois. Un certain nombre d'années plus tard, en juillet

LA PISA.

1860, la petite armée de Garibaldi battait, sur cette même côte, les troupes napolitaines du général Bosco ; seulement, cette fois, ce n'était plus Rome qui préludait impétueusement à la conquête de l'Italie : c'était, par un bizarre caprice de la politique et de la fortune, l'Italie elle-même qui s'avançait tout doucement à la reconquête de Rome.

San Pier d'Arena (mi-novembre). — Adieu, Italie, ou plutôt au revoir. Voici que de nouveau la splendide route de la corniche du Ponant aligne devant moi son inter-

SITE DE LA CONQUE D'OR.

minable série de baies et de promontoires. Le ciel est toujours serein, la mer tyrrhénienne n'a rien perdu de sa teinte azurée ; mais l'âpre souffle des grandes Alpes m'arrive en plein visage par l'énorme déchirure du col de Giovi ; je regrette presque, pour le moment, les lourds effluves du vent d'Afrique. Derrière moi, à deux pas, Gênes-la-Superbe vient d'éteindre ses bourdonnements. Allons! il faut reprendre le chemin du Nord, s'enfoncer dans la région des longues pluies et des mornes frimas. Déjà le sifflet de la locomotive retentit ; le train s'ébranle au bord des flots scintillants, à travers la grève ligure toute parsemée de rocs jaunâtres. J'aperçois là-bas Cornigliano, Pegli, Voltri, toute cette belle côte jusqu'à Savone. A ma gauche, au pied du

PONT SAN LEONARDO.

railway poudreux, grouille pieds nus, sur les flancs des barques à sec, tout un menu peuple de pêcheurs et de lazzarones. Au passage des wagons qui défilent lentement sur la rampe, une soixantaine de marmots en bonnet de laine, dont la chemise effiloquée laisse sourdre de toutes parts le torse hâlé, accourent au pied du talus. A leurs gesticulations, à leurs cris, nous devinons ce dont il s'agit. De toutes les portières tombe une pluie de gros et de petits sous. Sur chaque pièce s'abat incontinent un essaim de nos jeunes mendiants. Ils se poussent, ils se cognent, ils se rossent : tout un poëme de bousculade méridionale, à la faveur duquel le billon, pour peu qu'il n'ait pu être happé au vol, s'enfouit misérablement au plus profond de la fine arène ; mais, dans ce plongeon même, il est poursuivi et traqué sans merci. Chaque combattant ramène prestement à lui une montagne de sable, y plonge fiévreusement les doigts, dans l'espoir d'y trouver la pièce inhumée : labeur ingrat, au travers duquel s'abat d'ailleurs inopiné-

726 L'ITALIE.

ment la patte envieuse du voisin. Le monticule ainsi disputé se disperse en vains tourbillons ; de minute en minute, le conflit s'accroît et s'exaspère... Ah ! vainqueurs

L'ÎLE DE LIPARI.

et vaincus auront fièrement mordu la poussière... Mais le train du Ponant n'assiste pas au dénoûment de cette lutte héroïque ; une tranchée rocheuse lui dérobe le champ de bataille... Petits mendiants italiens, adieu, ou plutôt au revoir.

FIN

TABLES

TABLE DES GRAVURES

CHAPITRE Ier
A TRAVERS LES ALPES

La route du mont Cenis	4
Via Mala. — Le Trou perdu	7
Le Pont du Diable	11
Le relais de poste d'Andermatt	12
Travaux de construction au tunnel du Saint-Gothard	13
Martigny en Valais	16
Vue de Sion	17
Cours de la Viège (Valais)	18
Route du Simplon	19
Le village de Simplon	21
Baladins passant le Brenner	24
La route du Brenner en aval de Gossensass	25

CHAPITRE II
DE TRENTE A L'ADRIATIQUE

Paysanne des environs de Trente	30
Le château de Trente	31
Fontaine de la place du Dôme à Trente	32
Entrée du palais Sardagna à Trente	33
Marchands de fruits à Trente	35
Moulin à Buco di Vela (val Sarca)	36
Pietra Murata (val Sarca)	37
Lago di Cavedine (val Sarca)	37
Château d'Arco (val Sarca)	38
Riva	39
Desenzano	40

TABLE DES GRAVURES.

Rivage près de Torbole	41
Torbole	43
Départ d'un paquebot du lac de Garde, à Peschiera	44
Vue de Vérone	45
Piazza delle Erbe	47
L'arène, à Vérone	48
Cour d'une maison, à Vérone	49
Puits public, à Vérone	50
L'église Sainte-Anastasie, à Vérone	51
La maison de Juliette	52
Vue des jardins Giusti, à Vérone	53
La Fontaine de fer, près de Vérone	55
Château de Villafranca, près de Vérone	56
Ruines du pont de Borghetto, près de Valleggio	57
Citadella	57
Bassano	58
Valstagna	59
Huttes dans la vallée de la Brenta	60
Près de Primolano	61
Le défilé et le pont de Cordevole	62
La forteresse de Covolo	63
Porte Rusteri, à Feltre	65
Place des Seigneurs, à Vicence	67
Vieux séminaire, à Vicence	69
L'église Saint-Antoine, à Padoue	70
Villa Giustiniani, à Padoue	71

CHAPITRE III
VENISE ET TRIESTE

En gondole	75
La place Saint-Marc	77
Lagunes de Venise	79
Pont des Soupirs	81
L'île Giudecca	83
Arrivée d'une barque laitière	84
Poissonnerie du pont du Rialto	85
Sur les toits	87
Monument du général Farnèse (Gesuati)	89
Tombeau de Canova, dans l'église Dei Frari	91
Bords d'un rio, à Venise	93
Une lista	94
Le Ghetto	95
Devant la porte, à Venise	96
Une rue de Venise	97
Porteuse d'eau vénitienne	98
Quai des Esclavons	99
San Pietro di Castello	100
Un rio à Chioggia	101
Arrivée d'une barque de pêche	103
L'île Torcello	104
Café sur le quai des Esclavons	105

TABLE DES GRAVURES.   731

Trieste	109
Tombeau de Winckelmann	112
Château de Miramar	113
Grotte de San Servolo, près de Trieste	115
Mantoue, vue prise près du pont Saint-Georges	119
Moine au puits, à la Chartreuse de Pavie	120
La Chartreuse de Pavie	121
Intérieur de la cathédrale de Milan	125
Cours Victor-Emmanuel (Milan)	127
Dame milanaise	128
Statue de Léonard de Vinci	129
Santa Maria delle Grazie	130
Colonnade San Lorenzo	131
Lac de Côme	133
Une rue à Tremezzo	134
Vue de Côme	135
Bellaggio, vue prise de la Villa Julia	137
La Pioverna, près Bellano	139
Une osteria, à Lugano	140
Moine mendiant de la Brianza	141
Le mont San Salvatore	143
Baie de Pallanza (lac Majeur)	144
Rotonde d'Hercule (Isola Bella)	145
Le lac Majeur avec l'Isola Bella et l'Isola de' Pescatori	147

CHAPITRE IV
LA PLAINE DU PÔ

Fontaine du Jardin Royal	151
Mont des Capucins, près de Turin	152
Route de la Superga	153
Moncalieri	154

CHAPITRE V
LA RIVIÈRE DE GÊNES

Sur le port de Gênes	156
Porte vieille de la Lanterne	157
Port de Gênes	158
Rue San Luca	159
Marché de la Poissonnerie	161
Salita San Paolo	163
Une procession	165
L'heure de confesse (cathédrale Saint-Laurent)	166
Le soir près du Môle	167
L'Acqua sola	168
Une loggia dans la rivière du Ponant	170
Plage près de Savone	171
Site de la rivière du Ponant	173
Villa Pallavicini	174
Pegli	175

TABLE DES GRAVURES.

Environs de San Remo	177
Près de Bordighera	178
San Remo	179
Une villa près de Bordighera	181
Bordighera	182
Menton	183
Campagne de Monaco	184
Monaco	185
Port de Monaco	187
Château de Monaco	188
Le port de Nice	189
Une rue à Tende	191
Rives de la Levanza	192
Logis de paysan à Briga	194
Ancienne chartreuse de Pesio	195
Environs de Quinto	196
Retour de la pêche	197
La sieste à bord d'un bateau pêcheur	198
Presqu'île de Sestri di Levante	199
Scène de la côte ligure	200
Ile Palmaria	202
Le promontoire de Porto Venere	203
Fezzano	205
Lerici	206

CHAPITRE VI
L'ÉMILIE

Marbrières de Carrare	211
Une fontaine à Carrare	213
Le château de Canossa	219
Récréation de moines italiens	223
Place de la fontaine de Neptune à Bologne	225
Tours penchées de Bologne	227
Tombeau de Théodoric, à Ravenne	233
Saint-Marin	234

CHAPITRE VII
LA TOSCANE

Pistoie, vue de l'Apennin	243
Florence, vue prise de San Miniato	247
Pont-Vieux	249
Cour du Palais-Vieux	251
Fontaine de Neptune (place de la Seigneurie)	253
Loggia de' Lanzi	255
Fontaine du Sanglier	256
Loggia, près du Marché-Neuf	258
San Miniato al Monte	261
Or san Michele	263
Devant la Loggia de' Lanzi	267

TABLE DES GRAVURES. 733

Fontaine d'airain, place de l'Annonciade.. 271
Chœur de Sainte-Marie-Nouvelle.. 273
Rue Strozzi... 277
Cour du palais Bargello... 280
Palais Pitti.. 281
Fontaine du jardin Boboli... 282
Vue du jardin Boboli... 283
Parc de Pratolino et statue colossale de l'Apennin....................................... 287
Site de la vallée de l'Arno.. 291
Chariot toscan... 292
Vendanges en Toscane... 293
Osteria lucquoise, près San Frediano... 295
Scène de la vie populaire, à Pise.. 296
Place du Dôme, à Pise.. 297
Intérieur du Campo Santo... 299
San Giminiano.. 305
Piazza del Campo, à Sienne... 307
Chaire de la cathédrale de Sienne.. 308
Saint-Dominique, à Sienne.. 309
La confirmation à la cathédrale de Sienne.. 310
Ruines de l'abbaye de San Galgano.. 311

CHAPITRE VIII

LES ROUTES DE ROME PAR LES MARCHES ET L'OMBRIE

Pifferari... 321
Joueurs de mora.. 322
Cathédrale d'Ancône.. 323
Arc d'Auguste, à Pérouse... 328
Intérieur d'un tombeau étrusque, près de Pérouse....................................... 329
Assise.. 331
Aqueduc de Spolète... 332
Cascade de Terni... 333
Orvieto... 337
Tombeau de l'évêque Fugger... 339
Une maison à Viterbe... 340
Fontaine Grande, à Viterbe... 341
Tombeaux étrusques, à Castel d'Asso.. 342
Civita Castellana.. 343

CHAPITRE IX

ROME

Le Tibre sous le mont Aventin.. 347
Ruines des palais impériaux sur le Palatin... 351
Rome, vue du cloître Sainte-Sabine, sur l'Aventin...................................... 355
Fontaine d'une cour romaine.. 359
Panthéon.. 361
Fontaine de Trevi.. 363
Arc de Titus.. 365

TABLE DES GRAVURES.

Place Montanara	367
Fontaine et cyprès de Michel-Ange	370
Le Colisée, vu du Palatin	371
Une idylle dans les ruines du temple de Vespasien	373
Prédication dans le Colisée	375
Aspect du Forum Romanum au clair de lune	377
Restes des Thermes de Caracalla	379
Temple de Minerve dans le Forum de Nerva	381
Campo Vaccino	383
Pyramide de Cestius	386
Vestiges du Forum Romanum	387
La confession	390
Vue du pont et du château Saint-Ange	391
Intérieur de Saint-Pierre	395
Saint-Pierre et la colonnade de Bernin	397
Naissance d'Ève (chapelle Sixtine)	401
La Chute originelle (chapelle Sixtine)	403
La Fornarina du palais Barberini	406
L'Ariane (Vatican)	407
Saint-Pierre, vu de la villa Doria Panfili	409
Petite mendiante romaine	411
Marchand de broccoli dans le Trastevere	412
Villa Lante, sur le mont Janicule	413
Entrée du Ghetto	414
Rome, vue de la villa Corsini (Janicule)	415
Groupe de maisons du Ghetto	417
Vieille Juive du Ghetto	418
Sortie de messe à Santa Trinità de' Monti	419
La Louve étrusque du Capitole	421
Zampognaro	423
Abatino	424
Villa Volkonsky	425
Aqueducs antiques et Sainte-Croix de Jérusalem	426
Scala Santa	427
Dans la villa Massimo	428
Sous les ombrages du Pincio	429
Un modèle	432
Le soir sur le Pincio	433
Modèle	435
Dans la villa Borghèse	436
Marchande de fleurs	437
Jeune Romaine	439
Transtéverine	440

CHAPITRE X

LE TOUR DU LATIUM

Bosquet et grotte d'Égérie	444
Voie Appienne	445
Ruines de la voie Appienne	446
Voie Flaminienne	447
Campagne de Rome	449

TABLE DES GRAVURES.

Site de la campagne de Rome 450
Un cimetière dans la campagne de Rome 451
Une ruine dans la campagne de Rome 452
Campagnol 453
Bœufs de la campagne de Rome 453
Scène de la campagne de Rome 454
Château de Palo 455
Retour du troupeau à la *tenuta* 456
Pecoraio 457
Troupeau de chèvres 458
Chevrier 459
A midi, dans la vallée du Poussin 461
La promenade du Poussin 462
Bracciano 463
Pont Nomentane 465
Le Soracte, vue prise de l'Acqua acetosa 466
Ostie 467
Paysans campagnols 470
Villa Falconieri, à Frascati 471
Camp d'Annibal, près Rocca di Papa 472
Castel Gandolfo, vue prise de la villa Doria 473
Arricie 476
Fontaine près d'Arricie 477
Genzano 479
Lac Nemi 480
Civita Lavinia 481
Tête de montagnard de la Sabine 482
Petit garçon de la Sabine 483
Petite fille de la Sabine 483
Tivoli 484
Restes de la villa d'Hadrien, à Tivoli 485
Cascatelles de Tivoli 487
Temple de la Sibylle, à Tivoli 488
Fontaine sous les oliviers, à Tivoli 489
Vieux arbres de la villa d'Este 490
Subiaco 491
Civitella 492
Les Mamelles 493
Gennazano 494
Olevano 495
Route de Cavi à Gennazano 497
La Serpentara, près d'Olevano 498
Près de la fontaine d'Olevano 499
Fillette d'Olevano 501
Celano, près de l'ancien lac Fucin 502
Ruines d'Albe Fucese 503
Murs cyclopéens près d'Albe Fucese 504
Chute du Liris 505
Capistrello 507
Paysans de Sora préparant la polenta 508
Champ de bataille de Tagliacozzo 509

CHAPITRE XI
EN ZIGZAG DE ROME A NAPLES

Valmontone. 514
Ceccano. 515
Velletri. 516
Arpino. 517
Le parapluie de famille 518
Couple d'amoureux campagnols 519
Environs de Nettuno 521
Pêcheur de Gaëte 523
Ninfa et Norba 524
Terracine 525
Petite fille des Abruzzes. 529
Départ dans la montagne 532
Grand Sasso d'Italia. 534
Souvenir des Abruzzes. 535
Jeune pâtre des Abruzzes 536
Bosquet d'oliviers près de Venafro 537
Vallée du Sangro. 539
San Germano et le Mont-Cassin 541

CHAPITRE XII
LES RIVAGES DE NAPLES ET DE SALERNE

Naples, vue du cours Victor-Emmanuel. 544
Paysanne (Contadina) venant au marché 545
Marchand de fruits et de vinaigre. 546
Le château Saint-Elme, vu de la place du Palais 547
Fontaine de la villa Reale. 549
Arc de triomphe du roi Alphonse. 551
Sur le Môle. 552
Port de Naples. 553
Sur le Môle. 555
Far-niente. 557
Porte de Capoue. 561
L'acquaiolo. 562
Acquaiolo ambulant. 563
Plage de la Marinella. 563
Les marchands du matin. 564
Pêcheurs de corail. 565
Pêcheurs d'huîtres à Sainte-Lucie. 566
La tarentelle. 567
Pêcheuse napolitaine. 569
Le Campo Santo Nuovo, le jour de la Toussaint. 571
Scènes de la rue à Naples. 573
Un enterrement par la confrérie des morts, à Naples. 575
Le bonjour. 578
Devant une boulangerie, à Naples. 580
Naples et le Vésuve vus du Pausilippe. 583
Sur le port de Portici. 585

TABLE DES GRAVURES.

Observatoire du Vésuve.	586
Laves refroidies.	587
Le Vésuve (éruption du 8 décembre 1861).	588
Place de Torre del Greco pendant l'éruption du Vésuve, le 8 décembre 1861.	590
Ruines à Torre del Greco.	591
Puits au pied du Vésuve.	592
Bois de pins-parasols au pied du Vésuve.	593
Forgerons tziganes.	595
Les soulèvements de la mer.	596
Pompéi.	598
Le Forum de Pompéi.	599
Corps de Pompéiens moulés par la cendre.	601
Travail des fouilles à Pompéi.	603
Fouilles récentes faites à Pompéi.	605
Travail des fouilles dans une ruelle de Pompéi.	606
Rue des Tombeaux.	607
La porte d'Herculanum restaurée.	608
Ruines du temple de Vénus. — Forum de Pompéi.	609
Découverte de pains cuits il y a dix-huit cents ans dans le four d'un boulanger.	611
Le petit théâtre de Pompéi.	612
Amphithéâtre de Pompéi.	613
La tepidarium aux Thermes.	614
Vue intérieure de la maison de Pansa, restaurée.	615
Péristyle de la maison des Questeurs.	617
Fouilles récentes. — Le Jugement de Pâris, fresque de la maison de Proculus.	618
Maison de Lucrétius.	619
Nuit d'été au Pausilippe.	621
Grotte du Pausilippe.	622
Lac de Fusaro.	623
Côtes près de Baies.	624
Rivage près de Cumes.	625
Temple de Vénus près de Baies.	626
Golfe de Naples, vu des Camaldules.	628
Jeune fille napolitaine.	629
Pouzzoles avec le cap Misène, Procida et Ischia.	630
Une cour à Ischia.	631
Une villa à Castellamare.	633
A Ischia.	635
A la fontaine, à Ischia.	636
Villa sur les rochers près de Sorrente.	637
Gorges près de Sorrente.	638
Bain de Diane.	639
Maison du Tasse à Sorrente.	641
Route de Massa et vue de Capri.	642
Capri, vue prise de l'hôtel Pagano.	643
Petite marine à Capri.	645
Fontaine dans un jardin à Capri.	646
Grande marine : Arrivée d'une barque d'approvisionnement.	647
Rocher de Tibère et villa de Jupiter.	649
Albe Scalinata à Capri.	650
Arco naturale.	651
Entrée de la Grotte d'Azur.	653
Ravello.	656

738   TABLE DES GRAVURES.

Amalfi vue de la terrasse des Capucins.. 657
Salerne.. 659
Jeune fille des montagnes de Salerne... 660
Temple de Neptune à Pæstum... 661

CHAPITRE XIII
POUILLE, BASILICATE ET CALABRES

Monte Vergine.. 664
Rives du Calore à Petra Rosetti près de Bénévent... 665
Moulin près d'Ariano... 666
Tavoliere di Puglia (Calabre).. 667
Monte Sant'Angello... 669
Catacombes près de Manfredonia... 670
Champ de bataille de Cannes.. 671
Ruines de Canusium... 673
Ruines d'une abbaye à Venosa... 674
Catacombes juives près de Venosa... 675
Lacs de Monticchio... 676
Rives du Busento près Cosenza.. 677
Reggio Calabro... 678
Hutte du littoral calabrais.. 679

CHAPITRE XIV
LA SICILE A VOL D'OISEAU

Forêt de papyrus en Sicile... 682
Détroit de Messine... 683
Vue de Messine... 684
Sur la route de Messine à Taormina... 685
Cap d'Alessio (avant le percement du tunnel)... 686
Taormina... 687
Palais Corvaja à Taormina.. 688
Châtaignier des Cent-Cavaliers... 689
Théâtre antique de Taormina.. 691
Châtaignier de la Nave... 692
L'Etna vu du théâtre de Taormina... 693
Grotte des Colombes.. 695
Catane... 696
L'Etna vu du côté sud.. 697
Cratère de l'Etna.. 699
Base des cratères de l'Etna.. 700
Crevasses de l'Etna.. 701
Arbres engloutis momentanément dans la lave.. 702
Pont d'Aragona... 703
Syracuse... 703
Théâtre de Syracuse.. 704
Latomie à Syracuse... 705
Oreille de Denys... 706
Rade de Licata... 706
Ruines du temple d'Hercule près de Girgenti.. 707

TABLE DES GRAVURES.

Temple de Castor-et-Pollux à Girgenti.	708
Rives du Platani près de Montallegro.	709
Chênes verts près de Sciacca.	711
Site des environs d'Acalmo.	712
Monreale.	712
Cloître des bénédictins à Monreale.	713
Couvent de San Martino.	714
Palerme.	715
Cathédrale de Palerme.	717
Porche méridional de la cathédrale de Palerme.	718
Porche occidental de la cathédrale de Palerme.	718
Le Monte Pellegrino.	719
La Favorita.	721
La Zisa.	722
Site de la Conque d'Or, près de Palerme.	723
Pont San Leonardo.	725
Ile de Lipari.	726

FIN DE LA TABLE DES GRAVURES

TABLE DES MATIÈRES

Avertissement de l'auteur.. V

CHAPITRE Ier

A TRAVERS LES ALPES

I. — Le mont Cenis et le grand tunnel... 2
II. — Le Splügen et la via Mala.. 5
III. — Le Saint-Gothard et le pont du Diable... 10
IV. — La route du Simplon... 13
V. — La route du Brenner.. 23

CHAPITRE II

DE TRENTE A L'ADRIATIQUE

I. — L'Agro Trentino... 29
II. — Le lac de Garde... 36
III. — Vérone.. 44
IV. — Les Sept-Communes.. 57
V. — De Vérone a Venise.. 66

CHAPITRE III

VENISE ET TRIESTE

I. — Coup d'œil général sur Venise... 73
II. — Les canaux et les édifices... 80
III. — La banlieue vénitienne. — Chioggia.. 100
IV. — Trieste.. 107

CHAPITRE IV
LA PLAINE DU PÔ

I. — Milan... 117
II. — Les trois lacs... 132
III. — Turin.. 149

CHAPITRE V
LA RIVIÈRE DE GÊNES

I. — Gênes.. 155
II. — La rivière du Ponant... 169
III. — La rivière du Levant.. 196

CHAPITRE VI
L'ÉMILIE

I. — La région du marbre... 209
II. — La voie Émilienne.. 216

CHAPITRE VII
LA TOSCANE

I. — Le chemin de fer de Pracchia....................................... 237
II. — Florence.. 243
III. — Des bords du Serchio aux rivages du Latium............ 289

CHAPITRE VIII
LES ROUTES DE ROME PAR LES MARCHES ET L'OMBRIE

I. — Le versant de l'Adriatique.. 319
II. — Les routes du centre... 324

CHAPITRE IX
ROME

I. — Les ruines.. 345
II. — La ville pontificale.. 389

CHAPITRE X
LE TOUR DU LATIUM

I. — Les voies romaines... 443
II. — La campagne de Rome.. 448
III. — Du mont Soracte aux monts Albains........................ 461
IV. — De Tivoli au lac Fucin... 482

TABLE DES MATIÈRES.

CHAPITRE XI
EN ZIGZAG DE ROME A NAPLES

I. — Les Marais Pontins.. 313
II. — Les Abruzzes... 328

CHAPITRE XII
LES RIVAGES DE NAPLES ET DE SALERNE

I. — Naples et la vie napolitaine.. 543
II. — Le Vésuve et Pompéi.. 582
III. — Du Pausilippe aux ruines de Cumes.. 620
IV. — Les iles napolitaines et Sorrente... 627
V. — Amalfi et le golfe de Salerne.. 655

CHAPITRE XIII
POUILLE, BASILICATE ET CALABRES... 663

CHAPITRE XIV
LA SICILE A VOL D'OISEAU.. 681

TABLE DES GRAVURES.. 729

FIN DE LA TABLE DES MATIÈRES.